国土を測る技術の基礎

― 地理空間情報技術者を目指す人のために ―

高木 方隆

はじめに

　測るという行為は，真の姿を捉えるためになされるものです。そして科学は，真の姿を理解するために構築された理論体系といえます。人類は古くより正確に測るための技術に取り組んでいますが，真の値を得ることは，現代においても到底不可能です。どんなに科学技術が発達し，計測機器の性能が向上したとしても，誤差を 0 にすることはできません。必ず誤差が含まれています。ただし，古くより計測精度が向上することによって，科学の世界では新しい理論が展開されています。また，工学の世界では，計測精度が向上することによって，様々な精密機器や巨大構造物の設計や製造・施行がされています。測るということは，科学技術の基本であるといえます。

　数学は，測ることを行う者にとって避けて通ることのできない重要な学問です。特に初等数学は，測るために生まれてきたともいえるくらいです。例えば点や直線，曲線は数学的な重要な概念であるとともに，測る基本的な対象物となります。にもかかわらず地球上の自然界には，点や直線など，ほとんど見当たりません。測る場合や物を作る場合には，点や直線をイメージし，それを拠り所にしなければ先に進みません。つまり，人間が測るべき点を決めてから測っているに過ぎないのです。

　地球科学において研究者は，古くより地球の形やその大きさを測ることに挑戦しており，今なお続いています。それは測量の担うべき重要な役割で，測量学は土木・建築分野のためだけでなく，自然科学のための技術体系ともいえるでしょう。測るためには，座標の原点をどこにするのか，座標軸の向きはどうするのかといった測度の基準を定義することが極めて重要です。現在はGNSSを利用すれば簡単に緯度・経度を導くことができますが，緯度・経度の決定法は非常に奥が深いのです。地球の形を球で表現した時代から，回転楕円体で表現する時代となり，それを基準に緯度・経度が決定されています。ただ残念なことに現在の数学教育においては，楕円や空間幾何を扱うことが少なくなっているようです。ケプラーの法則においては，天体の運動を円軌道から楕円軌道へ展開することで精緻な軌道予測ができるようになりました。これは，地球を周回する人工衛星の運動計算に生かされています。高校の数学教育では，あまり重要視されていない楕円ですが，測量の世界では極めて重要なのです。

　物理学においては，ニュートンによりケプラーの法則を包含した万有引力の法則が生み出され，古典力学が確立されました。そして電磁気学・統計力学・量子力学へと発展し，その間，相対性理論が登場しました。計測精度が向上するに連れて，古い理論では説明できないようなズレが計測値に発見され，新しい理論へと展開されることが多かったのです。現代では相対性理論に代表されるように，理論が先行し，計測による実証は後追いとなって

いる場合も見受けられます．現在までに多くの計測技術の進歩が，相対性理論を色々な角度から裏付けている状況です．そして，現在では物理学における様々な理論から新しい計測機器が生み出されています．電磁波を利用した計測はその代表例であり，画像計測・レーザー計測・マイクロ波計測等，計測機器は物理学を応用した機器といえます．そのような機器を使う以上，電磁波についてもある程度の知識は必要です．

　幾何学や三角関数を筆頭に微分・積分，線形代数，統計などの様々な数学の要素は，測る手法や測った後のデータ処理において生かされています．計測機器の進歩によって，機器の操作さえマスターすれば，測量において数学の知識は必要ないと思ってしまいそうな世の中になっています．そして現在は，測量ができるということと，測量を理解しているということは別物になっているようにも見受けられます．測量機器が発達し，操作さえ修得すれば誰でも測量はできる時代です．しかし土木・建築分野に限らず計測情報や地理情報を取り扱う技術者は，必ず測量学を理解しておく必要があります．技術者は，問題を解決することが仕事です．困難な測量や解析が必要となった場合，測量学の本質を理解するとともに，数学・物理・地球科学の基礎知識は欠かせません．

　現代は計測機器の発展のおかげで，測ること自体が簡単になり，専門的な知識・技術を必要としなくなりつつあります．そして，たくさんのデータが整備されつつあるので，自分以外の他人が測った外部の計測データと融合させて解析する場合も多くなっています．そんな時，コンピュータを用いてデータの形式を変換したり，異なる座標系を統一させたりしなければなりません．最近は，優れた解析ソフトウェアが登場しているのですが，そのソフトウェアに適したデータ形式やデータモデルに変換する必要があるのです．つまり測ることと同時にデータ変換の知識が要求される時代といえるでしょう．様々なデータを統合し，最終的にどのような仕様でデータをアーカイブすべきかを常に考えておく必要があります．さらに変換式の妥当性や，変換後の誤差の状況をきっちり把握する能力が極めて重要です．生み出された解析結果が，どの程度の信頼性を有しているのか解らないようであれば，役に立つ結果とはいえません．測ることにおいて誤差の評価は，以前にも増して重要な項目となっています．

　測量は，土木工学や建築学の分野として知られていますが，地球科学や地理学をはじめ環境分野においても重要な技術です．GNSS衛星を利用した測量をはじめ，レーザーを用いた測量，デジタルカメラによる測量，航空写真や人工衛星画像を用いた地図作製等，たくさんの技術が駆使されています．したがって現代の測量技術者は，様々な技術に対する知識と，それを駆使する能力，様々な用途への理解が必要とされています．

　本書は，現代の国土を測る技術の基礎についての解説を試みました．内容は，数学基礎から始まり，局所地域における測量や画像計測について解説し，続けて地球規模での計測と人工衛星を用いた計測を解説しました．基礎となるものは，数学，地球科学，力学，電磁気学です，そして最後にコンピュータを用いた画像処理，地理情報システムの技術についても解説しました．この並び順は，測る技術を学ぶ上での優先順位を意識して構成したのですが，改めてこの順序を見ると，完全ではないですが科学技術の発展の歴史順に並んでいる感じです．科学技術自身，歴史とともに積み上げられたものなので，当然ともいえる

のかもしれません。多くの専門書は，高校レベルの数学・物理の知識が備わった学生向けに書かれています。しかしここで，改めて基礎を繰り返し解説することも重要だと著者自身は感じています。測るという行為は，非常に多くの学問分野から成り立っていることも解ってほしいという思いがあります。また，高校教育の現場では，選択科目が増え，物理を履修しないで卒業できる状況です。数学にしても数学 III まで履修している学生は少なくなっています。そのような学生でもきっちりと基礎を身につけてほしいと思い，このような章立てにしました。

　現在は，様々な学問分野があり，それぞれの学問分野は，個々の学問体系を構築しています。しかし基礎の部分は共通の部分が多いのです。数学と物理にしても，今では別の分野として扱われていますが，古くは区別されていなかったはずです。最近では，複数の学問分野をまたがる分野を学際領域と呼んでいます。例えば，自然災害科学や社会システム学が学際領域にあたるでしょうか。リモートセンシングや地理情報システムも学際分野の一つといえるでしょう。一方で，各学問分野において，元を辿れば基礎の部分は共通部分が出てくるので，全てが学際領域といっても良いのかもしれません。ちょっと過激な意見ですが，分野や領域は，個々の人間や社会の偏見で作られているものと考えられます。例えば，理系や文系等の区別がなぜ必要なのか，私にはよく解りません。大学入試制度の弊害でしょうか。とにかく，分野にこだわらず，基礎はきっちりと身に付けてほしいものです。

　測量やリモートセンシングを解説するには，様々な公式を用いる必要があります。公式の意味は，非常に重要です。したがって本書は，中学校で学習する公式であっても再確認の意味で記しました。十分理解している読者の方は，どんどん読み飛ばして頂いても大丈夫ですが，ちょっとおさらいのつもりで読んでみて下さい。本書ではその公式が，なぜこの様な式になるのかについて，筆者の理解の範囲なので恐縮ですが，ある程度解説したつもりです。独りよがりな理解のために，歪んだ解説になっているかもしれません。そんな場合は，ご指摘頂くと幸いです。著者は，大学の学部・大学院で農業工学を専攻し，農地における地すべりの研究に打ち込むことで農学の学位を取得しました。その後研究生という立場でリモートセンシング・地理情報システムを勉強し，現在大学で測量の授業を担当しています。こんな著者が，数学や物理の基礎の部分まで解説を書くこと自身おこがましいのですが，一冊ですむ参考書を目指しました。

　本書は，式が非常に多くなってしまいました。式を導く過程が解りやすいように記述したかったのが第一です。そして本書を参考に自分自身でデータ処理や画像処理のコンピュータプログラムが書けるようになることも念頭に置きました。大学生にとって，卒業論文や修士論文等を仕上げる際，プログラムを自分自身で書かなければ，オリジナリティのある解析は困難です。こと研究と名のつく作業で，既成ソフトウェアのみで済まされることは，まずないでしょう。それは他の技術者にとっても同様のことがいえます。ソフトウェアは，ある想定された範囲の中での課題を解決するためのものです。実社会では想定外の課題が山積みされています。ソフトウェアの中身を熟知し，それを越えることをしなければ，求められている課題を解決することは困難でしょう。本書ではプログラムの書き方は割愛しましたが，プログラミングに際しての計算過程が，想像できるように解説したつもりです。

是非プログラム技術も習得して下さい。

　この資料を作成するにあたり，大変参考になった書籍を紹介します。

吉田武「オイラーの贈り物」東海大学出版会：この書籍は，筆者の研究室において数学の教科書として利用させてもらっています。恐らく高校生が読んでも読破できるほど，丁寧に解説されています。私がこの本を執筆するのに非常に影響を受けました。この他に著者は，数々の数学・物理に関する参考書・読み物を書いており，いずれも興味深いものです。一時絶版になり，困りましたが，現在は東海大学出版会より出版されています。また**「虚数の情緒」**（東海大学出版会）という本もあり，こちら方も参考にしてみて下さい。ところで同じ著者が，**「はやぶさ」**（幻冬舎新書）という本を執筆していますが，人工衛星「はやぶさ」についての物語でありながら，基本の重要性を再確認させられる読み物です。是非併せて読んでみて下さい。

「ファインマン物理学」岩波書店：非常に有名な物理学の参考書です。非常に詳しい解説がなされているので，じっくりと読んでほしいものです。筆者は，学生時代に「ご冗談でしょうファインマンさん」という書籍を読んで，一気にファインマンのファンになってしまいました。

長沼伸一郎，「物理数学の直感的方法」通商産業研究社：テイラー展開，ベクトル解析，フーリエ変換等について，その意味を言及しています。それぞれの数学的ツールは，使うことはできても意味は良く解ってないという場合がありますが，この書籍はそれを克服させてくれる良書です。この本には，びっくりさせられてしまいました。

高木幹雄・下田陽久　監修「新編　画像解析ハンドブック」東京大学出版会：画像処理やリモートセンシングにおけるデータ処理のバイブルといえる書籍です。高価ですが，内容は非常に濃いので，我々専門家にも必携の書籍です。この本を読めば，様々な画像処理プログラムを自分で組むことができると思われます。

日本リモートセンシング研究会編「図解リモートセンシング」日本測量協会：先の画像解析ハンドブックは難しすぎるというときの解説書として読めば良いと思います。各項目が見開き2ページで簡潔に解りやすく解説されています。

中村英夫・清水英範，「測量学」技報堂出版：数ある測量に関する書籍の中でも非常に詳細な解説が施されています。特に誤差に関する部分においては，正規分布も誘導しており，非常に参考になるでしょう。ただし，数学の予備知識がなければ難しい内容と思われます。本書が，その理解の手助けになれば幸いです。

日本写真測量学会，「解析写真測量」日本写真測量学会：写真測量の基礎から実際の解析までを学ぶには，この本が最も良いと思われます。この本を読めば，実際に写真測量のプログラムを書くことができるでしょう。ただし，一般の書店では扱われておらず，直接日本写真測量学会に申し込まなければならないのが難点です。

田島稔・小牧和雄,「最小二乗法の理論とその応用」東洋書店：題名どおり，最小二乗法について詳述しているもので，誤差の調整には非常に役に立つ情報が得られます。

長沢工「天体の位置計算」地人書館：天体の軌道情報からある時刻の天体の位置を計算する方法を解説しています。人工衛星を用いた計測ができるようになった昨今です。人工衛星の位置計算は，思うほど難しくないので，是非チャレンジしてほしいです。その昔，軌道計算は球面三角法をマスターしていなければ困難という感がありました。しかし，本書はベクトルと行列を用いて解説しているため非常に解りやすくなっています。

柴田清孝,「光の気象学」朝倉書店：電磁波一般ではなく，光について詳述している書籍はあまり見かけません。リモートセンシングにおいては，太陽光と大気との関係を把握しなければならないので，本書はその要求に応えてくれる良書です。

　この他にも最近では解りやすくためになる参考書が多く出版されています。私が学生の頃に今のような解りやすい参考書が豊富にあれば，もっと楽に勉強できただろうにと感じてなりません。現代は，解らないことがあればインターネットで調べて済ましてしまうことが多いようです。インターネットを利用した問題の解決法は，問題点だけに的を絞って調べることができるので，非常に効率の良い手法といえます。しかし一方で，解りやすい参考書も相変わらず多く出版されています。書籍を購入し，それをじっくりと読むことで著者の伝えたいことを感じつつ，問題を解決することができれば，得られる価値は非常に大きくなるでしょう。ときにはスローな勉強をし，自分にとってのバイブルとなるような書籍にたくさん出逢いたいものです。

　本書では，数式の中にギリシャ文字を利用します。表1は，ギリシャ文字とその読み方です。主要なものはできるだけ読み方だけでも覚えておいて下さい。

表 1: ギリシャ文字

A	α	アルファ	B	β	ベータ	Γ	γ	ガンマ
Δ	δ	デルタ	E	ϵ	インプシロン	Z	ζ	ゼータ
H	η	イータ	Θ	θ	シータ	I	ι	イオタ
K	κ	カッパ	Λ	λ	ラムダ	M	μ	ミュー
N	ν	ニュー	Ξ	ξ	グザイ	O	o	オミクロン
Π	π	パイ	P	ρ	ロー	Σ	σ	シグマ
T	τ	タウ	Υ	υ	ユプシロン	Φ	ϕ	ファイ
X	χ	カイ	Ψ	ψ	プサイ	Ω	ω	オメガ

目 次

はじめに

第1章 数学基礎   1
   1.1 点と直線 1
   1.2 角度 3
   1.3 三角形 4
     1.3.1 三角形の合同と相似 5
     1.3.2 円と三角形 6
     1.3.3 ピタゴラスの定理 8
   1.4 数の種類 11
   1.5 座標 12
   1.6 方程式 13
     1.6.1 線形方程式 14
     1.6.2 連立方程式とその解法 14
     1.6.3 非線形方程式 15
     1.6.4 二次方程式の解 16
   1.7 複素数 17
   1.8 関数 18
     1.8.1 一次関数, 二次関数 18
     1.8.2 三角関数 19
     1.8.3 逆関数 24
     1.8.4 指数関数, 対数関数 25
   1.9 微分 26
   1.10 偏微分 30
   1.11 積分 31
   1.12 ベクトル 32
     1.12.1 ベクトルとは 32
     1.12.2 ベクトルの定数倍 34
     1.12.3 ベクトルの足し算 34
     1.12.4 ベクトルの大きさ 34
     1.12.5 ベクトルの内積 35

	1.12.6 ベクトルの外積	37
1.13	行列	38
	1.13.1 行列の定数倍	39
	1.13.2 行列の足し算	39
	1.13.3 行列のかけ算	40
	1.13.4 単位行列	41
	1.13.5 転置行列	42
	1.13.6 逆行列	42
	1.13.7 行列とベクトルで表す方程式	43
1.14	媒介変数	44
	1.14.1 円の方程式	44
	1.14.2 直線の方程式	44
	1.14.3 2直線の交点	45
	1.14.4 直線と点との最短距離	46
1.15	空間幾何	48
	1.15.1 三次元空間での直線の表現	48
	1.15.2 点と線分との関係	49
	1.15.3 空間における面の表現	50
	1.15.4 面と点, 直線との関係	52
1.16	円錐曲線	53
	1.16.1 円と球	54
	1.16.2 楕円	56
	1.16.3 双曲線	61
	1.16.4 放物線	63

第2章 データ処理　67

2.1	計測値を用いた計算	67
2.2	データの統計量	69
	2.2.1 データとヒストグラム	69
	2.2.2 平均, メディアン, モード	71
	2.2.3 分散と共分散	72
	2.2.4 歪度	73
	2.2.5 尖度	74
2.3	正規分布	74
	2.3.1 順列と組み合わせ	74
	2.3.2 二項分布	75
	2.3.3 正規分布	75
2.4	計測値の精度	79

		2.4.1 誤差の種類と最確値	79

- 2.4.1 誤差の種類と最確値 79
- 2.4.2 平均二乗誤差 79
- 2.5 誤差の伝搬 80
  - 2.5.1 誤差のある計測値の定数倍における精度 81
  - 2.5.2 誤差のある計測値同士のたし算における精度 82
  - 2.5.3 誤差伝搬の法則 83
  - 2.5.4 複数回同じ機器で測った平均値の精度 84
- 2.6 最小二乗法 85
  - 2.6.1 同一区間を複数回計測した場合 85
  - 2.6.2 複数の区間を複数回計測した場合 86
- 2.7 回帰分析 86
- 2.8 座標変換 89
  - 2.8.1 原点移動と縮尺 89
  - 2.8.2 二次元回転変換 90
  - 2.8.3 ヘルマート変換 91
  - 2.8.4 アフィン変換 92
  - 2.8.5 三次元回転変換 92
  - 2.8.6 射影変換 93
  - 2.8.7 座標変換の実際 94
- 2.9 非線形方程式の計算 95
- 2.10 テイラー展開 96
  - 2.10.1 テイラー (Taylor) 級数 96
  - 2.10.2 マクローリン (Maclaurin) 級数 97
  - 2.10.3 テイラー展開による三角関数・指数関数の計算 97
- 2.11 オイラー (Euler) の公式 98
- 2.12 フーリエ (Fourier) 変換 100
- 2.13 ベクトル解析 102
  - 2.13.1 勾配 102
  - 2.13.2 発散 103
  - 2.13.3 回転 103
  - 2.13.4 ラプラシアン 104

第3章 測量機器による位置計測　　105

- 3.1 測度の基準 105
- 3.2 測量機器 106
  - 3.2.1 トータルステーション 106
  - 3.2.2 レーザースキャナ 107
  - 3.2.3 GNSS 107

		3.2.4 INS	108

- 3.3 機器のセッティング ... 109
- 3.4 測距と測角 ... 110
  - 3.4.1 反復計測と精度 ... 111
- 3.5 基本的な測量方法 ... 112
  - 3.5.1 前方交会法 ... 112
  - 3.5.2 後方交会法 ... 116
- 3.6 基準点測量 ... 119
  - 3.6.1 緯距・経距 ... 120
  - 3.6.2 トラバース測量 ... 121
  - 3.6.3 閉合差・閉合比 ... 122
  - 3.6.4 三角・三辺測量 ... 124
  - 3.6.5 二つの基準点を利用した方位角計算 ... 125
  - 3.6.6 二つの基準点を利用した座標変換 ... 126
- 3.7 水準測量 ... 127
  - 3.7.1 水準儀による測量 ... 127
  - 3.7.2 トランシットによる測量 ... 128
  - 3.7.3 高さの基準 ... 129

第4章 画像を用いた位置計測　　133

- 4.1 光の反射・屈折 ... 134
- 4.2 レンズの幾何学 ... 136
  - 4.2.1 レンズの焦点 ... 136
  - 4.2.2 レンズの分解能 ... 137
  - 4.2.3 レンズの明るさ ... 139
  - 4.2.4 ピントの許容量 ... 139
- 4.3 画像の取得 ... 140
  - 4.3.1 適正露出と絞り ... 140
  - 4.3.2 ホワイトバランス ... 142
- 4.4 カメラキャリブレーション ... 142
  - 4.4.1 内部標定 ... 142
  - 4.4.2 外部標定 ... 143
- 4.5 三次元計測 ... 150
  - 4.5.1 立体視 ... 150
- 4.6 ステレオ幾何モデル ... 151

第 5 章　地球規模での位置決定　　155

- 5.1　天体の運行と暦 155
  - 5.1.1　観測点における天体の位置の表現 156
  - 5.1.2　太陽時 156
  - 5.1.3　恒星時 159
- 5.2　天球上での天体の位置 159
- 5.3　緯度・経度 161
  - 5.3.1　緯度の計測法 162
  - 5.3.2　経度の計測法 163
- 5.4　地球を球体としたときの緯度経度の座標変換 164
  - 5.4.1　地心直交座標系から緯度経度への変換 164
  - 5.4.2　緯経度から地心直交座標系への変換 165
- 5.5　地理緯度と地心緯度との関係 167
  - 5.5.1　楕円体上の法線ベクトルを求める 168
  - 5.5.2　卯酉線曲率半径を求める 168
  - 5.5.3　点 P の座標を ϕ を用いて計算する 171
- 5.6　地球を回転楕円体としたときの緯度経度の座標変換 ... 171

第 6 章　衛星リモートセンシングによる位置計測　　173

- 6.1　力学基礎 174
  - 6.1.1　運動の法則 174
  - 6.1.2　円運動 178
  - 6.1.3　角運動量 180
  - 6.1.4　万有引力の法則 181
- 6.2　ケプラー (Kepler) の法則 183
  - 6.2.1　ケプラーの第一法則 183
  - 6.2.2　ケプラーの第二法則 184
  - 6.2.3　ケプラーの第三法則 187
- 6.3　人工衛星位置推算の基礎 189
  - 6.3.1　天体の軌道 189
  - 6.3.2　軌道面上の位置 190
  - 6.3.3　地球中心を原点とする三次元座標 193
- 6.4　人工衛星位置推算の実際 194
  - 6.4.1　軌道要素の入手 194
  - 6.4.2　軌道長半径 a の計算 194
  - 6.4.3　離心近点角 E の計算 196
  - 6.4.4　地球を中心とする人工衛星の三次元座標計算 . 196
  - 6.4.5　観測時刻におけるグリニッジ子午線の赤経計算 .. 197

6.4.6 人工衛星の緯度・経度計算 198
6.4.7 観測点における人工衛星の方位角と高度 198
6.5 地球観測衛星の軌道 200
6.5.1 赤道軌道と極軌道 200
6.5.2 太陽同期軌道 201
6.6 人工衛星画像の幾何学 202
6.7 GNSS 測量 206
6.7.1 GNSS 測量の原理 206
6.7.2 GNSS 測量の種類 207

第 7 章 衛星リモートセンシングによる物体判読の基礎 211
7.1 電磁気学基礎 211
7.1.1 電界 211
7.1.2 磁界 214
7.1.3 電流 216
7.1.4 電流と磁界の関係 217
7.1.5 マックスウェル (Maxwell) 方程式 218
7.2 電磁波の基礎 222
7.2.1 電磁波の種類 222
7.2.2 電磁波の波動方程式 223
7.3 電磁波と物質の相互作用 228
7.3.1 電磁波の反射，屈折，偏光 228
7.3.2 電磁波に関する物理量 233
7.3.3 電磁波の放射と吸収 234
7.4 リモートセンシングにおける電磁波の観測 238
7.4.1 可視近赤外リモートセンシング 238
7.4.2 熱赤外リモートセンシング 243
7.4.3 マイクロ波リモートセンシング 243

第 8 章 画像処理 245
8.1 コンピュータにおける画像ファイル 246
8.1.1 ラスタデータとベクタデータ 247
8.1.2 量子化と標本化 248
8.1.3 色の表現 249
8.1.4 画像フォーマット 251
8.2 画像に含まれる系統的誤差 253
8.2.1 センサ感度 254
8.2.2 周辺減光 254
8.2.3 ダークノイズ 255

	8.2.4	走査角	255
	8.2.5	大気の影響	256
	8.2.6	地形の影響	258
8.3	画像濃度の変換手法		259
	8.3.1	画像の統計量	259
	8.3.2	リニアストレッチ	259
	8.3.3	ヒストグラム平滑化	261
8.4	画像に対する空間フィルタ		261
	8.4.1	移動平均とメディアン	262
	8.4.2	ラプラシアンフィルタとシャープ化フィルタ	263
8.5	画像に対するフーリエ変換		264
8.6	分類		266
	8.6.1	バンド間演算	266
	8.6.2	閾値処理	269
	8.6.3	教師データを用いた分類	271
	8.6.4	ミクセル分析	275
8.7	幾何補正		276
	8.7.1	地上基準点と画像基準点	276
	8.7.2	最小二乗法による線形変換	277
	8.7.3	最小二乗法による非線形変換	279
	8.7.4	平均二乗誤差による変換式の評価	284
	8.7.5	画像の再配列	284
	8.7.6	オルソ画像の生成	287
8.8	画像マッチング		289
	8.8.1	SSDA 法	289
	8.8.2	相関法	290
	8.8.3	最小二乗マッチング	290

第 9 章 地理情報システム **293**

9.1	データモデル		294
	9.1.1	点	295
	9.1.2	線	295
	9.1.3	面	296
	9.1.4	グリッド	298
	9.1.5	属性情報	298
	9.1.6	メタデータ	299
	9.1.7	GIS データフォーマット	299
9.2	地図投影		301

- 9.2.1 地球全体の投影 301
- 9.2.2 中縮尺図の投影 302
- 9.2.3 大縮尺図の投影 304
- 9.3 データ変換 304
  - 9.3.1 ラスタ・ベクタ変換 305
- 9.4 データ内挿 308
  - 9.4.1 線内挿 308
  - 9.4.2 面内挿 311
- 9.5 空間解析 315
  - 9.5.1 オーバーレイ 315
  - 9.5.2 空間検索 317
  - 9.5.3 バッファリング 319
  - 9.5.4 ボロノイ分割 320
- 9.6 三次元データの処理 324
  - 9.6.1 データモデル 324
  - 9.6.2 地形解析 326
  - 9.6.3 シェーディング 328
  - 9.6.4 鳥瞰図 330

おわりに

索 引

第1章 数学基礎

　本章では，測ったり，測った値を解析するときに必要な数学の知識についてまとめてみました。測量やリモートセンシング，地理情報処理を学ぶためには，高校までの数学に少しの大学数学の知識を加えた程度で充分ですので，本章で扱う項目は必ずマスターしておきたいものです。小学校の算数で習う項目もありますが，測るということを通してみると非常に重要なので，これらの数学の基礎について復習しておきましょう。

　小学校では算数として習っていたものが，突然数学という名の下に難しいものになっていきます。算数と数学の違いはいったいなんでしょう？算数の問題は，身近なものが話題となっていました。鶴亀算や旅人算，植木算等，難しい内容も含まれていましたが，すべて実際にあるものを例に問題が作られています。それが数学となると全く現実とかけ離れてしまう感があります。数学で扱う数に単位は一切出てきません。数学は，特定の実際例は取り上げません。例えば代数は，ある値を変数に置き換えて，解く術を一般化しているのです。一般化しているので応用範囲は非常に広いのですが，これによって，難しいと感じているのだと思います。しかし，中学で習う数学でも幾何については，皆さん良く理解していて，好きだったという人が多いのではないでしょうか。問題は解りやすいですし，知恵を絞って解く快感を味わえるからだと思います。測るということは，その延長線上にあります。もう一度数学に興味を抱いて下さい。ここでは，中学数学から出発していきます。

　数学にはたくさんの項目がありますが，特に三次元の空間ベクトルについては極めて重要な項目なので，しっかり理解して下さい。空間直線や空間平面については，今の高校や大学の教育課程であまり取り上げられなくなっているようです。しかし，測ったり，測った結果を処理する際には欠かせない基礎です。また，楕円・放物線・双曲線といった円錐曲線も重要な項目なのですが，あまり数学の教育課程では取り上げられていません。二次関数として少し扱われている程度です。地球の形，人工衛星の軌道は楕円で近似できるので，非常に重要な項目です。詳細は，各専門書を参考にして頂くこととして，ここでは測ることに関連する重要な項目に絞って解説しました。

1.1 点と直線

　測る時には，点が拠り所となります。数学的には**点**(point)は面積を持たないものと定義されているのですが，実際には小さい円形や十字線の印によって代用しています。そして距離を測る時は，点と点の間の直線間の距離を測ります。複雑な形状を測る際には，多くの点を配置させて，それらの点の位置を測っていきます。その後，点同士を**直線**(line)や**曲**

第 1 章　数学基礎

線(curved line) でつなげて表現します。配置させる点数が多ければ多いほど詳細な形状を表現できます。

　ところで，我々の住まいは，柱・壁・屋根等により構成されているため，小さい頃から身の回りの点・直線・多角形・平面を見て慣れ親しんでいます。ところが，地球上の自然界においては点・直線・多角形・平面はあまり存在しません。かろうじてあるのは，天空にある星が点に見え，太陽や月の形が円形に見えることでしょうか？しかし，それとて厳密には点や円とはいえません。したがって，点・直線・多角形・平面等は，我々の頭の中で生まれた抽象的な概念なのです。

　数学の一つの分野である幾何学の分野では，点・直線・平面等の概念は，ユークリッドが紀元前3世紀年頃に定義し，5つの公理と公準をもとに幾何学の論理を展開しています。それを**ユークリッド幾何学**(euclidean geometry) と呼んでいます。なお**定義**(definition) とは，物事を理解する上での約束事のことです。**公理**(axiom) とは，全ての研究における必要な仮定であり，**公準**(postulation) とは，特殊な研究における必要な仮定のこととされています。真実は解らないものという立場に立てば，物を定義し，何かを仮定しなければ，先に進まないのです。現在までに生まれた様々な定理や公式，そして理論は，何らかの仮定に基づいているので，その仮定が間違っていれば，全てが覆されてしまうのです。

　さて，ユークリッド幾何学における定義の一部は，以下のとおりです。

1. 点とは，部分を持たないものである。

2. 線とは，幅を持たない長さである。

3. 線の端は点である。

4. 直線とは，その上に点が平等にのっている線である。

5. 面とは，長さと幅だけを持っているものである。

6. 面の端は，線である。

7. 平面とは，直線がその上に平等にのっている面である。

8. 平行線とは，同一平面上にあって，その両方の側へどれほど延長しても，いずれの側でも交わることのない直線のことである。

他にも角度や円や三角形に関する定義があります。これらについては各章において適宜解説していきましょう。そして公理は，以下のとおりです。

1. 同一のものに等しいものは，また互いに等しい。

2. 等しいものに等しいものを加えれば，全体は等しい。

3. 等しいものから等しいものを引けば，残りは等しい。

4. 互いに一致するものは，互いに等しい。

5. 全体は部分より大きい。

文章で表現すると，意味不明のように感じますが，式で表すと非常にわかりやすいと思います。つまり，第一公理は，$A = B, B = C$ のとき，$A = C$ となることを表現しています。第二公理は，$A = B$ のとき $A + C = B + C$ となることを表しています。同様に第三公理は，$A = B$ のとき $A - C = B - C$ となることを表しています。このように，式で表現すれば，特に難しいことを書いているわけではないことがわかるでしょう。それに比べて，第四公理と第五公理については，理解に苦しむことはないと思われますが，いかがでしょうか。

さらに公準は，以下のとおりです。

1. 任意の点から，他の任意の点へ，ただ一本の直線を引くことができる。

2. 一つの有限の直線は，これが直線になるように，その続きに延長することができる。

3. 任意の点を中心として，任意の長さを半径として円を描くことができる。

4. 直角は全てお互いに等しい。

5. 与えられた直線上にない，与えられた一点を通って，与えられた直線に平行な直線は，一本あって，一本に限る。（プレーフェイアによる）

ユークリッド幾何学は，平面上の点や直線について論理が展開されていますが，地物を測量して結果を整理すると，地球は丸いために実際には地表面は平面ではないという問題が出てきます。さらに細かく見ると，重力によって空間が歪んでいるという問題もでてきます。しかし，多くのユークリッド幾何学は，狭い範囲においては実用上問題ないので，現在もその定義や公準に基づいた理論が応用されているのです。

1.2　角度

角度(angle) は，一般に 0〜360°の**度数法**(degree) で表現されています。これは古来，1年が360日程度であると思われていたため，地球が太陽の周りを回る角度として1日1°と定義されていたことによるといわれています。なお，90°は，特に**直角**(perpendicular) と呼ばれており，地球の位置としては春分・夏至・秋分・冬至にあたります。

度数法の他にも多くの角度を表す単位があります。中でも弧度法（ラジアン）は数学的に非常に重要な角度の単位です。これについては，後述することにしましょう。

ここで，様々な角度についておさらいしておきましょう。直線と直線が交差すると，**交点**(intersection) において4つの**角度**(angle) ができます。下図は，それを示したもので，直線 L_1 と直線 L_2 によって，角度 A, B, A', B' が存在しています。このうち，A と A'，B と B' は，**対頂角**(opposite angle) の関係にあり，それぞれ角度は等しくなります。このことは，直線上のある点において，直線のなす角度は，上側も下側も同じ180°ですから，これをもとに対頂角が等しいことを導くことができます。

第1章　数学基礎

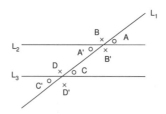

また，この図には直線L_2に平行な直線L_3も描いてあります．**平行**(parallel)とは，ユークリッド幾何学においては，同一平面上にあって，その両方の側へどれほど延長しても，いずれの側でも交わることのない直線と定義されています．したがって，直線L_2と直線L_3によってできる4つの角度は，直線L_1と直線L_2によってできる角度と同じでなければなりません．つまり，角度Aと角度Cは同じであれば，2つの直線は交わらないのです．ここで角度Aと角度Cは，**同位角**(corresponding angle)の関係にあると呼ばれています．角度Aと角度A'が等しく角度Aと角度Cも等しいので，角度A'と角度Cも同じとなります．この角度A'と角度Cは，**錯角**(alternate angle)の関係にあると呼ばれています．これら，平行線を横切る直線が作る角度については，次節で解説する三角形の合同条件より導くことができます．

1.3　三角形

面の形状を測る場合も，線と同様に多くの点を配置させ，多角形として形状を把握する場合が多くみられます．この多角形は，幾つかの**三角形**(triangle)で構成されているということから，多角形の性質を理解することができます．例えば，四角形は2つの三角形が組合わさったものであり，五角形は3つの三角形が組合わさったものと考えれば良いのです．このことから，n角形の内角の和の値は，$(n-2) \times 180$により算出できます．さらに三角形は，後述するピタゴラスの定理，三角比，正弦・余弦定理，三角関数等，様々な計算が可能であることからも極めて重要な形状なのです．

三角形の角度は，**内角**(inner angle)と**外角**(exterior angle)とが区別されています．下図に示したように，三角形ABCにおいて頂点Aの内角は，AにおいてBとCに挟まれる三角形の内側の角を示しています．∠BACと表現したり，単に∠Aと表現したりします．

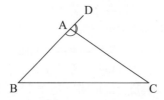

一方，外角は外側の角度を意味していますが，$360° - \angle A$ではなく，辺ABを延長したときにできる∠DACと定義されています．なお，辺ACを延長したときにできる外角についても外角の大きさは，対頂角の関係にあり，同じであるため，どちらに外角をとっても問題はありません．

1.3. 三角形

さて，三角形の内角の和は180°であることは皆さんご承知でしょうが，それはなぜなのか，即答できる人は案外少ないかもしれません。それは，例えば以下のように証明できます。下図は，三角形ABCの点Aにおいて線分BCに平行な直線LL'を描いています。

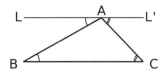

点Bの内角は，錯角の関係から∠LABと等しく，点Cの内角は，同様に∠L'ACと等しいといえます。したがって，三角形の各頂点の角を貼り合わせると一直線となり，三角形の内角の和は180°となります。何だ，当たり前じゃないかと思う人が多いと思いますが，三角形の内角の和を180°と鵜呑みに覚えてしまっている人にとっては，このことになかなか気づかないものです。できるだけ，理解して覚えるようにしましょう。

さて，三角形の内角の和が180°であることにより，外角と内角との関係が解りやすくなります。つまり，∠A = 180° − (∠B + ∠C) となり，∠B + ∠C は A の外角に等しいといえます。

1.3.1 三角形の合同と相似

三本の棒を用意し，それぞれの棒の端同士をつなげれば三角形ができあがります。つなげるときには，それぞれの棒の端をピンでとめ，関節のようにピンのまわりで自由に回転できるようにして三角形を作ることにしましょう。このとき，できた三角形に力を与えても，その形は変えようとはせず，その三角形の形をとどめます。これが四角形以上の多角形であれば，少しの力で形が自由に変わってしまいます。したがって，構造的にも三角形は強い形といえます。建築物の耐震性能を上げるために，筋交いを入れて三角形の構造にするのは，ご存知と思います。さて，先に利用した三本の棒ですが，それと同じものをもう一組用意して同様につなげると，先と全く同じ形で同じ大きさの三角形ができます。このように2組の同じ大きさで同じ形の三角形は，**合同**(congruence)と呼んでいます。三角形の合同条件は，以下の3つです。

- 三辺の長さが等しい
- 二辺の長さとその間の角が等しい
- 一辺の長さとその両端の角が等しい

この合同条件については，BC5世紀頃ギリシャのターレスが証明したといわれています。このことは，測量においても非常に重要です。合同三角形を利用すれば，直接測ることが困難な二点間の距離を間接的に測ることができるのです。

第 1 章 数学基礎

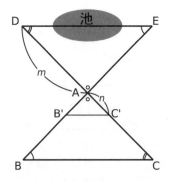

上図は，点 DE 間の距離を測る際に，池が邪魔になって直接測れないとき，合同三角形を使って測る例を示しています。まず点 A を設けて，辺 DA と辺 EA を延長させます。そして，DA と同じ長さとなる C，EA と同じ長さとなる B を置くと，二番目の合同条件より三角形 ADE と三角形 ABC は，合同となります。そこで，BC 間の距離を測れば，DE 間の距離となります。

さて，大きさは異なっても同じ形の三角形もあります。それを**相似**(similar) と呼んでいます。三角形の内角が全て等しい場合，相似三角形となります。この相似三角形を用いれば，合同三角形を用いるよりも少ない労力で測ることができます。同じ大きさの三角形を作るのは，困難なことが多いですが，大きさの小さい三角形で測ることができれば楽に測れます。上図には，三角形 ADE と相似の小さな三角形 AB'C' を描いています。三角形の大きさの比 ($m:n$) が解れば，B'C' の距離を測ることで，DE の距離も計算できます。DE : B'C' = $m:n$ より，DE = $\frac{m}{n}$B'C' となります。この手法は，写真測量にも応用されており，非常に重要な原理です。

ターレスは，ピラミッドの高さを測るのに，太陽によってできる自分自身の陰の長さとピラミッドの陰の長さから，相似三角形を用いたといわれています。

1.3.2 円と三角形

円(circle) は，三角形と並んで極めて重要な図形です。ある点を中心としてその点から等しい距離にある点の集まりが円です。中心と円との距離が，**半径**(radius) で，中心を通って，円の両端の長さが**直径**(diameter) です。その円の周長は，直径に比例します。何種類かの長さの紙を用意し，その紙を丸めて直径を測り，直径と周長との関係をグラフに表せば，それが解ります。その比例定数を**円周率**(circle ratio) と呼び，π で表します。直径を d とすると，円の周長は，πd で表すことができます。或は，半径を r とすると $2\pi r$ で表せます。なぜこの式で表されるかは，積分を使っても簡単に導くことができますので，後に解説します。一方，π の値は 3.1415926535.... とされています。この π にしても計算により導くことができます。これも後に改めて解説します。

さて，三角形においては，三つの頂点を通る円を描くことができます。これを**外接円**(circumscribed circle) と呼んでいます。一方，三角形の三つの辺に接するような円も描くことができ，こ

れを**内接円**(inscribed circle) と呼んでいます。測量においては，外接円が非常に重要です。

ある円周上に2つの点AとBを置きます。次に同じ円周上に任意の点Cを置きます。このとき，∠ACBは，Cをどこに置こうとも角度は同じとなります。下図では，C_1, C_2, C_3の三つの点を置きましたが，すべて同じ角度なのです。

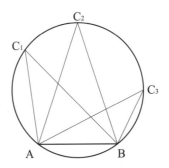

この角度は，**円周角**(angle of circumference) と呼ばれています。なぜ円周角が同じになるかを下図を用いて解説します。

まず，外接円の中心Oと，三つの頂点を結ぶ直線を描きます。これらの直線の長さは，円の半径と一致するので，△OAB, △OBC, △OACは，それぞれ二等辺三角形となります。△OACにおいて，Oの外角は，∠OACの二倍の大きさとなります。△OBCにおいても，Oの外角は，∠OBCの二倍です。したがって，∠AOBは，∠ACBの二倍となるのです。

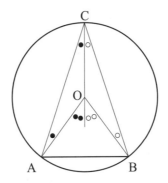

点Cの場所は，円周上であれば，常にこれが成り立ちます。△OABは動かないので，∠AOBは固定された状態です。点Cが円周上にあれば，∠ACBは∠AOBの$\frac{1}{2}$の関係は維持されるので，円周角は常に等しいということになるわけです。

ここで，線分ABが中心Oを通り，円の直径となる位置にあるときは，∠AOBが180°となるので，その円周角は90°となります。このことは，**ターレスの定理**と呼ばれています。非常に重要な定理です。

第 1 章　数学基礎

1.3.3　ピタゴラスの定理

　三角形の中でも**直角三角形**(right triangle) は，測量の基本といえます．直角三角形でない三角形も存在しますが，どんな三角形でも，ある頂点からもう一方の辺に向けて垂線をおろせば，二つの直角三角形に分割することができます．ここが重要なポイントなのです．直角三角形からサインやコサインの三角比が定義され，さらに正弦定理や余弦定理等，測量において多用される公式が導かれるのです．

　下図は，直角三角形 ABC を表しています．頂点 C が直角であり，辺 BC を**底辺**(base)，辺 AC を**高さ**(height)，辺 AB を**斜辺**(hypotenuse) と呼んでいます．

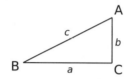

ピタゴラスの定理(Pythagoras's theorem) は，直角三角形の辺の長さについての定理で，底辺の長さを a，高さを b，斜辺の長さを c とすると，次式で表すことができます．

$$c^2 = a^2 + b^2 \tag{1.1}$$

ここで，なぜピタゴラスの定理が成り立つのかを考えてみましょう．このピタゴラスの定理は，三平方の定理とも呼ばれて，中学時代に習うのですが，これを鵜呑みで覚えている人の方が多いのではないでしょうか．授業ではちゃんと習っていると思うのですが，おさらいしてみます．この定理ですが，各辺の二乗に関する式なので，各辺を一辺とする正方形の大きさに関する式といえます．そこでまず，下図の左のように斜辺からできる正方形の周りに同じ三角形を 4 つ（1 番から 4 番）配置させます．すると，一辺が $a+b$ の正方形が描かれ，真ん中には斜辺から構成される面積 c^2 が表現されています．

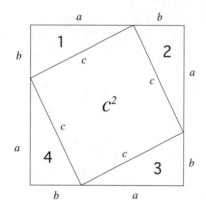 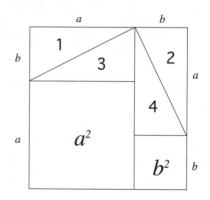

次に，3 番の三角形をスライドさせて 1 番の斜辺とつなげ，4 番の三角形をスライドさせて 2 番の斜辺とつなげると，上図の右のようになります．すると，c^2 の空間が $a^2 + b^2$ の空間

に変わります。外枠の大きさは $a+b$ で変化していないので，ピタゴラスの定理は証明されます。

　先の証明は，ピタゴラスの定理がありきの状態で示したものですが，このピタゴラスの定理を式を用いて導くには，三角形の相似を用います。下図のように点 A より半径が b の円を描くと，点 C で接する円が描けます。AB と円の交点を P，AB の延長線と円との交点を Q とします。

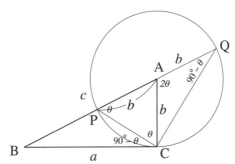

$\angle$ACP $= \theta$ とすると，三角形 ACP は二等辺三角形なので，$\angle$APC $= \theta$ となり，$\angle$QAC $= 2\theta$ となります。三角形 ACQ も二等辺三角形なので，$\angle$AQC $= \angle$ACQ となります。そしてこの角度は，ターレスの定理より $\angle$PCQ $= 90°$ なので，$90° - \theta$ となります。一方，$\angle$ACB $= 90°$ なので，$\angle$PCB $= 90° - \theta$ となり，三角形 QBC と三角形 PBC は，相似三角形となります。したがって，PB : CB $=$ CB : QB が得られます。この各辺の長さを a, b, c で表すと，次式のようになり，整理すればピタゴラスの定理が導かれます。

$$(c-b) : a = a : (c+b)$$
$$a^2 = (c-b)(c+b)$$
$$a^2 + b^2 = c^2 \tag{1.2}$$

　ピタゴラスの定理は，紀元前 4 世紀ころに生まれているようで，ピタゴラスが発見したというより，ピタゴラスが証明し，一般的なものにしたといわれています。とにかく，この定理は測量においても重要ですし，三角関数を始めとする様々なところで活用されています。身近なところでいえば，グランドに直角のラインを引くのに，巻き尺で 3m，4m，5m の辺からなる三角形をつくって直角を出すことは，一般にやられているのではないでしょうか。とにかくこの定理は，本書でも色々なところで出てきます。紀元前に生まれた定理というのが驚きです。

　ところで，このピタゴラスの定理を用いれば，**円周率** π を求めることができます。直接円の周長を求めることは難しいですが，正 n 角形の辺の長さを求めることはできます。n が非常に大きい辺の長さを求めることができれば，ほぼ円の周長といえます。この辺の長さをピタゴラスの定理を用いて求めることができます。辺の長さを求める出発点は，正六角形にすると便利です。下図は，半径が 1 の円に内接する正六角形を太線で描きました。この六角形の一辺の長さは，正三角形が六つで構成されているので，1 です。したがって，

第 1 章　数学基礎

正六角形の周囲の長さは，6 となり，それにより求まる π は 3 となり，まだ誤差は大きいといえます。次に，正十二角形の辺の長さはどうなるでしょう。

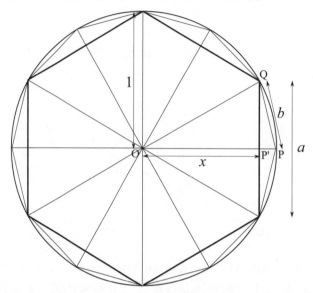

ここで，正十二角形を構成する一つの三角形 OPQ に注目します。OP と正六角形の交点を P' とし，OP' の長さを x とします。また，正六角形の辺の長さを a とし，正十二角形の辺の長さを b とします。この a と b の関係が求まれば，正 (6×2^n) 角形の辺の長さを求めることができます。

三角形 OP'Q については，ピタゴラスの定理より，次式を得ることができます。

$$1^2 = x^2 + \left(\frac{a}{2}\right)^2 \tag{1.3}$$

また，三角形 QP'P についても同様に次式が得られます。

$$b^2 = (1-x)^2 + \left(\frac{a}{2}\right)^2 \tag{1.4}$$

式 (1.3) - 式 (1.4) を計算し，$\left(\frac{a}{2}\right)^2$ を消去すれば，次式となります。

$$b^2 = 2 - 2x \tag{1.5}$$

ここで，式 (1.3) より，$x = \frac{\sqrt{4-a^2}}{2}$ となりますから，これを上式に代入すると，最終的に b を a より計算できる式が得られます。

$$b^2 = 2 - \sqrt{4-a^2}$$
$$b = \sqrt{2 - \sqrt{4-a^2}} \tag{1.6}$$

$a = 1$ を代入すると，正十二角形の辺の長さが計算されます。$b = 0.51763809$ となり，これを 12 倍すると正十二角形の周長になります。π は，その半分ですから 6 倍することにな

り，正十二角形で求まる π は，3.105828541 とまだ精度は高くありません．次に，正 24 角形の辺の長さは，正 12 角形の辺の長さを a として計算すれば良く，続けて，48, 96, 192, 384 角形と求めていくことができます．表計算ソフトを使えば，簡単に計算させることができますから，精度の高い π の計算を試してみて下さい．なお，表計算ソフトの計算精度によって，計算できる π の桁数に限界がありますから，8 桁を越えるような高精度を求める場合は工夫が必要です．

1.4 数の種類

ここで，数について解説しておきます．測った値は数で示しますし，計算で様々な数を利用します．物を数えるための数は，**自然数**(natural number) と呼ばれています．したがって，自然数は 1, 2, 3, ... とカウントします．鉛筆が 1 本 2 本，お皿が 1 枚 2 枚という感じです．ただし，自然界のものをきっちり 1, 2, 3 とカウントできるものはあるでしょうか？例えば木の数を数える必要が出たとき，1 本 2 本と数えていくのですが，必ず問題に直面します．草と木の違いはどこにあるのか？幼木だと素人には見分けることが困難です．人数を数えるときも，たまに問題となります．子どもも数に入れるべきかどうか？このように，自然界のものを数えるときは，きっちりとした定義に基づかなければなりません．一方で，人間が作り出したものは，簡単に数えられるものが多いようです．

さて，その自然数を拡張し，0 と負の数も含めた数は，**整数**(integer number) と呼ばれています．引き算で，小さいものから大きいものを引くと**負の数**(negative number) となります．整数同士の足し算・引き算・かけ算は整数となりますが，割り算は小数が含まれる場合があります．その小数部分は，ある桁で割り切れる**有限小数**(finite decimal) の場合もあれば，割り切れずに**循環小数**(circulating decimal) になる場合もあります．いずれにしても，ある整数同士の足し算・引き算・かけ算・割り算によって得られる答えは，**有理数**(rational number) と呼ばれる数に分類されています．

測量において，測って得られる値は基本的に小数が含まれます．このような値は，**実数**(real number) と呼ばれています．実数の中に有理数は含まれていますが，ある長さを測ったとき，いくらぴったり 1cm だといえども測った値は整数とはいえません．例えば，単位を m にした途端，0.01m となり小数を含んでしまいます．長さの単位もメートルを元にした単位だけでなくインチを元にした単位もあります．単位を持っているような値は，実数といって良いのでしょう．

数学では，単位はあまり重要視されていないため，単位を意識した計算は扱われていません．しかし数学以外の自然科学の分野での値には単位がつきものです．座標であろうがグラフであろうが，単位を忘れてはなりません．

なお，実数には**無理数**(irrational number) も含まれています．無理数とは，π や e, $\sqrt{2}, \sqrt{3}$ 等の循環小数ではなく無限に小数部の続くような値をいいます．また，実数の他に**虚数**(imaginary number) もあります．ある数を二乗したときに負の数となるようなものです．測量にはあまり必要ないと思いがちですが，電磁波や振動を扱う部分で良く活用されます．

第 1 章　数学基礎

1.5　座標

座標(coordinate) は，位置を表現するのに極めて重要です。これは，17 世紀にデカルトによって生み出された概念なのです。原点を設定し，それに対して 2 つの直交する軸を設けます。特に直交しなければならないことはないのですが，直交した座標の方が様々な計算が簡単なので，ここでは直交した座標を取り扱います。地図を作成する際も座標がなければ作ることができません。

そして，それぞれの座標は，xy 座標で呼んで表すことが慣例的です。座標は，x 軸座標と y 軸座標の値として表します。ある点の x 軸座標は y 軸からその点までの x 軸に平行な距離で表し，y 軸座標は x 軸からその点までの y 軸に平行な距離で表します。下図において，点 A の座標は A(3,2) と表し，点 B の座標は B(-1, 0.5) と表します。

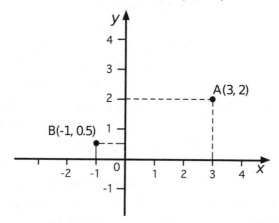

通常，地上の地物の位置を表現する時は，ある点を原点とし，東西方向，南北方向を x 軸や y 軸に合わせて座標系を設定しています。

xy 座標で表される点は，座標軸で囲まれた 4 つのエリアのいずれかに属します。これを**象限**(quadrant) と呼んでいます。正の値をとる x 座標と正の値をとる y 座標に囲まれた象限は，第一象限としており，そこから左回りで，第二象限，第三象限，第四象限となっています。上図において，点 A は第一象限に位置し，点 B は第二象限に位置しています。

原点から各点までの距離の二乗 d^2 は，座標が (x, y) のとき，ピタゴラスの定理より次式で表すことができます。

$$d^2 = x^2 + y^2 \tag{1.7}$$

AB の二点間の距離も同様にピタゴラスの定理が使えます。それぞれの座標が $(x_a, y_a), (x_b, y_b)$ とすると，二点間の距離 d_{ab} は，次式で表すことができます。

$$d_{ab}^2 = (x_a - x_b)^2 + (y_a - y_b)^2 \tag{1.8}$$

これらのことは，ほぼ常識として頭の中に入っていることと思いますが，座標という概念は測るだけでなく，図化においても活用できます。これを考えだしたデカルトに敬意を払うことしきりです。

1.6 方程式

ある値が解らないとき，それをある文字で置き換えて式を立てます。本来は値を持つものなのですが，文字で式を表すことで，簡単に解くことができます。小学校のときに理解するのに苦しんだ鶴亀算も，中学で方程式を習ったとたんに，楽に解けるようになったと感じた人も多いのではないでしょうか。値を文字で代用して表現するので，**代数**(algebra)と呼ばれています。

本来値を持つものを文字で表したものが**変数**(variable) というものです。例えば，等速運動をしている物体において，移動距離 x は，速度 v と時間 t という変数を設定すれば，次式で表すことができます。

$$x = vt \tag{1.9}$$

変数を含む式においては，既に解っている数値が含まれている場合があります。円の半径 r が与えられたとき，その面積 A は，円周率を π とすると，次式で表されます。

$$A = \pi r^2 \tag{1.10}$$

このとき，π は $3.14159265\cdots$ と既に解っている値です。値の解っている変数は，**定数**(constant)と呼ばれ，解らない変数は，**未知数**(unkown) と呼んで区別しています。そして定数は，**係数**(coefficient) とも呼ばれることもあります。この式において π は定数であり，残りの半径 r と面積 A が変数であり，未知数となる。半径 r が与えられたとき，この式における未知数は，ある特定の場合にしか成り立ちません。つまり半径 $r=1$ のときの円の面積は $3.14159265\cdots$ という値しか存在しません。このように変数が特定の場合のときにのみ成り立つような式を**方程式**(equation) と呼んでいます。そして，式を成立させるための未知数における特定の値は，**根**(root) や**解**(solution) と呼ばれています。

式には，単純なものから関数が含まれた複雑なものまで様々ですが，かけ算（割り算）と足し算（引き算）に分離させて表現することができます。例えば，次のような方程式があったとしましょう。

$$y = ax + by + cz \tag{1.11}$$

このとき，かけ算で表された部分（ax, by, cz）は，**項**(term) と呼ばれています。

方程式の中には，**恒等式**(identical equation) と呼ばれるものもあります。恒等式は，変数がどんな値をとろうが，その式が成り立つようなものです。例えば，三角比においては重要な恒等式があります。角度を θ とすると，以下の式が成り立ちます。

$$\sin^2\theta + \cos^2\theta = 1 \tag{1.12}$$

この式は，角度 θ がどんな値であっても成り立つものです。**公式**(formula) と一般に呼ばれている式の中には，このような恒等式が含まれています。

1.6.1 線形方程式

直線を表す方程式は，変数を x, y，係数を a, b とおくと，$y = ax + b$ と表現できます。この式は，かけ算と足し算のみで表現されています。このような方程式を，**線形方程式**(linear equation) と呼んでいます。方程式をグラフで表したときに，直線で表現されることに由来しています。下図は $a = \frac{1}{2}, b = 1$ のグラフを表しています。

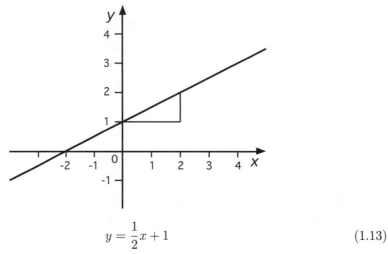

$$y = \frac{1}{2}x + 1 \tag{1.13}$$

このグラフの**傾き**(gradient) は，変数 x の係数 a です。ある一定範囲の x の増分に対応する y の増分の比は，常に等しくなっています。そして傾きは，y の増分を x の増分で割ったもので表すことができます。b は，**切片**(intercept) と呼ばれ，この直線が y 軸と交差する点の y 座標の値に相当します。

1.6.2 連立方程式とその解法

方程式は，一般に解を求めたい場合にたてます。その方程式に含まれる未知数が多くなると解を求めることは困難です。前節の移動距離 x，速度 v，時間 t との関係式 (1.9) において，3つの変数全てが未知数の場合は，解の求めようがありません。移動距離 x を求めたいならば，速度 v と時間 t が必要となります。したがって，$v = 50 (\text{km/h}), t = 1 (\text{h})$ のときであれば，一つの方程式に一つの未知数となるので，解を求めることが簡単です。この場合は，以下の3つの式を連立させて解いていることに相当します。いわゆる**連立方程式**(simultaneous equation) です。

$$\begin{cases} x = vt \\ v = 50 (\text{km/h}) \\ t = 1 (\text{h}) \end{cases} \tag{1.14}$$

このように，未知数の数だけ方程式がなければ解を求めることは困難です。

1.6. 方程式

次に一般的な連立方程式の解法について考えてみましょう．例えば未知数が x_1, x_2, x_3 の3個のときは，3つの方程式が必要になります．係数が $a_{11}, \cdots, a_{34}$ の連立方程式が，以下のようにあるとき，連立方程式は，中学のときに習ったと思いますが，代入法や係数比較法によって解くことができます．

$$a_{11}x_1 + a_{12}x_2 + a_{13}x_3 = a_{14} \tag{1.15}$$
$$a_{21}x_1 + a_{22}x_2 + a_{23}x_3 = a_{24} \tag{1.16}$$
$$a_{31}x_1 + a_{32}x_2 + a_{33}x_3 = a_{34} \tag{1.17}$$

ここでは，Gauss の**消去法**(elimination method) について解説します．この方法は，係数比較法の一種で，その名のとおり Gauss が考案したものです．アルゴリズムが単純なのでコンピュータプログラムで表現することも簡単なことから，現在でも広く利用されている手法です．

まず，変数 x_1 を消去するために，式 (1.15) $\times \frac{a_{21}}{a_{11}}$ から式 (1.16) を引き，式 (1.15) $\times \frac{a_{31}}{a_{11}}$ から式 (1.17) を引きます．すると，未知数が2つの連立方程式が新しくできます．新しくできた連立方程式の係数を $b_{22}, \cdots, b_{34}$ とすると，以下のようになります．

$$a_{11}x_1 + a_{12}x_2 + a_{13}x_3 = a_{14} \tag{1.18}$$
$$b_{22}x_2 + b_{23}x_3 = b_{24} \tag{1.19}$$
$$b_{32}x_2 + b_{33}x_3 = b_{34} \tag{1.20}$$

さらに，変数 x_2 を消去するために，式 (1.19) $\times \frac{b_{32}}{b_{21}}$ から式 (1.20) を引くと，未知数が1つの方程式が新しくできます．新しくできた連立方程式の係数を c_{33}, c_{34} とすると，以下のようになります．

$$a_{11}x_1 + a_{12}x_2 + a_{13}x_3 = a_{14} \tag{1.21}$$
$$b_{22}x_2 + b_{23}x_3 = b_{24} \tag{1.22}$$
$$c_{33}x_3 = c_{34} \tag{1.23}$$

これで，式 (1.23) を用いて x_3 の解が求まり，それを式 (1.22) に代入して，x_2 を求め，最終的にすべての未知数の解が求まります．未知数の数が多くなったとしても同様の手法で解くことができます．

1.6.3 非線形方程式

方程式には，かけ算と足し算だけでは表せないものもあります．例えば円や放物線，楕円，双曲線は変数 x の二乗の項が出現します．x^2 の項が含まれる方程式は**二次方程式**(quadratic equation)，x^3 の項が含まれる方程式は，**三次方程式**(cubic equation) と呼ばれています．また，その他にも後で解説しますが，三角関数，指数，対数等が含まれる場合もあります．このような方程式は**非線形方程式**(nonlinear equation) と呼ばれています．

第 1 章　数学基礎

下のグラフは，$y = x(x+2)$ のグラフを描いています。下に凸の放物線となっています。この放物線は，座標 (-1, -1) に頂点を持ち，x 軸とは 0 と -2 において交点を持っています。

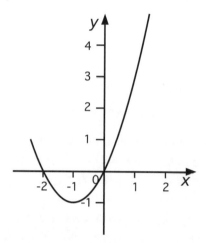

頂点の座標を求めるためには，後に述べる微分法を用いるのが簡単です。微分を用いなくても，中学時代には，平方完成させて頂点を導くと習っていることでしょう。一方，x 軸との交点を求めるには，y 座標が 0 における x の値なので，$y = 0$ とおき，x の解を求めれば良いわけです。二次方程式なので解の公式によって解くことができます。

1.6.4　二次方程式の解

一般に非線形方程式の解を求めるのは，困難なものです。したがって次章で述べる Newton-Raphson 法等により，繰り返し計算を行うことで，解の近似値を求めるのが一般的です。しかし二次方程式については，解析的に解くことができます。

例えば，$x^2 - 4 = 0$ の二次方程式は，**因数分解**(factorisation) により，$(x+2)(x-2) = 0$ となり，$x = \pm 2$ と簡単に計算できます。一方，この二次方程式は，$x^2 = 4$ と変形して，$x = \pm 4^{\frac{1}{2}}$ とも書くことができます。この $\frac{1}{2}$ 乗は，特に $\sqrt{}$ という記号を用いて表現し，平方根と呼んでいます。つまり，$x = \pm\sqrt{4}$ となります。そして，$\sqrt{4} = 2$ と解けるのです。ところで，$\sqrt{2} = 1.41421356\cdots$ となり，ぴったりの数にはなりません。そして循環小数でもありません。このような数は先にも述べたように，**無理数**(irrational number) と呼ばれています。

日本ではこれを単にルートと呼んでいる場合が多いですが，ルートを直訳すると根，つまり解という意味なので，少々問題だと思います。できるだけ正確に，**平方根**(square root) 或は，スクエアルートと呼ぶべきでしょう。

一般の二次方程式には，解の公式があります。例えば，係数が a, b, c で変数が x の二次方程式が次式で与えられているとします。

$$ax^2 + bx + c = 0 \tag{1.24}$$

このとき，方程式の解は，以下の要領で計算することができます。

$$x^2 + \frac{b}{a}x + \frac{c}{a} = 0 \qquad \text{両辺を } a \text{ で割る}$$
$$x^2 + \frac{b}{a}x = -\frac{c}{a} \qquad \frac{c}{a} \text{ を右辺に移項}$$
$$x^2 + \frac{b}{a}x + \left(\frac{b}{2a}\right)^2 = \left(\frac{b}{2a}\right)^2 - \frac{c}{a} \qquad \text{平方完成のため両辺に } \left(\frac{b}{2a}\right)^2 \text{ を加える}$$
$$\left(x + \frac{b}{2a}\right)^2 = \frac{b^2 - 4ac}{4a^2} \qquad \text{左辺を平方完成させ，右辺を整理}$$
$$x + \frac{b}{2a} = \pm\sqrt{\frac{b^2 - 4ac}{4a^2}}$$
$$x = -\frac{b}{2a} \pm \sqrt{\frac{b^2 - 4ac}{4a^2}}$$
$$= \frac{-b \pm \sqrt{b^2 - 4ac}}{2a} \qquad (1.25)$$

x について，変数をそのまま使って平方完成させて導いています。

1.7 複素数

ある値 x の平方根は，$\frac{1}{2}$ 乗の値，つまり $\sqrt{x}$ でした。ところで，二次方程式の解の公式である式 (1.25) を使って，色々な式を解いた場合，平方根の中の $b^2 - 4ac$ の値が，負の値になることもあります。したがって，$x^2 = -1$ となる x の値は存在するのかということが問題となります。数学や物理では，とりあえずあるとして進めています。今後解説する三角関数や指数関数において非常に便利なものへと発展するのです。とにかく，$x^2 = -1$ を手順どおり解くと，$x = \sqrt{-1}$ となります。そして $\sqrt{-1}$ は，i と表現するのです。これを**虚数単位**(imaginary unit) と呼んでいます。imagenary unit という言葉は，17 世紀にデカルトが名付けたようです。現実には見ることのできない想像の値だからでしょう。負の数にしても想像上の数ですが，これは数直線を描くことによって想像がつきます。しかし虚数単位を用いて表される**虚数**(imaginary number) となると，全く想像しづらいです。しかし，数学・物理においては，積極的に利用されているので，まずは慣れておく必要があります。後に深い理解が得られることでしょう。

さて，虚数は実数ではありませんが，虚数単位と実数 a, b を組み合わせた数として以下のように表現されます。

$$a + bi \qquad (1.26)$$

これを**複素数**(complex number) と呼び，虚数を含む数を表現しています。

二次方程式の解を表現するのに，$b^2 - 4ac < 0$ の場合，複素数が使われます。例えば，

第 1 章　数学基礎

$x^2+x+1=0$ の解は，以下のように表現できます。

$$\begin{aligned}x &= \frac{-1\pm\sqrt{1^2-4\times 1\times 1}}{2\times 1}\\ &= \frac{-1\pm\sqrt{-3}}{2}\\ &= -\frac{1}{2}\pm\frac{\sqrt{3}}{2}\mathrm{i}\end{aligned} \qquad (1.27)$$

実数部分である $-\frac{1}{2}$ に対して，虚数部分は $\pm\frac{\sqrt{3}}{2}\mathrm{i}$ と 2 つ持っています。このように虚数部分について符号が異なる複素数を特に**共役複素数**(complex conjugate number) と呼んでいます。複素数は，次章で解説するオイラーの公式やフーリエ変換において極めて重要な役割を演じています。

1.8　関数

　関数(function) は，変数 x に値を入力すると，その値に基づいて計算した結果を一つ返す機能を持つものです。この言葉は，17 世紀に微積分で活躍したライプニッツが定義したものだそうです。一般に関数を f で表し，$f(x)$ と表現する場合が多いですが，これは 18 世紀にオイラーが表記したことから始まったとのことです。

　この関数に入力する変数は，一つに限ったものではなく，いくつの変数を設定しても構いません。したがって，三次元座標のデータ x,y,z を入力するような関数は，$f(x,y,z)$ と表現できます。この括弧の中の入力される変数は，**引数**(argument) と呼ばれています。コンピュータのプログラムにおいても関数を構築することがよくやられています。その関数も入力される変数が括弧の中で表現されていて，同様に引数と呼ばれています。

1.8.1　一次関数，二次関数

　直線を表す方程式は，変数を x,y，係数を a,b とおくと，$y=ax+b$ と表現できました。これは，変数 x の値を入力すると，y の値が一つ求まるので関数で表現することも可能です。次のようになります。

$$f(x) = ax+b \qquad (1.28)$$

　二次関数は，変数 x において二乗の項が含まれているものです。したがって，次のような関数で表現されます。

$$f(x) = ax^2+bx+c \qquad (1.29)$$

方程式は，解を求める意味合いが強いときに用いられ，関数は様々な変数に対する値を見るときに使われます。値の変化を見るために，関数のグラフを描くという具合に用いることができます。

　中学や高校の数学では，変数 x に対応する値 y を関数を用いて，$y=f(x)$ と表現することが多かったことと思います。

1.8.2 三角関数

三角比

　直角三角形は，前節で述べたようにピタゴラスの定理が成り立ちます．さらに，一つの角度が直角なので，もう一つの角度が決まるだけで三角形の形が決まります．いい換えれば，直角三角形の直角でない一つの角度が決まれば，三角形の辺の長さの比も決まるのです．そこで，直角三角形の辺同士の長さの比と角度との関係を定義すれば，様々な計算に役立てることができます．これが**三角比**(trigonometric ratio) というもので，三角関数へと発展していきます．

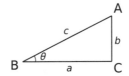

上図において，斜辺と底辺とのなす角度を θ として，次の 3 つの三角比が定義されています．

$$\sin\theta \equiv \frac{b}{c}, \qquad \cos\theta \equiv \frac{a}{c}, \qquad \tan\theta \equiv \frac{b}{a} \tag{1.30}$$

なお，≡ は，右辺を左辺と定義するという意味で用いています．sin は，サインと読み，日本語では**正弦**と訳されています．cos は，コサインと読み，日本語では**余弦**と訳されています．tan は，タンジェントと読み，日本語では**正接**と訳されています．下図のように頭文字の筆記体の書き方と辺の分母分子を関連させれば，これら 3 つの三角比を覚えやすいことでしょう．

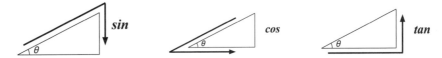

　3 つの三角比は，お互いに関係を持っています．まず，次の式が成り立ちます．

$$\tan\theta = \frac{\sin\theta}{\cos\theta} \tag{1.31}$$

なぜなら右辺は，$\frac{b/c}{a/c} = \frac{b}{a}$ となるからです．さらに，以下の式が成り立ちます．

$$\sin^2\theta + \cos^2\theta = 1 \tag{1.32}$$

なぜなら左辺は，$\frac{b^2}{c^2} + \frac{a^2}{c^2} = \frac{a^2+b^2}{c^2}$ となります．そして，ピタゴラスの定理より，$a^2+b^2=c^2$ から $\frac{a^2+b^2}{c^2} = 1$ と導かれるのです．

　三角比の正弦は，半径 r の円において，それぞれの中心角での弦の長さの半分です．この弦の長さと中心角との関係は，紀元前 2 世紀頃，Hipparchus（ヒッパルコス）が三角法による測量を行うのに用いたとされています．そして，sin, cos が利用され始めたのは 17 世紀になってからで，18 世紀に Euler（オイラー）が三角関数として利用できるように体系化したようです．

第1章 数学基礎

弧度法，単位円，三角関数

　角度は，0〜360°の**度数法**(degree)によって表現することが多く見られます。しかし，度数法は，数学的に意味を持っているわけではありません。そこで，物理・数学においては**弧度法**(radian)が一般に用いられています。弧度法は，半径が1の円において，弧の長さによって角度を表します。単位は**ラジアン**(radian)を用いています。

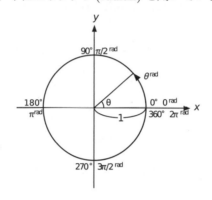

　360°は，半径1の円周の長さに一致し，2π(rad) に相当し，180°は，半円の弧の長さなのでπ(rad) となります。度数法と弧度法との関係は，比例関係なので，度数で表された角度を弧度に変換するには，$\frac{\pi}{180}$ を掛け，弧度で表された角度を度数に変換するには，$\frac{180}{\pi}$ を掛ければ良い。ラジアンが便利なのは，半径rの弧の長さを計算するのに$r \cdot \theta$で計算できる点にあります。

　半径が1の円は，特に**単位円**(unit circle)と呼ばれています。この円周上の点の座標(x, y)は，x軸から左回りの角度θと三角比を用いれば以下の式で表すことができます。

$$\begin{cases} x = \cos\theta \\ y = \sin\theta \end{cases} \tag{1.33}$$

　あらゆる角度θにおける三角比を**三角関数**(trigonometric function)としてグラフ化すると，下図のようになります。

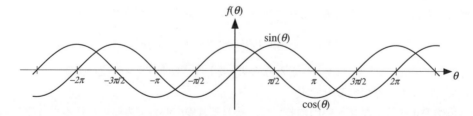

　$\cos\theta, \sin\theta$ ともに，関数のとりうる値は-1〜1で，xが2πごとに1つの**周期**(period)を持った関数であることがわかります。cosはy軸に対して線対象のグラフで**偶関数**(even function)であり，sinは原点に対して点対称のグラフで**奇関数**(odd function)となってい

ます。cos と sin の関数は，グラフの形自体は同じですが，x 軸方向に θ が $\frac{\pi}{2}$ だけずれており，$\cos\theta + \frac{\pi}{2} = \sin\theta$ となっています。

　三角関数を用いて，一定の周期を持った波を表現することができます。sin によって表現する波は，**正弦波**(sine wave) と呼ばれています。正弦波の一般式は，時刻 t の関数として，次式で表します。

$$y = a\sin(\omega t - \varphi) \tag{1.34}$$

a は**振幅**(amplitude)，ω は**角振動数**(angular frequency)，φ は**位相**(phase) を表しています。角振動数の意味が難しいかもしれませんが，これが 2π のときは，1 周期が 1 秒である波を表します。なお，sin ではなく，cos を用いて波を表現することも当然できます。

加法定理

　加法定理(additional theorem) は，$\sin(\alpha+\beta)$ 及び $\cos(\alpha+\beta)$ を解くための定理です。これを導くには，下図のように二つの直角三角形を利用します。まず，直角三角形 OAB において，$\angle AOB = \alpha$ とします。この三角形の斜辺 OB の上に，OB を底辺とする直角三角形 OBC を描きました。この三角形の $\angle BOC = \beta$ としています。これで $\alpha+\beta$ の角度がどこかがはっきりしました。

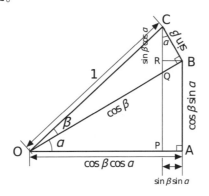

$\sin(\alpha+\beta)$ は，OC の長さが 1 だとすると，C より OA に向けて垂線を描いたときの長さに相当します。ここで，この垂線と OA との交点を P，OB との交点を Q としておきます。さらに B から CP に向けて垂線を描き，その交点を R とします。三角形 OAB と三角形 OPQ は相似であり，続いて三角形 OPQ と三角形 BCQ も相似です。したがって，$\angle BCR = \alpha$ といえます。

　さて，求める $\sin(\alpha+\beta)$ は，CP の長さに等しいことは先に述べました。したがって，$\sin(\alpha+\beta) = \text{AB} + \text{RC}$ を導くことで計算できます。OC の長さが 1 なので，BC の長さは $\sin\beta$ となり，CR の長さは，$\text{BC}\cos\alpha = \sin\beta\cos\alpha$ となります。また，OB の長さは $\cos\beta$ となりますから，AB は，$\text{OB}\sin\alpha = \cos\beta\sin\alpha$ となります。このことから，以下の式を導くことができます。

$$\sin(\alpha+\beta) = \sin\alpha\cos\beta + \cos\alpha\sin\beta \tag{1.35}$$

一方，$\cos(\alpha+\beta)$ についても同様に考えましょう。$\cos(\alpha+\beta)$ は，OP の長さに等しいことがいえます。したがって，$\cos(\alpha+\beta) = OA - PA$ といえます。OB の長さが $\cos\beta$ なので OA の長さは，$\text{OB}\cos\alpha = \cos\beta\cos\alpha$ となり，BC の長さが $\sin\beta$ なので BR の長さは。$\text{BC}\sin\alpha = \sin\beta\sin\alpha$ となります。このことから，以下の式を導くことができます。

$$\cos(\alpha+\beta) = \cos\alpha\cos\beta - \sin\alpha\sin\beta \tag{1.36}$$

加法だけでなく，減法についても同様に導くことができ，まとめると次式が得られます。

$$\begin{cases} \sin(\alpha+\beta) = \sin\alpha\cos\beta \pm \cos\alpha\sin\beta \\ \cos(\alpha+\beta) = \cos\alpha\cos\beta \mp \sin\alpha\sin\beta \end{cases} \tag{1.37}$$

これが加法定理です。この加法定理は，三角関数の微分公式や回転行列を導くときに必要になりますから覚えておいて下さい。

正弦・余弦定理

三角比は，直角三角形で定義されているものなので，当然直角三角形でしか成り立ちません。測量するときに直角三角形を作るというのは，困難なものです。もし，直角三角形以外のどんな三角形においても辺の長さと角度の関係が解れば，応用範囲が広がります。**正弦定理**(sine formula) は，その一つです。下図のように三角形 ABC において，各頂点の内角を A, B, C, 各辺の長さを a, b, c とします。

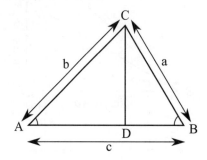

三角比は直角三角形においてのみ成り立つので，頂点 C より底辺 AB に向けて垂線をおろし，二つの直角三角形を作る。頂点 C からの垂線と底辺との交点を D とすると，∠A と ∠B の正弦は，以下のように計算できます。

$$\sin A = \frac{CD}{b}, \qquad \sin B = \frac{CD}{a} \tag{1.38}$$

したがって，$b\sin A = a\sin B = CD$ となり，$\frac{a}{\sin A} = \frac{b}{\sin B}$ が成り立ちます。また，頂点 A から BC に向けて垂線を伸ばし，同様に ∠B と ∠C の正弦について解くと，$\frac{b}{\sin B} = \frac{c}{\sin C}$ が成り立ちます。したがって，最終的には，以下の式が成り立ちます。これが正弦定理です。

$$\frac{a}{\sin A} = \frac{b}{\sin B} = \frac{c}{\sin C} \tag{1.39}$$

この正弦定理を利用すれば，3つの角度が解っていれば，一つの辺が求まった時点で，他の二辺の長さを計算できます．三角形の場合，2つの角度を測ると，3つ目の角度はおのずと計算できるので，一辺の長さとその両端の角度が解れば，残る二辺の長さが求まるというもので，測量では三角測量で応用されています．

余弦定理(cosine formula) は，余弦を使った一般の三角形に関する定理です．正弦定理の解説で用いた図をここでも利用します．直角三角形 BCD において，ピタゴラスの定理より $a^2 = CD^2 + BD^2$ が成り立ちます．ここで，$CD = b\sin A, BD = c - b\cos A$ より，次式が得られます．

$$\begin{aligned}a^2 &= b^2\sin^2 A + (c - b\cos A)^2 \\ &= b^2\sin^2 A + c^2 - 2bc\cos A + b^2\cos^2 A \\ &= b^2(\sin^2 A + \cos^2 A) + c^2 - 2bc\cos A \\ &= b^2 + c^2 - 2bc\cos A\end{aligned} \quad (1.40)$$

これが，余弦定理です．この定理は，二辺 (b, c) とその間の角（∠A）が決まれば，他の辺 (a) の長さが求まることを意味しています．また式を変形し，$\cos A = \frac{b^2+c^2-a^2}{2bc}$ とすれば，三辺の長さから角度が求まることを意味しています．

なお，ここでは $a^2 =$ の式になっているが，他の辺についても同様に導くことができ，以下の式が成り立ちます．

$$\begin{cases}a^2 = b^2 + c^2 - 2bc\cos A \\ b^2 = c^2 + a^2 - 2ca\cos B \\ c^2 = a^2 + b^2 - 2ab\cos C\end{cases} \quad (1.41)$$

正弦定理・余弦定理は，測量において非常に重要ですので，覚えておいて下さい．

正弦定理と外接円

次に，正弦定理と外接円との関係について解説します．下図に示したように，△ABC に外接する円を描きました．点 A より，外接円の中心を通る線分 AP を引き，△ABP を描いています．ここで，∠ACB と∠APB は，円周角の関係にあり，同じ大きさとなります．また，△ABP は，AP が円の直径となっているため，∠ABP は円周角の性質より直角です．これについては，円周角のところで解説しています．

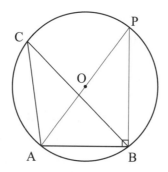

さて，△ABCにおいて，正弦定理は，$\frac{BC}{\sin A} = \frac{CA}{\sin B} = \frac{AB}{\sin C}$ です．そして，∠ACB = ∠APB より，$\sin C = \sin P$ となります．△ABPは，直角三角形なので，$\sin P = \frac{AB}{AP}$ となり，$\frac{AB}{\sin P} = AP$。よって $\frac{AB}{\sin C} = AP$ が成り立ちます．つまり，正弦定理における各辺の値は，外接円の直径を表していることになります．外接円の半径を R とすると，次式が成り立ちます．

$$\frac{BC}{\sin A} = \frac{CA}{\sin B} = \frac{AB}{\sin C} = 2R \tag{1.42}$$

1.8.3 逆関数

変数 x をある関数 $f()$ に入力すると，値 y が返ってきます，これを $y = f(x)$ と表現しました．この関数 $f()$ に対して，逆に y の値から x を導く関数を**逆関数**(inverse function)と呼び，$x = f^{-1}(y)$ と表現します．

例えば，$y = f(x) = ax + b$ のとき，$x = \frac{y-b}{a}$ なので，逆関数は，次式で表現できます．

$$f^{-1}(y) = \frac{y-b}{a} \tag{1.43}$$

三角関数における逆関数は，直角三角形の辺の比から角度を求める関数となります．

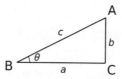

上図における角度 θ は，逆三角関数を用いて，以下のように表現します．

$$\theta = \sin^{-1}\frac{b}{c}, \qquad \theta = \cos^{-1}\frac{a}{c}, \qquad \theta = \tan^{-1}\frac{b}{a} \tag{1.44}$$

(-1)乗を表記することによって逆三角関数を表しています．$\sin^{-1}$ をアークサイン，$\cos^{-1}$ をアークコサイン，$\tan^{-1}$ をアークタンジェントと読みます．

1.8.4 指数関数，対数関数

指数関数(exponential function) は，次式のようにある定数 a における変数 x のべき乗で表されます．

$$f(x) = a^x \tag{1.45}$$

定数 a は，**底**(base)，変数 x は**指数**(expornent) と呼ばれています．極めて大きい数値や極めて小さい数値を表現するには，底に 10 を選んで表現すると便利です．例えば，123000000 という値であれば，1.23×10^8 と表現することができ，0.0000000123 という値であれば，1.23×10^{-8} と表現することができます．底が同じ指数同士の演算は，次のような性質があります．

$$a^x \times a^y = a^{x+y}$$
$$(a^x)^y = a^{xy}$$

下図は，a が様々な値における指数関数のグラフを表したものです．どのグラフも $x = 0$ において $y = 1$ を通っています．つまり，底がどのような値をとろうとも 0 乗は 1 となるのです．

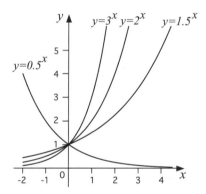

対数関数(logarithmic function) は，指数関数の逆関数です．指数関数は，$y = a^x$ で表しましたが，逆に x を求めるための関数が対数です．それを表すのに log という記号を用います．底が a の対数関数は，以下のように表されます．

$$f(x) = \log_a x \tag{1.46}$$

底に 10 を選んだ対数は，特に**常用対数**(common logarithm) と呼ばれています．例えば，$x = 8$ を指数関数に入力すると，$f(8) = 10^8$ となり，$f(8)$ の値は 100000000 です．この値を常用対数の関数に入力すると，$\log_{10} 100000000$ となり，この関数が返す値は 8 となりま

第1章　数学基礎

す。底が同じ対数同士の演算は，次のような性質があります。

$$\log_{10} x + \log_{10} y = \log_{10} xy$$
$$\log_{10} x - \log_{10} y = \frac{\log_{10} x}{\log_{10} y}$$
$$\log_{10} x^y = y \log_{10} x$$
$$\log_a x = \frac{\log_b x}{\log_b a}$$

極めて小さい数値から極めて大きい数値に散らばっているデータを圧縮してグラフに表示する場合には，この常用対数を用いることが多いです。例えば，$\log_{10} 100000000 = 8$, $\log_{10} 0.00000001 = -8$ となるので，常用対数をとって，一つのグラフに表すことが可能です。惑星や恒星の距離をまとめたり，粘土粒子から岩石等の大きさをまとめてグラフ化するのに対数グラフが利用されています。

下図は，a が様々な値における対数関数のグラフを表したものです。

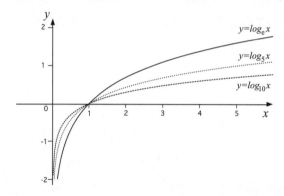

いずれのグラフも $x = 1$ のとき，$y = 0$ を通っています。これは，指数関数のときに $x = 0$ のとき，$y = 1$ を通っていたことに対応するものです。

1.9　微分

ある関数 $y = f(x)$ において，ある点 x_0 での傾き m は，x の増分 Δx とそれに対する y の増分 Δy から，以下の式で計算できます。

$$m = \frac{f(x_0 + \Delta x) - f(x_0)}{\Delta x} \tag{1.47}$$

関数が，下図のように線形であれば，x_0 をどこにとっても，Δx もどれだけとっても傾きは変わりません。

1.9. 微分

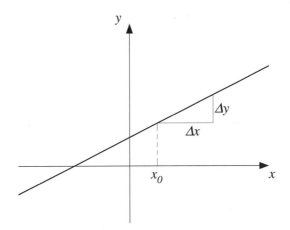

しかし，下図のように関数が非線形の場合，x_0 の場所によって傾きが異なります。例えば，x_1 においては，傾きが 0 ですが，それ以外では異なった傾きを持っています。また Δx の幅が大きくなると，本来の傾きの値から外れてしまいます。

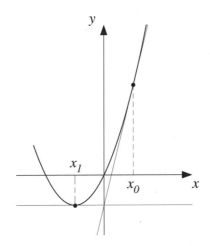

そこで，x_0 における傾きを厳密に求めるためには，Δx の大きさが限りなく 0 に近づいてなければなりません。限りなく近づくことを次のような式で表現します。

$$m = \lim_{\Delta x_0 \to 0} \frac{f(x_0 + \Delta x) - f(x_0)}{\Delta x} \tag{1.48}$$

lim は，下の添字で示している変数をある値に限りなく近づけるという意味で用いられます。極限値を求めるという意味の表記法です。この場合，Δx を 0 に限りなく近づけることを示しています。これにより求まった傾き m は，**微分係数**(differential coefficient) と呼ばれています。

ある点での傾きを求めるだけではなく，あらゆる点での傾きが求まると，様々なことに応用可能です。そこで傾きを関数で表現することが求められます。その関数を**導関数**(derived

27

第1章 数学基礎

function) と呼んでいます。そして導関数を求めることを**微分**(differentiation) すると呼んでいます。この導関数は，$\frac{dy}{dx}$ と表し，以下の式を用いて計算することができます。

$$\frac{dy}{dx} = \lim_{\Delta x \to 0} \frac{\Delta y}{\Delta x} = \lim_{\Delta x \to 0} \frac{f(x + \Delta x) - f(x)}{\Delta x} \tag{1.49}$$

なおこの式は，y を x で微分することを意味しています。$\frac{dy}{dx}$ という表記は，ライプニッツ流の書き方です。微分積分は，17世紀にニュートンとライプニッツが別々に発明したとされています。また，導関数を単に y', $f'(x)$ と書く表記法もあり，これはラグランジュ流です。ラグランジュは，オイラーと並んで18世紀の学者で数学・物理に貢献した人物です。

上図は，$y = x^2 + 2x$ のグラフですが，この導関数は，以下のように求めることができます。

$$\begin{aligned}\frac{dy}{dx} &= \lim_{\Delta x \to 0} \frac{(x+\Delta x)^2 + 2(x+\Delta x) - (x^2 + 2x)}{\Delta x} \\ &= \lim_{\Delta x \to 0} \frac{(2x+2)\Delta + (\Delta x)^2}{\Delta x} \\ &= \lim_{\Delta x \to 0} 2x + 2 + \Delta x \\ &= 2x + 2\end{aligned} \tag{1.50}$$

この導関数を用いれば，あらゆる x の値での傾きを求めることが可能です。逆にある特定の傾きを持つ x の値を求めることもできます。特に，傾きの値が正から負，負から正に逆転するときの傾きが0となる点は，そこが**極値**(extremal value) になる点を示しています。

極値を持つ x の値を計算するには，導関数が0となる x を求めることになり，この例では，$2x + 2 = 0$ を満たす $x = -1$ において極値を持つことが解ります。したがって，二次関数であれば，最大値や最小値を求めるのに導関数が役に立ちます。次章で解説する最小二乗法は，測量で極めて重要な誤差の調整法ですが，二次関数の最小値を求める問題です。

導関数を求める基本は，式(1.49) を用いて解くことになりますが，幾つかの便利な公式があるのでそれを記しておきます。導くには大変なものもありますが，丁寧に計算すれば求まります。詳しくは，数学関係の書籍を参考にして下さい。高校のときの教科書には，導き方が解説されているはずです。

1.9. 微分

元の関数	導関数
$y = a$	$\frac{dy}{dx} = 0$
$y = ax$	$\frac{dy}{dx} = a$
$y = ax^2$	$\frac{dy}{dx} = 2ax$
$y = x^a$	$\frac{dy}{dx} = ax^{a-1}$
$y = \sin x$	$\frac{dy}{dx} = \cos x$
$y = \cos x$	$\frac{dy}{dx} = -\sin x$
$y = \tan x$	$\frac{dy}{dx} = \frac{1}{\cos^2 x}$
$y = \sin^{-1} x$	$\frac{dy}{dx} = \frac{1}{\sqrt{1-x^2}}$
$y = \cos^{-1} x$	$\frac{dy}{dx} = \frac{-1}{\sqrt{1-x^2}}$
$y = \tan^{-1} x$	$\frac{dy}{dx} = \frac{1}{1+x^2}$
$y = \mathrm{e}^x$	$\frac{dy}{dx} = \mathrm{e}^x$
$y = a^x$	$\frac{dy}{dx} = a^x \ln a$
$y = \ln x$	$\frac{dy}{dx} = \frac{1}{x}$

ここで，指数関数の微分については解説します．指数関数は，三角関数との繋がりが深く，三角関数の微分に指数関数の微分が応用できるからです．

指数関数 $y = a^x$ の微分は，式 (1.49) を用いれば，次のように計算できます．

$$\begin{aligned}
\frac{dy}{dx} &= \lim_{\Delta x \to 0} \frac{a^{x+\Delta x} - a^x}{\Delta x} \\
&= \lim_{\Delta x \to 0} \frac{a^{\Delta x} - 1}{\Delta x} a^x \\
&= C a^x \qquad \text{なお } \lim_{\Delta x \to 0} \frac{a^{\Delta x} - 1}{\Delta x} = C \text{ とおいた}
\end{aligned} \tag{1.51}$$

したがって，$C=1$ となる底 a の値もあるのではないかと想像できます．その値を e と表し，ネイピアの数と呼んでいます．したがって $y = \mathrm{e}^x$ は，微分しても変わらない非常に特殊な指数関数であることが解ります．なお，この数は，ネイピアという名がついていますが，オイラーが発見したものです．e の値がいくつになるかについては，テイラー級数によって求めることができ，それについては次章で解説します．

底を e とする対数関数は，**自然対数**(natural logarithm) と呼ばれ，$\log_e$ と表現すべきですが，特に ln と表現する場合もあります．

さらに，複雑な導関数を求める公式がいくつかあるので紹介しておきます．これらの誘導についても，さほど難しくないので，式 (1.49) を用いて計算してみて下さい．

元の関数	導関数
$y = f(x) \pm g(x)$	$\frac{dy}{dx} = \frac{df}{dx} \pm \frac{dg}{dx}$
$y = f(x) g(x)$	$\frac{dy}{dx} = \frac{df}{dx} g + f \frac{dg}{dx}$
$y = \frac{f(x)}{g(x)}$	$\frac{dy}{dx} = \frac{1}{g^2} \left(\frac{df}{dx} g - f \frac{dg}{dx} \right)$
$y = f(u), u = g(x)$	$\frac{dy}{dx} = \frac{dy}{du} \frac{du}{dx}$

第 1 章　数学基礎

表の一番下は，**合成関数**(composite function) の微分といい，非常に便利なものなので，色々な場面で，活用することになると思います。例えば，$y = (x+a)^2$ を微分する際は，展開して $y = x^2 + 2ax + a^2$ とし，$\frac{dy}{dx} = 2x + 2a$ を導くことができます。これを合成関数を用いて微分するときは，$u = x + a$ とおき，次のように計算します。

$$y = u^2$$
$$u = x + a$$
$$\frac{dy}{du} = 2u$$
$$\frac{du}{dx} = 1$$
$$\frac{dy}{dx} = \frac{dy}{du}\frac{du}{dx}$$
$$= 2u = 2(x+a) \tag{1.52}$$

この例では，さほど合成関数を用いた微分が有効とは思えないかもしれませんが，より複雑な式を微分するときには非常に有効な手段です。

1.10　偏微分

高校までの数学では，関数として $f(x)$ を定義し，微分や積分を行い様々な問題を解いていました。関数における変数は x のみの一つでした。一方，実際の現象を取り扱うのに，変数が複数ないと表現できないような場合も多くあります。測量においても x, y, z の三次元の多変数を扱うことが普通です。例えば，変数が x, y と 2 つあり，これらの変数より z が求まる関数を考えてみましょう。関数を用いると $z = f(x, y)$ と表現できます。ここで，次式のような関数が与えられている場合を考えてみます。なお，a, b, c は係数を表し，正の値とします。したがってこの関数は，下向きに凸の関数となっています。

$$z = ax^2 + bxy + cy^2 \tag{1.53}$$

この関数において，z の最小値を求める場合，微分して導関数が 0 となる x, y を計算するのですが，変数が 2 つあるので通常の微分ではなく，**偏微分**(partial differentiation) を行います。ある変数での偏微分は，その変数以外の変数は定数として取り扱う微分のやり方です。ここで，z を変数 x によって偏微分を行う例を示します。微分では $\frac{dz}{dx}$ と，d で微分を示したが，偏微分は ∂ を用い，$\frac{\partial z}{\partial x}$ と表します。∂ は，ラウンド・ディーと読みます。x で偏微分するので，それ以外の変数，ここでの y は定数とみなします。したがって，次式を得ることができます。

$$\frac{\partial z}{\partial x} = 2ax + by \tag{1.54}$$

y についても同様に偏微分すると，次式を得ることができます。

$$\frac{\partial z}{\partial y} = bx + 2cy \tag{1.55}$$

繰り返しますが，このように偏微分する変数以外を定数とみなして微分を行うことを偏微分と呼んでいます。

z の最小値を求めるには，偏微分により得られた偏導関数が 0 となる x, y を求めることになります。変数が 2 つで偏導関数も 2 つあるので，以下の連立方程式を解くことで求めることができます。

$$\begin{cases} 2ax + by = 0 \\ bx + 2cy = 0 \end{cases} \tag{1.56}$$

1.11 積分

積分(integration) は，グラフで表された関数において，ある範囲の面積を求めるのに利用されます。また，微分によって導関数を求めましたが，積分によって導関数からもとの関数にしたりすることにも利用されるます。微分は，微小区間 Δx での傾きを計算したのに対して，積分は，微小区間 Δx における関数の値を足し合わすことによって面積を求めるという概念です。

では，この積分計算について考えてみましょう。下図のような関数 $f(x) = x^2$ において，0 から x までの関数と x 軸とが囲む面積を $S(x)$ で表すと，微小区間 Δx だけ加えられた面積は，$S(x + \Delta x)$ となります。

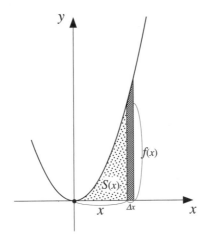

ところで，$S(x + \Delta x) - S(x)$ は，$\Delta x * f(x)$ とほぼ同じです。したがって，以下の式が得られます。

$$S(x + \Delta x) - S(x) \approx \Delta x f(x) \quad \text{両辺を } \Delta x \text{ で割る}$$
$$\frac{S(x + \Delta x) - S(x)}{\Delta x} \approx f(x) \tag{1.57}$$

第 1 章　数学基礎

この式において，Δx が限りなく 0 に近づくと誤差が小さくなっていき，それを次式で表現します。

$$\lim_{\Delta x \to 0} \frac{S(x + \Delta x) - S(x)}{\Delta x} = f(x) \tag{1.58}$$

この式において，左辺は導関数を求める式と同じになっています。したがって，微分して $f(x)$ となる関数が $S(x)$ であることを意味しています。この関数 $S(x)$ は，**原始関数**(primitive function) と呼ばれています。これを積分記号を用いて表現すると，以下のようになります。

$$S(x) = \int f(x) dx \tag{1.59}$$

上図における関数は，$f(x) = x^2$ なので，微分してその関数になる関数 $S(x)$ は，$S(x) = \frac{1}{3}x^3 + C$ となります。なお C は定数です。定数はどんな値であろうとも微分すると 0 になります。したがって，原始関数は，積分によって求めても C が未知数として残ってしまいます。

次に下図のような関数 $f(x) = x^2$ において，x_0 から x_n までの区間の関数と x 軸とが囲む面積 S を求める場合は次のように表現できます。

$$S = \int_{x_0}^{x_n} f(x) dx \tag{1.60}$$

この積分は，区間 x_0 から x_n までと決まっているので，**定積分**(definite integral) と呼ばれています。面積は，導かれた原始関数 $S(x)$ より，$S(x_n) - S(x_0)$ を計算すれば，面積が求まります。定積分の場合は，この計算により定数 C は消えるので問題となりません。これを式で表すと，以下のようになります。

$$\begin{aligned} S &= \int_{x_0}^{x_n} x^2 dx \\ &= \left[\frac{1}{3}x^3 + C \right]_{x_0}^{x_n} \\ &= \frac{1}{3}x_n^3 - \frac{1}{3}x_0^3 \end{aligned} \tag{1.61}$$

このように積分は，面積を計算するのに非常に役に立ちます。面積だけでなく，三次元に拡張すれば，体積の計算も可能となります。

1.12　ベクトル

1.12.1　ベクトルとは

ベクトル(vector) は，19 世紀にイギリスのハミルトンによって**スカラー**(scalar) と共に確立された概念です。スカラーは，向きを持たない単なる量を表すものです。物理量でいえば，質量やエネルギーがスカラーに相当します。それに対してベクトルは，ある座標系

1.12. ベクトル

において，向きと大きさを持つものとして定義されています。したがってベクトルは，運動するものを表現するのに適用されることが多いです。物理量でいえば，速度や力に相当します。位置関係をベクトルで表現したり，様々な特徴量をベクトルを用いて表現したりすることができ，非常に便利です。

点 $A(x_a, y_a)$ と点 $B(x_b, y_b)$ があり，点 A から B へ向かうベクトルは，ベクトル $\overrightarrow{AB}$ と表します。これを成分で表現すると，$\overrightarrow{AB} = (x_b - x_a, y_b - y_a)$ で表します。

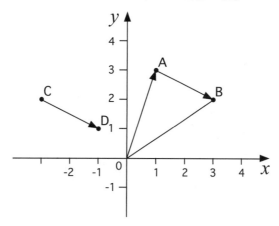

なおベクトルは，座標の出発点が違えども同じ向きで同じ大きさのものは等しいということになります。例えば，上図においては $\overrightarrow{AB} = \overrightarrow{CD}$ です。したがって，ベクトルを表現するのに点同士をつなげる意味の $\overrightarrow{AB}$ よりもこれを一つのベクトルとしてある文字で表現した方が簡単で分かりやすいのです。例えば，$\overrightarrow{AB}$ を a を使って表現する場合，$\vec{a}$ と表現したり，単に太字の英字（小文字）で $\boldsymbol{a}$ と表現したりします。ここでは，ベクトルを英字（小文字）の太字で表現することとします。また，高校までの数学では，ベクトルの成分を横方向に表現していましたが，これからは，縦方向で表します。つまり，以下のように表現します。

$$\boldsymbol{a} = \begin{pmatrix} x_b - x_a \\ y_b - y_a \end{pmatrix} \tag{1.62}$$

後に続く，行列とベクトルの演算や連立方程式の表現に便利だからです。なお，三次元以上のベクトルについては，単に成分を増やすだけで表現できます。m 次元のベクトル $\boldsymbol{a}$ を成分 $(a_1, a_2, \cdots, a_m)$ で表現すると，以下のようになります。

$$\boldsymbol{a} = \begin{pmatrix} a_1 \\ a_2 \\ \vdots \\ a_m \end{pmatrix} \tag{1.63}$$

第1章 数学基礎

1.12.2 ベクトルの定数倍

二次元で表されたベクトル a があり，これに定数 k をかける場合，次式のように各成分に k をかけるだけで計算できます．m 次元のベクトルについても同様です．定数倍することによって，ベクトルの長さや向きを反転させることができます．

$$a = \begin{pmatrix} x_a \\ y_a \end{pmatrix}, \qquad ka = \begin{pmatrix} kx_a \\ ky_a \end{pmatrix} \tag{1.64}$$

1.12.3 ベクトルの足し算

下図のように，二次元のベクトル a と b があります．この二つのベクトル同士を足し算することができます．a の終点に b の始点をおき，a 始点から b の終点を結ぶベクトル c が足し算の結果となります．

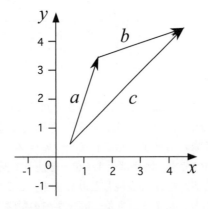

ベクトルの足し算を計算するには，単に成分同士を足し算すればよく，次式で表すことができます．

$$a = \begin{pmatrix} x_a \\ y_a \end{pmatrix}, \qquad b = \begin{pmatrix} x_b \\ y_b \end{pmatrix}, \qquad a + b = \begin{pmatrix} x_a + x_b \\ y_a + y_b \end{pmatrix} \tag{1.65}$$

引き算にしても，成分同士を演算することで計算できます．上図でいえば，c から a を引いたものが，b となります．m 次元のベクトル同士の足し算・引き算も同様です．

ベクトル同士のかけ算については，内積と外積があり，少々複雑なので後述します．

1.12.4 ベクトルの大きさ

ベクトルは，向きと大きさを持つものですが，大きさは，ベクトルの成分を用いてピタゴラスの定理により計算できます．例えばベクトル a の大きさは，絶対値記号を用いて $|a|$ で表し，次式で計算できます．

$$|a| = \sqrt{x_a^2 + y_a^2} \tag{1.66}$$

三次元以上のベクトルについても同様に，各成分の二乗和を平方根すれば算出できます。m 次元のベクトル a において，成分 $(a_1, a_2, \cdots, a_m)$ のとき，その大きさは以下のようになります。

$$|a| = \sqrt{a_1^2 + a_2^2 + \cdots + a_m^2} \tag{1.67}$$

なお，特に大きさが 1 のベクトルは，**単位ベクトル**(unit vector) と呼ばれています。

1.12.5　ベクトルの内積

　二つのベクトルのかけ算には，内積と外積の二種類あります。ここではまず，内積について解説しましょう。**内積**(inner product) は，**スカラー積**とも呼ばれています。ベクトル a とベクトル b があり，それらのベクトルのなす角度が θ のとき，内積は次の式で定義します。

$$a \cdot b \equiv |a||b|\cos\theta \tag{1.68}$$

なお，一般に内積の演算子は，真ん中の点で表現します。$|a|$ は，ベクトルの大きさを表しています。したがって，ベクトルの内積を計算すると，その結果はベクトルではなく，スカラーの値となります。このことからスカラー積とも呼ばれています。

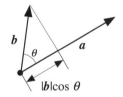

　ここで，上図を使って内積の意味を考えてみましょう。a に b の先から垂線を下ろした大きさ $|b|\cos\theta$ と $|a|$ の積ということになります。これは，b に a の垂線をおろした場合でも同様です。したがって，ベクトルの内積は，交換法則も成り立つことを示しています。なお，ベクトルのなす角度 $\theta = 90°$ のときは内積は 0 ということになり，角度 $\theta = 0°$ のときは内積の値が最大となります。

　ここで，なぜわざわざ $a \cdot b \equiv |a||b|\cos\theta$ と定義すると便利なのかを解説します。下図は，a, b から作られる三角形を描いています。この三角形において，角度 θ の対辺は，$a - b$ と表現できます。

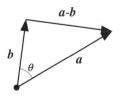

　そこで，余弦定理により $a - b$ の長さを計算すると，以下のようになります。

$$|a - b|^2 = |a|^2 + |b|^2 - 2|a||b|\cos\theta \tag{1.69}$$

第 1 章　数学基礎

なお，$|a-b|^2$ は，$(a-b)\cdot(a-b)$ とも表現できるので，式を展開すると，以下のようになります。

$$|a-b|^2 = (a-b)\cdot(a-b) = |a|^2 + |b|^2 - 2a\cdot b \tag{1.70}$$

したがって，これら 2 つの式を比較すれば，$a\cdot b = |a||b|\cos\theta$ でなければならないことが判ります。

さて，今度は内積をベクトルの成分を用いて解く方法を考えてみましょう。ベクトルの成分は，それぞれ $a = (a_x, a_y, a_z)$ と $b = (b_x, b_y, b_z)$ とします（ここでは紙面の都合上，行ベクトルで表現しています）。このとき x 軸方向の向きを表す単位ベクトル $e_x = (1,0,0)$ と y 軸方向の向きを表す単位ベクトル $e_y = (0,1,0)$，z 軸方向の向きを表す単位ベクトル $e_z = (0,0,1)$ を組み込んでベクトルを表すと，a は以下のように表すことができます。

$$a = a_x e_x + a_y e_y + a_z e_z \tag{1.71}$$

これをもとにベクトルの内積を成分を用いて計算すると，以下のようになります。

$$\begin{aligned}a\cdot b &= (a_x e_x + a_y e_y + a_z e_z)\cdot(b_x e_x + b_y e_y + b_z e_z) \\ &= a_x e_x \cdot b_x e_x + a_x e_x \cdot b_y e_y + a_x e_x \cdot b_z e_z \\ &\quad + a_y e_y \cdot b_x e_x + a_y e_y \cdot b_y e_y + a_y e_y \cdot b_z e_z \\ &\quad + a_z e_z \cdot b_x e_x + a_z e_z \cdot b_y e_y + a_z e_z \cdot b_z e_z\end{aligned} \tag{1.72}$$

ここで，$\cos\theta$ の値から，直交する単位ベクトル同士の内積は 0，同じ単位ベクトル同士の内積は 1 となります。具体的には，以下の式で表したとおりです。

$$\begin{cases} e_x \cdot e_y = e_x \cdot e_z = e_y \cdot e_z = 0 \\ e_x \cdot e_x = e_y \cdot e_y = e_z \cdot e_z = 1 \end{cases} \tag{1.73}$$

これらを代入して整理すると，成分で表した内積の計算は，次のようになります。

$$a\cdot b = a_x b_x + a_y b_y + a_z b_z \tag{1.74}$$

各座標軸の成分同士をかけて，それらの和をとったものが内積ということになり，非常に単純な式で表すことができます。またこのことは，ベクトルの内積を求めるのに，ベクトル同士のなす角度が分からなくてもベクトルの成分が分かっていれば，簡単に内積を計算することができることを表しています。

つまり，内積を用いれば，二つのベクトルの成分から角度を計算できることも意味し，測量ではこれを積極的に利用することができます。下の式は，ベクトルのなす角度を求める計算式に書き直したものです。

$$\cos\theta = \frac{a\cdot b}{|a||b|} \tag{1.75}$$

右辺は，ベクトルの成分のみを使って計算できますから，アークコサインの計算をすることで，角度が求まります。

ところで，ベクトルの内積は，ベクトルの成分同士の積を足し合わせていることでした。したがって，行列のかけ算によって次のように表現することもできます。

$$\begin{pmatrix} a_x & a_y & a_z \end{pmatrix} \begin{pmatrix} b_x \\ b_y \\ b_z \end{pmatrix} = a_x b_x + a_y b_y + a_z b_z \tag{1.76}$$

行列と行列のかけ算については，後に解説しますが，行列のかけ算において，各要素の値は，行ベクトルと列ベクトルの内積であることを意味しています。

1.12.6 ベクトルの外積

外積(outer product) は，**ベクトル積**とも呼ばれています。ベクトル a とベクトル b があり，それらのベクトルのなす角度が θ のとき，外積は次の式で定義されます。

$$a \times b \equiv |a||b|\sin\theta k \tag{1.77}$$

なお，一般に外積の演算子は，内積と区別するため，× で表現しています。

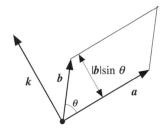

ここで，k は向きを示す単位ベクトルです。この向きは，ベクトル a とベクトル b が作る面に垂直で，ベクトル a をベクトル b に向けるための回転の方向に対して，右ねじの指す向きを表しています。つまり**法線ベクトル**(normal vector) です。法線ベクトルとは，面に対して垂直な向きのベクトルのことをいいます。そして外積の大きさは，ベクトル a とベクトル b が作る平行四辺形の面積を表しています。$|b|\sin\theta$ は，平行四辺形の高さを表しているからです。

内積の時と同様に，外積をベクトルの成分を用いて解く方法を考えてみましょう。ベクトルの成分は，それぞれ $a = (a_x, a_y, a_z)$ と $b = (b_x, b_y, b_z)$ とします（ここでも紙面の都合上，行ベクトルで表現しています）。このとき x 軸方向の向きを表す単位ベクトル $e_x = (1, 0, 0)$ と y 軸方向の向きを表す単位ベクトル $e_y = (0, 1, 0)$，z 軸方向の向きを表す単位ベクトル $e_z = (0, 0, 1)$ を組み込んでベクトルを表すと，$a \times b$ は以下のように表すことができます。

$$\begin{aligned} a \times b &= (a_x e_x + a_y e_y + a_z e_z) \times (b_x e_x + b_y e_y + b_z e_z) \\ &= a_x e_x \times b_x e_x + a_x e_x \times b_y e_y + a_x e_x \times b_z e_z \\ &\quad + a_y e_y \times b_x e_x + a_y e_y \times b_y e_y + a_y e_y \times b_z e_z \\ &\quad + a_z e_z \times b_x e_x + a_z e_z \times b_y e_y + a_z e_z \times b_z e_z \end{aligned} \tag{1.78}$$

第1章　数学基礎

ここで，$\sin\theta$ の値から，直交する単位ベクトル同士の外積は 1，同じ単位ベクトル同士の外積は 0 となります。これらを以下に書き示します。

$$\begin{cases} e_x \times e_y = e_z \\ e_y \times e_z = e_x \\ e_z \times e_x = e_y \\ e_y \times e_x = -e_z \\ e_z \times e_y = -e_x \\ e_x \times e_z = -e_y \\ e_x \times e_x = e_y \times e_y = e_z \times e_z = 0 \end{cases} \quad (1.79)$$

これらを代入して整理すると，成分で表した外積の計算は，次のようになります。

$$\boldsymbol{a} \times \boldsymbol{b} = a_x b_y \boldsymbol{e_z} - a_x b_z \boldsymbol{e_y} - a_y b_x \boldsymbol{e_z} + a_y b_z \boldsymbol{e_x} + a_z b_x \boldsymbol{e_y} - a_z b_y \boldsymbol{e_x} \quad (1.80)$$
$$= (a_y b_z - a_z b_y)\boldsymbol{e_x} + (a_z b_x - a_x b_z)\boldsymbol{e_y} + (a_x b_y - a_y b_x)\boldsymbol{e_z}$$

この式を用いると，二つのベクトルで作られる面に垂直なベクトル（法線ベクトル）が，ベクトルの成分を用いて簡単に計算することができます。計算結果を成分で表すと，次式となります。

$$\boldsymbol{a} \times \boldsymbol{b} = \begin{pmatrix} a_y b_z - a_z b_y \\ a_z b_x - a_x b_z \\ a_x b_y - a_y b_x \end{pmatrix} \quad (1.81)$$

そして，このベクトルの大きさは，2 つのベクトルで作られる平行四辺形の面積に相当します。

ここで xy 平面におけるベクトルについて，外積を適用してみましょう。$\boldsymbol{a} = (a_x, a_y)$ と $\boldsymbol{b} = (b_x, b_y)$ とすると，外積は次式で求められます。

$$\boldsymbol{a} \times \boldsymbol{b} = (a_x b_y - a_y b_x)\boldsymbol{e_z} \quad (1.82)$$

つまり 2 つのベクトルで作られる平行四辺形の面積は，$(a_x b_y - a_y b_x)$ により極めて簡単に計算できるのです。したがって，三つの点に囲まれる面積を計算するときに，三点の座標が解っていれば，ある点を出発する二つのベクトルが作れ，その二つのベクトルの外積の大きさの半分が，三角形の面積となります。これは非常に便利な公式なので，外積とセットで覚えておいて損はないでしょう。

1.13　行列

行列(matrix) は，ベクトルを拡張したものといえます。具体的には数値を縦横に配置し，括弧でくくったものです。19 世紀にケイリーが行列のかけ算を定義することで発展していったようです。

1.13. 行列

行列を一つの文字で表すときには，英字（大文字）の太字で A と表したり $\tilde{A}$ と表したりします。ここでは，英字（大文字）の太字 A と表すことにします。

$$A = \begin{pmatrix} a_{11} & a_{12} & \cdots & a_{1n} \\ a_{21} & a_{22} & \cdots & a_{2n} \\ \vdots & \vdots & & \vdots \\ a_{m1} & a_{m2} & \cdots & a_{mn} \end{pmatrix} \quad (1.83)$$

横方向を行 (column)，縦方向を列 (row) と呼んでいます。そして行列の中の各値 a_{ij} を要素と呼んでいます。なお，i, j は，第 i 行目，第 j 列目を意味している。横方向のベクトルは，行ベクトルと呼ばれていて，次のような表現になります。

$$(a_{11}, a_{12}, \cdots, a_{1n})$$
$$\vdots$$
$$(a_{m1}, a_{m2}, \cdots, a_{mn}) \quad (1.84)$$

縦方向のベクトルは，列ベクトルと呼ばれていて，次のような表現になります。

$$\begin{pmatrix} a_{11} \\ a_{21} \\ \vdots \\ a_{m1} \end{pmatrix} \cdots \begin{pmatrix} a_{1n} \\ a_{2n} \\ \vdots \\ a_{mn} \end{pmatrix} \quad (1.85)$$

ところで，行と列の数が一致する行列は，特に**正方行列**(square matrix) と呼ばれています。

1.13.1 行列の定数倍

行列 A があり，これに定数 k をかける場合，次式のように単に要素に k をかけるだけで構いません。いかなる大きさの行列についても同様です。

$$A = \begin{pmatrix} a & b \\ c & d \end{pmatrix}, \qquad kA = \begin{pmatrix} ka & kb \\ kc & kd \end{pmatrix} \quad (1.86)$$

1.13.2 行列の足し算

行列の足し算は，行と列の数が一致するもの同士であれば，各要素を足し算するだけの単純なものです。例えば，2×2 の行列同士の足し算は，以下のように計算できます。

$$\begin{pmatrix} a & b \\ c & d \end{pmatrix} + \begin{pmatrix} e & f \\ g & h \end{pmatrix} = \begin{pmatrix} a+e & b+f \\ c+g & d+h \end{pmatrix} \quad (1.87)$$

第1章　数学基礎

1.13.3　行列のかけ算

行列 A, B のかけ算は，A の行ベクトルと B の列ベクトルの積和で表現されます．したがって，A における行ベクトルの要素数と B における列ベクトルの要素数が同じでなければ計算できません．以下に 3×3 行列同士のかけ算の例を示します．

$$A = \begin{pmatrix} a_{11} & a_{12} & a_{13} \\ a_{21} & a_{22} & a_{23} \\ a_{31} & a_{32} & a_{33} \end{pmatrix} \quad B = \begin{pmatrix} b_{11} & b_{12} & b_{13} \\ b_{21} & b_{22} & b_{23} \\ b_{31} & b_{32} & b_{33} \end{pmatrix}$$

$$AB = \begin{pmatrix} a_{11}b_{11} + a_{12}b_{21} + a_{13}b_{31} & a_{11}b_{12} + a_{12}b_{22} + a_{13}b_{32} & a_{11}b_{13} + a_{12}b_{23} + a_{13}b_{33} \\ a_{21}b_{11} + a_{22}b_{21} + a_{23}b_{31} & a_{21}b_{12} + a_{22}b_{22} + a_{23}b_{32} & a_{21}b_{13} + a_{22}b_{23} + a_{23}b_{33} \\ a_{31}b_{11} + a_{32}b_{21} + a_{33}b_{31} & a_{31}b_{12} + a_{32}b_{22} + a_{33}b_{32} & a_{31}b_{13} + a_{32}b_{23} + a_{33}b_{33} \end{pmatrix}$$
(1.88)

式で表現すると解りにくいですが，行ベクトルと列ベクトルにおける各成分の積を足し合わせています．つまり第 i 行，第 j 列の要素は，第 i 行目の行ベクトルと第 j 列目の列ベクトルの成分同士をかけ算し，足し合わせたものです．これは，後で述べるベクトルの内積と同じ意味を持ちます．

$m \times n$ の A と $n \times k$ の B のかけ算において，計算結果は，$m \times k$ となります．そして第 i 行，第 j 列の要素 c_{ij} の計算を総和記号 Σ を用いて式で表すと以下のようになります．

$$c_{ij} = \sum_{l=1}^{n} a_{il} b_{lj} \tag{1.89}$$

行列のかけ算を視覚的に解りやすくする工夫があります．ここで，2 行 3 列の A と 3 行 2 列の B があり，それらをかけ算する場合を想定します．行列の要素で表すと，次式の計算になります．

$$\begin{pmatrix} a_{11} & a_{12} & a_{13} \\ a_{21} & a_{22} & a_{23} \end{pmatrix} \begin{pmatrix} b_{11} & b_{12} \\ b_{21} & b_{22} \\ b_{31} & b_{32} \end{pmatrix} \tag{1.90}$$

この式ですが，下図のように B を上に移動させます．すると，2×2 の隙間ができます．この隙間でかけ算をさせれば良いのです．2×3 の行列と 3×2 の行列を掛け合わせると，2×2 ですから間違いありません．

			b_{11}	b_{12}
			b_{21}	b_{22}
			b_{31}	b_{32}
a_{11}	a_{12}	a_{13}	c_{11}	c_{12}
a_{21}	a_{22}	a_{23}	c_{21}	c_{22}

各要素は，左側の行と上側の列の要素同士を掛け合わせます．つまり，c_{11} の要素なら，a_{11}, a_{12}, a_{13} と，b_{11}, b_{21}, b_{31} の要素同士のかけ算で，

$$c_{11} = a_{11}b_{11} + a_{12}b_{21} + a_{13}b_{31} \tag{1.91}$$

c_{12} の要素なら，a_{11}, a_{12}, a_{13} と，b_{12}, b_{22}, b_{32} の要素同士のかけ算で，

$$c_{12} = a_{11}b_{12} + a_{12}b_{22} + a_{13}b_{32} \tag{1.92}$$

となります．これで，行列のかけ算の仕方が解りやすくなったことと思います．

なお，$AB \neq BA$ なので注意して下さい．順序を逆にしてかけ算する際には，$m = k$ でなければできないですし，$m = k$ であったとしても計算結果は異なり，交換則は成り立ちません．正方行列同士のかけ算であっても，交換することで別の部分のかけ算をしてしまうからです．

1.13.4 単位行列

対角行列の要素が 1 で，その他が 0 の行列を**単位行列**(unit matrix)E(unit matrix) といいます．

$$E = \begin{pmatrix} 1 & 0 & \cdots & 0 \\ 0 & 1 & \cdots & 0 \\ \vdots & \vdots & \ddots & \vdots \\ 0 & 0 & \cdots & 1 \end{pmatrix} \tag{1.93}$$

ある行列 A に対し，この単位行列 E をかけても，行列の要素は変わらないという特徴を持っています．単位行列においては，交換の法則が成り立ちます．

2×2 のある行列 A に対して単位行列 E をかけあわせる例を以下に示しておきます．

$$\begin{pmatrix} a_{11} & a_{12} \\ a_{21} & a_{22} \end{pmatrix} \begin{pmatrix} 1 & 0 \\ 0 & 1 \end{pmatrix} = \begin{pmatrix} a_{11} & a_{12} \\ a_{21} & a_{22} \end{pmatrix} \tag{1.94}$$

このように，変換していません．

第 1 章　数学基礎

1.13.5　転置行列

　ある行列において，行と列の要素をそっくり入れ替えたものを**転置行列**(transposed matrix) といいます．A の転置行列は，A^T と表現します．

$$\text{例えば、} \begin{pmatrix} a & b & c \\ d & e & f \end{pmatrix} \text{の転置行列は、} \begin{pmatrix} a & d \\ b & e \\ c & f \end{pmatrix} \text{となります。} \tag{1.95}$$

転置行列を使えば，ベクトルの長さを計算したり，内積を計算するのを簡単に表現できます．例えば，ベクトル a の長さの二乗 d^2 は，$a^T a$ で計算できます．

$$\begin{aligned} d^2 &= a^T a \\ &= \begin{pmatrix} x_a & y_a & z_a \end{pmatrix} \begin{pmatrix} x_a \\ y_a \\ z_a \end{pmatrix} \\ &= x_a^2 + y_a^2 + z_a^2 \end{aligned} \tag{1.96}$$

と，なるからです．

1.13.6　逆行列

　逆行列(inverse matrix) は，ある行列 A に対し，特別な行列 A^{-1} をかけると単位行列 E になるものがあります．この特別な行列を逆行列と呼んでいます．つまり $A^{-1}A = E$ となるわけです．2×2 行列 A の逆行列を X とすると，以下のように表現できます．

$$\begin{pmatrix} x_{11} & x_{12} \\ x_{21} & x_{22} \end{pmatrix} \begin{pmatrix} a_{11} & a_{12} \\ a_{21} & a_{22} \end{pmatrix} = \begin{pmatrix} 1 & 0 \\ 0 & 1 \end{pmatrix} \tag{1.97}$$

そこで，この行列を展開し，以下の四つの連立方程式をつくります．

$$\begin{cases} a_{11}x_{11} + a_{21}x_{12} = 1 \\ a_{12}x_{11} + a_{22}x_{12} = 0 \\ a_{11}x_{21} + a_{21}x_{22} = 0 \\ a_{12}x_{21} + a_{22}x_{22} = 1 \end{cases} \tag{1.98}$$

この連立方程式を $x_{11}, \cdots, x_{22}$ について解くと，以下の式を得ます．

$$\begin{pmatrix} x_{11} & x_{12} \\ x_{21} & x_{22} \end{pmatrix} = \frac{1}{a_{11}a_{22} - a_{12}a_{21}} \begin{pmatrix} a_{22} & -a_{12} \\ -a_{21} & a_{11} \end{pmatrix} \tag{1.99}$$

したがって，2×2 の A の逆行列は，以下の式で計算できることになります．

$$A^{-1} = \frac{1}{a_{11}a_{22} - a_{12}a_{21}} \begin{pmatrix} a_{22} & -a_{12} \\ -a_{21} & a_{11} \end{pmatrix} \tag{1.100}$$

実際に逆行列をかけて単位行列になるか確かめてみましょう．

$$\frac{1}{a_{11}a_{22} - a_{12}a_{21}} \begin{pmatrix} a_{22} & -a_{12} \\ -a_{21} & a_{11} \end{pmatrix} \begin{pmatrix} a_{11} & a_{12} \\ a_{21} & a_{22} \end{pmatrix} = \begin{pmatrix} 1 & 0 \\ 0 & 1 \end{pmatrix} \tag{1.101}$$

この 2×2 の逆行列の公式は，必ず覚える必要はありませんが，電卓しかない場で連立方程式を解く場合には覚えていると便利です．

3×3 行列以上の逆行列は，このように単純な公式とはなりませんが，基本的には方程式の解を解くことと同じことなので，Gauss の消去法等を用いてコンピュータプログラムによって簡単に計算することができます．

1.13.7 行列とベクトルで表す方程式

前節では，逆行列を解くことは，連立方程式を解くことであることを示しましたが，逆に行列を用いれば，方程式を簡単に表すことができます．例えば次の二元連立方程式があったとしましょう．

$$\begin{cases} a_1 x + a_2 y = a_3 \\ b_1 x + b_2 y = b_3 \end{cases} \tag{1.102}$$

これを行列で表すと，以下のようになります．

$$\begin{pmatrix} a_1 & a_2 \\ b_1 & b_2 \end{pmatrix} \begin{pmatrix} x \\ y \end{pmatrix} = \begin{pmatrix} a_3 \\ b_3 \end{pmatrix} \tag{1.103}$$

この方程式の解を求めるには，両辺について左から逆行列をかければ良いわけです．すると以下のようになります．

$$\begin{pmatrix} a_1 & a_2 \\ b_1 & b_2 \end{pmatrix}^{-1} \begin{pmatrix} a_1 & a_2 \\ b_1 & b_2 \end{pmatrix} \begin{pmatrix} x \\ y \end{pmatrix} = \begin{pmatrix} a_1 & a_2 \\ b_1 & b_2 \end{pmatrix}^{-1} \begin{pmatrix} a_3 \\ b_3 \end{pmatrix}$$

$$\begin{pmatrix} 1 & 0 \\ 0 & 1 \end{pmatrix} \begin{pmatrix} x \\ y \end{pmatrix} = \begin{pmatrix} a_1 & a_2 \\ b_1 & b_2 \end{pmatrix}^{-1} \begin{pmatrix} a_3 \\ b_3 \end{pmatrix}$$

$$\begin{pmatrix} x \\ y \end{pmatrix} = \frac{1}{a_1 b_2 - a_2 b_1} \begin{pmatrix} b_2 & -a_2 \\ -b_1 & a_1 \end{pmatrix} \begin{pmatrix} a_3 \\ b_3 \end{pmatrix} \tag{1.104}$$

つまり，逆行列を用いることで連立方程式を解くこともできるのです．行列計算は，コンピュータを用いた計算に向いています．是非習得しておきましょう．

第 1 章　数学基礎

1.14　媒介変数

1.14.1　円の方程式

複数の式において，同じ変数を用いて表すことがあります．例えば，下図のように半径 r の円を表す式ですが，方程式では次式で表すことができます．

$$x^2 + y^2 = r^2 \tag{1.105}$$

この式は，ピタゴラスの定理そのものになります．原点からの距離が常に r となる点を結ぶと，円が描けます．

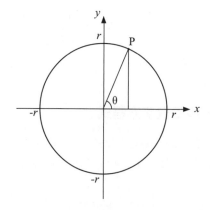

また，円周上の点 P は，x 軸からの角度 θ を用いて，三角関数で以下のように表すこともできます．

$$\begin{cases} x = r\cos\theta \\ y = r\sin\theta \end{cases} \tag{1.106}$$

式は二つありますが，共通な変数 θ があります．この共通な変数を**媒介変数**(parameter) と呼んでいます．媒介変数を使うことにより，式の数は増えますが，簡単な式で表すことができる場合があります．このようなときに媒介変数は，積極的に利用されています．多次元の解析であれば，特に媒介変数が役に立ちます．

1.14.2　直線の方程式

直線の式も媒介変数を用いて表すことができます．通常直線の式は，傾きを a，切片を b とすると，$y = ax + b$ と表せました．

1.14. 媒介変数

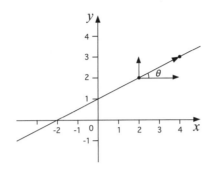

点 (x_0, y_0) を通り，ベクトル $\boldsymbol{a} = (x_a, y_a)$ に平行な直線の式は，媒介変数 t を用いると，以下のように表すことができます。

$$\begin{cases} x = x_a \cdot t + x_0 \\ y = y_a \cdot t + y_0 \end{cases} \quad (1.107)$$

媒介変数 t は，ベクトル $\boldsymbol{a}$ の大きさを単位とするパラメータといえます。

点 (x_0, y_0) と点 (x_1, y_1) を通る直線の式は，点 (x_0, y_0) を通り，ベクトル $\boldsymbol{a} = (x_1 - x_2, y_1 - y_2)$ に平行な直線なので，以下の式で表すことができます。

$$\begin{cases} x = (x_1 - x_0)t + x_0 \\ y = (y_1 - y_0)t + y_0 \end{cases} \quad (1.108)$$

二点の座標から直線の方程式を求める場合には，a, b を計算するよりも，上のように媒介変数を用いる方が簡単に表現できます。$t = 0$ を代入すると，(x_0, y_0) の座標を指し示し，$t = 1$ を代入すると，(x_1, y_1) の座標を示します。t が負のときは，したがって，t は (x_0, y_0) と (x_1, y_1) とに挟まれた線分の長さを 1 とする直線の長さの単位といえます。また，$0 < t < 1$ のときは，内部にあることを意味します。媒介変数によって，直線上の位置を把握するのにも使うことができます。

なお，角度 θ を用いれば，直線の傾きは，$a = \tan\theta$ と表せますし，媒介変数の場合は，ベクトルとして，$(\cos\theta, \sin\theta)$ と表すこともできます。

1.14.3 2直線の交点

点 (x_0, y_0) と点 (x_1, y_1) を通る直線と点 (x_2, y_2) と点 (x_3, y_3) を通る直線の交点の座標計算について考えてみましょう。まず，点 (x_2, y_2) と点 (x_3, y_3) を通る直線の式は，次のようになります。

$$\begin{cases} x = (x_3 - x_2)s + x_2 \\ y = (y_3 - y_2)s + y_2 \end{cases} \quad (1.109)$$

第 1 章 数学基礎

　ここで，媒介変数は s とおきました。方向を表すベクトルの大きさが等しい場合は，同じ媒介変数を利用することができますが，大きさが異なる場合は，同じ媒介変数が使えません。特殊な場合を除いて，異なる直線は異なる媒介変数で表すものです。

　交点を求めるために式 (1.108) と式 (1.109) について，x に関する式と y に関する式を連立させて整理すると以下の式となります。

$$\begin{cases} (x_1 - x_0)t + x_0 = (x_3 - x_2)s + x_2 \\ (y_1 - y_0)t + y_0 = (y_3 - y_2)s + y_2 \end{cases} \tag{1.110}$$

これを行列を用いて表します。

$$\begin{pmatrix} x_1 - x_0 & x_2 - x_3 \\ y_1 - y_0 & y_2 - y_3 \end{pmatrix} \begin{pmatrix} t \\ s \end{pmatrix} = \begin{pmatrix} x_2 - x_0 \\ y_2 - y_0 \end{pmatrix} \tag{1.111}$$

逆行列を計算することで，t, s を求め，求まった t を直線の式に代入すれば，交点の座標が計算できます。

$$\begin{pmatrix} t \\ s \end{pmatrix} = \frac{1}{(x_1 - x_0)(y_2 - y_3) - (x_2 - x_3)(y_1 - y_0)} \begin{pmatrix} y_2 - y_3 & x_3 - x_2 \\ y_0 - y_1 & x_1 - x_0 \end{pmatrix} \begin{pmatrix} x_2 - x_0 \\ y_2 - y_0 \end{pmatrix} \tag{1.112}$$

$$t = \frac{(x_2 - x_0)(y_2 - y_3) - (x_2 - x_3)(y_2 - y_0)}{(x_1 - x_0)(y_2 - y_3) - (x_2 - x_3)(y_1 - y_0)} \tag{1.113}$$

$$\begin{cases} x = (x_1 - x_0)\dfrac{(x_2 - x_0)(y_2 - y_3) - (x_2 - x_3)(y_2 - y_0)}{(x_1 - x_0)(y_2 - y_3) - (x_2 - x_3)(y_1 - y_0)} + x_0 \\ y = (y_1 - y_0)\dfrac{(x_2 - x_0)(y_2 - y_3) - (x_2 - x_3)(y_2 - y_0)}{(x_1 - x_0)(y_2 - y_3) - (x_2 - x_3)(y_1 - y_0)} + y_0 \end{cases} \tag{1.114}$$

特に媒介変数を使うと，簡単な式で表すことができるという訳ではありませんでしたが，媒介変数を使った計算例を示しました。

1.14.4　直線と点との最短距離

　下図のように，点 (x_0, y_0) を通り，ベクトル $\boldsymbol{a} = (x_a, y_a)$ に平行な直線と点 $\mathrm{P}(x_p, y_p)$ との最短距離を求めましょう。

1.14. 媒介変数

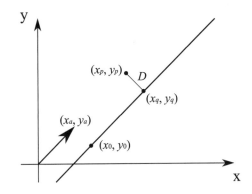

微分法を用いた計算

直線と点 P との距離の二乗は，媒介変数 t を用いると，以下の式で表すことができます．

$$D^2 = (x_a t + x_0 - x_p)^2 + (y_a t + y_0 - y_p)^2 \tag{1.115}$$

この距離が最短となる t の値が求まれば良いのです．上式は変数 t の下に凸な二次関数なので，t で微分し，その式が 0 となる t が最短距離となる直線上の点となります．

$$\frac{dD^2}{dt} = 0$$
$$2x_a(x_a t + x_0 - x_p) + 2y_a(y_a t + y_0 - y_p) = 0$$
$$(x_a^2 + y_a^2)t = x_a(x_p - x_0) + y_a(y_p - y_0)$$
$$t = \frac{x_a(x_p - x_0) + y_a(y_p - y_0)}{x_a^2 + y_a^2} \tag{1.116}$$

算出された t より直線上の点の座標 (x_q, y_q) を求め，続いて (x_p, y_p) との距離を求めれば，それが点と直線との最短距離となります．

内積を用いた計算

次に，同じ計算を内積を用いて行います．点 $P(x_p, y_p)$ から直線へ向かうベクトルは，$(x_a t + x_0 - x_p, y_a t + y_0 - y_p)$ となります．このベクトルと直線の方向ベクトルとの内積を計算し，内積が 0 となる点が直交する点，すなわちそれが最短距離となる点となります．

$$x_a(x_a t + x_0 - x_p) + y_a(y_a t + y_0 - y_p) = 0$$
$$(x_a^2 + y_a^2)t = x_a(x_p - x_0) + y_a(y_p - y_0)$$
$$t = \frac{x_a(x_p - x_0) + y_a(y_p - y_0)}{x_a^2 + y_a^2} \tag{1.117}$$

第1章　数学基礎

微分を用いて求めた t と同じ式となっています。これで最短距離となる直線上の座標が求まったので，先と同様に (x_p, y_p) との距離を求めれば，それが点と直線との最短距離となります。

1.15　空間幾何

空間幾何は，三次元計測が一般的になって来た現在，極めて重要な項目です。ステレオ画像を用いた三次元計測，レーザースキャナを用いた三次元計測，そして三次元計測の結果を利用した解析において，空間幾何が役立ちます。

1.15.1　三次元空間での直線の表現

下図のように，点 (x_0, y_0, z_0) と点 (x_1, y_1, z_1) を通る直線の方程式について解説します。

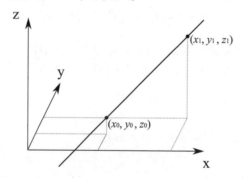

まず，この直線の向きをベクトル (v_x, v_y, v_z) で表します。そしてこのベクトルは，$(x_1 - x_0, y_1 - y_0, z_1 - z_0)$ と計算できます。このとき，空間直線は，**方程式型**で表現すると以下の式となります。

$$\frac{x - x_0}{v_x} = \frac{y - y_0}{v_y} = \frac{z - z_0}{v_z} \tag{1.118}$$

ベクトル (v_x, v_y, v_z) は**方向ベクトル**(direction vector) と呼ばれています。この式から空間直線をイメージすることは困難ですが，この式 (1.118) $= t$ とおいて，式を整理すると次式を得ます。

$$\begin{cases} x = x_0 + v_x t \\ y = y_0 + v_y t \\ z = z_0 + v_z t \end{cases} \tag{1.119}$$

t は，媒介変数であり，これが**パラメータ型**の空間直線の式です。媒介変数 t を用いて，x, y, z の各成分が一次式で表されています。二次元の直線の式に z に関する式が加わっただけで非常にすっきりとした式となっています。これであれば，三次元はおろか，n 次元の空間での直線も表現できます。

1.15. 空間幾何

　パラメータ型であれば，この式が空間直線であることもイメージしやすいです．二次元の場合と同様に，$t = 0$ のときの座標は，出発点 (x_0, y_0, z_0) であり，$t = 1$ の時は，$(x_0 + v_x, y_0 + v_y, z_0 + v_z)$ となります．

　方向ベクトル (v_x, v_y, v_z) の大きさは，任意で構いませんが，ベクトルの大きさが 1 の単位ベクトルの時は，v_x は x 軸と直線との傾きの余弦，v_y は y 軸と直線との傾きの余弦，v_z は z 軸と直線との傾きの余弦を表し，**方向余弦**(direction cosine) と呼ばれています．

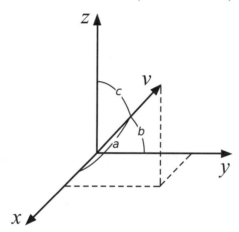

　上図のように，ベクトル v の方向について，x 軸と v のなす角度を a，y 軸とのなす角度を b，y 軸とのなす角度を c とすると，次式が成り立ちます．

$$\begin{cases} v_x = \cos a \\ v_y = \cos b \\ v_z = \cos c \end{cases} \tag{1.120}$$

方向余弦と呼ばれる所以です．

　このように，媒介変数（パラメータ型）で直線を表すことができれば，次元を拡張することも簡単であり，線分を表現することも簡単です．コンピュータで扱う図形などの情報は，方程式での表現より，媒介変数で表現している例の方が非常に多いです．また，統計の世界では n 次元のベクトルも登場するため n 次元空間での直線の式も登場します．媒介変数は極めて重要な表現方法なのです．

1.15.2 点と線分との関係

線分における分点

　点 A(x_a, y_a, z_a) と点 B(x_b, y_b, z_b) を $m : n$ に内分する点の座標 (x, y, z) を求めましょう．点 A を出発点とする直線の式は，以下のようになります．

第 1 章　数学基礎

$$\begin{cases} x = x_a + (x_b - x_a)t \\ y = y_a + (y_b - y_a)t \\ z = z_a + (z_b - z_a)t \end{cases} \quad (1.121)$$

$t=0$ のとき点 A となり，$t=1$ のとき点 B となります．したがって，点 A, B を $m:n$ に内分する点は，$t = \frac{m}{m+n}$ のときの座標を求めることになります．それを計算すると，次式のようになります．

$$\begin{cases} x = x_a + (x_b - x_a)\frac{m}{m+n} = \frac{nx_a + mx_b}{m+n} \\ y = y_a + (y_b - y_a)\frac{m}{m+n} = \frac{ny_a + my_b}{m+n} \\ z = z_a + (z_b - z_a)\frac{m}{m+n} = \frac{nz_a + mz_b}{m+n} \end{cases} \quad (1.122)$$

分点の計算式も媒介変数により，簡単に理解ができます．

点と直線との距離

点 (x_a, y_a, z_a) を通り，ベクトル (v_x, v_y, v_z) で向きが表されている空間直線と，点 B (x_b, y_b, z_b) との最短距離を求めましょう．xy 平面で解いたときと全く同じ手法が適用できます．最短距離は，点 B から直線へ下ろした垂線の長さと等しいです．そこで，まず点 B から直線上の任意の点に向かうベクトルを求めます．

$$((x_a + v_x t) - x_b, (y_a + v_y t) - y_b, (z_a + v_z t) - z_b) \quad (1.123)$$

このベクトルと直線の方向ベクトル (v_x, v_y, v_z) は直交するので，これらのベクトルの内積は 0 となります．したがって，それを満たす t を求めれば，垂線の足の座標が求まり，続いて最短距離を得ることができます．次式は，その t を求める過程を示しています．

$$\begin{aligned} v_x\{(x_a + v_x t) - x_b\} + v_y\{(y_a + v_y t) - y_b\} + v_z\{(z_a + v_z t) - z_b)\} &= 0 \\ (v_x^2 + v_y^2 + v_z^2)t &= v_x(x_b - x_a) + v_y(y_b - y_a) + v_z(z_b - z_a) \\ t &= \frac{v_x(x_b - x_a) + v_y(y_b - y_a) + v_z(z_b - z_a)}{v_x^2 + v_y^2 + v_z^2} \end{aligned} \quad (1.124)$$

1.15.3　空間における面の表現

面の表現

空間平面の式は，**法線ベクトル**(normal vector) が重要です．法線ベクトルは，平面に対して垂直な方向をさすベクトルです．空間平面と平行なベクトルは，いろいろな向きが存

1.15. 空間幾何

在するのに対して，法線ベクトルは，一つだけだからです．したがって，空間平面上に点 (x_0, y_0, z_0) があり，法線ベクトルが (a, b, c) である場合，平面上に点が存在するためには，平面上のベクトル $(x - x_0, y - y_0, z - z_0)$ と (a, b, c) との内積が 0 である必要があります．式で表すと次のようになります．

$$a(x - x_0) + b(y - y_0) + c(z - z_0) = 0$$
$$ax + by + cz = ax_0 + by_0 + cz_0 \tag{1.125}$$

したがって，$ax_0 + by_0 + cz_0 = d$ とおけば，空間平面を $ax + by + cz = d$ という方程式で表すことができます．ただし，この方程式に対して，両辺を d で割ると，$\frac{a}{d}x + \frac{b}{d}y + \frac{c}{d}z = 1$ となるので，方程式型で空間平面を表すと以下のようになります．

$$ax + by + cz = 1 \tag{1.126}$$

この式は，任意の x, y の値について必ず1つの z が存在することを示しています．平面の式を求めるためには，平面上の三点の座標が解れば，連立一次方程式により係数 a, b, c を求めることができます．

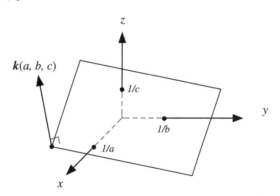

式 (1.126) において，$y = 0, z = 0$ を代入すると，x 軸と平面との交点が算出できます．したがって，$\frac{1}{a}$ は x 軸と平面との交点，$\frac{1}{b}$ は y 軸と平面との交点，$\frac{1}{c}$ は z 軸と平面との交点の値となります．

空間平面は，平面上の二つの異なるベクトルよりパラメータ型でも定義できます．(x_0, y_0, z_0) は平面上のある点の座標を表し，平面上の二つのベクトルを $\boldsymbol{v_1}(v_{x1}, v_{y1}, v_{z1}), \boldsymbol{v_2}(v_{x2}, v_{y2}, v_{z2})$ とすると，空間平面は媒介変数 s, t によりパラメータ型で以下の式で表すことができます．

$$\begin{cases} x = x_0 + v_{x1}s + v_{x2}t \\ y = y_0 + v_{y1}s + v_{y2}t \\ z = z_0 + v_{z1}s + v_{z2}t \end{cases} \tag{1.127}$$

したがって，平面内の三つの座標の値が与えられれば，2つのベクトルを求めることによって，連立方程式を解くことも無く平面の式を立てることができます．特に三角形平面や平

第1章　数学基礎

行四辺形平面を表現するのに適しています。下図は，その状況を図に表したものです。なお k は，法線ベクトルを表しています。

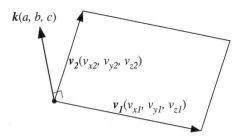

$(0<s<1) \cap (0<t<1) \cap (0<s+t<1)$ の範囲においては二つのベクトルで構成される三角形の内部を表し，$(0<s<1) \cap (0<t<1)$ の範囲においては二つのベクトルで構成される平行四辺形の内部を表しています。

　パラメータ型の平面の式より法線ベクトル (a,b,c) を求めるには，平面が x 軸，y 軸，z 軸と交わる座標を求めれば，導くことができます。例えば x 軸と交わる座標は，$y=0, z=0$ を満たす s,t を求めれば計算できます。したがって，計算された x 座標の逆数が法線ベクトルにおける x 成分の a となります。b,c においても同様に計算できます。

　法線ベクトルは，2 つのベクトルの外積を計算することでも求めることができます。外積については，式 (1.82) を参照して下さい。v_1, v_2 の外積は，次式で計算できます。

$$v_1 \times v_2 = (v_{y1}v_{z2} - v_{z1}v_{y2},\ v_{z1}v_{x2} - v_{x1}v_{z2},\ v_{x1}v_{y2} - v_{y1}v_{x2}) \tag{1.128}$$

外積により求まった法線ベクトルは，平面の式の法線ベクトル (a,b,c) と方向は同じですが，大きさは異なります。したがって，出発点の (x_0, y_0, z_0) を面の式に代入して，外積で求まった法線ベクトルの大きさを調整しなければなりません。

1.15.4　面と点，直線との関係

直線と面との関係

　パラメータ型で表された直線と方程式型で表された平面 $ax + by + cz = 1$ との交点を求めるには，まず直線の式の x, y, z を面の式に代入し，t を求めます。

$$a(x_0 + v_x t) + b(y_0 + v_y t) + c(z_0 + v_z t) = 1$$
$$(av_x + bv_y + cv_z)t = 1 - (ax_0 + by_0 + cz_0)$$
$$t = \frac{1 - ax_0 - by_0 - cz_0}{av_x + bv_y + cv_z} \tag{1.129}$$

これにより求まった t を直線の式に代入すると，交点の座標が求まります。

　なお，直線も面もパラメータ型で表されている場合も同様に解くことができます。

点と面と最短距離

ある点 (x_0, y_0, z_0) と方程式型で表された平面 $ax + by + cz = 1$ との最短距離を求める方法について解説します。まず，点から面への垂線の足の座標を求めます。面の法線ベクトル (a, b, c) と一致する方向ベクトルを有する直線で点 (x_0, y_0, z_0) を通る直線の式は，次のようになります。

$$\begin{cases} x = x_0 + at \\ y = y_0 + bt \\ z = z_0 + ct \end{cases} \tag{1.130}$$

この直線と面との交点を求めれば良いのです。先と同様に直線の式を面の式に代入し，t を求めます。

$$a(x_0 + at) + b(y_0 + bt) + c(z_0 + ct) = 1$$
$$(a^2 + b^2 + c^2)t = 1 - (ax_0 + by_0 + cz_0)$$
$$t = \frac{1 - ax_0 - by_0 - cz_0}{a^2 + b^2 + c^2} \tag{1.131}$$

これにより求まった t を直線の式に代入すると，垂線の足の座標が求まり，続いて最短距離が求まります。一方，$t = 1$ のときは，法線ベクトル (a, b, c) の長さとなりますから，点と面との最短距離 d は，次式で簡単に計算できます。

$$d = t\sqrt{a^2 + b^2 + c^2}$$
$$= \frac{1 - ax_0 - by_0 - cz_0}{\sqrt{a^2 + b^2 + c^2}} \tag{1.132}$$

直線も面もパラメータ型で表されている場合も同様に解くことができますので，考えてみて下さい。

1.16 円錐曲線

円・楕円・放物線・双曲線は，いずれも二次曲線であり，円錐曲線の仲間です。**円錐曲線**(conic section) は，下図に示すとおり，円錐形をまっすぐ切った切り口の形です。例えば，円錐形の軸に対して直角に切ると，切り口は円形となり，母線に対して平行に切ると，切り口は放物線となります。斜めに切ると，楕円か双曲線になりますが，軸から母線の傾きまでの角度で切ると，双曲線になり，軸に対して母線の傾きよりも大きい角度で切ると，楕円になります。

第1章 数学基礎

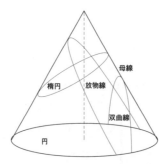

円錐曲線は，測量の分野において，非常に重要なものです。例えば，地球の形を楕円で近似したり，物体の運動は，楕円・放物線・双曲線で近似したりしています。本章では，その円錐曲線について解説します。

1.16.1 円と球

円(circle) は，何度も解説しましたが，中心から同じ長さの点を繋いだものです。下図は，中心が原点で，半径 r の円を描いています。

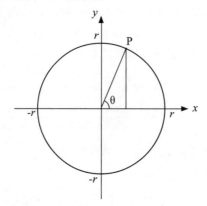

この円上の点 P は，下の方程式を満足する点であり，ピタゴラスの定理（式 (1.1)）と同じ式となります。

$$x^2 + y^2 = r^2 \tag{1.133}$$

また，点 P は，x 軸からの角度 θ を用いて，三角関数で以下のように表すこともできます。

$$\begin{cases} x = r\cos\theta \\ y = r\sin\theta \end{cases} \tag{1.134}$$

つまり点 P の位置は，(x,y) で表す**直交座標** (rectangular coordinates: デカルト座標) でなく，半径と角度の (r,θ) で表すこともできます。このような座標は**極座標**(polar coordinate) と呼ばれています。この極座標を使えば，円の周長や円の面積を積分で求めることが簡単になります。

1.16. 円錐曲線

半径 r の円周の長さ L は，$L = 2\pi r$ という公式ですが，積分を用いてこの公式を導くことができます。微小角度 $d\theta$ を用いると，弧の長さは $rd\theta$ で計算できるので，角度を 0 から 2π まで積分すれば求まるのです。

$$\begin{aligned} L &= \int_0^{2\pi} r d\theta \\ &= [r\theta]_0^{2\pi} \\ &= 2\pi r \end{aligned} \tag{1.135}$$

円の面積 A は，半径 0 から r まで円周の長さ $2\pi r$ を積分すれば求まります。

$$\begin{aligned} A &= \int_0^r 2\pi x dx \\ &= \left[2\pi \frac{1}{2} x^2\right]_0^r \\ &= \pi r^2 \end{aligned} \tag{1.136}$$

続いて，球の表面積と体積の計算について解説しましょう。下図は，xyz の三次元の直交座標を設定し，半径 r の半球を描いたものです。

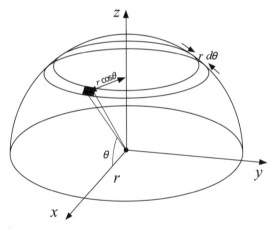

球面を z 軸に対して直角に切ったときの切り口の円の半径は，xy 平面からの角度を θ としたとき，$r\cos\theta$ となるので，その円周の長さは $2\pi r \cos\theta$ となります。そしてその円周に弧の長さ $rd\theta$ をかけたものが微小なドーナツ形の面積となります。これを 0 から $\frac{\pi}{2}$ まで積分したものが半球の面積となり，球の面積 S は，それを2倍したものになります。これを式で表すと，次のようになります。

$$\begin{aligned} S &= 2 \int_0^{\frac{\pi}{2}} 2\pi r \cos\theta r d\theta \\ &= 4\pi r^2 [\sin\theta]_0^{\frac{\pi}{2}} \\ &= 4\pi r^2 \end{aligned} \tag{1.137}$$

第 1 章　数学基礎

円の表面積は，後に述べる電場や磁場の強さを計算するときに用いられるので，公式を覚えておく必要はありませんが，積分の仕方は理解しておいた方が良いでしょう。

球の体積 V は，表面積が求まったので，半径 0 から r までの球の表面積を積分すれば求まります。

$$\begin{aligned} V &= \int_0^r 4\pi x^2 dx \\ &= \left[\frac{4}{3}\pi x^3\right]_0^r \\ &= \frac{4}{3}\pi r^3 \end{aligned} \tag{1.138}$$

1.16.2　楕円

楕円の方程式

楕円(ellipsoid) には，二つの**焦点**(focal point)F と F' があり，2 つの焦点から距離の和が同じ点を繋いだものです。例えば，一本のひもの両端を結んで輪を作り，2 つの焦点にその輪をかけ，鉛筆でその輪をピンと張った状態で鉛筆を動かせば楕円が描けます。下図のように楕円の中心を原点とし，焦点を X 軸上に設けたとき，X 軸方向は半径が長く，y 軸方向は半径が短かくなります。長い半径を**長半径**(semi-major axis) といい，a で表し，短い半径を**短半径**(semi-minor axis) といい，b で表します。楕円上の点 P は，それぞれの焦点との距離 PF と PF' の合計が，常に $2a$ で一定となります。なぜなら，点 P が x 軸上にあるとき，$PF = a - c$，$PF' = a + c$ なので，$PF + PF' = 2a$ となるからです。また，y 軸上に来たときは，$PF = PF'$ となり，その長さは a となります。したがって，ピタゴラスの定理より，$b^2 + c^2 = a^2$ が成り立ちます。

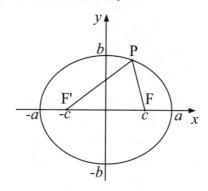

PF と PF' の距離を楕円上の座標 $P(x,y)$ と a,c を用いて表します。

$$PF = \sqrt{(x-c)^2 + y^2} \tag{1.139}$$
$$PF' = \sqrt{(x+c)^2 + y^2} \tag{1.140}$$

1.16. 円錐曲線

したがって，$PF + PF' = 2a$ より次式を得ることができます。

$$\sqrt{(x-c)^2 + y^2} + \sqrt{(x+c)^2 + y^2} = 2a$$
$$\sqrt{(x-c)^2 + y^2} = 2a - \sqrt{(x+c)^2 + y^2} \tag{1.141}$$

この式の両辺を二乗して整理すると，

$$a\sqrt{(x+c)^2 + y^2} = a^2 + cx \tag{1.142}$$

さらに二乗して整理すると，

$$(a^2 - c^2)x^2 + a^2 y^2 = a^2(a^2 - c^2) \tag{1.143}$$

次に，両辺を $a^2(a^2 - c^2)$ で割ると，

$$\frac{x^2}{a^2} + \frac{y^2}{a^2 - c^2} = 1 \tag{1.144}$$

ここで，先の $b^2 + c^2 = a^2$ より，

$$\frac{x^2}{a^2} + \frac{y^2}{b^2} = 1 \tag{1.145}$$

これが，方程式型で表した楕円の式です。

楕円を媒介変数で表す

半径 a の円の方程式を媒介変数（パラメータ）で表してみましょう。下図において，半径 a の円周上の点 P' は，x 軸からの角度 θ をパラメータとすれば，x, y の座標は次式で表されます。

$$\begin{cases} x = a\cos\theta \\ y = a\sin\theta \end{cases} \tag{1.146}$$

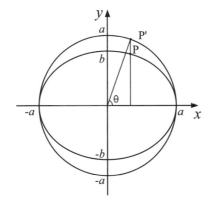

第 1 章 数学基礎

次に，P' の x 軸への垂線の足と楕円との交点 P について考えます。x 座標は変わりませんが，y 座標は，P' と比べると $\frac{b}{a}$ だけ短くなっています。したがって，パラメータ形式で楕円は，次式で表すことができます。

$$\begin{cases} x = a\cos\theta \\ y = b\sin\theta \end{cases} \tag{1.147}$$

これを証明してみましょう。まず上式の両辺を二乗し，整理すると，

$$\begin{cases} \dfrac{x^2}{a^2} = \cos^2\theta \\ \dfrac{y^2}{b^2} = \sin^2\theta \end{cases} \tag{1.148}$$

$\sin^2\theta + \cos^2\theta = 1$ より，$\frac{x^2}{a^2} + \frac{y^2}{b^2} = 1$ が導かれます。

楕円の面積

楕円の面積は，方程式型の楕円の式より導くことができます。式 (1.145) より y について整理すると以下の式となります。

$$y = \pm\frac{b}{a}\sqrt{a^2 - x^2} \tag{1.149}$$

したがって，これを 0 から a まで積分すれば，楕円の 1/4 の面積が計算できます。積分を使って，楕円の面積 A は，以下のように計算できます。

$$\begin{aligned} A &= 4\int_0^a \frac{b}{a}\sqrt{a^2 - x^2}dx \\ &= 4\frac{b}{a}\int_0^a \sqrt{a^2 - x^2}dx \\ &= 4\frac{b}{a}\frac{\pi a^2}{4} \quad\quad \text{ここで } \sqrt{a^2 - x^2} \text{ は半径 } a \text{ の円の式と同じ} \\ &= \pi ab \end{aligned} \tag{1.150}$$

扁平率

楕円は，長半径 a と短半径 b の比により楕円の形が決まります。a と b の差が大きいほど細長い形となります。そこで，楕円の形を表現するのに**扁平率**(oblateness) が使われています。扁平率 f は，次式で表されます。

$$f = \frac{a - b}{a} \tag{1.151}$$

地球の形を回転楕円体を使って表しますが，そのときに扁平率が使われることが多いです。

1.16. 円錐曲線

離心率

楕円の形を表すのに焦点の位置を使うこともできます。楕円は，焦点が中心から離れるほど細長く，中心に近いほど円に近づきます。したがって，長半径 a と焦点の位置 c の比によっても楕円の形が決まります。この比を**離心率**(eccentricity) と呼んでいます。離心率 e は，次式で表します。

$$e = \frac{c}{a} = \frac{\sqrt{(a^2 - b^2)}}{a} \tag{1.152}$$

人工衛星の軌道や惑星の軌道を表す時は一般に離心率が使われています。楕円の焦点の位置が天体力学において極めて重要な位置であることに由来するからでしょう。離心率 e は，0 に近いほど円に近く，1 に近づくほど細長い形になります。ちなみに，e が 1 のときは**放物線**(parabola) となり，1 を越えるときは**双曲線**(hyperbola) となります。したがって，離心率から考えると，円と放物線は，非常に特殊な形といえます。

楕円の接線・法線

楕円上の点 $P(x_p, y_p)$ における接線と法線について考察しましょう。下の図は，P において接線 TT' と法線 PS を描きました。

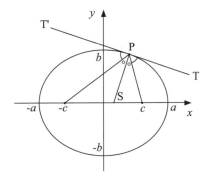

楕円上の法線ベクトル (N_x, N_y) は，方程式型で表した楕円の関数を偏微分することによって導くことができます。まず，楕円の関数 $f(x, y)$ は，次式となります。

$$f(x, y) = \frac{x^2}{a^2} + \frac{y^2}{b^2} - 1 \tag{1.153}$$

この関数について，x, y でそれぞれ偏微分します。

$$\begin{cases} \dfrac{\partial f(x,y)}{\partial x} = \dfrac{2x}{a^2} \\ \dfrac{\partial f(x,y)}{\partial y} = \dfrac{2y}{b^2} \end{cases} \tag{1.154}$$

第 1 章 数学基礎

点 P の座標は，媒介変数を用いると $(a\cos\theta, b\sin\theta)$ なので，これを代入し，法線ベクトル (N_x, N_y) が得られます。

$$\begin{cases} N_x = \dfrac{2\cos\theta}{a} \\ N_y = \dfrac{2\sin\theta}{b} \end{cases} \tag{1.155}$$

したがって，法線の式をパラメータ t で表すと以下の式を得ます。

$$\begin{cases} x = \dfrac{2\cos\theta}{a}t + a\cos\theta \\ y = \dfrac{2\sin\theta}{b}t + b\sin\theta \end{cases} \tag{1.156}$$

ここで，S の x_s 座標を求めるため，上式において $y = 0$ とおき，t の値を求めます。すると $t = -\dfrac{b^2}{2}$ となり，x_s 座標は，以下の式で計算できます。

$$\begin{aligned} x_s &= \frac{b^2}{a}\cos\theta + a\cos\theta \\ &= \cos\theta\left(\frac{a^2-b^2}{a}\right) & \cos\theta = \frac{x_p}{a} \text{ より} \\ &= \frac{a^2-b^2}{a^2}x_p & \text{離心率 } e \text{ を用いると式 (1.152) より} \\ &= e^2 x_p \end{aligned} \tag{1.157}$$

すると，$F'S$ 及び FS の長さは，以下の式で表すことができます。

$$F'S = ae + e^2 x_p = e(a + ex_p) \tag{1.158}$$
$$FS = ae - e^2 x_p = e(a - ex_p) \tag{1.159}$$

一方，$F'P$ 及び FP の長さは，式 (1.142) において右辺の c に $c = ae$ を代入すると次式を得ます。

$$\begin{aligned} a\sqrt{(x+c)^2 + y^2} &= a^2 + aex \\ \sqrt{(x+c)^2 + y^2} &= a + ex \end{aligned} \tag{1.160}$$

上式の左辺は，$F'P$ なので，$F'P = a + ex_p$ となります。FP においても同様に導くと，それぞれ以下の式を得ます。

$$F'P = a + ex_p \tag{1.161}$$
$$FP = a - ex_p \tag{1.162}$$

したがって，$F'S = eF'P$，$FS = eFP$ となり，PS は $\angle FPF'$ を二等分することを意味しています。ところで，光や電波が平面で反射するときは，入射角と反射角が等しいという

1.16. 円錐曲線

性質を持っています。これについては，「画像を用いた位置計測」の章で解説します。もし，F' に光源があるとすると，そこから四方八方に出た光は，楕円によって反射された後，全てもう一方の焦点 F に集まることを意味しています。

1.16.3 双曲線

双曲線の方程式

楕円は，焦点が長半径 a より大きくなることはありませんが，**双曲線**(hyperbola) は，a の外側に焦点を持ちます。したがって，離心率 e は 1 を越えます。また双曲線は，楕円と描き方が異なり，2つの焦点から距離の差が同じとなる点を繋いだものです。下図のように焦点を x 軸上に設けたとき，それぞれの焦点と双曲線上の点 P の距離 PF と PF' の差は，常に $2a$ で一定となるような曲線が双曲線です。

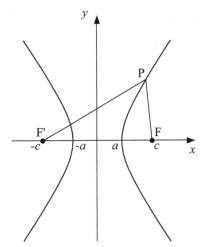

PF と PF' の距離を楕円上の座標 $P(x,y)$ と a,c を用いて表してみます。

$$PF = \sqrt{(x-c)^2 + y^2} \tag{1.163}$$
$$PF' = \sqrt{(x+c)^2 + y^2} \tag{1.164}$$

したがって，$PF - PF' = \pm 2a$ より次式が得られます。

$$\sqrt{(x-c)^2 + y^2} - \sqrt{(x+c)^2 + y^2} = \pm 2a$$
$$\sqrt{(x-c)^2 + y^2} = \pm 2a + \sqrt{(x+c)^2 + y^2} \tag{1.165}$$

この式の両辺を二乗して整理すると，

$$\mp a\sqrt{(x+c)^2 + y^2} = a^2 + cx \tag{1.166}$$

第 1 章 数学基礎

さらに二乗して整理すると，

$$(c^2 - a^2)x^2 - a^2 y^2 = a^2(c^2 - a^2) \tag{1.167}$$

ここで，$b^2 = c^2 - a^2$ とおくと，

$$b^2 x^2 - a^2 y^2 = a^2 b^2$$

$$\frac{x^2}{a^2} - \frac{y^2}{b^2} = 1 \tag{1.168}$$

これが，方程式型で表された双曲線の式です．楕円の式において，符号が異なるという以外は同じです．

双曲線を媒介変数で表す

半径 a の円の方程式を媒介変数（パラメータ）で表してみましょう．下図において，原点を中心とし，半径 a の円周上に点 P' をおきました．P' において接線を引き，x 軸との交点を Q とします．

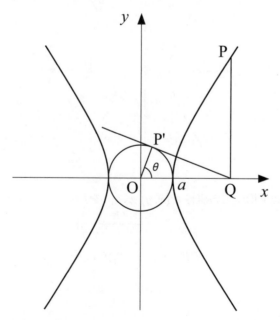

P' への角度 θ をパラメータとすれば，x 座標は次式で表されます．

$$x = \frac{a}{\cos \theta} \tag{1.169}$$

1.16. 円錐曲線

次に，y 座標について考えてみます。$x = \frac{a}{\cos \theta}$ を双曲線の式 (1.168) に代入すると以下のように計算できます。

$$\frac{1}{\cos^2 \theta} - \frac{y^2}{b^2} = 1$$

$$y^2 = b^2 \left(1 - \frac{1}{\cos^2}\right)$$

$$= b^2 \left(\frac{\cos^2 \theta - 1}{\cos^2}\right)$$

$$= b^2 \tan^2 \theta$$

$$y = b \tan \theta \tag{1.170}$$

したがって，媒介変数 θ で双曲線を表すと，以下の式となります。

$$\begin{cases} x = a \sec \theta \\ y = b \tan \theta \end{cases} \tag{1.171}$$

1.16.4 放物線

放物線の方程式

放物線(parabola) は，離心率 e が 0 のときの曲線でした。下図は，その放物線を描いたものです。放物線上の点 P は，PF の長さと PQ の長さが等しいのです。

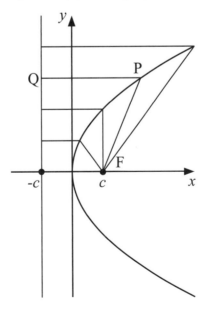

第1章　数学基礎

PF と PQ の長さを式で表すと，次のようになります。

$$PQ = x + c \tag{1.172}$$
$$PF = \sqrt{(x-c)^2 + y^2} \tag{1.173}$$

$PQ = PF$ なので，放物線は，以下の式で表すことができます。

$$\sqrt{(x-c)^2 + y^2} = x + c$$
$$(x-c)^2 + y^2 = (x+c)^2$$
$$y^2 = 4cx \tag{1.174}$$

これが，方程式型で表された放物線です。放物線といえば，単に二次方程式を思い浮かべますが，焦点の存在を明確にすると，このような式となります。

放物線の接線

放物線上の点 $P(x_p, y_p)$ における接線について考察してみましょう。下の図は，P において接線 TT' と x 軸に平行な QQ' を描きました。

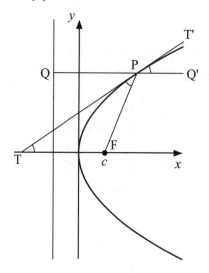

放物線の方程式は $y^2 = 4cx$ です。y についての式にすると右辺に平方根が現れ，計算が複雑になるため，x について整理した方が都合が良さそうです。すると放物線の方程式は，以下のようになります。

$$x = \frac{1}{4c} y^2 \tag{1.175}$$

この x について，y で微分することによって，接線の傾きを計算することができます。

$$\frac{dx}{dy} = \frac{1}{2c} y \tag{1.176}$$

1.16. 円錐曲線

したがって，$P(x_p, y_p)$ における接線の傾きは，$\frac{1}{2c}y_p$ となります。この傾きを持つ接線の方程式は，x 軸との切片を b とすると，$x = \frac{1}{2c}y_p y + b$ となります。この接線は，$P(x_p, y_p)$ を通るので，この座標を接線の方程式に代入し，切片 b を求めると，以下のようになります。

$$x_p = \frac{1}{2c}y_p^2 + b$$
$$b = x_p - \frac{1}{2c}y_p^2$$
$$= x_p - 2x_p$$
$$= -x_p \tag{1.177}$$

したがって，TF の長さは，$x_p + c$ となります。また，PQ の長さも $x_p + c$ であり，これは PF とも等しくなります。よって三角形 TFP は二等辺三角形といえます。さらに $\angle TPQ'$ と $\angle PTF$ は，同位角の関係にあるため等しいことから，$\angle TPQ' = \angle TPF$ となります。

ところで，楕円の項でも述べたが，光や電波が平面で反射するときは，入射角と反射角が等しいという性質を持っています。このことは，x 軸に平行に飛んでくる光や電波は，放物線にぶつかると，すべて焦点に集まることを意味しています。遠くから飛んで来る光や電波は，ほぼ平行に飛んでいるといえ，衛星放送を受信するためのアンテナの形状が放物線となっているのは，電波を焦点に集めるためなのです。

第2章 データ処理

　測った結果として得られるデータは，生データのまま解析をすることはまれで，データを取得後，何らかの処理を施すのが普通です。同じものを複数回測ったとしても，同じ結果が得られることは無く，ばらつきを持った値となります。したがって，このような場合には，平均値や標準偏差等の統計量を求める必要があります。また，計測結果から目的とする値に変換することも必要となります。そこで本章では，まず，統計の基礎について解説します。正規分布から始まり，最小二乗法や回帰分析等について解説します。それと同時に，測った結果がどのような精度を持っているのかをあらかじめ予測しておかなければ，得られた成果を評価できません。そこで精度と計測値についても解説します。

　ところで，データ処理においては，方程式を解かなければならない場合があります。その方程式が線形であれば，前章で解説した掃き出し法等により簡単に解くことができますが，非線形であれば特殊な解法が必要となります。そこで非線形方程式を解くための数学的な手法についても解説します。

　「データ処理」という章立てになっているのですが，「数学基礎」の延長といっても良いかもしれません。ただし，測量やリモートセンシングのデータ処理に欠かせない数学的ツールについて解説します。

2.1 計測値を用いた計算

　計測値を用いた計算においては，常に誤差を意識し，数値の**精度**(accuracy)や**有効数字**(effective digit)を考慮しながら計算を進めなければなりません。特に桁落ちには気をつけなければ，計算途中で精度が極端に悪くなることがあります。電卓を用いた計算では，8桁か10桁程度の有効数字しか扱えないので，この点には注意が必要ですし，コンピュータプログラムにおいても変数の精度を意識しながらコードを書く必要があります。コンピュータで計算された値について，何桁まで信頼できそうなのかを理解していなければ，大きなミスに繋がりますので，精度や有効数字を把握しておくことは重要です。

　計測値には，必ず誤差が含まれていることは何度も述べました。アナログの機器の場合，目盛りを目視で判断して読み取りますが，読み取る際には最小目盛りよりも一桁小さい値を目分量で読み取ります。最小目盛りが1mmの物差しで長さを測る場合，0.1mmの桁まで読み取りますが，その桁には誤差が含まれています。したがって精度は0.1〜1mmと言えます。デジタル機器の場合でも，示された数値の最小桁においては誤差が含まれていま

第2章　データ処理

す。有効数字は，誤差の含まれている最小桁の数値も含めて，何桁分の数値が計算に考慮すべきかを桁数で表します。幾つかの例を下表に示します。

表 2.1: 有効数字

計測値	有効数字	備考
1.234	4桁	
123.45	5桁	
0.00123	3桁	小数において1以上の数字の現れた桁から数える
100	1桁	小数点がない場合は，位取りの0に精度があるのか不明
1.00×10^2	3桁	有効数字が分かりやすい一般的な表記法

　計測値同士の加減算においては，まず計算しても構わない精度かどうかを判断する必要があります。例えば，1.234 + 0.00002 という計算は，計算すれば，1.23402 となりますが，計算結果は意味をなしていません。1.234 の数値の最小桁の 4 には誤差が含まれています。これにそれより小さい値を加算しても減算しても 1.234 の精度しか持ち得ません。例えば縄文時代は，今から 1 万 6500 年前といわれていますが，来年になると 1 万 6501 年前になるかというとそうではなく，やはり 1 万 6500 年前のままです。この場合，1 の位と 10 の位の 0 は，位取りの 0 ですから有効数字は 3 桁で，100 年の精度しかありません。それに 1 を加えても意味がないのです。なお，加算においては，有効数字が増える場合もあります。12345.6+1.2 という計算の場合，有効数字は 6 桁と 2 桁の数値が計算されますが，最小桁は両方とも 0.1 と同じですから，計算結果は 12346.8 となり，有効数字は 6 桁が維持されています。また，9.0+1.2 の場合，答えは 10.2 となります。有効数字 2 桁同士の足し算ですが，先と同じように両方とも最小桁が 0.1 ですから，有効数字は 3 桁に増えます。

　減算においては，逆に桁落ちに注意する必要があります。例えば，有効数字 5 桁の 2 つの計測値に対して 1.2345 − 1.2344 のような計算をした場合，答えは，0.0001 となり有効数字が 1 桁となってしまいます。この場合，計算結果が誤差の含まれている最小桁しか残っていませんので，計算結果は全く信用できないものになってします。このように減算によって有効数字が減ってしまう現象を**桁落ち**(cancellation of significant digits) と呼んでいます。このように桁落ちした値をさらに用いて計算する場合は，精度が極端に悪くなってしまうので注意が必要です。計測が問題なく行われ，系統的な誤差もなかったにもかかわらず，解析結果が誤差伝搬の法則によって推測される精度を満足しなかった場合，桁落ちによる精度低下がないかどうかチェックすべきでしょう。なお桁落ちは，計算過程においても起こりうるので，10 桁の計算能力しかない電卓を用いた計算では，特に注意が必要です。

　計測値同士の乗除算は，計算過程においては有効数字＋1 桁の数値を用いて計算していく必要があります。電卓を用いた計算では，計算過程を保存する機能に乏しいので，数値をノートに書き留めて，再度その数値を手入力することが強いられますので，注意が必要です。例えば有効数字 3 桁同士のかけ算において，$2.55 \times 1.47 = 3.7485$ という結果を得た

場合，計算結果は有効数字を揃えると 4 桁目を四捨五入し，3.75 となります。しかし，その値にさらに 1.66 をかけるような場合，入力する数値の桁数が変わると計算結果に影響が及びます。下は，その状況を示したものです。

$$1.66 \times 3.75 = 6.225 \qquad \text{3 桁のみ使う場合}$$
$$1.66 \times 3.749 = 6.22334 \qquad \text{4 桁使う場合}$$
$$1.66 \times 3.77485 = 6.22251 \qquad \text{全桁使う場合} \qquad (2.1)$$

3 桁のみであれば，最終的な計算結果は，6.23 となります。ところが，4 桁以上で計算すると，6.22 となり答えが異なってしまいます。精度的には当然 4 桁以上で計算した方が良いです。したがって，有効数字の桁数 + 1 桁以上の数値を入力して計算していき，最終的な答えとしては，有効数字の桁数で揃えて結果を表記することが好ましいのです。なお，円周率 π や重力加速度，万有引力定数等の定数を入力する場合，その定数の有効数字も考慮しなければなりません。この場合も有効数字の桁数 + 1 以上の数値を入力する必要があります。

　コンピュータを用いる場合には，表計算ソフトを使う場合でもプログラミング言語を使う場合でも計算過程の数値は，ソフト内部の変数の記憶桁数に依存します。したがって，電卓の場合のような有効数字に対する配慮は少なくなります。ただし，計算し得る最大の桁数は把握していなければ，正しい計算結果が得られているかどうか解らなくなるので，注意が必要です。プログラミング言語の C 言語においては，実数の変数として，float 型と double 型が用意されています。処理プロセッサによって異なるのですが，float 型で計算可能か，double 型で計算可能かを判断しなければなりません。

2.2 データの統計量

2.2.1 データとヒストグラム

　大量のデータが与えられたとき，そのデータの状況を見た目で判断しやすくするためには，**ヒストグラム**(histogram) を用いるのが簡単です。まず n 個のデータが以下のように変数 x で与えられていたとします。

$$(x_1, x_2, \cdots, x_n) \qquad (2.2)$$

n 人の身長のデータが x_i で表されたとして考えれば解りやすいでしょう。これを**階級**(rank) ごとのデータとして整理します。例えば，データの値が $a_0 \sim a_1$ の範囲に何個のデータがあるかカウントするのです。身長のデータであれば，大量のデータがある場合，1cm ごとの階級でカウントできます。カウントされたデータ数は，**度数**(frequency) あるいは**頻度**と呼ばれています。ここで階級は，以下のように n 個の階級で区切られたとします。

$$(a_0 \sim a_1, a_1 \sim a_2, \cdots, a_{n-1} \sim a_n) \qquad (2.3)$$

第 2 章　データ処理

また各階級における度数は，変数 f を用いて表すと以下のようになります。

$$(f_1, f_2, \cdots, f_n) \tag{2.4}$$

そして，階級を横軸，度数を縦軸に棒グラフで表したものがヒストグラムと呼ばれています。データの分布状況を捉えるのに便利なグラフです。ここで，$n = f_1 + f_2 + \cdots + f_n$ となります。

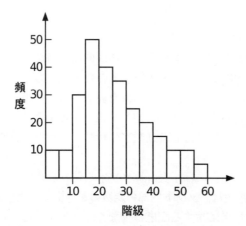

通常の棒グラフと特に違いは無いように感じます。しかしヒストグラムは，階級の幅を変化させることができることに特徴があります。つまり，棒グラフは高さのみで量を表すのですが，ヒストグラムは階級×頻度の面積で量を表しているのです。なお，階級の幅を極端に大きくとれば，少ない階級で表現できるのですが細かく見ることはできません。一方で，階級の幅を極端に小さくとれば，頻度が 0 の階級が多く現れ，グラフの形がいびつになることもあります。したがって，ヒストグラムは，適切な階級を与えることが重要です。

　種類の異なるデータを度数を基にしたヒストグラムを用いて比較する場合，データ数 n が大きく異なるデータ同士を比較するには，**相対度数**(relative frequency) を用いてヒストグラム化するのが良いです。相対度数は，以下のように各度数をデータ数で除することで，相対度数の合計が 1 となり，比較が容易になります。式で表せば，次のようになります。

$$\left(\frac{f_1}{n}, \frac{f_2}{n}, \cdots, \frac{f_n}{n}\right) \tag{2.5}$$

この相対度数に 100 を乗ずれば，パーセントの単位となります。

2.2.2 平均，メディアン，モード

平均計算は，測定データの整理においても極めて重要です。**平均値**(mean)$\bar{x}$ は，以下の式で計算することができます。

$$\bar{x} = \frac{x_1 + x_2 + x_3 + \cdots + x_n}{n}$$

$$= \frac{\sum_{i=1}^{n} x_i}{n} \tag{2.6}$$

ヒストグラムで与えられたデータのみから平均値を計算するには，各階級に対応する代表値と度数を用いて計算します。各階級に対応する代表値が $(m_1, m_2, \cdots, m_n)$ で与えられたとすると，以下の式により計算できます。

$$\bar{x} = \frac{m_1 f_1 + m_2 f_2 + m_3 f_3 + \cdots m_n f_n}{n}$$

$$= \frac{\sum_{i=1}^{n} m_i f_i}{n} \tag{2.7}$$

どんなデータでも上の式を用いれば，平均の値を計算できますが，平均値として意味があるかどうかはよく考えなければなりません。平均値を計算したとしても意味のないこともあり得るからです。例えば，県別の人口データがあったとして，その人口データの平均値に意味はあるでしょうか？まず，県ごとのデータですが，各県で人口は大きく異なります。特に東京は大きい値で，突出しています。さらに各県の範囲は政治的に決められたもので，特に意味を持っていません。そのようなデータで平均を計算してもあまり意味を持たないことが解ります。では次に，人口密度にして，面積の影響をなくせば，人口密度の平均値は意味があるのでしょうか？次に考えなければならないのが，人口密度の分布状況です。ヒストグラムを描くとすぐに分かります。東京や大阪といった大都市を抱える県とそれ以外とで，大きな差があることが分かります。あとで解説しますが，分布の形が正規分布しているようなデータでなければ，平均値に統計的な意味があるとはいえませんので注意が必要です。

メディアン(median)は，中央値と呼ばれています。データ x_i を小さい順に並び替え，$n/2$ 番目のデータが中央値となります。n が奇数の場合は中央の値が存在しますが，偶数の場合は中央の値が存在しないので，前後の値を平均化することで求めます。ヒストグラムで与えられたデータのメディアンは，階級の中央値となります。階級の刻み幅が大きすぎるヒストグラムの場合は，データから導かれるメディアンとの差が大きく生じてしまい，あまり意味を持たない場合があります。

モード(mode)は，最も頻度の大きい階級の代表値です。したがって，モードはヒストグラムで表されていなければ導かれません。ただし，モードの場合，ヒストグラムにおける階級の刻み幅が小さすぎると，頻度の多い階級が少なくなり，モードの決定が困難な場合があるので注意が必要です。

2.2.3 分散と共分散

データのばらつきは，分散や標準偏差を用いて判定することが多いです。平均値から離れたデータがどれだけ存在するかを判断できます。したがって，各データと平均値との差である**偏差**(deviation) を基に計算します。偏差 d_i は，次のようになります。

$$
\begin{aligned}
d_1 &= x_1 - \bar{x} \\
d_2 &= x_2 - \bar{x} \\
&\vdots \\
d_n &= x_n - \bar{x}
\end{aligned}
\tag{2.8}
$$

単に各データと平均値の差の値（偏差）を合計すると，0になるので，偏差の二乗を合計し，データ数 n で除します。これが**分散**(variance) S_{xx}^2 です。式で表すと下のようになります。

$$
S_{xx}^2 = \frac{\sum_{i=1}^{n}(x_i - \bar{x})^2}{n}
\tag{2.9}
$$

分散の値が大きいほど，データのばらつきも大きいといえます。なお，厳密には，データ数 n で除すのではなく，**自由度**(degree of freedom) で除します。自由度は，ここでは互いに**独立変数**(independent variable) の数となります。測ったデータ数は n で，それぞれ単独で測った値なので，独立の値です。したがって，自由度も n として良さそうなのですが，分散を求める式の中に平均値 $\bar{x}$ が含まれています。この $\bar{x}$ は，測ったデータから得られた値なので，独立の値とはいえません。そこで自由度は，一つ減り，$n-1$ となります。データ数が自由度となるためには，正しい平均値が別途得られている際に適用できることとなります。このデータ数で除した分散は，**母分散**(population variance) と呼ばれています。

自由度で除した分散は，**標本分散**(sample variance) と呼ばれています。標本分散 s_{xx}^2 は，次式となります。

$$
s_{xx}^2 = \frac{\sum_{i=1}^{n}(x_i - \bar{x})^2}{n-1}
\tag{2.10}
$$

データ数 n が膨大な数になってくると，標本分散も母分散も計算結果は，あまり変わらなくなります。

ここで，自由度の算出法を記しておきます。

$$
\text{自由度} = \text{未知数} + \text{計測回数} - \text{条件式}
\tag{2.11}
$$

分散を計算するときは，未知数は 0 で，条件式は平均計算を行いましたから 1 となります。測量においては，未知数である座標の値を求めるのに，複数の条件式を用いて複数回計測して求めることがあります。このような時に上式を用いれば，簡単に導けます。

標準偏差(standard deviation) は，分散の平方根のことです。ここでは二乗の単位だったのをとりあえず元に戻して分かりやすい値にしたと思って良いでしょう。分散・標準偏差が大きいデータはばらつきの大きいデータといえ，小さいデータはばらつきの小さいデータといえます。同じものを測って測量したデータから標準偏差を計算したとき，標準偏差の小さいデータは精度の高いデータといえます。分散にしても標準偏差にしても，平均値と同じように分布が正規分布していなければ，それらの値は意味を持ちませんので注意が必要です。

さて，二つ計測対象 x, y については，その関係性を共分散を用いて判定することができます。例えば，身長のデータを x_i で表し，体重のデータを y_i で表すことにしましょう。体重の分散 S_{yy}^2 は，次式で表すことができます。

$$S_{yy}^2 = \frac{\sum_{i=1}^{n}(y_i - \bar{y})^2}{n} \tag{2.12}$$

そして**共分散**(covariance) S_{xy}^2 は，次式で表すことができます。

$$S_{xy}^2 = \frac{\sum_{i=1}^{n}(x_i - \bar{x})(y_i - \bar{y})}{n} \tag{2.13}$$

x と y の関係性を見るために，x, y それぞれの偏差を掛け合わせています。もし，x, y に関係性があるとき，つまり x が大きくなると，y も大きくなるような場合は，**相関関係**(correlation) があるといえます。したがって，x と y とは**独立関係**(independent) にあるとはいえません。このような場合は，共分散の値は，非常に大きくなります。一方，x と y が独立のとき，つまり x がどのような値をとろうとも y がランダムな値になるときは，共分散の値が 0 になります。詳しくは，回帰分析の項で解説します。

2.2.4 歪度

歪度(skew) は，非対称度とも呼ばれ，ヒストグラムの分布の形が，平均より右よりか左よりかを判定するのに使われます。平均より右か左かを判定するために偏差の符号が重要となります。したがって，偏差の三乗を用いて以下の式により計算します。

$$S_s = \frac{\sum_{i=1}^{n}(x_i - \bar{x})^3}{nS^3} \tag{2.14}$$

この値が 0 に近いほど左右対称の分布といえ，正の値のときは右寄り，負の値のときは左寄りの分布と判定できます。

第 2 章　データ処理

2.2.5 尖度

尖度(kurtosis) は，分布のとがり具合を判定することができます．この場合，偏差の四乗を用いて以下の式により計算します．

$$S_k = \frac{\sum_{i=1}^{n}(x_i - \bar{x})^4}{nS^4} \tag{2.15}$$

この値が 3 に近いほど次節の正規分布に近く，3 より大きいと尖った分布，3 より小さいとなだらかな分布と判定できます．

2.3 正規分布

2.3.1 順列と組み合わせ

順列(permutation) は，例えばトランプのカードを順番に並べるのに何とおりあるかを算出する方法です．並べる順番まで考慮に入れます．ここで，1～13 までのカードを全て並べる並べ方は，まず最初は，13 枚のカードから選ぶので 13 通り，2 番目は 12 通り，3 番目は 11 通りとなり，以下の式で計算できます．

$$13 \times 12 \times 11 \times \cdots \times 2 \times 1 = 13! \tag{2.16}$$

ここで，!は**階乗**(factorial) と呼ばれる演算子です．したがって，n 枚のカードを全て並べる並べ方は，$n!$ 通りあるといえます．また，13 枚のカードから 5 枚並べるには，以下の式で計算できます．

$$13 \times 12 \times 11 \times 10 \times 9 = \frac{13!}{8!} \tag{2.17}$$

つまり，n 枚のカードから r 枚抜いて並べる並べ方は，$\frac{n!}{(n-r)!}$ 通りあるといえます．この計算を $_nP_r$ という記号で表し，順列の計算に用いられています．P は，Permutation の頭文字です．式で表すと，次のようになります．

$$_nP_r = \frac{n!}{(n-r)!} \tag{2.18}$$

組み合わせ(combination) は，順番を考慮しないもので，カードでいえば並べるのではなく，とにかく受け取る場合の数です．例えば，1～13 までのカードから，5 枚抜く場合の数を計算することに相当します．したがって，並べ方の場合の数 $r!$ は考慮しないので，$\frac{_nP_r}{r!}$ で計算できます．この計算を $_nC_r$ という記号で表し，順列の計算に用いられています．C は，Combination の頭文字です．式で表すと，次のようになります．

$$_nC_r = \frac{n!}{r!(n-r)!} \tag{2.19}$$

2.3.2 二項分布

ある2つの事柄（事象）の起る確率を考えるとき，一方の起る確率を p とすると，他方の起る確率は $1-p$ となります。例えばコインを投げて，表が出る確率が $\frac{1}{2}$ とすると，裏が出る確率は $\frac{1}{2}$ となるのです。そしてコインを5回投げて，5回とも表の出る確率は，$(\frac{1}{2})^5$ と簡単に計算できます。次にコインを5回投げて1回だけ表の出る確率は，1回だけ表の出る場合の数は5通りあるので，$5 \times (\frac{1}{2})^5$ となります。5回投げて2回表の出る確率は，${}_5C_2$ 通り表の出る場合の数があるので，${}_5C_2 \times (\frac{1}{2})^5$ となります。この例は，表も裏も確率 $\frac{1}{2}$ ですが，表と裏とで確率が異なる場合，n 回投げて r 回の表が出る確率 $f(r)$ は，以下の式で計算することができます。

$$f(r) = {}_nC_r p^r (1-p)^{(n-r)} \tag{2.20}$$

これを**二項分布**(binomial distribution) と呼んでいます。

2.3.3 正規分布

正規分布(normal distribution) は，ランダムな誤差を持つデータの分布を関数で表したもので，平均値を μ, 標準偏差を σ としたとき，確率密度関数 $f(x)$ は，以下の式で与えられます。ガウス分布とも呼ばれています。

$$f(x) = \frac{1}{\sigma\sqrt{2\pi}} e^{-\frac{1}{2}(\frac{x-\mu}{\sigma})^2} \tag{2.21}$$

なぜ，このような複雑な式が正規分布を表すのか，ここで簡単に述べておきますが，詳細は他の書籍を参考にして下さい。まず左右対称で $x=0$ のときにピークになるような関数を考えると，$f(x) = Ce^{-h^2x^2}$ が当てはまります。この関数を導くのが重要です。この関数は，18世紀にド・モアブル (De Moivre) が二項分布の極限として導き，その後ガウス (Gauss) やハーゲン (Hagen) が言及しています。

さて，誤差の三公理は，以下のとおりです。正規分布は，この公理に沿った関数である必要があります。

1. 絶対値の小さい誤差の生じる確率は，大きい誤差の生じる確率よりも大きい。

2. 絶対値の等しい正負の誤差は，同じ確率で生じる。

3. 絶対値の非常に大きい誤差は，ほとんど生じない。

第二公理に従えば，二項分布において，ある事象の起る確率 p は，$\frac{1}{2}$ となります。そして誤差量 x は，無限小の誤差原子 ϵ からなるものと仮定します。つまり誤差量の大きい誤差は，たくさんの誤差原子から成り立っているといえます。したがって，誤差が n 回分全て正の誤差原子 ϵ により構成されて発生したとすると，その誤差量 x は $n\epsilon$ であり，その確率 y は $(\frac{1}{2})^n$ となります。よって，n が十分大きくなれば，第三公理に従い，非常に大きい誤差はほとんど生じないことになります。

第 2 章　データ処理

n 回のうち，r 回が負の誤差原子より誤差が構成されているとすると，その誤差量 x は以下の式で計算できます．

$$\begin{aligned} x &= (n-r)\epsilon - r\epsilon \\ &= (n-2r)\epsilon \end{aligned} \tag{2.22}$$

その確率 y は二項分布より以下の式で計算できます．

$$y = {}_n\mathrm{C}_r \left(\frac{1}{2}\right)^n = \frac{n!}{r!(n-r)!}\left(\frac{1}{2}\right)^n \tag{2.23}$$

したがって，第一公理の条件も満たされています．

次に，微積分を用いて正規分布を誘導するため，$r+1$ 回が負の誤差原子より誤差が構成されているとすると，その誤差量 x_1 は以下の式となります．

$$\begin{aligned} x_1 &= (n-r-1)\epsilon - (r+1)\epsilon \\ &= (n-2r-2)\epsilon \end{aligned} \tag{2.24}$$

その確率 y_1 は二項分布より以下の式となります．

$$y_1 = {}_n\mathrm{C}_{r+1}\left(\frac{1}{2}\right)^n = \frac{n!}{(r+1)!(n-r-1)!}\left(\frac{1}{2}\right)^n \tag{2.25}$$

となります．したがって，誤差量の変化 Δx は，以下の式で計算できます．

$$\begin{aligned} \Delta x &= (n-2r)\epsilon - (n-2r-2)\epsilon \\ &= 2\epsilon \end{aligned} \tag{2.26}$$

一方，確率の変化 Δy は，以下の式で計算できます．

$$\begin{aligned} \Delta y &= {}_n\mathrm{C}_r\left(\frac{1}{2}\right)^n - {}_n\mathrm{C}_{r+1}\left(\frac{1}{2}\right)^n \\ &= \left(\frac{n(n-1)\cdots(n-r+1)}{r!} - \frac{n(n-1)\cdots(n-r)}{(r+1)!}\right)\left(\frac{1}{2}\right)^n \\ &= \left(\frac{n(n-1)\cdots(n-r+1)}{r!} - \frac{n(n-1)\cdots(n-r)/(r+1)}{(r+1)!/(r+1)}\right)\left(\frac{1}{2}\right)^n \\ &= \left(1 - \frac{n-r}{r+1}\right)\left(\frac{n(n-1)\cdots(n-r+1)}{r!}\right)\left(\frac{1}{2}\right)^n \\ &= \left(\frac{2r-n+r}{r+1}\right){}_n\mathrm{C}_r\left(\frac{1}{2}\right)^n \\ &= \left(\frac{2r-n+r}{r+1}\right) y \\ &= \left(\frac{-2x+2\epsilon}{(n+2)\epsilon - x}\right) y \qquad 式 (2.22) より，$r = \frac{n\epsilon - x}{2\epsilon}$ を代入 \\ &\approx -\frac{2xy}{n\epsilon} \qquad n は十分大きく \epsilon は十分小さいことを考慮する \end{aligned} \tag{2.27}$$

2.3. 正規分布

したがって，次式を得ます。

$$\frac{\Delta y}{\Delta x} = -\frac{2xy}{2n\epsilon^2} \tag{2.28}$$

ここで，n は無限大へ，ϵ は 0 に限りなく近づいたとき，式 (2.28) の分母 $2n\epsilon^2$ が $\frac{1}{h^2}$ に近づくとすると，次式が成り立ちます。

$$\begin{aligned}\frac{dy}{dx} &= -2h^2 xy \\ \frac{dy}{y} &= -2h^2 x dx\end{aligned} \tag{2.29}$$

次に両辺を積分します。

$$\begin{aligned}\int \frac{1}{y} dy &= \int -2h^2 x dx \\ \ln y &= -h^2 x^2 + C \\ y &= C e^{-h^2 x^2}\end{aligned} \tag{2.30}$$

$f(x) = e^{-x^2}$ 式のグラフを描くと，下図のようになります。

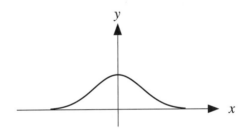

確かに左右対称の偶関数で中心 $x = 0$ においてピークがあり，中心極限定理も満たしています。

さて，この関数における定数 C, h を求めなければなりません。正規分布は，確率密度関数なので，$-\infty$ から ∞ まで積分した値が 1 となる必要があります。すると，$C = \frac{h}{\sqrt{\pi}}$ が導かれ，次式を得ることができます。

$$y = \frac{h}{\sqrt{\pi}} e^{-h^2 x^2} \tag{2.31}$$

これが，誤差の確率密度関数を表しています。

次にこの式の二階微分を計算します。

$$\begin{aligned}\frac{dy}{dx} &= -\frac{2h^3}{\sqrt{\pi}} e^{-h^2 x^2} x \\ \frac{d^2 y}{dx^2} &= -\frac{2h^3}{\sqrt{\pi}} e^{-h^2 x^2} + \frac{4h^5}{\sqrt{\pi}} e^{-h^2 x^2} x^2 \\ &= -\frac{2h^3}{\sqrt{\pi}} e^{-h^2 x^2} (1 - 2h^2 x^2)\end{aligned} \tag{2.32}$$

第 2 章　データ処理

したがって，この関数は $1 - 2h^2x^2 = 0$ を満たす x において変曲点を持つことになります。つまり $x = \pm\frac{1}{\sqrt{2}h}$ において変曲点が存在するのです。

ところで，誤差の二乗の平均は，分散 (σ^2) を表していました。誤差の確率密度関数を用いて分散の値を求めるには，単に式 (2.31) に x^2 をかけて，$-\infty$ から ∞ まで積分すれば良いです。すると，以下の式を導くことができます。

$$\sigma^2 = \frac{h}{\sqrt{\pi}} \int_{-\infty}^{\infty} x^2 e^{-h^2x^2} dx$$
$$= \frac{1}{2h^2}$$
$$\sigma = \pm\frac{1}{\sqrt{2}h} \tag{2.33}$$

したがって，先に求めた変曲点が標準偏差 σ に相当することになります。そこで標準偏差 $\sigma = \frac{1}{\sqrt{2}h}$ より，$h = \frac{1}{\sqrt{2}\sigma}$ を式 (2.31) に代入すれば，次式が得られます。

$$f(x) = \frac{1}{\sigma\sqrt{2\pi}}e^{-\frac{1}{2}(\frac{x}{\sigma})^2} \tag{2.34}$$

これが，正規分布です。なおこの式は，平均値が 0 の時の式なので，平均値 μ を考慮すると，式 (2.21) が導かれます。下図は平均値が 0，標準偏差が 1 の時の正規分布のグラフです。

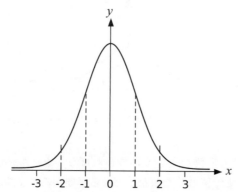

上図の正規分布の面積全体において，標準偏差 $-\sigma \sim +\sigma$ の範囲が占める割合は約 0.6827 で，標準偏差 $-2\sigma \sim +2\sigma$ の範囲が占める割合は約 0.9545，標準偏差 $-3\sigma \sim +3\sigma$ の範囲が占める割合は約 0.9973 です。計測機器の精度を標準偏差で表しているものもありますが，その機器で測った場合，標準偏差を越える誤差で測ってしまう確率は，1-0.6827，つまり 3 割程度の確率で発生するので，注意が必要です。したがって誤差は，標準偏差の 2 倍，3 倍を見積もったうえで測らなければなりません。

測量データの誤差は，次節で述べるように過失誤差・系統誤差・偶然誤差に分類されますが，偶然誤差は正規分布に従うものです。つまり，同じものを繰り返し計測して得られたデータの分布が正規分布にならない場合は，偶然誤差以外の要因が含まれると推察されます。このような場合は，平均値を計算しても意味がありません。正規分布にならない原因を確かめる必要があります。

2.4 計測値の精度

2.4.1 誤差の種類と最確値

誤差(error) のない計測というものはあり得ません。常に計測値には誤差がつきものです。誤差とは，真値から計測値を差し引いたものです。この誤差は，大きく次の3つに分類することができます。

1. **過失誤差**(gross error)

2. **系統的誤差**(systematic error)

3. **偶然誤差**(accident error)

過失誤差は，過誤とも呼ばれ，数値の読み取りミスや視準ミス等によって発生するものです。ミスによる誤差は，調整のしようがなく，再測せざるを得ません。系統的誤差は，誤差の発生機構が解っている誤差のことです。温度による計測値のズレやレンズの歪みや大気の影響などによる誤差がこれに当たります。これらの誤差は，**キャリブレーション**(calibration) によりある程度低減させることができます。キャリブレーションとは，誤差とその発生要因との関係を求め，計測値に対して補正することをいいます。偶然誤差は，過失誤差や系統誤差以外の誤差であり，確率統計的な手段で誤差の調整がある程度可能です。例えば，同じ対象を何度も測り，平均値を算出することで真値に近づけることが可能です。しかし，この平均値は，真値に近いものの真値とはいえないことから**最確値**(most probable value) と呼んでいます。そして，この最確値と計測値との差は，**残差**(residual) と呼ばれ，真値からの差の誤差とは区別しています。

誤差は，真値がなければ測れないのですから，誤差を求めることは困難を極めます。より正確な機器で測ったものを真値と仮定して誤差とするか，真値は分からないという立場で残差として取り扱うか，誤差という用語を用いる際には注意を要さなければなりません。

2.4.2 平均二乗誤差

下図は，誤差と残差の概念をグラフで示したものです。ある XY 座標を計測した結果を黒丸で示しています。n 個の計測結果が $(x_1, y_1), (x_2, y_2), \cdots, (x_n, y_n)$ と得られた場合，これらの点を使って最確値 $(\bar{x}, \bar{y})$ を求めたとしても，図に示したように最確値は真値 (X, Y) とは異なります。この図には極端な例を示していますが，このように最確値が真値と大きく異なる場合があります。このように誤差を調整しても真値との差が非常に大きいと判断される場合は，系統的な誤差が含まれていると考えて，それを少なくするよう務めなければなりません。

第 2 章 データ処理

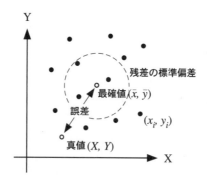

さて，計測結果の評価を行う場合，真値が解らないことがほとんどです。そこで，計測値の分散や標準偏差を用いて評価することがしばしばあります。X 座標における残差の標準偏差 σ_x は，以下の式で表すことができます。

$$\sigma_x = \sqrt{\sum_{i=1}^{n}(x_i - \bar{x})^2/n} \qquad (2.35)$$

しかし，この標準偏差は，残差の散らばりを示しており，先の図に示したように，誤差を評価していることにはなりません。そこで計測結果を評価する場合は，別の方法や異なる機器，異なる位置から計測し，その結果を踏まえて評価した方が良いです。例えば，より高精度の機器を用いて計測し，それを真値と仮定するのも一つの方法です。例えば，高精度の機器で測られたデータを真値と仮定し，その真値との差を評価するのです。**平均二乗誤差**は，RMSE(Root Mean Square Error) と呼ばれ，その評価指標の一つです。式で表すと以下のようになります。

$$RMSE = \sqrt{\sum_{i=1}^{n}(x_i - X)^2/n} \qquad (2.36)$$

計算式は，標準偏差の計算とほぼ同じで，最確値の値が真値となったにすぎません。計測結果の評価は，このような平均二乗誤差を用いることが好ましいです。なお，平均二乗誤差は，平均二乗偏差とか中等誤差とも呼ばれています。

2.5 誤差の伝搬

結果を得るのに，測量や計測を行いますが，測量成果をそのまま使うことはまれで，測量成果を計算処理することによって結果を導くのが普通です。また測量自体には，計測器の精度や計測器のセッティングや視準において，様々な誤差が含まれています。したがって，たくさんの測量成果を用いる場合には，得られた結果がどの程度の精度を持っているか把握しておく必要があります。その計算に**誤差伝搬の法則**(propagation law of errors) が適用できます。

2.5. 誤差の伝搬

通常，精密な計測器には，精度が仕様として表示されています。この精度は，標準偏差で表される場合が多いです。つまり，同じものを繰り返し計測した場合，同じ測定結果が得られることはなく，結果にばらつきが生じます。このばらつきは，ランダムに発生する偶然誤差であれば，標準偏差で表すことができるのです。

2.5.1 誤差のある計測値の定数倍における精度

誤差のある計測値に対して，定数倍したときの精度を求めます。例えば歩測によって距離を求める場合，直感的に長い距離を測るほど誤差が大きくなることは想像できます。歩行における一歩幅の長さとその標準偏差が求まっていれば，その結果に見込まれる精度を予測することができます。

例えば，区間 Lm を歩くのにかかった歩数 k をカウントすると，一歩幅の長さ x は，$x = L/k$ で計算できます。それを n 回繰り返し，x を測って得られたデータが $(x_1, x_2, \cdots, x_n)$ のとき，一歩幅の真値を X とすると，各々の誤差 e_i は，次のようになります。

$$\begin{align} e_1 &= x_1 - X \\ e_2 &= x_2 - X \\ &\vdots \\ e_n &= x_n - X \end{align} \tag{2.37}$$

なお，一歩幅の真値は解らないものなので，一般には平均値を用います。そして，誤差の分散 σ_x^2 は，次式で表すことができます。

$$\sigma_x^2 = \frac{\sum_{i=1}^{n}(x_i - X)^2}{n} \tag{2.38}$$

この値の平方根が，先ほど説明した平均二乗誤差です。

次に，このデータを使って，ある区間の距離 y を測ったところ，歩数が a であったとすれば，距離 y は，$y = ax$ により計算できます。このときの精度は，次のようになります。

$$\begin{align} e_1 &= a(x_1 - X) \\ e_2 &= a(x_2 - X) \\ &\vdots \\ e_n &= a(x_n - X) \end{align} \tag{2.39}$$

第 2 章　データ処理

したがって，誤差の標準偏差（平均二乗誤差）σ_y は，次式で表すことができます。

$$\begin{aligned}
\sigma_y^2 &= \frac{\displaystyle\sum_{i=1}^{n} a^2(x_i - X)^2}{n} \\
&= a^2 \sigma_x^2 \\
\sigma_y &= a \sigma_x
\end{aligned} \tag{2.40}$$

直感どおり，歩数が多くなるほど誤差が大きくなることが解りました。例えば，一歩幅の精度が標準偏差で 2cm であるとき，これで 100 歩分の距離を測ったときには，2m 以内の精度で測れている確率が，約 68% になることになります。

2.5.2　誤差のある計測値同士のたし算における精度

次に，誤差のある計測値同士のたし算における精度を求めます。例えばある区間を 2 つに分割し，別々の方法で測った場合がこれにあたります。一方の区間の距離が x_i で，その精度が σ_x，もう一方の区間の距離が y_i で，その精度が σ_y とする場合，距離 z_i は，$z_i = x_i + y_i$ により計算できます。真値をそれぞれ X, Y とすると，それぞれの誤差は，以下のように計算できます。

$$\begin{aligned}
e_1 &= x_1 - X + y_1 - Y \\
e_2 &= x_2 - X + y_2 - Y \\
&\vdots \\
e_n &= x_n - X + y_n - Y
\end{aligned} \tag{2.41}$$

したがって，誤差の標準偏差 σ_z は，次式で表すことができます。

$$\begin{aligned}
\sigma_z^2 &= \frac{\displaystyle\sum_{i=1}^{n}(x_i - X + y_i - Y)^2}{n} \\
&= \frac{\displaystyle\sum_{i=1}^{n}(x_i - X)^2 + (y_i - Y)^2 + 2(x_i - X)(y_i - Y)}{n} \\
&= \sigma_x^2 + \sigma_y^2 + \frac{2\displaystyle\sum_{i=1}^{n}(x_i - X)(y_i - Y)}{n}
\end{aligned} \tag{2.42}$$

ここで，$\frac{\sum_{i=1}^{n}(x_i-X)(y_i-Y)}{n}$ は，共分散を表しており，x と y が独立であれば，$x_i - X$ と $y_i - Y$ の値は，ランダムな値となり，総和をとれば 0 となるため，最終的に σ_z は，次のようになります。

$$\sigma_z^2 = \sigma_x^2 + \sigma_y^2$$
$$\sigma_z = \sqrt{\sigma_x^2 + \sigma_y^2} \tag{2.43}$$

足し算においては，単純に精度の二乗和の平方根をとれば良いこととなります。例えば，精度が1cm 同士で同じ場合には，トータルで 1.41cm の精度となり，倍までにはならないものの，誤差が増大することになります。また，一方の区間の精度が1cm で，もう一方の区間の精度が 0.1cm の場合には，1.0049cm の精度となり，精度の悪い計測値に引きずられるため，1cm より良くなることはありません。

2.5.3 誤差伝搬の法則

これまで，様々な計算によって推定される精度を計算してきました。ここで，誤差伝搬の法則の一般式について解説します。ここで，計測値を x_i，その精度（標準偏差）を σ_{xi} で表すことにします。計測値を用いた計算結果を y とすると，y は関数 f を用いて次式で表すことができます。

$$y = f(x_1, x_2, \cdots, x_n) \tag{2.44}$$

そして計測値を用いた計算結果 y の精度 σ_y は，誤差伝搬の法則により次式で計算できます。多変数なので偏微分を利用して計算します。

$$\sigma_y^2 = \left(\frac{\partial f}{\partial x_1}\right)^2 \sigma_{x1}^2 + \left(\frac{\partial f}{\partial x_2}\right)^2 \sigma_{x2}^2 + \cdots + \left(\frac{\partial f}{\partial x_n}\right)^2 \sigma_{xn}^2 \tag{2.45}$$

なお，この法則が成り立つのは，計測値 $(x_1, x_2, \cdots, x_n)$ が互いに独立な場合です。もし独立ではなく，何らかの相関関係がある場合は，前節でも述べたように共分散を考慮する必要があります。

計測値 x に対して定数倍するような計算 $y = ax$ の推定精度は σ_y は，計測値 x の精度が σ_x のとき，誤差伝搬の法則を使って以下のように表すことができます。

$$\sigma_y^2 = \left(\frac{\partial y}{\partial x}\right)^2 \sigma_x^2$$
$$= a^2 \sigma_x^2$$
$$\sigma_y = a\sigma_x \tag{2.46}$$

次に，計測値 x, y を加えるような計算 $z = x + y$ の推定精度は σ_z は，計測値 x, y の精

第 2 章　データ処理

度が σ_x, σ_y のとき，誤差伝搬の法則を使って以下のように表すことができます。

$$\sigma_z^2 = \left(\frac{\partial z}{\partial x}\right)^2 \sigma_x^2 + \left(\frac{\partial z}{\partial y}\right)^2 \sigma_y^2$$
$$= \sigma_x^2 + \sigma_y^2 \tag{2.47}$$
$$\sigma_z = \sqrt{\sigma_x^2 + \sigma_y^2} \tag{2.48}$$

これらの計算結果は，前項での結果と一致しており，誤差伝搬の法則が適用できることが確かめられました。きっちりとした誤差伝搬の法則の証明に関しては，中村英夫・清水英範「測量学」（技法堂出版）に解説されていますので，参考にして下さい。

さらに，計測値 x, y を乗ずるような計算 $z = xy$ の推定精度は σ_z は，計測値 x, y の精度が σ_x, σ_y のとき，誤差伝搬の法則を使って以下のように表すことができます。

$$\sigma_z^2 = \left(\frac{\partial z}{\partial x}\right)^2 \sigma_x^2 + \left(\frac{\partial z}{\partial y}\right)^2 \sigma_y^2$$
$$= y^2 \sigma_x^2 + x^2 \sigma_y^2$$
$$\sigma_z = \sqrt{y^2 \sigma_x^2 + x^2 \sigma_y^2} \tag{2.49}$$

このように，計測結果を利用して計算される値に，どの程度の誤差が含まれているのかをもとめるのに誤差伝搬の法則は非常に役に立ちます。今後，自分の解析結果についての適用範囲を検討するのに利用して下さい。

2.5.4　複数回同じ機器で測った平均値の精度

誤差のある計測機器で測るとき，複数回測った平均値を利用すれば精度が上がると想像できます。何回計測すれば，どれだけ精度が向上するかを予測するのにも，誤差伝搬の法則が適用できます。ここで，ある対象物を同じ計測機器で n 回測り，得られたデータは，$(x_1, \cdots, x_n)$ とします。各データに含まれる誤差は，同じ計測機器なのですべて σ_x とします。このとき平均値 $\bar{x}$ は，以下の式で求めることができます。

$$\bar{x} = \sum_{i=1}^{n} \frac{x_i}{n} \tag{2.50}$$

次に，計算された $\bar{x}$ の精度を誤差伝搬の法則によって導きます。

$$\sigma_{\bar{x}}^2 = \sum_{i=1}^{n} \left(\frac{\partial \bar{x}}{\partial x_i}\right)^2 \sigma_x^2$$
$$= \sum_{i=1}^{n} \left(\frac{1}{n}\right)^2 \sigma_x^2$$
$$= \frac{1}{n} \sigma_x^2 \tag{2.51}$$

したがって，以下の式が得られます．

$$\sigma_{\bar{x}} = \frac{1}{\sqrt{n}} \sigma_x \tag{2.52}$$

つまり，精度は $\frac{1}{\sqrt{n}}$ 小さくなることを示しています．10 回，20 回と測れば，精度は良くなります，しかし 100 回，1000 回と測ったところで，その労力に見合うほど格段に精度が良くなるわけではないことを意味しています．

2.6 最小二乗法

最小二乗法は，誤差が含まれたデータを用いて，最確値や最も確からしい関数を求める方法の一つです．この最小二乗法は，18 世紀末に Gauss が考案したものです．最確値や関数を変数を用いて表現し，その変数と各データとで計算される残差の二乗和が最小となる変数を求める手法です．測定だけでなく，様々な分野で利用されており，極めて重要な手法です．ここでは最確値を求める例を示しながら最小二乗法について解説します．

2.6.1 同一区間を複数回計測した場合

求める最確値を X とし，n 回計測した計測値を $(x_1, x_2, \cdots x_n)$ とすると，各計測値の残差は $X - x_i$ と表すことができます．**最小二乗法**(least square method) は，この残差の二乗和が最小となる X を求めることです．残差の二乗和の関数 Φ は，以下の式で表すことができます．

$$\Phi = \sum_{i=1}^{n} (x_i - X)^2 \tag{2.53}$$

この誤差関数 Φ は，X^2 の項が正ですから，下向きに凸の形をしているので，Φ の最小値を求めるには，X で微分し，それが 0 となる X を求めれば良いことになります．したがって，以下の式が得られます．

$$\frac{d\Phi}{dX} = 2\sum_{i=1}^{n}(x_i - X) = 0$$

$$nX - \sum_{i=1}^{n} x_i = 0$$

$$X = \sum_{i=1}^{n} x_i / n \tag{2.54}$$

つまり，平均値を求める式と同じ式が得られたことになります．平均値の計算は，最小二乗法によってもその妥当性が証明されたことになります．

2.6.2 複数の区間を複数回計測した場合

下図のように，AB と BC の二区間長について，AB 間が x_1, x_2，BC 間が y，AC 間が z という計測結果が得られたとき，AB と BC の長さの最確値を最小二乗法を使ってどのように求めるか考えてみましょう。

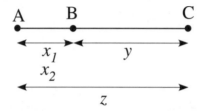

まず，AB と BC の長さの最確値を X, Y とおきます。すると残差の二乗和の関数は，以下の式で表すことができます。

$$\Phi = (X - x_1)^2 + (X - x_2)^2 + (Y - y)^2 + (X + Y - z)^2 \tag{2.55}$$

先と同様に Φ の最小値を求めるのですが，このとき変数が X, Y の二個あるので偏微分により連立方程式をたて，最小値を求めます。すなわち，Φ を X と Y とでそれぞれ偏微分し，それが 0 となる X, Y を計算するのです。

$$\begin{cases} \dfrac{\partial \Phi}{\partial X} = 2(X - x_1) + 2(X - x_2) + 2(X + Y - z) &= 0 \\ \dfrac{\partial \Phi}{\partial Y} = 2(Y - y) + 2(X + Y - z) &= 0 \end{cases} \tag{2.56}$$

これを整理すると，以下の式が得られます。

$$\begin{cases} 3X + Y &= x_1 + x_2 + z \\ X + 2Y &= y + z \end{cases} \tag{2.57}$$

この連立方程式を解けば，最確値 X, Y が求まります。

2.7 回帰分析

前節では最確値を求めるのに最小二乗法を適用しました。本節では関数を求めるのに最小二乗法を適用します。

回帰式の計算

下図のように (x, y) のデータをプロットしたとき，x, y に比例関係が成り立ちそうな場合があります。このデータにぴったり当てはまる直線の式 $y = ax + b$ を決定するのに最

2.7. 回帰分析

小二乗法が適用できます。このような，二つの変数の間の関係式を求める分析を**回帰分析**(regression analysis) と呼んでいます。そして，求まった式は**回帰式**(regression function) と呼ばれています。ここでは一次関数を適用していますが，様々な関数について回帰分析を行うことができます。

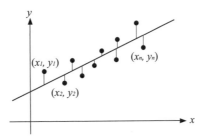

ここでは，求める関数を直線と仮定し，それを $y = ax + b$ とおきます。n 個のデータを $(x_1, y_1), (x_2, y_2), \cdots (x_n, y_n)$ とすると，各計測値の残差は $ax_i + b - y_i$ と表すことができます。最小二乗法を適用するには，この残差の二乗和が最小となる a, b を求めることです。残差の二乗和の関数 Φ は，以下の式で表すことができます。

$$\Phi = \sum_{i=1}^{n}(ax_i + b - y_i)^2 \tag{2.58}$$

Φ の最小値を求める必要がありますが，このとき変数が X, Y の二個あるので，偏微分により連立方程式を立てて最小値を求めます。すなわち，Φ を a と b とでそれぞれ偏微分し，それが 0 となる X, Y を計算します。

$$\begin{cases} \dfrac{\partial \Phi}{\partial a} = 2\sum_{i=1}^{n}\{x_i(ax_i + b - y_i)\} = 0 \\ \dfrac{\partial \Phi}{\partial b} = 2\sum_{i=1}^{n}(ax_i + b - y_i) = 0 \end{cases} \tag{2.59}$$

これを行列を用いて整理すると，以下の式が得られます。なお総和記号 $\sum$ は，ガウスの総和記号 [ ] で代用して紙面を節約しました。

$$\begin{pmatrix} [x_i^2] & [x_i] \\ [x_i] & n \end{pmatrix} \begin{pmatrix} a \\ b \end{pmatrix} = \begin{pmatrix} [x_i y_i] \\ [y_i] \end{pmatrix} \tag{2.60}$$

逆行列により，この連立方程式を解けば，最確値 a, b が求まります。

$$\begin{pmatrix} a \\ b \end{pmatrix} = \frac{1}{n[x_i^2] - [x_i][x_i]} \begin{pmatrix} n[x_i y_i] - [x_i][y_i] \\ [x_i^2][y_i] - [x_i][x_i y_i] \end{pmatrix} \tag{2.61}$$

統計解析の参考書にも回帰式の求め方は解説されているので，それとも見比べて下さい。

ここでは，直線のグラフで表す線形関数を例としましたが，非線形関数においても同様の最小二乗法が適用できます。ただし，線形の連立方程式であれば解くのは簡単なのです

第 2 章 データ処理

が，非線形の連立方程式を解くのは難しくなります。非線形方程式の解法は，ニュートンラフソン法等の非線形方程式を解く方法があったり，テイラー展開を用いた方法があります。これらを用いた方法については，後で解説します。

相関係数

回帰分析によって求まった式が，どの程度の正確かを表すのに**相関係数**(correlation coefficient) が一般に利用されています。相関係数は，**分散**(variance) と**共分散**(co-variance) を用いて計算できます。x の平均 $(\bar{x})$ 分散 (v_x)，y の平均 $(\bar{y})$ 分散 (v_y)，x, y の共分散 (v_{xy}) は，以下の式で表すことができます。

$$v_x = \sum_{i=1}^{n}(x_i - \bar{x})^2 / n \tag{2.62}$$

$$v_y = \sum_{i=1}^{n}(y_i - \bar{y})^2 / n \tag{2.63}$$

$$v_{xy} = \sum_{i=1}^{n}(x_i - \bar{x})(y_i - \bar{y}) / n \tag{2.64}$$

共分散は，x, y の散らばりの関係を表すものです。そして相関係数 (r) は，以下の式で表されます。

$$r = \frac{v_{xy}}{\sqrt{v_x}\sqrt{v_y}} \tag{2.65}$$

相関係数は，$-1 \leqq r \leqq 1$ の範囲で，1 に近いほど正の相関が高く，0 に近いほど無相関，-1 に近いほど負の相関が高いといえます。下図においては，右側のグラフは相関が高く，左のグラフは相関が低い状況を表しています。

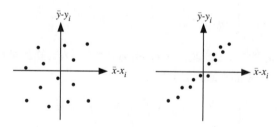

共分散が相関係数の値を左右しており，ランダムな点の集まりであれば，$(x_i - \bar{x})$ の項と $(y_i - \bar{y})$ の項の符号はランダムに出現し，最終的に共分散の値は小さくなります。逆に共分散の値が大きくなる場合は，$(x_i - \bar{x})$ の項と $(y_i - \bar{y})$ の項の符号がプラス同士かマイナス同士で同じになる場合です。したがって，共分散の大きいものは，相関が高くなります。

また共分散の数学的な意味は，ベクトルの内積と同じなのです。$(x_i - \bar{x})$ の項を a_i，$(y_i - \bar{y})$ の項を b_i とおき，n 個全てのデータを n 次元のベクトル $\boldsymbol{a}(a_1, a_2, a_3, \cdots, a_n)$ とベクトル $\boldsymbol{b}(b_1, b_2, b_3, \cdots, b_n)$ とみなします。するとそれらの内積は，$a_1 b_1 + a_2 b_2 + a_3 b_3 + \cdots + a_n b_n$

となり，それをnで割ったものが共分散です．一方，分散はベクトルの大きさと意味が同じです．つまり，$a^2 = (a_1^2 + a_2^2 + a_3^2 + \cdots + a_n^2)$ となるからです．さらに相関係数rは，驚くべきことに2つのベクトルのなす角度θの余弦といえます．したがって，その値は$-1 \leqq r \leqq 1$の範囲となるわけです．下の式は，ベクトルで相関係数を求める式を表していますが，これはベクトルの内積のところで解説した式 (1.75) と一致しています．

$$r = \frac{\boldsymbol{a} \cdot \boldsymbol{b}}{|\boldsymbol{a}||\boldsymbol{b}|} = \cos\theta \tag{2.66}$$

したがって，相関係数が高いほど，二つのベクトルの方向が同じであるといえるのです．

2.8 座標変換

ある座標系で測られたデータに対して，別の座標系に変換することを **座標変換**(coordinate transformation) といいます．各種データを統一された座標系に変換することによって，重ね合わせをしたり，繋げ合わせたりすることができます．測量の分野や地理情報システムはもちろん，リモートセンシングの分野でも座標変換は極めて重要です．例えば，画像等における座標(u, v)を地上の座標(x, y)に変換したり，逆に地上座標(x, y)を画像座標(u, v)に変換するのに用いられます．

座標変換は，関数f_x, f_yを使って式で表すとすると，以下のように表現できます．

$$\begin{cases} x &= f_x(u, v) \\ y &= f_y(u, v) \end{cases} \tag{2.67}$$

様々な関数が考えられますが，目的に応じて適した変換式を適用する必要があります．

2.8.1 原点移動と縮尺

下図のように uv 座標系で測られた長方形（破線部分）の形があるとします．この uv 座標系は，xy 座標系と平行です．そして，uv 座標系での横の長さが 1 に対して，xy 座標系では m となっており，縮尺があることを示しています．

第 2 章　データ処理

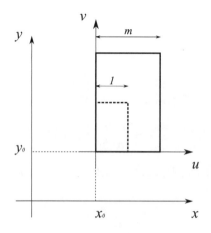

この状況での座標変換は，uv 座標系の原点の位置 (x_0, y_0) と，縮尺 m が与えられれば可能です。次式は，uv 座標系から xy 座標系への変換式です。

$$\begin{cases} x &= mu + x_0 \\ y &= mv + y_0 \end{cases} \tag{2.68}$$

逆変換は，u, v について解けば良いので，次式となります。

$$\begin{cases} u &= \frac{x - x_0}{m} \\ v &= \frac{y - y_0}{m} \end{cases} \tag{2.69}$$

原点移動と縮尺の変換については，三次元となっても z 座標の式が増えるだけで，基本的には同じです。

2.8.2　二次元回転変換

原点移動と縮尺だけで変換できる場合というのはあまりなく，回転が加わっていることが多いのが実際です。この回転による座標変換について解説します。なお，ここでは原点移動と縮尺は考慮しないこととします。

まず，回転による座標変換が，どのような式で表されるのかを解説します。ここでは，話を単純にするため，下図のように原点からの距離が r の点 B が点 C へ原点を中心に回転したときの変換を想定します。

2.8. 座標変換

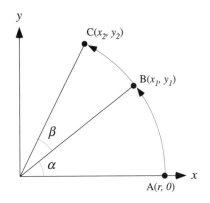

まず原点からの距離が r で x 軸上の点 $A(r,0)$ が，α だけ回転して座標 $B(x_1,y_1)$ へ写るときの変換を α と r で表すと，次式となります．

$$x_1 = r\cos\alpha \tag{2.70}$$

$$y_1 = r\sin\alpha \tag{2.71}$$

次に $B(x_1,y_1)$ が，β だけ回転した時の座標 $C(x_2,y_2)$ を α,β,r で表し，加法定理を適用した後，x_1,y_1 で整理します．

$$x_2 = r\cos(\alpha+\beta) = r\cos\alpha\cdot\cos\beta - r\sin\alpha\cdot\sin\beta = x_1\cos\beta - y_1\sin\beta \tag{2.72}$$

$$y_2 = r\sin(\alpha+\beta) = r\sin\alpha\cdot\cos\beta + r\cos\alpha\cdot\sin\beta = x_1\sin\beta + y_1\cos\beta \tag{2.73}$$

すると，$B(x_1,y_1)$ から $C(x_2,y_2)$ への回転を表す変換を行列で表すことができます．

$$\begin{pmatrix} x_2 \\ y_2 \end{pmatrix} = \begin{pmatrix} \cos\beta & -\sin\beta \\ \sin\beta & \cos\beta \end{pmatrix} \begin{pmatrix} x_1 \\ y_1 \end{pmatrix} \tag{2.74}$$

これが，二次元での**回転行列**(rotation matrix) となります．

回転に原点移動を加えた変換式は，次のように表現できます．

$$\begin{cases} x &= \cos\theta u - \sin\theta v + x_0 \\ y &= \sin\theta u + \cos\theta v + y_0 \end{cases} \tag{2.75}$$

(u,v) 座標が (x,y) 座標に変換され，回転角を θ，原点移動を (x_0,y_0) としています．

2.8.3　ヘルマート変換

ヘルマート変換(Helmart transformation) は，原点移動，回転に加えて，縮尺を任意に変換することができる変換です．変換係数を a,b,c,d とすると，以下の式で表現できます．

$$\begin{cases} x &= au - bv + c \\ y &= bu + av + d \end{cases} \tag{2.76}$$

ここで，変換係数 c, d は，原点移動を表し，縮尺は $\sqrt{a^2+b^2}$ となります。この変換は，スキャナ等で画像化された地図を地上座標に変換する際等に利用できます。二次元の座標回転（式 (2.75)）における $\cos\theta$ が係数 a に相当し，$\sin\theta$ が係数 b に相当します。$\cos\sin$ 共に，値は-1〜1 ですが，a, b はその範囲に限らない実数なので，拡大と縮小もできる変換式となっています。

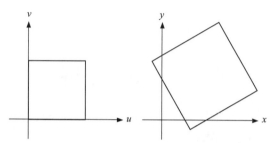

2.8.4 アフィン変換

アフィン変換(Affine transformation) は，原点移動，回転，縮尺に加えて，スキューをかけて変換することができる変換です。スキュー (skew) とは，斜めにするという意味で，ここでは下図のように，長方形が平行四辺形になるような変換を指しています。

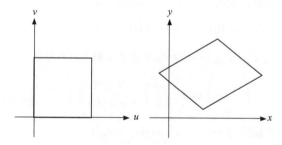

変換係数を a, b, c, d, e, f とすると，以下の式で表現できます。

$$\begin{cases} x &= au + bv + c \\ y &= du + ev + f \end{cases} \quad (2.77)$$

この変換は，スキャナ等で画像化された地図を地上座標に変換する際等に利用できるだけでなく，人工衛星画像のうち，衛星の直下を狭い範囲で画像化しているデータを地上座標に変換する際等に利用できます。

2.8.5 三次元回転変換

それではここで，二次元の回転行列を三次元に拡張しましょう。回転は，回転する軸を設定しなければなりません。その軸が三次元空間で任意の向きにあると話が複雑になるの

2.8. 座標変換

で，x軸，y軸，z軸の各軸の回りに回転させるのが適当です．先に述べた二次元の回転は，xy平面が回転していますから，z軸回りの回転ということになります．この場合，z座標の値には何ら変化が与えられません．x軸回りの回転ではx座標は変化しませんし，y軸回りの回転ではy座標は変化しません．したがって，拡張された三次元の回転行列は，次のようになります．

x 軸回りの回転

$$\begin{pmatrix} 1 & 0 & 0 \\ 0 & \cos\theta & -\sin\theta \\ 0 & \sin\theta & \cos\theta \end{pmatrix} \begin{pmatrix} x \\ y \\ z \end{pmatrix} \tag{2.78}$$

y 軸回りの回転

$$\begin{pmatrix} \cos\theta & 0 & \sin\theta \\ 0 & 1 & 0 \\ -\sin\theta & 0 & \cos\theta \end{pmatrix} \begin{pmatrix} x \\ y \\ z \end{pmatrix} \tag{2.79}$$

z 軸回りの回転

$$\begin{pmatrix} \cos\theta & -\sin\theta & 0 \\ \sin\theta & \cos\theta & 0 \\ 0 & 0 & 1 \end{pmatrix} \begin{pmatrix} x \\ y \\ z \end{pmatrix} \tag{2.80}$$

なお，三次元座標における回転行列において，回転角度の正方向は下図のとおりで，右ねじの方向が正となります．

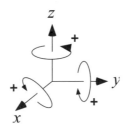

回転の向きによって符号が変わりますから注意して下さい．

各軸の三次元の回転行列を組み込むと，あらゆる姿勢を表現できるようになります．これについては，「画像を用いた位置計測」の章で詳しく解説します．三次元座標の座標変換において，三次元の回転行列は極めて重要です．

2.8.6 射影変換

二次元射影変換(two dimensional projective transformation)は，平面上に配置されている物体をデジタルカメラ等で画像化したとき，その画像データを変換するものです．変換

第 2 章　データ処理

係数を $a_1, a_2, \cdots, a_8$ とすると，以下の式で表現できます．

$$\begin{cases} u &= \dfrac{a_1 x + a_2 y + a_3}{a_7 x + a_8 y + 1} \\ v &= \dfrac{a_4 x + a_5 y + a_6}{a_7 x + a_8 y + 1} \end{cases} \tag{2.81}$$

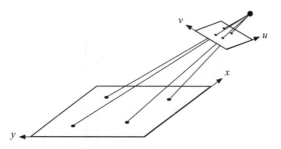

三次元射影変換(three dimensional projective transformation) は，三次元に配置されている物体をデジタルカメラ等で画像化したとき，その画像データを変換するものです．変換係数を $a_1, a_2, \cdots, a_{11}$ とすると，以下の式で表現できます．

$$\begin{cases} u &= \dfrac{a_1 x + a_2 y + a_3 z + a_4}{a_9 x + a_{10} y + a_{11} z + 1} \\ v &= \dfrac{a_5 x + a_6 y + a_7 z + a_8}{a_9 x + a_{10} y + a_{11} z + 1} \end{cases} \tag{2.82}$$

二次元射影変換や三次元射影変換が，なぜこのような分数関数で表されるかについては，「画像を用いた位置計測」の章において解説します．

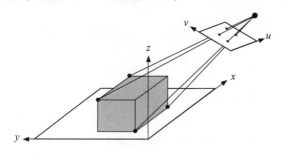

2.8.7　座標変換の実際

実際に画像データに座標変換を適用したい場合，変換式における変換係数を求める必要があります．そのためには**基準点データ**(ground control point data) が必要になります．地上基準点とは，あらかじめ地上での座標の値が解っている点 (x_i, y_i) のことをいいます．それらの点が画像上に投影されている場合，対応する画像座標 (u_i, v_i) が存在し，これを画像基準点といいます．これら，地上座標と画像座標を一組とするデータセットを基準点データといいます．これらの基準点データを変換式に代入すると，基準点の数だけ変換係数を

変数とする方程式が立てられます。それらの方程式を連立させれば，変換係数が求められます。

例えば，アフィン変換の変換式を導く場合，一つの変換式において3つの変換係数があるため，少なくとも3つの基準点データが必要になります。3つを越える数の基準点を利用して変換係数を導くには，既に述べた最小二乗法を利用して解きます。詳細は，「画像処理」の章において解説します。

2.9 非線形方程式の計算

線形な連立一次方程式の解を求めるには，前節で解説したように，逆行列を求めることによって解析的な方法で行えますが，非線形方程式の場合，解を求めるのは非常に難しいです。そこで，近似計算によって解く方法が考案されています。その近似計算の方法は，数々考案されているが，まずは最も簡単で理解しやすい**ニュートン・ラフソン法**(Newton-Raphson method) について解説します。

非線形関数 $f(x) = 0$ を満たす x を求める場合，まず初期値 $x = x_0$ を設定します。初期値 $x = x_0$ における $f(x)$ 上の点を設定し，この点における $f(x)$ の接線を求めます。この接線が x 軸と交わる $x = x_1$ の値が1回目の近似値となります。この近似値は，まだ精度が悪いので，さらに初期値 $x = x_1$ における $f(x)$ 上の点を設定し，この点における $f(x)$ の接線より2回目の近似値 x_2 を得ます。これを精度が十分高くなるまで繰り返し計算をすれば，近似解が求まります。精度は隣り合う $f(x_i)$ と $f(x_{i+1})$ の値を比較し，その差が十分小さければ精度が高いといえます。

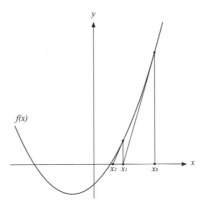

これを式で表すと，初期値 $x = x_0$ における接線と x 軸と交わる $x = x_1$ は，接線の傾きから以下の式ですことができます。

$$f'(x_0) = \frac{f(x_0)}{x_0 - x_1} \quad (2.83)$$

したがって1回目の近似値 x_1 は，上式を整理すると計算できます。続いて，2回目，3回

第 2 章 データ処理

目の近似値も同様に計算できますから，以下のように近似値が次々と計算できます．

$$x_1 = x_0 - \frac{f(x_0)}{f'(x_0)}$$
$$x_2 = x_1 - \frac{f(x_1)}{f'(x_1)}$$
$$x_3 = x_2 - \frac{f(x_2)}{f'(x_2)}$$
$$\cdots \tag{2.84}$$

ここで，$f(x) = x^2 - 5$ において $f(x) = 0$ となる解をニュートン・ラフソン法で解いてみましょう．解析的に解くと解は，$\sqrt{5}$ と得られますが，その値までは計算できないので，そんなときにニュートン・ラフソン法が有効です．まず，接線の傾きを求めるために $f(x) = x^2 - 5$ を微分すると $f'(x) = 2x$ が得られます．初期値を $x_0 = 3$ とすれば，近似計算は以下のように計算されます．

$$x_1 = 3 - \frac{3^2 - 5}{2 \times 3} = 2.3333333$$
$$x_2 = 2.3333333 - \frac{2.3333333^2 - 5}{2 \times 2.3333333} = 2.2380952$$
$$x_3 = 2.2380952 - \frac{2.2380952^2 - 5}{2 \times 2.2380952} = 2.2360689$$
$$x_4 = 2.2360689 - \frac{2.2360689^2 - 5}{2 \times 2.2360689} = 2.2360680 \tag{2.85}$$

電卓によると $\sqrt{5} = 2.236067977$ なので，4 回の近似計算で 8 桁の精度で計算できており，有効な手法といえます．

近似計算による解法は，初期値を必要としており，適切な初期値を与えなければ近似計算の回数が多くなるだけでなく，計算できない場合も発生します．有効な初期値をどういう計算で探すかが重要となります．

2.10 テイラー展開

級数展開を使えば，微分可能な関数であれば，複雑な式も単純な繰り返し計算で導くことができます．非線形関数を最小二乗法で求めることは非常に困難ですが，テイラー級数に展開し，線形化すれば解くことが可能となります．ここでは，テイラー級数とマクローリン級数について学び，有名なオイラーの公式を導きます．

2.10.1 テイラー (Taylor) 級数

ある規則的に並んだ数字は，**数列**(sequence) と呼ばれていますが，**級数**(series) は変数を含む式が規則的に並ぶものをいいます．テイラーは，17～18 世紀に活躍したイギリスの数

学者で，ある関数が無限回微分可能であれば，その関数を無限級数で表せることを示しました．

ある関数 $f(x)$ に関して，**テイラー級数**(Taylor series) に展開すると以下のようになります．

$$f(x) = f(a) + \frac{f^{(1)}(a)}{1!}(x-a) + \frac{f^{(2)}(a)}{2!}(x-a)^2 + \frac{f^{(3)}(a)}{3!}(x-a)^3 + \cdots \quad (2.86)$$

ここで，$f^{(n)}(a)$ は，$f(a)$ の n 階導関数を表しています．なぜこのような級数に展開できるのかを証明するのは難しいですが，上式の第三項以降を無視すると，次のような式に整理できます．

$$f(x) = f(a) + f^{(1)}(a)(x-a)$$
$$f(x) - f(a) = f^{(1)}(a)(x-a)$$
$$f^{(1)}(a) = \frac{f(x) - f(a)}{x - a} \quad (2.87)$$

このように，a における微分の近似式となっています．

このテイラー級数を使えば，様々な関数の近似計算が行えるのです．級数の計算ですから，特にコンピュータを用いれば，複雑な関数の計算も行うことができます．

2.10.2　マクローリン (Maclaurin) 級数

テイラー展開によって得られる級数に関して，特に $a = 0$ のときの級数は，**マクローリン級数**(Maclaurin series) と呼ばれています．

$$f(x) = f(0) + \frac{f^{(1)}(0)}{1!}x + \frac{f^{(2)}(0)}{2!}x^2 + \frac{f^{(3)}(0)}{3!}x^3 + \cdots \quad (2.88)$$

2.10.3　テイラー展開による三角関数・指数関数の計算

例えば，三角関数に関して，マクローリン級数に展開すると以下のようになります．

$$\sin(x) = 0 + \frac{1}{1!}x + \frac{0}{2!}x^2 + \frac{-1}{3!}x^3 + \frac{0}{4!}x^4 + \frac{1}{5!}x^5 + \cdots$$
$$= \frac{1}{1!}x - \frac{1}{3!}x^3 + \frac{1}{5!}x^5 - \frac{1}{7!}x^7 + \cdots \quad (2.89)$$
$$\cos(x) = 1 + \frac{0}{1!}x + \frac{-1}{2!}x^2 + \frac{0}{3!}x^3 + \frac{1}{4!}x^4 + \frac{0}{5!}x^5 + \cdots$$
$$= 1 - \frac{1}{2!}x^2 + \frac{1}{4!}x^4 - \frac{1}{6!}x^6 + \cdots \quad (2.90)$$

第 2 章　データ処理

したがって，任意の角度 x(radian) での三角関数の値を計算できることになります。例えば，$\sin\left(\frac{\pi}{4}\right)$ を求めるとき，7 階導関数までで近似させると，以下のようになります。

$$\sin\left(\frac{\pi}{4}\right) \approx \frac{1}{1!}\left(\frac{\pi}{4}\right) - \frac{1}{3!}\left(\frac{\pi}{4}\right)^3 + \frac{1}{5!}\left(\frac{\pi}{4}\right)^5 - \frac{1}{7!}\left(\frac{\pi}{4}\right)^7 \tag{2.91}$$

$$\approx 0.785398163 - 0.080745512 + 0.002490395 - 0.00003658$$

$$\approx 0.70710647 \tag{2.92}$$

なお電卓では，$\sin\left(\frac{\pi}{4}\right) = 0.707106781$ という値でした。したがって，小数第六位まで近似できていることになります。また，逆三角関数を用いれば，マクローリン級数によって π の値も導くことができます。

次に指数関数 e^x について，マクローリン級数により展開すると，以下の式を得ます。

$$e^x = 1 + \frac{1}{1!}x + \frac{1}{2!}x^2 + \frac{1}{3!}x^3 + \frac{1}{4!}x^4 + \frac{1}{5!}x^5 + \cdots \tag{2.93}$$

$x = 1$ を入力すれば，ネイピアの数 e を求めることができます。e $= 2.718281828459\cdots$ という値になります。

テイラー展開を用いることによって，微分可能であれば複雑な関数の値も解くことができます。写真測量や画像処理においては，複雑な座標変換を行うのに積極的に利用されているので，必ずマスターすべき数学的なツールといえます。

2.11　オイラー (Euler) の公式

オイラーは 18 世紀の数学者で，指数関数と三角関数そして虚数との関係を表すオイラーの公式を導きました。この公式は，複素関数の元となる非常に重要なもので，「人類の至宝」とまでいわれています。

オイラーの公式 (Euler's formula) は，三角関数と指数関数そして複素数との関係を表すものです。級数展開された $\sin, \cos$ を足し合わせたものと指数関数は，非常に似ていることに着目すれば，導くことができます。

それにはまず，e^{ix} の関数を考えてみます。なお，この関数は複素数を変数に持ち，値も複素数となります。このような関数を**複素関数** (function of complex variable) と呼んでいます。さて，e^{ix} をマクローリン級数で展開し，実数部と虚部に分けます。すると，実数部は $\cos$ の級数展開，虚部は $\sin$ の級数展開と同じになり，オイラーの公式を導くことができます。

$$\begin{aligned} e^{ix} &= 1 + \frac{1}{1!}(ix) + \frac{1}{2!}(ix)^2 + \frac{1}{3!}(ix)^3 + \frac{1}{4!}(ix)^4 + \frac{1}{5!}(ix)^5 + \cdots \\ &= 1 - \frac{1}{2!}x^2 + \frac{1}{4!}x^4 - \frac{1}{6!}x^6 + \cdots + i\left(\frac{1}{1!}x - \frac{1}{3!}x^3 + \frac{1}{5!}x^5 - \frac{1}{7!}x^7 + \cdots\right) \\ &= \cos x + i\sin x \end{aligned} \tag{2.94}$$

2.11. オイラー (Euler) の公式

同様に e^{-ix} についても解くと，$e^{-ix} = \cos x - i\sin x$ を得ます．したがって，オイラーの公式は以下のようにまとめることができます．

$$e^{\pm ix} = \cos x \pm i\sin x \tag{2.95}$$

特に $x = \pi$ のときは，$e^{i\pi} = -1$ となります．

底が e の複素指数関数は，微分しても変わらないので，$\sin, \cos$ で表している関数を複素関数を用いて表現できれば，微分・積分を非常に簡単に解けるという利点があります．

このオイラーの公式を用いて，さらに様々な公式を導くことができます．例えば，$(e^{ix})^n = e^{inx}$ より以下の式が導けます．

$$(\cos x + i\sin x)^n = \cos nx + i\sin nx \tag{2.96}$$

これは，**ド・モアブルの定理**(de Moivre's theorem) です．

また，$e^{i(\alpha+\beta)} = \cos(\alpha+\beta) + i\sin(\alpha+\beta)$ ですが，以下の式が導けます．

$$\begin{aligned}
e^{i(\alpha+\beta)} &= e^{i\alpha} \cdot e^{i\beta} \\
&= (\cos\alpha + i\sin\alpha)(\cos\beta + i\sin\beta) \\
&= \cos\alpha\cos\beta - \sin\alpha\sin\beta + i(\sin\alpha\cos\beta + \cos\alpha\sin\beta)
\end{aligned} \tag{2.97}$$

これは，加法定理を表しています．

さらに，$\sin x, \cos x$ を複素関数で表すこともできます．

$$\begin{aligned}
e^{ix} + e^{-ix} &= (\cos x + i\sin x) + (\cos x - i\sin x) \\
&= 2\cos x
\end{aligned} \tag{2.98}$$

$$\begin{aligned}
e^{ix} - e^{-ix} &= (\cos x + i\sin x) - (\cos x - i\sin x) \\
&= 2i\sin x
\end{aligned} \tag{2.99}$$

したがって，次式が得られます．

$$\cos x = \frac{e^{ix} + e^{-ix}}{2} \tag{2.100}$$

$$\sin x = \frac{e^{ix} - e^{-ix}}{2i} \tag{2.101}$$

これにより，様々な関数を複素関数で表すことができます．底に e を持つ指数関数の微分・積分は簡単なので，様々な解析に利用されています．

さて，このオイラーの公式の意味を考えてみましょう．変数 x を角度 θ として考えると，$e^{i\theta} = \cos\theta + i\sin\theta$ となり，実数部分を横軸にとり，虚数部分を縦軸にとって図を描くと，下のようになります．

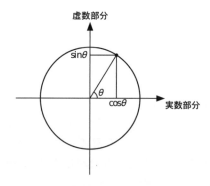

このように実数部分を横軸にとり，虚数部分を縦軸にとった平面は，**複素平面**(complex plane) と呼ばれています。この複素平面において，$e^{i\theta}$ は，半径 1 の円上の点の位置を表しているといえます。

2.12 フーリエ(Fourier) 変換

　テイラー展開は，高次関数を高階導関数を用いた級数に展開することによって難しい関数の値を導くのに有効な手法でした。それに対して，フーリエ変換は，複雑な周期関数を様々な周期の正弦関数と余弦関数の集まりとして級数に展開して近似する手法です。フーリエ (Fourier) はフランスの数学・物理学者で，19 世紀のはじめに，この級数展開を導きました。

　周期関数 $f(x)$ の周期が 2π とすると，**フーリエ級数**(Fourier series) は以下の式で表現できます。

$$f(x) = \frac{a_0}{2} + \sum_{n=1}^{\infty}(a_n \cos nx + b_n \sin nx) \tag{2.102}$$

ここで，a_n, b_n は**フーリエ係数**(Fourier coefficient) と呼ばれる係数です。n が大きくなると周期 $\frac{2\pi}{n}$ という短い周期の波を表していることになります。そして，a_n, b_n はそれぞれの周期での振幅を表しています。a_n, b_n は，次式によって計算できます。

$$a_n = \frac{1}{\pi}\int_{-\pi}^{\pi} f(x)\cos nx\,dx \qquad (n = 0, 1, 2, \cdots) \tag{2.103}$$

$$b_n = \frac{1}{\pi}\int_{-\pi}^{\pi} f(x)\sin nx\,dx \qquad (n = 1, 2, 3, \cdots) \tag{2.104}$$

フーリエ級数，フーリエ係数は，三角関数を用いて表現されていますが，オイラーの公式を用いて複素関数で表現することもできます。

2.12. フーリエ (Fourier) 変換

まず，式 (2.102) の括弧の中を複素関数で表現すると，次のようになります．

$$\begin{aligned}
a_n \cos nx + b_n \sin nx &= a_n \frac{e^{ix} + e^{-ix}}{2} + b_n \frac{e^{ix} - e^{-ix}}{2i} \\
&= a_n \frac{e^{ix} + e^{-ix}}{2} - ib_n \frac{e^{ix} - e^{-ix}}{2} \\
&= \frac{a_n - ib_n}{2} e^{ix} + \frac{a_n + ib_n}{2} e^{-ix}
\end{aligned} \tag{2.105}$$

ここで，$C_0 = \frac{a_0}{2}, C_n = \frac{a_n - ib_n}{2}, C_{-n} = \frac{a_n + ib_n}{2}$ とおくと，式 (2.102) は，次のように表現できます．

$$f(x) = C_0 + \sum_{n=-\infty}^{\infty} C_n e^{inx} \tag{2.106}$$

また，フーリエ係数は，$C_n = \frac{a_n - ib_n}{2}$ とおいたので，以下のように表現できます．

$$\begin{aligned}
C_n &= \frac{1}{2} a_n - i\frac{1}{2} b_n \\
&= \frac{1}{2\pi} \int_{-\pi}^{\pi} f(x) \cos nx \, dx - i\frac{1}{2\pi} \int_{-\pi}^{\pi} f(x) \sin nx \, dx \\
&= \frac{1}{2\pi} \int_{-\pi}^{\pi} f(x) (\cos nx - i \sin nx) dx \\
&= \frac{1}{2\pi} \int_{-\pi}^{\pi} f(x) e^{-inx} dx
\end{aligned} \tag{2.107}$$

複素関数で表したフーリエ係数 C_n と C_{-n} を掛け合わせたものは，周期が $\frac{2\pi}{n}$ での振幅の大きさを表すものです．これを**パワースペクトル**(power spectrum) と呼んでいます．このパワースペクトルを a_n, b_n で表現すると，以下のようになります．

$$\begin{aligned}
C_n \cdot C_{-n} &= \frac{a_n - ib_n}{2} \cdot \frac{a_n + ib_n}{2} \\
&= \frac{a_n^2 + b_n^2}{4}
\end{aligned} \tag{2.108}$$

a_n, b_n が同じ大きさのときは，余弦派も正弦波も同じ振幅ですが，振幅の大きさがそれぞれ違うことが普通で，その違いを**位相スペクトル**θ_n(phase spectrum) と呼ばれる値で示します．位相スペクトルは，以下の式で表すことができます．

$$\theta_n = \tan^{-1}\left(\frac{-b_n}{a_n}\right) \tag{2.109}$$

さて，このフーリエ級数は，周期が 2π のときに限定された場合のものなので，これをあらゆる周期の関数，あるいは周期が変化したり，周期性のないあらゆる関数についても展開できる拡張が求められます．そして**フーリエ変換**(Fourier transformation) は，あらゆる関数について級数に展開するものです．ある関数 $f(x)$ について，フーリエ変換により変換された関数 $g(s)$ に変換されるときは，次式で表されます．

$$g(s) = \frac{1}{\sqrt{2\pi}} \int_{-\infty}^{\infty} f(x) e^{-isx} dx \tag{2.110}$$

第 2 章　データ処理

逆に，フーリエ変換によって変換された関数 $g(s)$ を元の関数 $f(t)$ に戻す**フーリエ逆変換**(inverse Fourier transformation) は，次式で表されます。

$$f(x) = \frac{1}{\sqrt{2\pi}} \int_{-\infty}^{\infty} g(s) e^{isx} ds \tag{2.111}$$

これらの式の導き方については，多くの専門書が出版されているので，参考にして下さい。

このフーリエ変換は，信号処理や画像処理において極めて重要です。画像の濃淡の変化を関数とみなして周期性の状況をフーリエ変換によって解析し，画像の特徴を把握することができます。また，周期的なノイズのある画像に対しては，フーリエ変換によってノイズの周期性を特定し，特定された周期の濃度をカットした上で，フーリエ逆変換すれば，ノイズの軽減された画像となります。さらにフーリエ変換によってデータを圧縮する等，様々な用途に活用することができます。

2.13　ベクトル解析

ベクトル解析は，ベクトルを微分して解析することと思って差し支えありません。動かないものを扱う場合は，ベクトル解析を使う必要はあまりありませんが，動くものを扱う場合には必要となります。また，ある空間において一様なものを扱うのではなく，場所によって状況が異なるものを扱う場合にも必要となります。風や温度などを解析することをイメージすれば分かりやすいことでしょう。

三次元空間において，点 P の座標が (x_p, y_p, z_p) と点として与えられたとき，スカラー場と呼んでいます。一方，点 P の座標 (x_p, y_p, z_p) にベクトル (v_x, v_y, v_z) が与えられたとき，ベクトル場と呼んでいます。

2.13.1　勾配

一般に，関数の**勾配**(gradient) は，微分によって求めることができます。変数が一つの場合には単純に微分して求まるのですが，多変数の場合には各変数で偏微分する必要があります。例えば，xyz 座標の三次元空間におけるベクトルの微分においては，xyz の各変数で偏微分します。したがってスカラー場 φ の勾配は，次式で表されます。

$$\left(\frac{\partial \varphi}{\partial x}, \frac{\partial \varphi}{\partial y}, \frac{\partial \varphi}{\partial z} \right) \tag{2.112}$$

これを ∇ 記号を用いて，次式のように表すことができます。

$$\nabla \varphi = \left(\frac{\partial \varphi}{\partial x}, \frac{\partial \varphi}{\partial y}, \frac{\partial \varphi}{\partial z} \right) \tag{2.113}$$

∇ は，ナブラと読みます。なお $\nabla \varphi$ は，gradφ と表記されることもあります。勾配を計算することによって，スカラー場がベクトル場になります。

2.13. ベクトル解析

標高がある関数 φ によって表現できるとき，ある点の標高は，スカラー量です。その点の勾配は，方向と向きを持つベクトルです。このような演算に ∇ が活用されます。

意味はともかく，計算において ∇ は，次のようなベクトルと考えると分かりやすいでしょう。

$$\nabla = \left(\frac{\partial}{\partial x}, \frac{\partial}{\partial y}, \frac{\partial}{\partial z}\right) \tag{2.114}$$

2.13.2 発散

発散(divergence) は，ナブラとベクトル場の内積を表します。三次元空間におけるベクトル場を $\boldsymbol{A}(A_x, A_y, A_z)$ とすると，発散は，次式で表されます。

$$\nabla \cdot \boldsymbol{A} = \frac{\partial A_x}{\partial x} + \frac{\partial A_y}{\partial y} + \frac{\partial A_z}{\partial z} \tag{2.115}$$

$\nabla \cdot \boldsymbol{A}$ は，div$\boldsymbol{A}$ と表記されることもあります。発散は，内積計算となるので，ベクトル場がスカラー場となります。標高がある関数 φ によって表現できるとき，ある点の勾配ベクトル (A_x, A_y, A_z) において，勾配の変化ベクトルとの内積であり，勾配変化の総量とみなすことができます。

2.13.3 回転

回転(rotation) は，ナブラとベクトル場の外積を表します。三次元空間におけるベクトルを $\boldsymbol{A}(A_x, A_y, A_z)$ とすると，回転は，次式で表されます。

$$\nabla \times \boldsymbol{A} = \left(\frac{\partial A_z}{\partial y} - \frac{\partial A_y}{\partial z}, \frac{\partial A_x}{\partial z} - \frac{\partial A_z}{\partial x}, \frac{\partial A_y}{\partial x} - \frac{\partial A_x}{\partial y}\right) \tag{2.116}$$

$\nabla \times \boldsymbol{A}$ は，rot$\boldsymbol{A}$ と表記されることもあります。回転は，外積計算となるので，ベクトル場はベクトル場のままとなります。標高がある関数 φ によって表現できるとき，ある点の勾配ベクトル (A_x, A_y, A_z) において，勾配の変化ベクトルとの外積であり，勾配変化の量と向きを表します。2つのベクトルの外積は，「力学基礎」の章で扱う回転力（モーメント）の計算も意味し，ナブラとベクトル場の外積が回転と称される所以でもあります。

第 2 章　データ処理

2.13.4　ラプラシアン

ラプラシアン(Laplacian) は，二階偏微分演算子です。スカラー場 φ の勾配 $\nabla\varphi$ の発散 $\nabla \cdot \nabla\varphi$ を計算すると，次式を得ることができます。

$$
\begin{aligned}
\nabla \cdot \nabla\varphi &= \left(\frac{\partial}{\partial x}, \frac{\partial}{\partial y}, \frac{\partial}{\partial z}\right) \cdot \left(\frac{\partial \varphi}{\partial x}, \frac{\partial \varphi}{\partial y}, \frac{\partial \varphi}{\partial z}\right) \\
&= \left(\frac{\partial^2 \varphi}{\partial x^2} + \frac{\partial^2 \varphi}{\partial y^2} + \frac{\partial^2 \varphi}{\partial z^2}\right) \quad (2.117) \\
&= \nabla^2 \varphi \quad (2.118)
\end{aligned}
$$

この ∇^2 をラプラシアンと呼んでいます。ラプラシアンは，波動方程式や画像処理において活用されています。

第3章　測量機器による位置計測

　本章では，実際に測量機器による計測の基礎について解説します。これまで解説した数学の知識が身に付いていれば理解は容易でしょう。本章ではトランシット等の測角のための機器，トータルステーション等の測角と測距が同時に行える機器，そしてレベル等の高低差を測る機器を用いた計測を中心に解説します。

　測量学では，ものを測るだけでなく，計画したり設置したりすることも含まれています。例えば道路を設計する路線測量には，道路の線形を決定したり，道路を設置する際のくい打ち等の測量等が含まれています。この他にも，土木測量として地形測量，深浅測量，地積測量等がありますが，これらに関しては測量の専門書に委ねることとして，ここでは測る基礎となる部分のみを取り扱うこととします。

　画像計測や人工衛星による計測のように，間接的に測ることが主流になりつつあります。したがって，現場に行かずとも様々な計測が可能となってきました。工業計測の分野では自動計測の技術が取り入れられています。しかし，野外をフィールドとする現場では，まだまだそこまで技術が発達している訳ではありません。現場での測量・計測が必要とされています。したがって自分自身で測量機器をセッティングし，実際に測ることのできるようにしておきたいものです。

3.1　測度の基準

　測るというときには，物差し等，必ず基準となるものが必要となります。そして，その基準に従って，測った値には必ず単位が付与されます。単位は，測る上で重要な基準となっています。長さであれば，メートル，尺，フィート，マイルなどの様々な単位があります。その他にも地域によって固有の単位が存在したりするわけですが，それぞれの単位にはそれなりの定義がなされているものです。例えば尺は，手の大きさをもとにしていたり，フィートは足の長さをもととしていたりします。しかし一方で，人間が勝手に定義して利用しているだけであって，科学的には何の意味も持たないともいえます。ただし，色々な単位が混在すると，情報交換をする上では非常に大きな障害となります。そこで，国際的に共通して使える単位が必要となるのです。理工学の分野においては，SI **単位**(international system of units) というものを標準として利用しています。そしてその中でも MKSA 単位が一般的です。M は長さの単位のメートル，K は質量の単位のキログラム，S は時間の単位の秒，A は電流量のアンペアを表しています。その他にも力やエネルギ，放射量等，様々な標準的な単位が，それぞれしっかり定義された上で用いられています。

第3章　測量機器による位置計測

　長さの単位のメートルは，古くは地球の子午線の長さの4千万分の1と定義されていました。しかし地球の子午線の長さ自体を精密に測ることは困難なので，十分な定義とはいえません。昔は，**メートル原器**(the meter standard) という1mの長さを示した白金製の物差しを作り，そのメートル原器のコピーを各国で利用していました。しかし，メートル原器ではマイクロメートル (μm)，ナノメートル (nm) のオーダーでの計測には不十分です。したがって，安定した高精度の物差しが必要となります。この物差しに最近は光（電磁波）が利用されています。光は，真空中において最も速く進み，その速度を上回るものは未だ発見されていません。その速さを測ることのできる時計があれば，光の進んだ時間により距離を測ることができます。光の速さを計る時計として，**原子時計**(atomic clock) があります。原子時計については，「地球規模での位置決定」の章でも解説しますが，91億分の1秒の精度を持っています。これを用いて1mを定義できるわけです。現在1mとは，真空中を光が1/299,792,458秒間に進む距離と定義されています。一般に光は，299,792,458(m/s)で進むと表現される場合がありますが，単に逆数になっているだけです。光の進む速さを測ること自体が，1mを定義づけるわけですから，妙な感じがします。

　現在，光波やレーザー等を用いて高精度で距離を測る装置が開発され，便利に利用されていますが，これらはいずれも電磁波を利用しているものです。しかも精度の高い時計が同時に利用されています。時間を正確に測るためには，厳密な時刻の定義が必要となります。時間や時刻の定義についても「地球規模での位置決定」の章で解説しますが，地球の自転と公転が基準となっています。

　物体の位置を測るときは，距離を測ると同時に角度も測る場合が多くあります。角度は，「データ処理」の章で述べたように数学においてはラジアンの単位が一般に用いられています。しかし値の範囲が$0 \sim 2\pi$であり，高精度が要求される場合は小数点以下の桁が多くなり，読み取りミスが発生しやすくなります。そこで，測量機器のほとんどは，度分秒で表現しています。度は度数法における$0 \sim 360°$であり，分は60分を1°とし，1°=60′と表します。秒は60秒を1′とし，1°=3600″となります。例えば，10.5°の場合は，10°30′00″と表されます。この表現法は，測量の世界では一般的なので，慣れておいて下さい。

3.2　測量機器

3.2.1　トータルステーション

　トータルステーション(total station) と呼ばれる機器は，水平角・鉛直角とともに距離を測る機能を持っています。距離を測る機能を持たない機器もありますが，それは**トランシット**(transit) や**セオドライト**(theodolite) という機器です。トランシットとセオドライトの区別は明確ではありませんが，一般に精度の高い機器をセオドライトと読んでいるようです。測量においては，距離と角度が同時に測れることは非常に便利なため，角度しか測れないトランシットやセオドライトを業務で利用している光景は，ほとんど見られなくなり

ました。高校や大学の測量実習で利用されているようですが，最近では測量実習もトータルステーションを利用しているところが増えてきているようです。

効率良い測量のためには，距離計測は極めて重要であり，1箇所から測るだけで物体の三次元計測が簡単にできることから，現在はトータルステーションが一般に利用されています。下図は，あるトータルステーションの外観です。

角度はロータリーエンコーダーと呼ばれる装置で電気的に読み取り，デジタルで値が表示されます。昔は，分度器の目盛りをバーニアで読み取るものでした。ロータリーエンコーダーのおかげで，1"程度と非常に細かく読み取ることができます。距離の計測には光波を利用するタイプとレーザーを利用するタイプとがあります。光波を利用するタイプは，距離を測るのに反射プリズムが必要となり，トータルステーションから反射プリズムまでの距離が測れます。レーザーを利用するタイプは，近距離では反射プリズムを必要とせず，直接物体から反射して返って来るレーザーを測ることで距離を算出しています。なお，遠距離の場合や電磁波を吸収するような黒い物体の場合は直接測れないため，反射プリズムを置く必要があります。

3.2.2 レーザースキャナ

レーザースキャナ(laser scanner)は，LiDAR(Light Detecting And Ranging)とも呼ばれています。トータルステーションは，狙った対象物までの斜距離と水平角・鉛直角を測るものですが，レーザースキャナは，広範囲を一定の間隔で斜距離と水平角・鉛直角を測るものです。したがって，ターゲットを点としたような精密な測量には向かないものの，全体の形状を把握するのに向いています。樹木の形状や遺跡の形状を測量したり，町並みの景観を測量したりすることに利用されています。

3.2.3 GNSS

GNSS(Global Navigation Satellite System)は，スマートフォンやカーナビにおける位置計測のパーツに組み込まれています。複数の人工衛星からの電波を利用して自分自身の位置を測るものです。自分自身の位置を測ることを**測位**(positioning)と呼んでいます。こ

第 3 章　測量機器による位置計測

の機器は，複数の人工衛星の電波が届く場所であれば，アンテナの位置を正確に測ることができます。以前は，GPS(Global Positioning System) と呼ばれていました。GPS はアメリカの測位衛星を利用したシステムなのですが，近年はロシア，ヨーロッパ，中国そして日本の測位衛星も利用できることから GNSS と呼ばれるようになっています。下図は，ある GNSS の外観です。

トータルステーションは，ある箇所に据え付けて，様々な部分の三次元的な位置を計測していくものに対して，GNSS は，アンテナ自身の位置のみが計測されます。多点を測る場合には，GNSS 自身を移動させながら測ることになります。

　カーナビは，そんなに高精度の計測は要求されません。数 m で十分です。しかし，測量となると数 cm，場合によっては数 mm の精度が要求されます。GNSS による測量においては，目的に応じて様々な方法で高精度を実現することができます。高精度での計測のためには，基地局となる GNSS と移動局となる GNSS とで同時に観測する必要があります。基地局としては，国土地理院が全国に設置している電子基準点が利用できます。電子基準点では，常時 GNSS 観測がなされているので，その情報をもとに高精度での移動観測が可能となるのです。さらに複数の電子基準点を用いて仮想基準点を作成し，携帯電話回線を通じてリアルタイムで高精度の測位ができる VRS 観測もできるようになってきました。GNSS による三次元計測の原理については，「衛星リモートセンシングによる位置計測」の章で解説します。

3.2.4　INS

　INS(Inertia Navigation System) は，慣性航法装置とも呼ばれ，GNSS と同様に測位のための機器です。GNSS は，衛星からの電波を利用して測位しますが，INS の場合，自分の姿勢をジャイロと呼ばれる機器で測り，三軸の加速時計も併せて利用することで測位をしています。三軸の姿勢と加速度を求める装置は，IMU(Inertia Measurement Units) 慣性計測装置と呼ばれています。出発地点の位置情報は，初期値として入力する必要がありますが，衛星の電波を利用していないので，自立した測位システムです。電波の届かないところでも利用可能なのが利点ですが，長時間利用していると，誤差が積もり積もって伝搬されていくため，その誤差を定期的に除去する必要があります。

3.3 機器のセッティング

　測量機器を使った計測において，始めに注意しなければならないことは，機器のセッティングです．例えば，ある測点上に正確に機器を据え付ける必要があり，機器の姿勢も水平にする必要もあります．測量機器は，測る機器そのものと，それを取り付ける整準台と三脚の3つのパーツに分けることができます．

　まず三脚を設置しますが，このとき求心器という錘を整準台の取り付け部分からぶら下げれば，三脚を正確に測点上に設置することができます．このとき三脚上部の面がほぼ水平になっていることも重要な設置要件となります．

さらに，測量機器の操作に支障がないように次の点に気を使う必要があります．

- 測るターゲットを確認して十分観測できる位置か？
- 地盤が柔らかく，計測中に沈み込むことの無いようにしっかりと踏み込んでいるか？
- 望遠鏡を覗いたり，値を読み取るのに楽な高さであるか？
- 測る際の自分の立つ位置に三脚の足が邪魔となっていないか？

　次に**整準台**(levering plate) を取り付けますが，これは，機器を正確に測点上に，そして水平に据え付けるために調整するためのものです．整準台には，3つの水平出し用の調整ねじと，機器の中心の位置を確認するための小さな望遠鏡が取り付けられています．なお，この段階でこの望遠鏡を覗いても，整準台が水平に調整されていない場合は，全く意味がありません．なのでまずは，水平にセッティングすることが重要なのです．

　3つの調整ねじを用いて，整準台を水平にセッティングしますが，このとき2つのねじを結ぶ方向を x 軸方向，それに直角な方向を y 軸とした場合，最初に x 軸方向を調整します．気泡管を x 軸と平行にした上で，下図に示すように右と左のねじを同時に逆回転させながら気泡管の泡の位置が真ん中に来るように調整します．その後，気泡管を y 軸と平行にして，上側のねじのみで気泡管の泡の位置が真ん中に来るように調整します．

第 3 章　測量機器による位置計測

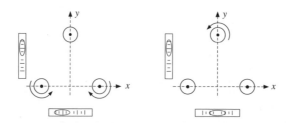

この動作を何回か繰り返し，機器を正確に水平にセッティングするのです。

　水平になっていることを確認後，機器の中心が測点の真上に来ているかどうかを望遠鏡で確認します。このとき，中心に測点が来ていなかった場合は，整準台の取り付けねじを緩めて，測点が中央に来るように平行移動させ，再度水平になるよう調整し，さらに望遠鏡で中心を確認します。この作業を満足のいく状況になるまで繰り返す必要があります。

　機器のセッティングは，測量機器を用いる場合や繰り返し観測を行う場合には極めて重要なので，細心の注意を払いながら行わなければなりません。そして，計測の途中で三脚に外力を与えないようにし，もし足や体が当たった場合は，即座にセッティングを確認しなければなりません。

3.4　測距と測角

　測量機器を用いて水平方向の角度を測る場合，下図のようにある基準となる方向（X 軸方向）を設定し，そこから右回りの角度 A を測ります。そして鉛直角は，水平面からの角度 h を測るのが普通です。機器によっては，天頂からの角度（天頂角）を測る設定になっているものもあるので，注意が必要です。

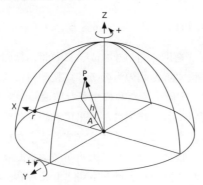

　最後に，対象物 P までの斜距離 r が，測ることができれば，P の三次元座標を計算することができます。すなわち，X 軸上に距離 r の点 $(r,0,0)$ があり，それを Y 軸回りに鉛直角 (h) だけ回転させ，Z 軸回りに水平角 (A) だけ回転させれば，対象物 P の座標を計算することができます。なお，通常右手系の座標系の場合，角度の回転方向は左回りが正の値ですので，回転行列を用いて計算するとき，A, h 伴に負の値に変換して計算する必要があり

3.4. 測距と測角

ます。次式は，計測値より三次元座標に変換する式を表しています。

$$\begin{pmatrix} X \\ Y \\ Z \end{pmatrix} = \begin{pmatrix} \cos(-A) & -\sin(-A) & 0 \\ \sin(-A) & \cos(-A) & 0 \\ 0 & 0 & 1 \end{pmatrix} \begin{pmatrix} \cos(-h) & 0 & \sin(-h) \\ 0 & 1 & 0 \\ -\sin(-h) & 0 & \cos(-h) \end{pmatrix} \begin{pmatrix} r \\ 0 \\ 0 \end{pmatrix}$$

$$= \begin{pmatrix} r\cos(-h)\cos(-A) \\ r\cos(-h)\cos(-A) \\ r\sin(-h) \end{pmatrix} \tag{3.1}$$

3.4.1 反復計測と精度

　測量機器には，固有の仕様があり，その仕様に従って精度がある程度決まります。そして，その精度を確保するには，1回の観測ではなく，複数回観測しなければなりません。ただし，同じ状況のもとで複数回測ったとしても誤差の相殺は余り期待できないので注意が必要です。なぜなら，セッティングの状況や機器自身の状況などを由来とする誤差もあるからです。そこで，まずは機器自身の誤差を小さくするために，視準する望遠鏡を180°反転させた上で角度を測り直します。この角度を通常の状態で測った正読みの角度に対して，反読みの角度と呼んでいます。

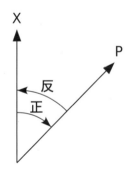

　視準望遠鏡を180°回転させなければ，角度を測るのに使用した角度検出器においては，常に同じ部分が利用されるために誤差の調整が余り期待できません。しかし，望遠鏡を180°反転させることによって，角度検出器において，正読みにとは別の部分を使うことができることによる調整と，機器内部の偏心による誤差についても調整が可能です。
　さらに誤差を調整するためには，機器のセッティングによる誤差についても考慮するべきです。そのためには，セッティング自体をやり直して測ることも重要です。
　ところで，同じ計測を複数回行うことにより，誤差を小さくすることがある程度可能です。では，何回計測するのが良いのでしょうか。これには，誤差伝搬の法則を用いて予測することができます。これについては，前章において予測式を導きました。式(2.52)です。この式に計測器の精度（標準偏差）と計測回数を代入すれば，期待できる精度が計算できます。下図は，精度5cmの場合と精度2cmの場合について，計測回数と期待できる精度との関係についてグラフ化したものです。

第 3 章　測量機器による位置計測

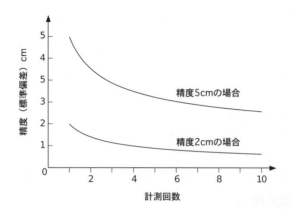

このグラフから，4 回程度計測すれば，精度が大きく向上しますが，それ以上計測しても大きな精度向上は期待できないことが解ります．しかし，複数回計測がいかに重要であるか，このグラフから読み取ることができます．たった一度の計測では，過誤の心配もあることから，必ず複数回計測するべきです．

3.5　基本的な測量方法

3.5.1　前方交会法

前方交会法(forward intersection) は，対象物の座標を求めるのに，二箇所以上の場所から対象物への方向角を測ることによる方法です．交会とは 2 つ以上の測線が交わることを指します．観測者の前方で測線を交差させ，その交点が求める座標であることから前方交会法と呼ばれています．

余弦定理を用いた前方交会

　余弦定理を用いれば，三角形の三辺の長さを測ると，各頂点の角度を求めることができます．つまり，座標が既に求まっている 2 点を利用し，対象物と 2 つの既知点でできる三角形の辺の長さを測れば，対象物の座標を求めることができます．三辺の長さを測って三角形の形と大きさを決めるため，**三辺測量**(trilateration) と呼ばれています．例えば対象物 C の座標 (x_c, y_c) を求めることを考えましょう．下図のように 2 つの既知点（基準点）を A, B とし，それぞれ x 軸上の点で，AB 間の座標は精密に測られているものとします．

112

3.5. 基本的な測量方法

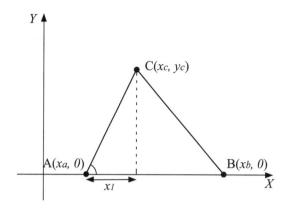

AC 間の距離 b と BC 間の距離 a とを測れば，余弦定理により ∠CAB の余弦 $\cos\theta$ を以下の式で計算できます．なお，$c = x_b - x_a$ です．

$$\cos\theta = \frac{b^2 + c^2 - a^2}{2bc} \tag{3.2}$$

したがって，点 C の x 成分 x_c は，余弦を用いて次式で計算できます．

$$\begin{aligned}
x_c &= x_a + x_1 \\
&= x_a + b\cos\theta \\
&= x_a + b \cdot \frac{b^2 + c^2 - a^2}{2bc} \\
&= x_a + \frac{b^2 + c^2 - a^2}{2c}
\end{aligned} \tag{3.3}$$

一方点 C の y 成分は，ピタゴラスの定理より次式で計算できます．

$$y_c = \sqrt{b^2 - x_1^2} \tag{3.4}$$

次に，この測量による精度を誤差伝搬の法則により求めてみましょう．まず，$x_1 = \frac{b^2+c^2-a^2}{2c}$ に含まれる誤差 σ_{x1} を求めます．距離の精度を，それぞれ $\sigma_a, \sigma_b, \sigma_c$ とすると，誤差伝搬の法則により次式が得られます．

$$\begin{aligned}
\sigma_{x1}^2 &= \left(\frac{\partial x_1}{\partial a}\right)^2 \sigma_a^2 + \left(\frac{\partial x_1}{\partial b}\right)^2 \sigma_b^2 + \left(\frac{\partial x_1}{\partial c}\right)^2 \sigma_c^2 \\
&= \left(-\frac{a}{c}\right)^2 \sigma_a^2 + \left(\frac{b}{c}\right)^2 \sigma_b^2 + \left(\frac{c^2 - b^2 + a^2}{2c^2}\right)^2 \sigma_c^2
\end{aligned} \tag{3.5}$$

y_c に含まれる誤差 σ_{yc} は，同様に次式のようになります．

$$\sigma_{yc}^2 = \left(\frac{\partial y_c}{\partial a}\right)^2 \sigma_a^2 + \left(\frac{\partial y_c}{\partial b}\right)^2 \sigma_b^2 + \left(\frac{\partial y_c}{\partial c}\right)^2 \sigma_c^2 \tag{3.6}$$

第 3 章　測量機器による位置計測

偏微分の係数を順を追って計算します。まず $\frac{\partial y_c}{\partial a}$ を計算しますが，$y_c =$ の式から計算すると，平方根が出て来て計算が煩雑になるので，$y_c^2 = b^2 - x_1^2$ の両辺を直接 a で偏微分します。

$$\frac{\partial(y_c^2)}{\partial a} = -\frac{\partial(x_1^2)}{\partial a}$$

$$\frac{\partial(y_c^2)}{\partial y_c}\frac{\partial y_c}{\partial a} = -\frac{\partial(x_1^2)}{\partial x_1}\frac{\partial x_1}{\partial a}$$

$$2y_c\frac{\partial y_c}{\partial a} = -2x_1\frac{\partial x_1}{\partial a}$$

$$y_c\frac{\partial y_c}{\partial a} = -\frac{b^2 + c^2 - a^2}{2c} \cdot \frac{-a}{c}$$

$$\frac{\partial y_c}{\partial a} = \frac{a}{y_c}\left(\frac{b^2 + c^2 - a^2}{2c^2}\right) \tag{3.7}$$

同様に $\frac{\partial y_c}{\partial b}$ を計算します。

$$\frac{\partial(y_c^2)}{\partial b} = 2b - \frac{\partial(x_1^2)}{\partial b}$$

$$\frac{\partial(y_c^2)}{\partial y_c}\frac{\partial y_c}{\partial b} = 2b - \frac{\partial(x_1^2)}{\partial x_1}\frac{\partial x_1}{\partial b}$$

$$2y_c\frac{\partial y_c}{\partial b} = 2b - 2x_1\frac{\partial x_1}{\partial b}$$

$$y_c\frac{\partial y_c}{\partial b} = b - \frac{b^2 + c^2 - a^2}{2c} \cdot \frac{b}{c}$$

$$\frac{\partial y_c}{\partial b} = \frac{1}{y_c}\left(\frac{2c^2}{2c^2} \cdot b - \frac{b^2 + c^2 - a^2}{2c^2} \cdot b\right)$$

$$= \frac{b}{y_c}\left(\frac{a^2 - b^2 + c^2}{2c^2}\right) \tag{3.8}$$

さらに $\frac{\partial y_c}{\partial c}$ を計算します。

$$\frac{\partial(y_c^2)}{\partial c} = -\frac{\partial(x_1^2)}{\partial c}$$

$$\frac{\partial(y_c^2)}{\partial y_c}\frac{\partial y_c}{\partial c} = -\frac{\partial(x_1^2)}{\partial x_1}\frac{\partial x_1}{\partial c}$$

$$2y_c\frac{\partial y_c}{\partial c} = -2x_1\frac{\partial x_1}{\partial c}$$

$$y_c\frac{\partial y_c}{\partial c} = -\frac{x_1}{y_c} \cdot \frac{c^2 - b^2 + a^2}{2c^2}$$

これにより，求まった偏微分の係数を用いれば，y_c の精度が計算できます。

正弦定理を用いた前方交会

正弦定理を用いれば，対象物 C に行くことなく，間接的に C の座標を求めることができます。

3.5. 基本的な測量方法

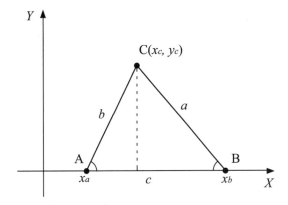

上図において，対象物 C の座標を求めることを考えてみましょう。基準点 A, B は x 軸上の点で，AB 間の距離 c は精密に測られているもので，誤差は無視できるものとします。対象物 C の座標は，∠A と∠B を測って正弦定理により座標を計算します。

$$\frac{a}{\sin A} = \frac{b}{\sin B} = \frac{c}{\sin C} \tag{3.9}$$

ここで，∠C は $180° - A - B$ より，$\sin C$ の値は加法定理を用いて以下のように計算できます。

$$\begin{aligned} \sin C &= \sin(180° - (A + B)) \\ &= \sin(A + B) \\ &= \sin A \cos B + \cos A \sin B \end{aligned} \tag{3.10}$$

C の座標を計算するには，b の長さを求める必要があり，b は以下の式で計算できます。

$$b = \frac{c \sin B}{\sin A \cos B + \cos A \sin B} \tag{3.11}$$

したがって，C の座標は次のようになります。

$$x_c = b \cos A + x_a = \frac{c \cos A \sin B}{\sin A \cos B + \cos A \sin B} + x_a \tag{3.12}$$

$$y_c = b \sin A = \frac{c \sin A \sin B}{\sin A \cos B + \cos A \sin B} \tag{3.13}$$

次に，正弦定理により計算された x_c と y_c に含まれる誤差 σ_{xc} と σ_{yc} を求めてみましょう。∠A と∠B の精度がそれぞれ σ_a, σ_b とすると，誤差伝搬の法則により以下の式で計算できます。

$$\sigma_{xc}^2 = \left(\frac{\partial x_c}{\partial A}\right)^2 \sigma_a^2 + \left(\frac{\partial x_c}{\partial B}\right)^2 \sigma_b^2 \tag{3.14}$$

$$\sigma_{yc}^2 = \left(\frac{\partial y_c}{\partial A}\right)^2 \sigma_a^2 + \left(\frac{\partial y_c}{\partial B}\right)^2 \sigma_b^2 \tag{3.15}$$

第3章　測量機器による位置計測

次に各偏微分係数を求めていきますが，このとき x_c, y_c ともに三角関数と分数関数が含まれています。少々計算が複雑になりますが，各偏微分係数は，以下のように計算できます。

$$\frac{\partial x_c}{\partial A} = \frac{-c\sin A\sin B(\sin A\cos B + \cos A\sin B) - c\cos A\sin B(\cos A\cos B - \sin A\sin B)}{(\sin A\cos B + \cos A\sin B)^2}$$
$$= \frac{-c\sin A\sin B\sin(A+B) - c\cos A\sin B\cos(A+B)}{\sin^2(A+B)} \tag{3.16}$$

$$\frac{\partial x_c}{\partial B} = \frac{c\cos A\cos B(\sin A\cos B + \cos A\sin B) - c\cos A\sin B(-\sin A\sin B + \cos A\cos B)}{(\sin A\cos B + \cos A\sin B)^2}$$
$$= \frac{c\cos A\cos B\sin(A+B) - c\cos A\sin B\cos(A+B)}{\sin^2(A+B)} \tag{3.17}$$

$$\frac{\partial y_c}{\partial A} = \frac{c\cos A\sin B(\sin A\cos B + \cos A\sin B) - c\sin A\sin B(\cos A\cos B - \sin A\sin B)}{(\sin A\cos B + \cos A\sin B)^2}$$
$$= \frac{c\cos A\sin B\sin(A+B) - c\sin A\sin B\cos(A+B)}{\sin^2(A+B)} \tag{3.18}$$

$$\frac{\partial y_c}{\partial B} = \frac{c\sin A\cos B(\sin A\cos B + \cos A\sin B) - c\sin A\sin B(-\sin A\sin B + \cos A\cos B)}{(\sin A\cos B + \cos A\sin B)^2}$$
$$= \frac{c\sin A\cos B\sin(A+B) - c\sin A\sin B\cos(A+B)}{\sin^2(A+B)} \tag{3.19}$$

これらの式に値を代入すれば，座標の精度が計算できます。なお，角度の精度 (σ_a, σ_b) を代入する場合は，必ずラジアンの単位でなければならないので，注意が必要です。

3.5.2　後方交会法

後方交会法(backward intersection) は，3つ以上の座標が既知の点を用い，自分自身の座標を求める手法です。3つの既知点を用いる場合，自分と既知とを結ぶ測線が3本引け，それぞれの測線のなす角度を用いて計算できます。既知点を出発し，自分に向けて伸びるベクトルの交点が求める位置のため，後方交会法と呼ばれています。古くは，船の位置を知るのに「**山立て**」という手法が用いられていました。これは，船から見える山の重なり具合によって自分自身の位置を決定するものです。例えば，高層ビル・山の頂上・灯台等を用いても，その見かけの位置関係から自分の座標を決定することができるのです。

3.5. 基本的な測量方法

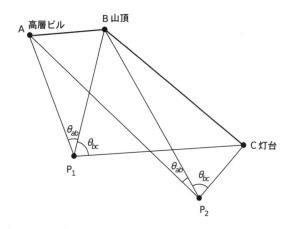

上図のように，AとBの見かけの水平角 θ_{ab} とBとCの見かけの水平角 θ_{bc} は，自分の位置Pの座標に応じて変化します。この性質を利用すれば，Pの座標が決定できるのです。これを解析的に解くには少々骨が折れるのですが，順を追って解説します。

外心の座標計算

下図のように点A, B, Cは，既知点です。$\angle APB$ が θ_{ab} となる部分は，ABを弦とする円周上にあります。言い換えれば，ABを弦とする円周上の点においては，**円周角**の性質より，常に角度が一定となります。したがって，三角形ABPの外接円の中心，つまり外心の位置を求める必要が出てきます。三角形ABPの外心の位置をOとすると，外心の半径 R_o は，正弦定理を用いて，次式より計算できます。

$$R_o = \frac{1}{2}\frac{\sqrt{(x_b-x_a)^2+(y_b-y_a)^2}}{\sin\theta_{ab}} \tag{3.20}$$

R_o が計算できれば，線分ABの傾き α_{ab} と $\angle BAO$ より，外心の座標が計算できます。まず，線分ABの傾きは正接の逆関数を用いて $\alpha = \tan^{-1}\frac{y_b-y_a}{x_b-x_a}$ で計算できます。$\angle BAO$ は，△AOBが二等辺三角形であり，$\angle AOB = 180° - 2\theta_{ab}$ なので，$90° - \theta_{ab}$ となります。したがって，外心Oの座標 (x_o, y_o) は，次式で計算できます。

$$\begin{cases} x_o = R_o\cos(\alpha_{ab}-(\theta_{ab}-90°))+x_a \\ y_o = R_o\sin(\alpha_{ab}-(\theta_{ab}-90°))+y_a \end{cases} \tag{3.21}$$

なお，$\alpha_{ab}-(\theta_{ab}-90°)$ の符号は，線分ABが右上がりの傾きの場合は正，右下がりの傾きの場合は負となります。

第 3 章　測量機器による位置計測

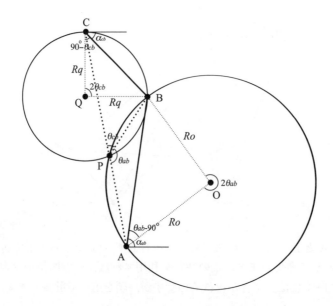

　続いて，△BCP についても同様に外心 Q の座標 (x_q, y_q) を求めます．まず，外接円の半径は，次式で求まります．

$$R_q = \frac{1}{2} \frac{\sqrt{(x_b - x_c)^2 + (y_b - y_c)^2}}{\sin \theta_{cb}} \tag{3.22}$$

∠CBQ は，$90° - \theta_{cb}$ なので，外心 Q の座標 (x_q, y_q) は，次式で求めることができます．

$$\begin{cases} x_q = R_q \cos(\alpha_{cb} + (90° - \theta_{cb})) + x_c \\ y_q = R_q \sin(\alpha_{cb} + (90° - \theta_{cb})) + y_c \end{cases} \tag{3.23}$$

なお，$\alpha_{cb} + (90° - \theta_{cb})$ の符号は，線分 CB が右上がりの傾きの場合は正，右下がりの傾きの場合は負となります．

2 つの外心の座標から P を求める

　P は，2 つの外接円の交点の一つです．2 つの外接円の半径と中心座標が計算できたので，2 つの外接円の方程式が決定できます．これらを連立方程式として解いたときに得られる 2 つの交点のうち，一つは点 B となり，もう一つが求めたい点 P の座標となります．
　連立方程式による解法は，コンピュータを用いれば簡単なのですが，手計算では少々難しいので，ここでは，三角形 OQP を用いて計算する方法を示しましょう．OP の長さは外接円 O の半径 R_0 であり，QP の長さは外接円 Q の半径 R_q となります．

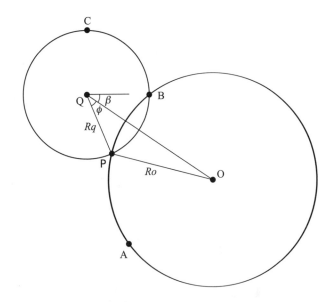

OQ の長さは，求まった外心の座標より計算できます．$\phi = \angle OQP, s = \overline{OQ}$ とすると，余弦定理より次式が得られます．

$$\cos\phi = \frac{R_q^2 + s^2 - R_o^2}{2R_q s} \tag{3.24}$$

次に，線分 OQ の傾き β は，$\beta = \tan^{-1}\frac{y_q - y_o}{x_q - x_o}$ より，求める P の座標は，次式で計算できます．

$$\begin{cases} x_p = R_q \cos(\phi + \beta) + x_o \\ y_p = R_q \sin(\phi + \beta) + y_o \end{cases} \tag{3.25}$$

なお，$\phi + \beta$ の符号は，線分 OQ が右上がりの傾きの場合は正，右下がりの傾きの場合は負となります．

3.6 基準点測量

　測量では，トランシットやトータルステーション等の測量機器を設置し，必要とされる地物を計測していきます．このとき，測量機器を設置する点の座標と方位角の基準となる方向が解っていなければなりません．測量における**基準点**(control point) とは，この測量機器を設置する点のことをいいます．この基準点を設置するためには，あらかじめ座標が与えられている点が必要であり，この点も基準点です．日本においては，**三角点**(point of triangulation) と呼ばれる国家基準点が，いたる所に設置されています．ここで解説するトラバース測量，次に解説する三角測量は，その基準点を設置するための測量，すなわち**基準点測量**(control point surveying) です．

第 3 章　測量機器による位置計測

3.6.1　緯距・経距

観測点において方位角と距離を計測すれば，求点の座標を求めることができます。このとき観測点を原点とし，北方向を x 軸，東方向を y 軸とするローカルな座標系で表現します。この座標系において x 座標を**緯距**(latitude)，y 座標を**経距**(departure) と呼んでいます。

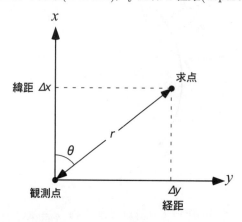

上図を見ても解るように，注意すべきは，x 座標が上方向で，y 座標が右方向となっており，数学で通常慣れ親しんだ座標系ではないことです。いわゆる左手系の座標系となっています。これは，後述する地図投影における座標系が横メルカトル図法を基準としているため，測量においてはこの座標系が採用されているのです。この座標系において，方位角 θ，距離 r のときの緯距と経距は，下の式で計算できます。

$$\begin{cases} \Delta x = r \cos \theta \\ \Delta y = r \sin \theta \end{cases} \tag{3.26}$$

このように測量においては，x 座標を緯距，y 座標を経距と呼んでいますが，数学で取り扱う通常の右手系でないため混乱してしまいます。そこで本書においては，数学での例にならい，今後以下のように y 座標を緯距，x 座標を経距として取り扱います。したがって，方位角は x 軸からの角度 θ で表せば，同じ式によって緯距・経距を計算できます。

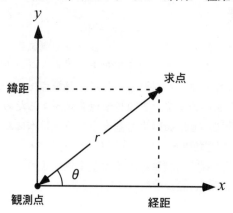

3.6.2 トラバース測量

開トラバース

トラバース測量(traversing) は，多角測量とも呼ばれ，二点間の距離と角度を計測することで各点の座標を求めていくような測量のことです．下図のように座標が既知の点 $A(x_a, y_a)$ を出発し，求点 B までの距離と東から北回りの方位角を計測します．次に点 B を観測点とし，次の求点 C までの距離と点 B から東回りの方位角を計測します．その後，順次求点までの距離と角度を計測することで各点の座標を求めることができます．

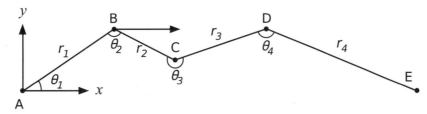

点 A において計測された距離と角度から，点 B と点 A の座標の差 $(\Delta x_1, \Delta y_1)$ と点 B の座標 (x_b, y_b) は，以下のように計算できます．

$$\begin{cases} \Delta x_1 = r_1 \cos \theta_1 \\ \Delta y_1 = r_1 \sin \theta_1 \end{cases} \quad \begin{cases} x_b = x_a + \Delta x_1 \\ y_b = y_a + \Delta y_1 \end{cases} \tag{3.27}$$

さらに，点 B において計測された距離と角度から，点 B と点 C の座標の差 $(\Delta x_2, \Delta y_2)$ と点 C の座標 (x_c, y_c) を求めるときは，点 C の東からの方位角から計算すれば良いのです．その方位角は，$\theta_1 + \theta_2 - \pi$ で求められるので，次式により計算できます．

$$\begin{cases} \Delta x_2 = r_2 \cos(\theta_1 + \theta_2 - \pi) \\ \Delta y_2 = r_2 \sin(\theta_1 + \theta_2 - \pi) \end{cases} \quad \begin{cases} x_c = x_b + \Delta x_2 \\ y_c = y_b + \Delta y_2 \end{cases} \tag{3.28}$$

なお角度 θ_2 は，上図においては下側の角度が示されていますが，上側の角度が計測されることもあります．この場合は，点 C の東からの方位角が異なるので注意して下さい．

このトラバース測量においては，誤差の確認とその調整が極めて重要です．つまり，点 B において点 C を計測しますが，点 B の座標には点 A で計測した誤差が含まれており，その座標を用いて点 C の座標を求めているからです．したがって，点数が増えれば増えるほど誤差が重なっていきます．この誤差量は誤差伝搬の法則によって推定できますが，実際の誤差と比較できなければ計測結果が妥当な値を示しているか否かを判断できない上，誤差の調整もできません．よって，幾つかの既知点を通るような多角形を組むか，次に述べる閉合トラバースを組んで，誤差調整ができる状態でのトラバース測量が必要です．

第 3 章　測量機器による位置計測

閉合トラバース

閉合トラバースは，下図のように多角形の最後が出発点に戻ってくるような，閉じた多角形のトラバースをいいます．出発点に戻ってくるため，誤差の調整が可能です．

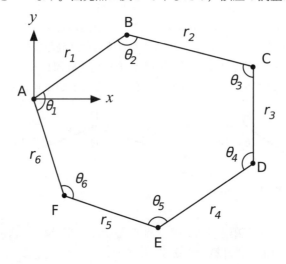

3.6.3　閉合差・閉合比

角の閉合差

先の閉合トラバースにおいては，すべて多角形の内角を計測しています．n 角形の内角の和は，$(n-2)\pi$ となるので，計測された内角の和と比較し，その差 δ は以下の式で表すことができます．

$$\delta = (n-2)\pi - \sum_{i=1}^{n} \theta_i \tag{3.29}$$

この δ を角の**閉合差**(closing error) と呼んでいます．閉合差は，計測結果の信頼性を測る上で重要な値です．誤差伝搬の法則により，受け入れられる結果であるか判断しなければなりません．

信頼される結果の場合，閉合差を用いて計測値を調整しなければなりません．各点における角度の補正値 v_i は，単純に閉合差を当分に配分することで調整できます．

$$v_i = \frac{1}{n}\delta \tag{3.30}$$

3.6. 基準点測量

座標の閉合差

閉合トラバースにおいて，原点を出発し，原点に戻ってくる場合には，次の式が成り立つ必要があります。

$$\sum_{i=1}^{n} \Delta x_i = 0 \tag{3.31}$$

$$\sum_{i=1}^{n} \Delta y_i = 0 \tag{3.32}$$

しかし，各計測においては誤差が含まれているので，0 とはならず，その値自体が誤差となります。x 軸方向の誤差を ϵ_x，y 軸方向の誤差を ϵ_y とすると，以下の式で表されます。

$$\epsilon_x = \sum_{i=1}^{n} \Delta x_i \tag{3.33}$$

$$\epsilon_y = \sum_{i=1}^{n} \Delta y_i \tag{3.34}$$

そして，閉合差 ϵ は，以下の式で計算できます。

$$\epsilon = \sqrt{\epsilon_x^2 + \epsilon_y^2} \tag{3.35}$$

この閉合差は，測点間の距離と測点数が多くなると大きくなる傾向にあるため，総延長距離による比で表すことがあります。これを**閉合比**ϵ_r(closing ratio) といい，次式で計算できます。

$$\epsilon_r = \frac{\epsilon}{\sum r_i} \tag{3.36}$$

コンパス法(compass rule) による誤差の調整：誤差量の x 成分と y 成分ごとに補正量 v_{xi}, v_{yi} を計算し，計測結果を調整しなければなりません。このとき，各測線の長さに誤差量が比例すると仮定すれば，トラバースの総延長距離の比で補正量を求めることができます。以下の式は，x 成分の補正量計算式の例です。

$$v_{xi} = \frac{r_i}{\sum r_i} \epsilon_x \tag{3.37}$$

この手法は，コンパス法と呼ばれています。

トランシット法(transit rule) による誤差の調整：コンパス法は，各測線の長さによって誤差を配分しましたが，トランシット法では，測線の長さをx 成分と y 成分に分けて考えます。長さで考えるため，各成分の絶対値を利用し，補正量計算式は，以下のようになります。

$$v_{xi} = \frac{|\Delta x_i|}{\sum |\Delta x_i|} \epsilon_x \tag{3.38}$$

第 3 章　測量機器による位置計測

3.6.4　三角・三辺測量

三角測量

　基準点を設置する上で，三角形を配置することは，非常に有効です．三角形であれば，内角の和が π であるとともに，正弦定理・余弦定理を用いて辺長や角度の計算が可能だからです．従来より**三角測量**(triangulation) においては，三角網を設置し，三角形の内角全てを計測します．すると，相似三角網を描くことができます．ここで，ある一辺の長さが正確に求まれば，相似三角網の大きさが規定され，各三角形の形とともに大きさが決まります．具体的な計算においては，正弦定理により全ての辺長を求めることができます．さらに，2 点の正確な座標が求まれば，その座標を用いて三角網を平行移動させ，回転させることができ，全ての点の座標が求まります．これが三角測量の原理です．なお，あらかじめ正確な座標を持った 2 点を結んでできる直線は，**基線**(base line) と呼ばれています．

　この三角測量は，測角を基本とする測量方法です．現在の光波やレーザーを使った精密な測距が困難であった時代においては，極めて重要な測量方法でした．17 世紀の初めにスネル (Snell) が実用化したのが最初といわれています．スネルは，屈折率に関する法則を発見した人物として有名ですが，測量においても大きな功績のある人物です．三角網を配置することで，角度の誤差調整を容易かつ精密に行うことができるからです．

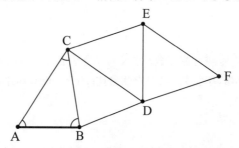

　上図においては，基線となる点 AB 間の距離を正確に求めた上で，角 A, B, C を計測します．角 A, B, C の内角の和は π なので，角 A, B, C の計測値の和を求め，閉合差を計算します．求まった閉合差により角度の補正量を求め，角度の最確値を計算します．次に正弦定理により，AC 間，BC 間の距離が求まります．続いて三角形 BCD については，BC 間の距離が求まっているので，測角した結果のみから，辺長が計算できるのです．

　日本全国には，三角点と呼ばれる基準点が多く設置されています．国土地理院が発行している 2 万 5 千分の 1 や 5 万分の 1 地形図には，多くの三角点が配置されています．この三角点は，もともと三角測量によって測量された国家基準点です．現在は，測量機器の発達に伴って，次に述べる三辺測量に基づき正確な基準点測量がなされています．

三辺測量

　三辺測量(trilateration) は，その名のごとく三角形の辺長を計測していく測量方法です．現在は光波やレーザーを用いて長い距離を正確に測ることが可能となっているので，最近

までこの方法も利用されていました。三角形の三辺の長さが決まれば，それぞれの内角は余弦定理を用いて計算することができます。近年ではGNSS測量によって，正確な二点間の距離だけでなく，座標を計測できるようになっており，重要な測量方法となっています。

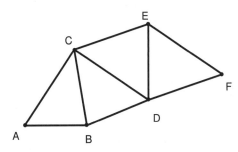

3.6.5　二つの基準点を利用した方位角計算

　一つの基準点を使って直接方位角を測定するには，正確に北の方向を決定する必要があり，方位磁針を使うにしても非常に難しいです。したがって実際には，二つの基準点を使って方位角を計算により求めることが通常なされています。二つの基準点を用いれば，北からの方位角を求めることは簡単です。下図のように，点A，Bは基準点であり，それぞれ座標がA(x_a, y_a)，B(x_b, y_b)と与えられています。点Aに観測機器を設置し，観測対象Qまでの距離rと角度αが測られたものとします。

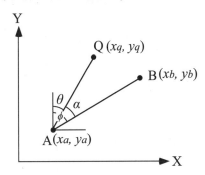

方位角θと計測角αとの関係

このとき，点Aにおける点Bの方位角ϕは，$\phi = \tan^{-1}\dfrac{x_a - x_b}{y_a - y_b}$となります。したがって，観測対象Qの方位角$\theta = \phi - \alpha$となります。これを用いると，Qの座標$(x_q, y_q)$は，次式で計算できます。

$$\begin{cases} x_q = r\sin(\phi - \alpha) + x_a \\ y_q = r\cos(\phi - \alpha) + y_a \end{cases} \tag{3.39}$$

第3章　測量機器による位置計測

3.6.6　二つの基準点を利用した座標変換

前節では，二つの基準点より方位角を求める方法を示しましたが，求める点の座標を二つの基準点データを用いて一気に変換する手法について解説します。

下図において，点 A，B は基準点であり，それぞれ座標が $A(x_a, y_a)$，$B(x_b, y_b)$ と与えられています。点 A に観測機器を設置し，観測対象 Q までの距離 r と角度 α が測られたものとします。

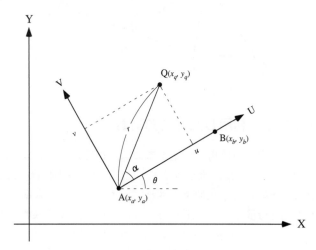

U-V座標系とX-Y座標系との関係

観測対象 Q の座標 (x_q, y_q) を求めるには，まず観測点 A を原点とし，基準点 B をある座標軸とする座標系を設定します。この座標系を例えば U-V 座標とすると，点 Q の UV 座標は，以下の式で与えられます。

$$\begin{cases} u = r\cos\alpha \\ v = r\sin\alpha \end{cases} \tag{3.40}$$

この U-V 座標系で表された座標を X-Y 座標系に変換するには，X 軸と U 軸とのなす角度 θ だけ回転させ，基準点 A の座標分平行移動させれば良いのです。したがって求める座標 (x_q, y_q) は，次式で表すことができます。

$$\begin{pmatrix} x_q \\ y_q \end{pmatrix} = \begin{pmatrix} \cos\theta & -\sin\theta \\ \sin\theta & \cos\theta \end{pmatrix} \begin{pmatrix} u \\ v \end{pmatrix} + \begin{pmatrix} x_a \\ y_a \end{pmatrix} \tag{3.41}$$

なお，θ は次式により計算できます。

$$\theta = \tan^{-1}\frac{y_a - y_b}{x_a - x_b} \tag{3.42}$$

ここで重要なのは，θ の符号ですが，計算により算出された値をそのまま代入すれば良いです。この図においては θ は正の値となります。右手系の座標系では，物体の座標を回転

させる場合，左回りが正方向となります。この図の場合，座標軸を右回りに回転させるので，点 Q は結果的に左回りとなります。混乱しないように注意して下さい。

さらに，$\tan^{-1}$ の計算により得られる値自身にも気をつける必要があります。一般の関数電卓や，表計算ソフトやプログラミングの関数 atan() を用いて得られる結果は，ラジアンで表すと $(-\frac{\pi}{2} \cdots \frac{\pi}{2})$ の範囲です。したがって，$\frac{\pi}{2}$ を越えるような角度 θ の場合は，$\theta - \pi$ の負の値として計算されます。関数電卓の場合は，自分自身で確認して正しい値に直す必要があります。一方，表計算ソフトやプログラミングの関数には，atan2() という関数が用意されていて，これを用いれば，計算結果は $(-\pi \cdots \pi)$ の範囲で計算でき，問題は発生しません。

3.7 水準測量

3.7.1 水準儀による測量

高低差は，**レベル（水準儀）**(level) と呼ばれる機器を用いて計測するのが普通です。このレベルは，2点間の高低差を計測できます。レベルに据え付けられた視準用の望遠鏡は，水平方向にしか回転しません。そこで下図のように，二つの測点に**スタッフ（標尺）**(staff) と呼ばれる目盛りのついた物差を鉛直に設置し，測点の間にレベルを据え付け，それぞれの標尺の目盛りを読み取れば，2点間の高低差が算出できます。このように対象物に直接標尺をおいて測量する方法を**直接水準測量**(direct leveling) と呼んでいます。

$$\Delta H = H_a - H_b \tag{3.43}$$

ここで，水準測量の出発点となる基準点は，**ベンチマーク**(bench mark) と呼ばれ，BM と略されて使われることが多いです。またレベルを設置し，ベンチマーク側のスタッフを視準することを前視，測量対象側のスタッフを視準することを後視と呼んでいます。

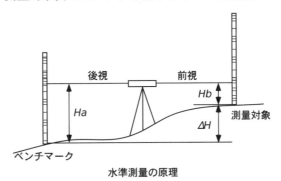

水準測量の原理

見通しがきかなかったり，標尺の長さ以上に高低差が大きい場合には，1度に計測するのではなく何回かに分割して計測しなければなりません。また，水準測量においてもトラバース測量と同様に多点観測を行うことが一般で，閉合差をみて計測の妥当性を判断し，その

第3章 測量機器による位置計測

閉合差によって誤差調整によって各点の補正量を求めます。下図は，高低差が H の BM1 から BM2 へ向かって $n-1$ 個の点を設けて水準測量を実施した場合の例を模式化したものです。h_i は，各測点間での高低差を示しています。実際の高低差 H と水準測量によって得られる高低差との差が閉合差となり，この閉合差を Δ とすると，以下の式で表すことができます。

$$\Delta = H - \sum_{i=1}^{n} h_i \tag{3.44}$$

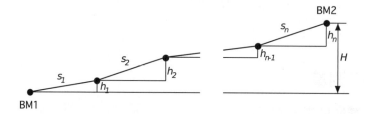

各点における補正量は，水準測量の路線延長距離に比例して大きくなると仮定できます。つまり，BM1 に近い所は補正量が小さく，BM2 に近づくに連れて Δ に近い補正量と予測されます。したがって，各測点間の距離が s_i とすると，補正量 δ_i は，以下の式で計算できます。

$$\delta_i = \frac{\sum_{j=1}^{i} s_j}{\sum_{j=1}^{n} s_j} \Delta \tag{3.45}$$

3.7.2 トランシットによる測量

崖等が存在する急峻な山の高さなどは，標尺を置いての直接計測は極めて困難です。したがって，このような場合は間接的に計測する**間接水準測量**(indirect leveling) が必要となります。間接的に測るには，下図のようにトランシットなどで，対象物の仰角 θ を計測します。あと必要な計測は，対象物までの水平距離 B か，斜距離 A で，高さ H は，以下の式で計算できます。

$$H = B \tan \theta \tag{3.46}$$
$$H = A \sin \theta \tag{3.47}$$

3.7. 水準測量

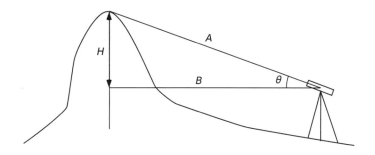

山などの場合，1箇所から水平距離 B を計測するのは極めて困難です．そこで水平距離 B は，下図のように基線を設け，三角測量によって二箇所から計測することによって求めます．

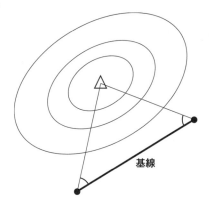

3.7.3 高さの基準

水準点

ここで，高さとは何かについて考えてみましょう．地球は平面ではないので，高さといってもその意味は非常に深いのです．

三角点は，平面的な位置の基準点でした．この水準点は，高さの基準点といえます．したがって，標高は水準面からの法線上の距離と定義されます．日本の水準原点は国会議事堂のそばにあり，東京湾の平均海面に基づいて測定されたものです（測地水準点）．そして，全国の海岸線に沿って，また幹線道路に沿って，たくさんの**水準点**(level point) が設置されています．

水準面

水準点は海岸沿いに設置されているので，沿岸部での高度計測は比較的簡単です．しかし内陸部になると厄介な問題となってしまいます．海岸部の水準点から丹念に測量をしていけば単純に標高が求まりますが，計測区間が長くなると大気による影響や地球の重力の

第3章　測量機器による位置計測

影響を考慮する必要が有り，海岸部から離れるに伴って誤差が積み上げられてしまいます。特に海などを挟んでの計測は非常に難しいです。したがって水準面という基準をしっかりと設けておくと都合が良いのです。

地球楕円体

　地球が真の球形であれば，同じ高さの点は，地球の中心からの距離も同じといえます。しかし，地球の形は真の球ではありません。地図を作る上では，地球の形は回転楕円体と仮定しています。地球は自転の影響で，極方向に比べて赤道方向の方が約 21km 長い回転楕円形に近い形をしています。したがって地球に最も近い回転楕円体の定数を決め，その回転楕円体を水準面とみなすこともできます。

　地球楕円体(earth ellipsoid)については，計測が非常に困難であったため，その決定自体が学問領域でした。地球の半径自体は，紀元前3世紀頃にエラトステネス(Eratosthenes)が初めて測ったとされており，その後17世紀にフランスが高緯度地方と低緯度地方において，緯度に沿った経度方向の距離を測量することで，地球の形が楕円体であることを実証しました。

　19世紀に入って楕円体の定数（赤道半径と逆偏平率）について活発な計測と議論がなされています。そして近年，人工衛星による計測が可能になったことをきっかけに楕円体の計測が非常に精密にできるようになりました。このように地球の形を決めなければ，測量しても地球規模での座標も決まりません。測量においてはどの楕円体に基づく成果なのかが重要であり，それぞれの楕円体に対して**測地系**(geodetic datum)という言葉で表しています。米国では，比較的新しい計測によるWGS84という測地系を以前より用いており，アジア等の多くの国々がそれに合わせた測地系を採用しています。これに対して日本では，2000年までベッセル（Bessel 1841）楕円体と呼ばれる測地系を用いていました。かなり古い定数を用いており，精度は今となっては悪いといわざるをえない楕円体です。その差は，400m程度となります。そこで2000年に測地系の変更がなされました。**測地成果** 2000 と呼ばれ，GRS80という楕円体常数を用いています。WGS84との差は，数cmなので，WGS84との併用に関して実用上は差し支えありません。以下に各地球楕円体のパラメータを表に示しておきます。

表 3.1: 地球楕円体のパラメータ

楕円体名	長半径 (m)	扁平率の逆数
Bessel 1841	6,377,397	299.1528154
GRS80	6,378,137	298.257222101
WGS84	6,378,137	298.257223563

　現在，日本では先に述べたようにベッセルの楕円体に準拠した地図とGRS80の楕円体

3.7. 水準測量

に準拠した地図の2種類が混在しています。したがって，位置を表す緯度経度のデータや平面直角座標に変換された座標のデータを取り扱う際には，細心の注意が必要です。特に古い地図と新しい地図を重ね合わせて解析したいという場合には重要です。地図の範囲の図画もズレている場合があります。国土地理院発行の1:25000地形図は，現在GRS80に準拠しています。1:25000地形図は，緯度経度の値により図画が決まっているので，古い地形図と新しい地形図とで図画が変わってしまいます。しかし今のところ図画については，古いベッセルの楕円体にあわせた図画でも発行されているようです。

ジオイド

　地球楕円体を水準面とみなしても少々不都合が生じます。海岸線の標高が0mとならないのです。海岸の堤防などを設計・施工する際には標高を計測しなければなりませんが，海岸線が0mとなっていた方が都合が良いといえます。しかし厄介なのは，海面を計測することによって求めた基準でも，少々問題が含まれています。海面の高さは重力の影響を受けており，その重力は地球規模で見ると一様ではありません。したがって，ある海域で得た水準面と，違う海域で得た水準面とは一致しないのです。つまり地球の形はでこぼこしているのです。地球に陸地はなく，海面で全て覆われていたとしてもでこぼこしているでしょう。その高さは，地球の重力に左右されているのです。

　すべての海域の高さを基準とすべく，高さの基準として，現在最も現実的な水準面が**ジオイド**(geoid)です。ジオイドとは，地球上が全て海だったとしたときの海面の形といえます。学問的な言葉に置き換えれば，地球重力の等ポテンシャル面のうち平均海水面に一致するものとなります。このジオイドは地球規模で見ると重力の影響で意外と凹凸が有り，最高点と最低点の高さの差は150mにも達します。

　ジオイド面においては，すべての海岸線の標高は0mとなり，現実世界と一致していることで狭い範囲での計測には便利な基準といえます。ジオイド面という概念は，非常に合理的ですが，その精密な計測は非常に難しいものです。従来は天文観測や重力測定でジオイドを推定して来ました。最近では，人工衛星を用いて計測しています。人工衛星の運動は重力の影響を受けており，それを解析すれば重力ポテンシャルを求めることができるのです。また，人工衛星から海面までの距離を計測することによっても，海面におけるジオイドは決定できます。

第4章 画像を用いた位置計測

　レンズは光を集める性質を持っています。そして画像として物体を投影します。そこでレンズを使って，望遠鏡や顕微鏡，カメラ等多くの製品が生まれています。ここではレンズを通してできる画像を用いた計測について解説します。画像を用いた計測は，いわゆる写真測量が原点です。写真測量の始まりは，19世紀中頃からといわれています。16世紀には，暗室のスクリーンにピンホールから入る光を投影するという，カメラの原型となるものがあったようです。しかし，投影された光の状態を保存する写真フィルムにあたるものは，開発されていませんでした。光を受けると化学変化を起こして画像として保存できる感光材料が開発され始めるのは18世紀に入ってからのことです。それが箱に組み込まれて，カメラらしくなったのは，19世紀の初めでした。したがって，カメラが開発されて間もなく写真測量の技術も発達し始めたことになります。本格的に写真測量が実用化されるのは，20世紀に入ってからで，第一次世界大戦や第二次世界大戦において活躍しました。地図は，軍事的にも非常に重要な情報であることから，航空写真によって地図を整備するということは，当時は極めて重要な項目でした。

　20世紀までは，感光材料が塗布された写真フィルムに撮影されるのが一般的でしたが，21世紀に入った現在はデジタルカメラが一般的となっています。デジタルカメラは，CCD(Charge Coupled Device: 電荷結合素子) や CMOS(Complementary Metal Oxide Semiconductor: 相補性金属酸化膜半導体) に代表される光を電気信号に変換する**イメージセンサ**(image sensor) によって撮像しています。デジタルカメラは，フィルムを現像したり，現像したフィルムを印画紙に焼き付けるといった作業を伴わないため，極めて簡単に写真を撮ってそれを映し出すことができます。撮影直後に撮像された画像を確認できる手軽さです。したがって，既にフィルムカメラを使う人はほとんど見かけなくなってきました。

　フィルムカメラを用いて計測する場合，フィルム上に写った物体の座標をコンパレータという機器を用いて計測しなければならず，一般には利用できないものでした。しかしデジタルカメラの場合，画像が画素（ピクセル）単位で構成されているため，画素に番号を与えることで画像座標として利用できるため，非常に簡単に取り扱うことができます。したがって，写真測量の分野もデジタル化されたおかげで，特殊な装置は必要とされず，パソコンさえあれば実用できる状況になっています。

　なお，フィルムカメラとデジタルカメラとで，計測手法の基本的な違いはほとんどないので，本章では最近の動向に合わせ，デジタルカメラを例に解説していきます。

第4章 画像を用いた位置計測

4.1 光の反射・屈折

光は，媒質によって屈折したり反射したりします。光が空気や水，ガラス等の媒質に当たると，媒質表面で反射する成分と媒質の中に侵入する成分とに分かれます。下図において，光の侵入方向は，媒質表面に垂直な軸からの角度 θ_1 で表し，**入射角**(incidence angle)と呼んでいます。それに対して，反射の方向も媒質表面に垂直な軸からの角度 θ_2 で表し，**反射角**(reflection angle)と呼んでいます。このとき，入射角と反射角は等しく，$\theta_1 = \theta_2$ となる。これを**反射の法則**(law of reflection)と呼んでいます。

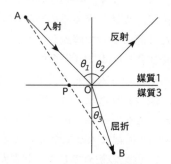

光が媒質に侵入すると，向きが多少変化しますが，これを**屈折**(refraction)と呼んでいます。**屈折角**(refracting angle)も同様に媒質表面に垂直な軸からの角度 θ_3 で表します。屈折についての法則を発見したのは，スネル (Snell) であり，17世紀の初めの頃でした。**スネルの法則**(Snell's law) は，屈折率の概念を導入して光の経路の変化を表したもので，上側の媒質の屈折率を n_1，下側の媒質の屈折率を n_3 としたとき，入射角 θ_1 と屈折角 θ_3 との関係は，以下の式で表されます。

$$\frac{\sin \theta_1}{\sin \theta_3} = \frac{n_3}{n_1} \tag{4.1}$$

スネルは，前章でも述べたように三角測量も実用化した人物ですが，このスネルの法則の方が非常に有名です。そしてこの法則の論理的な説明は，後にフェルマー (Fermat) やホイヘンス (Huygens) が行いました。またスネルの法則は，電磁波の波動方程式からも導くことができます。これについては，「衛星リモートセンシングによる物体判読の基礎」の章にて解説します。

光は，媒質の中を直進する性質を持っています。真空中で最も早く進み，299,792,458(m/s)であることは，既に述べました。真空以外の媒質を通るときは，速度が遅くなります。この伝わり方について，フェルマーは，光は最短時間で到達する経路を伝わるということを1661年に発表しました。これは，**フェルマーの原理**(Fermat's principle) とも呼ばれており，幾何光学の立場からの理論です。上図において，点 A から B への経路を考えたとき，媒質が同じであれば，破線で結ばれた直線の経路をたどります。しかし，途中で媒質が変化すると，直線的に行くよりも屈折した方が速く B にたどり着くことができます。つまり，直線の場合 PB 間において進む速さは遅くなりますが，速く進める媒質1において O まで行ってから B に向かえば，遅い媒質を進む区間が短くて済むからです。

4.1. 光の反射・屈折

さらにホイヘンスは，光が波動的な振る舞いをすることに着目し，波動光学の立場から反射と屈折に関する理論を構築しました。基本的に光は，点光源の場合，一点から球面状に広がっていきます。光源から離れた所では，その波の一部分は，一団となって平行に進んでいるとみなしてかまいません。下図は，光の波の一団が進んでいる様子を二次元的に表したもので，$P_1, \cdots, P_5$ の波が進んでいる状態です。P_1 が，滑らかな表面上の A に到達したとき，P_5 は，まだ B にいます。その後 P_1 は，A において反射し，球面的に広がっていきます。P_5 が，表面上の C に到達したとき，A で反射する光は，距離 BC の長さを半径とする円上に位置することになります。下図には，P_2 から P_4 についても同様に，P_5 が，表面上の C に到達したときの半径の広がりを図示しました。すると，各円の共通接線（包絡線）が描けます。この包絡線の進む方向が光の進む方向となります。反射の場合，媒質に変化はないため光の進む速度は代わらず，距離 BC と半径 DA は等しくなります。さらに AE も半径を表しているため，三角形 ABC と三角形 CEA は合同となり，入射角 θ_1 と反射角 θ_2 は等しいことになります。

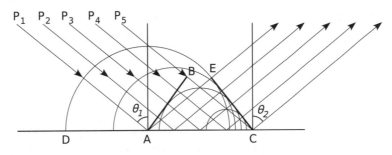

一方屈折の法則について，同様に考えてみましょう。$P_1, \cdots, P_5$ の光の波が進んでいる状態です。P_1 が，滑らかな表面上の A に到達したとき，P_5 は，まだ B にいます。その後 P_1 は，媒質 3 の中に侵入し，球面的に広がっていきますが，媒質の影響により光の速さが変化します。媒質 3 が媒質 1 より密度の高い物質であるとするなら，光の速度は遅くなります。例えば，P_5 が，表面上の C に到達したとき，A で媒質 3 に侵入した光は，距離 AE の長さを半径とする円上に位置することになります。P_2 から P_4 についても同様に，P_5 が，表面上の C に到達したときの半径の広がりを図示しました。すると，各円の共通接線（包絡線）が描けます。この包絡線の進む方向が光の進む方向となります。したがって屈折角は θ_3 で表すことができます。

第4章 画像を用いた位置計測

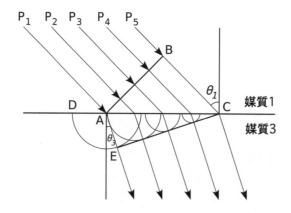

4.2 レンズの幾何学

4.2.1 レンズの焦点

　画像を得るには，フィルムにしてもイメージセンサにしてもレンズが必要になります。レンズとは，光を集めるものと考えて良いでしょう。レンズは光の屈折を利用し，平行な光がレンズに対して垂直に入ると，その光は**焦点**(focal point) と呼ばれる一点に集まるように設計されています。

　レンズに垂直で，レンズの中心を通る線を**光軸**(axis of lens) と呼んでいます。下図は，レンズによって対象物がどのように投影されるかを図に示したものです。対象物から放たれた光のうち，光軸に対して平行なものは A を通り，焦点 F に向かいます。レンズの中心 C を通るものは，そのまま直進し，対象物側の焦点 F' を通るものは，B において光軸に対して平行な光となります。投影像は，それらが集まる所で最も明るくなり，この位置がピントのあった位置（合焦）となります。

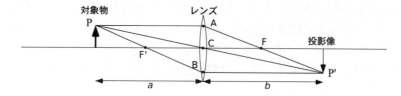

レンズと対象物との距離を a，レンズと投影像との距離を b とすると，△PAC と △P'BC は相似なので，次式が成り立ちます。

$$\frac{AC}{a} = \frac{BC}{b} \tag{4.2}$$

FC 間の距離はレンズの**焦点距離**(focal length) で f とすると，△ACF と △ABP' も相似なので，次式が成り立ちます。

$$\frac{AC}{f} = \frac{AC + BC}{b} \tag{4.3}$$

この式に先の式から得られる $BC = AC\frac{b}{a}$ を代入し，整理すると，最終的に，以下の式が導かれます．

$$\frac{1}{f} = \frac{1}{a} + \frac{1}{b} \tag{4.4}$$

この式は，対象物がレンズから離れると，投影像は焦点に近づくことを意味しています．下図はその状況を図に示したものですが，投影像が焦点に近づいていることが分かります．

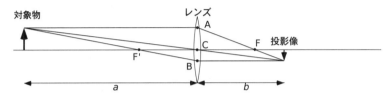

対象物がレンズから十分離れ，無限大と見なせる場合は，$\frac{1}{a} = 0$ で，$\frac{1}{f} = \frac{1}{b}$ となり，投影像は焦点に結像されます．

投影像の大きさは，焦点距離に依存します．下図は，焦点距離を伸ばした場合での結像状況を示したものです．

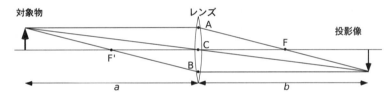

焦点距離が長くなるので，レンズと投影像との距離 b も長くなり，投影像が大きくなります．つまり，焦点距離は倍率に関わる重要な仕様です．物体を大きく投影したい場合には，焦点距離の長いレンズが必要となります．

4.2.2　レンズの分解能

分解能(resolution) は，物体を空間的に識別する能力をいいます．大きなレンズほど，その分解能は高く，細かいものを分離させてみることができます．分解能は，光の波長とレンズ口径に依存するものです．**レンズ口径**(aperture) とは，レンズの直径のことです．「衛星リモートセンシングによる物体判読の基礎」の章で解説しますが，光は電磁波の一種であり，波の性質と粒子の性質を併せ持っています．人間の目で認識できる電磁波は**可視光**(visible light) と呼ばれ，およそ 0.4 μm〜0.8 μm の波長帯域です．色によって電磁波の波長は異なり，青いは短い波長で赤は長い波長となっています．

下図は，口径 D のレンズを用いて光軸から Δx 離れた位置 P に物体が投影された様子を示したものです．

第 4 章 画像を用いた位置計測

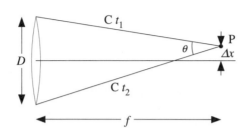

光が P に到達する経路は，レンズの上側を通る経路とレンズの下側を通る経路とがあります．それぞれの経路は距離が異なるため P に到達する時間も異なります．光の速さを C，レンズから P に到達するまでの時間を t_1, t_2 としたとき，経路の長さは，Ct_1, Ct_2 となります．この長さが光の波長 λ よりも短くなると物体を分離させることができません．したがって，分離させるためには次式を満足する必要があります．

$$Ct_2 - Ct_1 > \lambda \tag{4.5}$$

分解能を焦点距離 f と Δx の比で表すと，$\frac{\Delta x}{f} = \frac{\lambda}{D}$ となりますが，実際にはそれより大きくなります．その大きさは，レイリー (Rayleigh) が 19 世紀末に Bessel 関数を用いて理論的に導き，現在でも次式が利用されています．

$$\frac{\Delta x}{f} = 1.22\frac{\lambda}{D} \tag{4.6}$$

この式を用いれば，遠くからカメラで撮影したとき，どれくらいの物体を識別できるかを予測することができます．

分解能の点から考えると，一般には，レンズ口径が大きいほど性能が良いといえます．望遠鏡や双眼鏡等を選ぶ際には，焦点距離や倍率よりもレンズ口径の大きさで決めるべきでしょう．望遠鏡の場合，倍率は接眼レンズを換えれば様々な倍率を得ることができますが，対物レンズは交換ができません．したがってできるだけ大口径のレンズを選ぶ必要があります．

なお，いくら口径が大きく，性能の良いレンズだとしても，画像化するイメージセンサが良くないと，得られる画像の分解能は，良くありません．したがって，レンズ性能と画像センサとのバランスが重要です．

レンズの性能を表すのに MTF(Modulated Transfer Function) が一般的に用いられています．MTF は光学系の伝達関数であり，ある入力信号に対して出力信号がどうなるかを関数を用いて表すものです．例えば，正弦波を用いて濃淡を表現し，それを撮影したときに得られる濃淡画像とを比較します．正弦波の周波数を変えていきながら得られた画像のコントラストの変化をみます．周波数が高い濃淡でも高いコントラストを保てるレンズは，高性能といえます．

4.2.3 レンズの明るさ

レンズによって結像される投影像の明るさは，非常に重要な仕様です．撮像されるイメージセンサの感度にもよりますが，その感度が一定の場合，投影像が明るいほど速いシャッタースピードで良好な画像を得ることができます．シャッタースピードが速ければ，ブレの心配も軽減されるからです．

投影像の明るさは，レンズ口径と焦点距離に依存します．レンズ口径は，大きいほど多くの光を集めることができるので，明るい投影像を得ることができます．一方，焦点距離は，短いほど明るい画像となります．同じレンズ口径で光を集めたとき，焦点距離が長いと投影像は大きくなるので，その分投影像が暗くなるのです．したがって，レンズ口径が大きく，焦点距離の短いレンズが明るいレンズということになります．

レンズの明るさを表す指標として**Fナンバー**(F number) が広く使われています．レンズ口径 D と焦点距離 f より，次式で定義されています．

$$F \equiv \frac{f}{D} \tag{4.7}$$

レンズのカタログには必ず記述されているので，レンズを購入する際には，必ずチェックすべき項目です．

4.2.4 ピントの許容量

ピントの合う位置の許容量もレンズ口径と焦点距離に依存しています．さらにカメラには絞りによって口径を小さくする機能もあります．この絞りは，主に明るさを調節するために使われるものですが，ピントにも影響を与えます．ここではピントの合う位置の許容量について解説します．

まず，レンズ口径の違いによるピントの合う位置の許容量について考えてみましょう．下図は，その概念図を表したものです．投影面において，ピントの許容量を ϵ と設定しています．

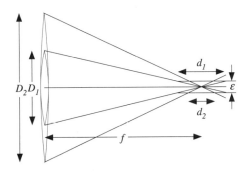

許容量 ϵ に対して，ピントの合う範囲はレンズの口径によって異なります．このピントの合う範囲は，**焦点深度**(depth of focus) と呼ばれています．小さい口径 D_1 の場合，焦点深

度は d_1 の範囲となり，大きい口径 D_2 の場合に比べて長くなります。したがって，大口径のレンズは，慎重に高い精度でピントを合わせる必要があります。

次に絞りによる効果について考えてみましょう。下図は，レンズと焦点との間に絞りを置き，口径を小さくした場合の概念図です。

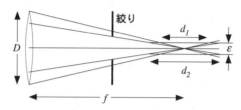

絞りによって口径が小さくなるので，当然焦点深度は長くなり，ピントの許容範囲は広くなります。

焦点深度は，対象物とレンズとの距離にも同様に影響します。つまり焦点深度が短いと，対象物とレンズとの距離が少し変わるだけでピント位置も変えなければなりません。対象物側のピントの合う範囲は，**被写界深度**(depth of field) と呼ばれています。レンズの絞りを絞り込むことによって，様々な距離の対象物に対して同一のピント位置でピントを合わせることができます。レンズを絞ることで，被写界深度が深くなるということです。

ところで，プロの写真家が大口径レンズを好んで持つのは，分解能や明るさの点だけではなく，それなりの理由があります。大口径だけにピント位置はシビアになりますが，対象物にのみピントが合い，その周りがボケる傾向にあります。したがって，対象物を浮き立たせる効果もあるのです。皆さんも，レンズを購入する際には，様々なことを考慮してから好みのレンズを決めて下さい。

4.3 画像の取得

4.3.1 適正露出と絞り

画像は，いわゆるカメラで取得します。レンズを通してフィルムやイメージセンサに投影され，画像が生成されます。良い画像は，レンズ絞り・露出（シャッタースピード）・フィルムやイメージセンサの感度の組み合わせによって得られます。本節では，画像の品質を決める露出・絞り・感度・ホワイトバランスについて解説します。

露出

一般にカメラの**露出**(exposure) は，機械式の場合，1 秒を基準に，1/2, 1/4, 1/16, 1/30, 1/60, 1/125, 1/250, 1/500, 1/1000, ... という約 1/2 倍の等比級数の段階で露出を設定できます。光量が二倍になれば，露出を一段階速めてやることで適正露出が得られます。速い露出で撮影できれば，ブレの発生も抑制されるので，明るいレンズの使用が有効です。

4.3. 画像の取得

絞り

レンズを表す指標のFナンバーの数値で**絞り**(aperture)の値を表現しています。一般にカメラレンズの絞りの値は，1.4, 2.8, 4, 5.6, 8, 11, 16, 22, 32 という段階での絞りを設定できます。露出の段階と違い，約 $\sqrt{2}$ 倍の等比級数段階となっています。光量が二倍になれば，絞りを一段階絞り込むことで，適正絞りが得られます。Fナンバーは，レンズの口径から算出されており，口径が 1/2 になると光量は面積で効いてくるので 1/4 になってしまいます。したがって，絞りの値は，$\sqrt{2}$ 倍の段階ごとの値となっているのです。

絞りは，ピントにも影響を与えます。既にピントの許容量についても解説しましたが，絞り込まれているとピントの合う範囲が広くなります。逆に絞りを開放（最も小さいFナンバー）に設定すれば，対象物のみがピントが合い，周辺はボケます。そのため対象物を強調するには都合の良い撮影法です。

感度

フィルムやイメージセンサは，**感度**(speed)が設定されています。ISO（国際標準化機構）により規格が定められています。ISO100 を基準とし，200, 400, 800, 1600 等の感度のものがあります。ISO200 は，ISO100 の 2 倍の感度を持ちます。したがって，感度を 2 倍にした場合，露出を一段階速くするか，絞りを一段階絞って対応する必要があります。暗い状況で撮影する場合は，ISO 感度を高く設定して撮影すれば良いのですが，感度を高くするとノイズの多い画像になる傾向にあるため注意が必要です。最近のデジタルカメラでは，ノイズを除去する機能を持つものもあります。

さて，良い画像を得るためのレンズ絞りと露出の組み合わせについて解説します。下図は，適正絞りと露出の関係を表したもので，各軸の値は，原点に近いほど光量が弱くなる並び順で表現しています。

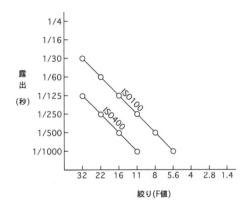

ある適正な画像が得られるレンズ絞りと露出があったとき，レンズ絞りを一段階絞る場合には，露出を一段階遅くしなければ，適正な画像が得られません。ISO の感度を 100 から

141

第 4 章　画像を用いた位置計測

400 に変化させる場合には，4 倍の変化なので，二段階絞り込むか，二段階露出を速くして対応します。

4.3.2　ホワイトバランス

光を放っていない物体は，基本的には色を持っていません。何らかの光源の光を反射して初めて色が発生するものです。したがって，光源の色が変わると物体の色も変わってしまいます。例えば同じ物体でも日中の太陽光のもとでの色と，電灯のもとでの色は異なることは，お解りのことと思います。詳しくは，「衛星リモートセンシングによる物体判読の基礎」の章で解説しますが，光と物質の相互作用によるものです。

光源の違いによる色を補正するために，デジタルカメラには**ホワイトバランス**(white balance) を調整する機能を持つものが多いです。太陽光や白熱電球，蛍光灯等を設定できる他，実際に白色板を撮影して，状況に応じた補正も可能です。

4.4　カメラキャリブレーション

4.4.1　内部標定

デジタルカメラ等の画像を用いて計測するには，まずカメラ内部にあるレンズの焦点距離，イメージセンサの大きさや，イメージセンサにおける投影中心の位置を知っておく必要があります。カメラを購入すると，説明書にレンズの焦点距離等の情報が載っていますが，これらの値を直接使うのでは，高い精度で計測できません。特に投影中心位置がイメージセンサの中心からずれている場合が多くあります。さらにレンズには画像の中心から離れるに従って歪みが生じています。特にコンパクトタイプのデジタルカメラは歪みが大きい傾向にあるようです。したがって，計測のためにカメラ内部の情報が必要です。最小限，必要とされる情報は，以下のとおりです。

- 焦点距離 f
- 撮像面の大きさ $W \times H$
- 撮像面における画素数 $Column \times Raw$
- 撮像面に置ける投影中心の位置 U, V
- レンズ歪みの定式化

そこで，これらの正確な値を方眼用紙や立体基準点を撮影して求めなければならないのですが，このことを**内部標定**(interior orientation) と呼んでいます。

レンズ歪みは色々ありますが，特に**放射方向歪曲収差**(radial distortion) が大きいようです。これは，下図に示すとおり，レンズの中心から離れるに従って，歪みが大きくなる現象です。

4.4. カメラキャリブレーション

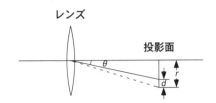

放射方向わい曲収差

投影面上のある点において，中心からの距離 r と歪みの量 d との関係は，補正係数を a_1, a_3, a_5, a_7 とすると，以下の多項式で近似できます．

$$d = a_1 r + a_3 r^3 + a_5 r^5 + a_7 r^7 \tag{4.8}$$

放射方向歪曲収差の他に，**接線方向歪曲収差**(tangential distortion)も存在します．しかし，放射方向歪曲収差に比べて，非常に小さいことから，この収差は無視する場合が多いようです．

なお，レンズ歪みは，ピント位置によって撮像面での歪みの状況が変わります．したがってレンズのピント位置を固定した状態でレンズ歪みを定式化し，計測のときも同じ状態で撮影しなければなりません．

市販のデジタルカメラは，ピントを自動で合わし，ズーム機能も備えている．しかし計測のためには，ピントを無限大の位置に固定し，最広角か最望遠の状態で内部標定を行わなければなりません．

内部標定を実行するには，専用のソフトウェアを使うか，写真測量を専門とするメーカーに行ってもらうかが一般的です．自前で行うためには，内部標定用の自作プログラムと，精密に計測された基準点が必要となります．例えば，方眼用紙を基準点代わりに利用するにしても，方眼用紙がカールしていると，精度的に問題です．カールしていない方眼用紙を撮影できても，次の問題は，方眼用紙とカメラが厳密に平行となっていることはないので，カメラの位置と姿勢を正確に求める必要があります．カメラの位置と姿勢を求めるのが，次項で取り扱う外部標定です．したがって，内部標定のためには，外部標定をマスターしておく必要があります．

4.4.2 外部標定

投影画像の幾何学

紙地図は，一般に**平行投影**(parallel projection)で描かれています．したがって，下図に示すように高さのあるものであってもその状況は表現できません．一方，画像は**中心投影**(central projection)であり，立体的に写ります．したがって，航空写真等をそのまま地図に利用することはできません．

第4章　画像を用いた位置計測

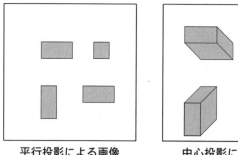

平行投影による画像　　　　中心投影による画像

下図は，平行投影と中心投影それぞれの幾何学を模式化したものです。中心投影の場合は，投影面が地上と平行で，かつ対象物の高さが解らなければ計測が困難であることが解ります。

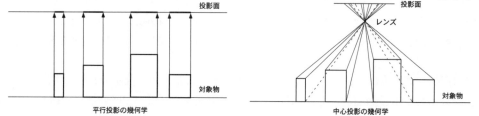

平行投影の幾何学　　　　中心投影の幾何学

プラットフォームの姿勢

カメラを用いて計測する場合，カメラを何に搭載して計測するかは様々です。手にカメラを持って撮影する場合から，飛行機や人工衛星に搭載する場合もあります。このようにカメラを搭載するものをプラットフォームと呼んでいます。計測する際には，このプラットフォームの位置と姿勢が解らなければ計測できません。プラットフォームの位置は，三次元の平面直角座標 (X_0, Y_0, Z_0) で表すことができます。プラットフォームの姿勢は，各座標軸の回転角で表し，それぞれ (ω, ϕ, κ) で表します。

自動車や飛行機・人工衛星等，移動体をプラットフォームとする時は，プラットフォームの姿勢を表すために，進行方向をu軸とし，それに対して水平で進行方向に向かって右方向をv軸，天頂方向をw軸としています。そして，それぞれの軸に関する角度は，ローリング角 ω，ピッチング角 ϕ，ヨーイング角 κ で表すことが多いです。それぞれの角度は，地上座標でのX軸，Y軸，Z軸からの角度で表します。下図は，その概念図を示したものです。

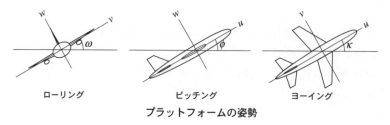

ローリング　　　　ピッチング　　　　ヨーイング
プラットフォームの姿勢

4.4. カメラキャリブレーション

プラットフォームの位置を原点とするプラットフォームの座標系 (u,v,w) で示されているベクトルを，地上座標系 (x,y,z) で表すには，回転行列を用いて以下の式で表すことができます。

$$\begin{pmatrix} u \\ v \\ w \end{pmatrix} = \begin{pmatrix} 1 & 0 & 0 \\ 0 & \cos\omega & -\sin\omega \\ 0 & \sin\omega & \cos\omega \end{pmatrix} \begin{pmatrix} \cos\varphi & 0 & \sin\varphi \\ 0 & 1 & 0 \\ -\sin\varphi & 0 & \cos\varphi \end{pmatrix} \begin{pmatrix} \cos\kappa & -\sin\kappa & 0 \\ \sin\kappa & \cos\kappa & 0 \\ 0 & 0 & 1 \end{pmatrix} \begin{pmatrix} x \\ y \\ z \end{pmatrix} \tag{4.9}$$

ここで，注意しなければならないのが回転の順番と角度の符号です。特に行列演算においては，交換の法則が成り立たないため注意が必要で，この場合 Z 軸，Y 軸，X 軸の順で回転させています。逆に地上座標系 (x,y,z) をプラットフォームの座標系 (u,v,w) で表すには，逆行列を用いれば良いのですが，直交座標系の回転行列においては，逆向きの角度で逆の順に回転させることと同等になります。したがって，次式を用いて表すことができます。

$$\begin{pmatrix} x \\ y \\ z \end{pmatrix} = \begin{pmatrix} \cos(-\kappa) & -\sin(-\kappa) & 0 \\ \sin(-\kappa) & \cos(-\kappa) & 0 \\ 0 & 0 & 1 \end{pmatrix} \begin{pmatrix} \cos(-\varphi) & 0 & \sin(-\varphi) \\ 0 & 1 & 0 \\ -\sin(-\varphi) & 0 & \cos(-\varphi) \end{pmatrix} \begin{pmatrix} 1 & 0 & 0 \\ 0 & \cos(-\omega) & -\sin(-\omega) \\ 0 & \sin(-\omega) & \cos(-\omega) \end{pmatrix} \begin{pmatrix} u \\ v \\ w \end{pmatrix} \tag{4.10}$$

共線条件式

三次元の地上座標で与えられたある物体の位置 $P(x_p, y_p, z_p)$ をカメラで撮影した場合，カメラの投影中心を原点とするカメラ座標においては，(u_p, v_p, w_p) となり，レンズの焦点距離を c とすると投影面上では $(u, v, -c)$ に投影されます。下の図は，その概念を示したものです。

第 4 章　画像を用いた位置計測

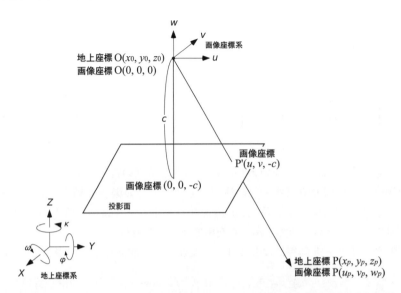

　この地上座標 (x_p, y_p, z_p) とカメラ座標 (u_p, v_p, w_p) との関係は，地上座標系でのカメラの位置 $O(x_0, y_0, z_0)$，姿勢つまり各座標軸における回転角 $(\omega, \varphi, \kappa)$ が解れば変換式を導くことができます．つまり，カメラの投影中心から撮影された物体へのベクトルを考えると，カメラ座標系でのベクトルの成分 (u_p, v_p, w_p) と地上座標系でのベクトルの成分 $(x_p - x_0, y_p - y_0, z_p - z_0)$ は，以下の関係が成り立ちます．

$$\begin{pmatrix} u_p \\ v_p \\ w_p \end{pmatrix} = \begin{pmatrix} 1 & 0 & 0 \\ 0 & \cos\omega & -\sin\omega \\ 0 & \sin\omega & \cos\omega \end{pmatrix} \begin{pmatrix} \cos\varphi & 0 & \sin\varphi \\ 0 & 1 & 0 \\ -\sin\varphi & 0 & \cos\varphi \end{pmatrix} \begin{pmatrix} \cos\kappa & -\sin\kappa & 0 \\ \sin\kappa & \cos\kappa & 0 \\ 0 & 0 & 1 \end{pmatrix} \begin{pmatrix} x_p - x_0 \\ y_p - y_0 \\ z_p - z_0 \end{pmatrix}$$

この変換式を単純化するために，三軸それぞれの回転行列を $a_{11} \sim a_{33}$ を要素とする一つの行列で表すことにします．すると，以下の式となります．

$$\begin{pmatrix} u_p \\ v_p \\ w_p \end{pmatrix} = \begin{pmatrix} a_{11} & a_{12} & a_{13} \\ a_{21} & a_{22} & a_{23} \\ a_{31} & a_{32} & a_{33} \end{pmatrix} \begin{pmatrix} x_p - x_0 \\ y_p - y_0 \\ z_p - z_0 \end{pmatrix} \quad (4.11)$$

　次に，レンズの焦点距離 c にしたがって，物体 P が投影面上のどこに現れるかを計算します．投影面上の P の位置 (u, v) は，$\overrightarrow{OP}$ 上にあり，その比は $\frac{c}{w_p}$ となります．カメラの座標系において w 軸が上向きの場合，焦点距離 c による投影面の位置は，負の方向に置いた方が考えやすいため，この状況を想定すると，以下の式を得ます．

$$u = -\frac{c}{w_p} u_p = -c \frac{a_{11}(x_p - x_0) + a_{12}(y_p - y_0) + a_{13}(z_p - z_0)}{a_{31}(x_p - x_0) + a_{32}(y_p - y_0) + a_{33}(z_p - z_0)} \quad (4.12)$$

$$v = -\frac{c}{w_p} v_p = -c \frac{a_{21}(x_p - x_0) + a_{22}(y_p - y_0) + a_{23}(z_p - z_0)}{a_{31}(x_p - x_0) + a_{32}(y_p - y_0) + a_{33}(z_p - z_0)} \quad (4.13)$$

　この式は，**共線条件式**(co-linearity equation) と呼ばれており，写真測量においては極めて重要な式です．この式におけるカメラの位置 (x_0, y_0, z_0) と姿勢の値 $(\omega, \varphi, \kappa)$ は，未知数

4.4. カメラキャリブレーション

として扱われることが一般的です，これらのパラメータは，基準点データを用いて求めることができます。このときの基準点は，地上の物体の座標 (x_p, y_p, z_p) とその投影面上の座標 (u, v) のデータが必要となります。未知数であるパラメータの数は 6 個で，式は 2 つですから，少なくとも 3 個の基準点データが必要となります。これらのパラメータ，つまりカメラの位置と姿勢を求めることを**外部標定**(exterior orientation) と呼んでいます。

基準点データは，撮影された物体のカメラ座標 $(u, v, -c)$ と対応する地上座標 (x_p, y_p, z_p) が既知の点が少なくとも 3 個必要となります。基準点データを共線条件式に代入しても非線形の方程式のため，通常の連立方程式で解くことはできません。したがって，テイラー展開を使って逐次計算をすることにより近似値を求めることになります。テイラー級数への展開は式 (2.86) でした。テイラー級数に展開するためにはまず，変換式を次のように関数として置き換えます。

$$F_u(x_0, y_0, z_0, \omega, \varphi, \kappa) = -c\frac{a_{11}(x_p - x_0) + a_{12}(y_p - y_0) + a_{13}(z_p - z_0)}{a_{31}(x_p - x_0) + a_{32}(y_p - y_0) + a_{33}(z_p - z_0)} - u \quad (4.14)$$

$$F_v(x_0, y_0, z_0, \omega, \varphi, \kappa) = -c\frac{a_{21}(x_p - x_0) + a_{22}(y_p - y_0) + a_{23}(z_p - z_0)}{a_{31}(x_p - x_0) + a_{32}(y_p - y_0) + a_{33}(z_p - z_0)} - v \quad (4.15)$$

各未知係数の近似値を $x_{00}, y_{00}, z_{00}, \omega_0, \varphi_0, \kappa_0$ とし，各補正量を $\Delta x_0, \Delta y_0, \Delta z_0, \Delta \omega, \Delta \varphi, \Delta \kappa$ とすると，未知係数は，以下の式で表すことができます。

$$x_0 = x_{00} - \Delta x_0 \quad (4.16)$$

$$y_0 = y_{00} - \Delta y_0 \quad (4.17)$$

$$z_0 = z_{00} - \Delta z_0 \quad (4.18)$$

$$\omega = \omega_0 - \Delta \omega \quad (4.19)$$

$$\varphi = \varphi_0 - \Delta \varphi \quad (4.20)$$

$$\kappa = \kappa_0 - \Delta \kappa \quad (4.21)$$

関数 F_u, F_v において，近似値の周りにテイラー展開します。つまりテイラー級数（式 (2.86)）において，$x = x_0, a = x_{00}$ とおきます。すると，$x_0 - x_{00} = -\Delta x_0$ となります。他の変数 $y_0, z_0, \omega, \varphi, \kappa$ についても同様に考え，多変数の関数なので偏微分を用いると以下の式が得られます。なお，級数における二階導関数の項以降は無視できるものとしています。

$$F_u(x_0, y_0, z_0, \omega, \varphi, \kappa) \approx F_u(x_{00}, y_{00}, z_{00}, \omega_0, \varphi_0, \kappa_0)$$
$$- \frac{\partial F_u}{\partial x_0}\Delta x_0 - \frac{\partial F_u}{\partial y_0}\Delta y_0 - \frac{\partial F_u}{\partial z_0}\Delta z_0 - \frac{\partial F_u}{\partial \omega}\Delta \omega - \frac{\partial F_u}{\partial \varphi}\Delta \varphi - \frac{\partial F_u}{\partial \kappa}\Delta \kappa \quad (4.22)$$

$$F_v(x_0, y_0, z_0, \omega, \varphi, \kappa) \approx F_v(x_{00}, y_{00}, z_{00}, \omega_0, \varphi_0, \kappa_0)$$
$$- \frac{\partial F_v}{\partial x_0}\Delta x_0 - \frac{\partial F_v}{\partial y_0}\Delta y_0 - \frac{\partial F_v}{\partial z_0}\Delta z_0 - \frac{\partial F_v}{\partial \omega}\Delta \omega - \frac{\partial F_v}{\partial \varphi}\Delta \varphi - \frac{\partial F_v}{\partial \kappa}\Delta \kappa \quad (4.23)$$

第4章 画像を用いた位置計測

　テイラー展開による微係数は，偏微分することによって求めますが，その偏微分の計算は非常に複雑です。この計算は，一気に完全な解を求めるのではなく，補正量を求めて繰り返し計算によって解を求めるので，補正量にある程度誤差が含まれても大きな問題はありません。そこで，以下のような近似式で一般に代用されています。

$$\frac{\partial F_u}{\partial x_0} = \frac{ca_{11} + ua_{31}}{a_{31}(x_p - x_0) + a_{32}(y_p - y_0) + a_{33}(z_p - z_0)} \tag{4.24}$$

$$\frac{\partial F_u}{\partial y_0} = \frac{ca_{12} + ua_{32}}{a_{31}(x_p - x_0) + a_{32}(y_p - y_0) + a_{33}(z_p - z_0)} \tag{4.25}$$

$$\frac{\partial F_u}{\partial z_0} = \frac{ca_{13} + ua_{33}}{a_{31}(x_p - x_0) + a_{32}(y_p - y_0) + a_{33}(z_p - z_0)} \tag{4.26}$$

$$\frac{\partial F_u}{\partial \omega} = \frac{uv}{c} \tag{4.27}$$

$$\frac{\partial F_u}{\partial \varphi} = -\frac{u^2}{c}\cos\omega - u\sin\omega - c\cos\omega \tag{4.28}$$

$$\frac{\partial F_u}{\partial \kappa} = \frac{\partial F_u}{\partial x_0}(y_p - y_0) - \frac{\partial F_u}{\partial y_0}(x_p - x_0) \tag{4.29}$$

$$\frac{\partial F_v}{\partial x_0} = \frac{ca_{21} + va_{31}}{a_{31}(x_p - x_0) + a_{32}(y_p - y_0) + a_{33}(z_p - z_0)} \tag{4.30}$$

$$\frac{\partial F_v}{\partial y_0} = \frac{ca_{22} + va_{32}}{a_{31}(x_p - x_0) + a_{32}(y_p - y_0) + a_{33}(z_p - z_0)} \tag{4.31}$$

$$\frac{\partial F_v}{\partial z_0} = \frac{ca_{23} + va_{33}}{a_{31}(x_p - x_0) + a_{32}(y_p - y_0) + a_{33}(z_p - z_0)} \tag{4.32}$$

$$\frac{\partial F_v}{\partial \omega} = c + \frac{v^2}{c} \tag{4.33}$$

$$\frac{\partial F_v}{\partial \varphi} = u\sin\omega - \frac{uv}{c}\cos\omega \tag{4.34}$$

$$\frac{\partial F_v}{\partial \kappa} = \frac{\partial F_v}{\partial x_0}(y_p - y_0) - \frac{\partial F_v}{\partial y_0}(x_p - x_0) \tag{4.35}$$

　テイラー展開された式を解くために $x_{00}, y_{00}, z_{00}, \omega_0, \varphi_0, \kappa_0$ の初期値と基準点データを式 (4.22)，式 (4.23) に代入します。$F_u() = 0, F_v() = 0$ を満たす解を得るために，最小二乗法を適用すれば，補正量 $\Delta x_0, \Delta y_0, \Delta z_0, \Delta \omega, \Delta \varphi, \Delta \kappa$ が求まります。なお，各微係数，式 (4.24) 〜 式 (4.35) における u, v の値は，初期値を式 (4.12)，式 (4.13) に代入したときに得られる値を用います。すると各微係数は値となりますから線形の方程式となります。

　最小二乗法により求まった補正量と初期値を，式 (4.16)〜式 (4.21) に代入すれば，第一回目の近似値が計算できます。その近似値と基準点データを用いて，さらにもう一度，式 (4.22)，式 (4.23) に代入し，最小二乗法を適用すれば，再び補正量が求まり，第二回目の近似値が計算できます。このように，繰り返し計算することで，近似値が真値に近づいていくわけです。

　近似値が十分真値に近いかどうかの収束判定は，式 (4.14)，式 (4.15) において，$F_u(), F_v()$ の値が 0 にどの程度近いか計算して行います。基準点の数だけ値が得られるので，平均二

4.4. カメラキャリブレーション

乗誤差を計算することによって判定すれば良いのです。初期値の値が真値に近いほど繰り返し計算の数は少なくてすみます，通常4～5回で収束するものです。したがって，初期値の求め方が重要となります。それについては，次項で解説する射影変換が利用できます。

このように，1シーンの画像から外部標定要素を求めることを**単写真標定**(single photograph orientation) と呼んでいます。その他にも複数のシーンの画像を用いて外部標定要素を求める**相互標定**(relative orientation) があります。そして相互標定の解き方の代表例には，**バンドル調整法**(bundle adjustment) があります。詳しくは，日本写真測量学会「解析写真測量」等の専門書を参考にして下さい。

三次元射影変換

共線条件式である式 (4.12), 式 (4.13) において変数は，内部標定要素である焦点距離 c を除くと，カメラの位置 (x_0, y_0, z_0)，カメラの姿勢 (ω, ϕ, κ) の6個です。しかしこの式は複雑なので，簡潔に表したものが**三次元射影変換**です。既に「データ処理」の章において式 (2.82) に記しましたが，改めて以下に表します。

$$\begin{cases} u &= \dfrac{b_1 x + b_2 y + b_3 z + b_4}{b_9 x + b_{10} y + b_{11} z + 1} \\ v &= \dfrac{b_5 x + b_6 y + b_7 z + b_8}{b_9 x + b_{10} y + b_{11} z + 1} \end{cases} \quad (4.36)$$

未知係数は，$b_1, b_2, \cdots, b_{11}$ の 11 個ありますが，式自体は簡単です。したがってこの式を三次元計測に利用することも可能です。この式は，分数関数で非線形に見えるが，右辺の分母を両辺にかけて線形化することができます。線形化すれば，直接最小二乗法を適用することができます。変数が 11 個あり，式が 2 つなので，少なくとも 6 組の基準点データを用いれば，変換式の係数が最小二乗法により求まります。

なお，これにより導かれる各係数 $b_1, b_2, \cdots, b_{11}$ は，全て独立変数として解かれてしまいます。本来これらの係数は，レンズの焦点距離やカメラの位置と姿勢に関するパラメータが関係するものなので，各係数を独立変数として解くと，厳密な解は得られません。したがって，レンズの焦点距離や投影中心の位置等が解らない場合，ブラックボックス的に三次元射影変換を適用して計測する場合に用いられています。

さて，この三次元射影変換と共線条件式 (4.12), 式 (4.13) と比較すれば，三次元射影変換における係数 $b_1, b_2, \cdots, b_{11}$ を用いて，外部標定要素のカメラの位置 (x_0, y_0, z_0)，カメラの姿勢 (ω, ϕ, κ) とを求めることができる。したがって，共線条件式を解くときの初期値として利用できますが，基準点が6組以上必要なことが欠点となります。

第 4 章　画像を用いた位置計測

二次元射影変換

　二次元射影変換は，二次元平面上に限定した変換モデルです．この式は，上式において $z=0$ を代入して整理したものになります．

$$\begin{cases} u &= \dfrac{b_1 x + b_2 y + b_3}{b_7 x + b_8 y + 1} \\ v &= \dfrac{b_4 x + b_5 y + b_6}{b_7 x + b_8 y + 1} \end{cases} \tag{4.37}$$

二次元射影変換は，同一平面上にある物体をカメラで撮影したときの幾何学といえます．例えば，地図をカメラで撮影し，得られた画像を幾何補正したり，それを用いて計測する場合に適用できます．この変換式であれば，二つの式で未知係数の数は 8 なので，4 組の基準点データを用いれば，変換係数を求めることができます．

　少ない基準点データで変換式を求めることができることから，共線条件式の初期値を得るのにも活用できます．標高の値である z を固定し，共線条件式の係数と二次元射影変換の係数を比較することで初期値を得ることができます．「解析写真測量」によると，$b_1, b_2, \cdots, b_8$ とレンズの焦点距離 c，そして適当な標高 Z_m の値を用いて，次式により外部標定要素の近似値を得られるとされています．

$$\omega = \tan^{-1}(cb_8) \tag{4.38}$$

$$\phi = \tan^{-1}(-cb_7 \cos \omega) \tag{4.39}$$

$$\kappa = \tan^{-1}(-b_4/b_1) \qquad \phi = 0 \text{ のとき} \tag{4.40}$$

$$\kappa = \tan^{-1}(b_2/b_5) \qquad \phi \neq 0, \omega = 0 \text{ のとき} \tag{4.41}$$

$$\kappa = \tan^{-1}\{(A_1 A_3 - A_2 A_4)/(A_1 A_2 - A_3 A_4)\} \qquad \phi \neq 0, \omega \neq 0 \text{ のとき} \tag{4.42}$$

$$z_0 = c \cos \omega \sqrt{(A_2^2 + A_3^2)/(A_1^2 + A_4^2)} + Z_m \tag{4.43}$$

$$x_0 = b_3 - (\tan \omega \sin \kappa / \cos \phi - \tan \phi \cos \kappa)(Z_m - z_0) \tag{4.44}$$

$$y_0 = b_6 - (\tan \omega \cos \kappa / \cos \phi + \tan \phi \sin \kappa)(Z_m - z_0) \tag{4.45}$$

なお，$A_1, A_2, \cdots, A_4$ は，次式で求めることができます．

$$\begin{cases} A_1 &= 1 + \tan^2 \phi \\ A_2 &= b_1 + b_2 \tan \phi / \sin \omega \\ A_3 &= b_4 + b_5 \tan \phi / \sin \omega \\ A_4 &= \tan \phi / (\cos \phi \tan \omega) \end{cases} \tag{4.46}$$

4.5　三次元計測

4.5.1　立体視

人間の目が2つあるのは，奥行きの感覚を得るためなのでしょう。これを写真に置き換えることもできます。右目用の写真，左目用の写真を用意し（**ステレオペア写真**），右目で右写真，左目で左写真を見れば奥行き感のある写真となります。これは**立体視**(stereoscopic viewing)と呼ばれています。何の装置も使わず立体視するには訓練が必要ですが，立体視鏡を利用すれば簡単に立体視が可能です。対象物までの距離と右目写真・左目写真を撮影する間隔は奥行き感に影響を与えます。当然，左右の間隔が大きいほど，奥行き感が強調されますが，立体視することが難しくなってきます。

　左右の間隔が大きいと立体視するのが難しいと述べましたが，これは両眼視差によるものです。右図において点Bを見る時，左右の目とも網膜の中心に投影されるように目が動きます。この時点Aは，右目と左目で投影される場所が大きくずれてしまいます。これを両眼視差といい $\theta_a - \theta_b$ で表されます。これが大きすぎると，心地好く立体視することができないのです。

4.6　ステレオ幾何モデル

　まず三次元ステレオ幾何モデルを示します。下図は，地上の対象物Pのステレオ画像が得られた時の幾何モデルを表したものです。外部標定において解説した図が二つになったにすぎません。左右の画像における外部標定結果を用いて対象物Pの地上座標 (X_p, Y_p, Z_p) を求めることが，カメラによる三次元計測です。左側のカメラの位置が (X_{L0}, Y_{L0}, Z_{L0})，姿勢が $(\omega_{L0}, \phi_{L0}, \kappa_{L0})$ であり，右側のカメラの位置が (X_{R0}, Y_{R0}, Z_{R0})，姿勢が $(\omega_{R0}, \phi_{R0}, \kappa_{R0})$ であったとします。対象物Pは，左右の画像において，それぞれ $(u_{L0}, v_{L0}, -c)(u_{R0}, v_{R0}, -c)$ という画像座標に投影されますが，対象物Pの地上座標はこのとき未知なので，どこに投影されるかは計算できません。したがって，対象物Pが投影されたそれぞれの画像座標を決定することが，三次元計測においては重要です。具体的には，対象物Pがそれぞれの画像上のどこに写っているのかを探し，その画像座標を正確に取得しなければなりません。これら左右の画像座標は，**ステレオ対応点**(corresponding point)と呼ばれ，目視判読で取得したり，画像処理手法によって自動で取得したりします。画像処理を用いる場合は，対象物Pが含まれる左画像の小領域が，右画像においてはどこに相当するのかを**画像マッチング**(image matching) の手法により決定します。この手法は，**ステレオマッチング**(stereo matching) とも呼ばれ，様々な手法が提案されています。これについては，「画像処理」の章で解説します。いずれにしてもステレオ対応点の画像座標が正確でなければ，三次元計測においては大きな誤差を生じさせることになりますので，注意が必要です。

第 4 章　画像を用いた位置計測

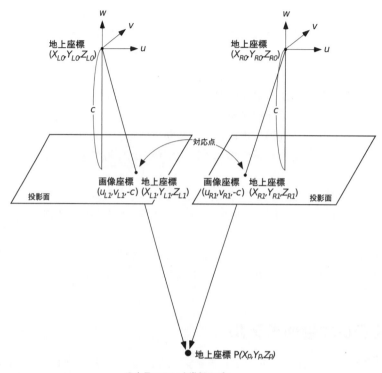

三次元ステレオ幾何モデル

ステレオ対応点の画像座標が決定されれば，対象物 P の地上座標を求めることは，さほど難しいものではありません．つまり，左カメラの投影中心から対応点へのベクトルの延長線上に対象物 P があり，右カメラについても投影中心から対応点へのベクトルの延長線上に対象物 P があります．したがって，三次元空間における二直線の交点を計算すれば良いことになります．

具体的には，まず対応点の画像座標を地上座標に変換しなければなりません．左画像の場合，対応点の画像座標 $(u_{L0}, v_{L0}, -c)$ を地上座標 (X_{L1}, Y_{L1}, Z_{L1}) に変換するには，カメラの姿勢による回転行列とカメラの位置 (X_{L0}, Y_{L0}, Z_{L0}) を用いて表すと，以下のようになります．

$$\begin{pmatrix} u_{L1} \\ v_{L1} \\ -c \end{pmatrix} = \begin{pmatrix} a_{11} & a_{12} & a_{13} \\ a_{21} & a_{22} & a_{23} \\ a_{31} & a_{32} & a_{33} \end{pmatrix} \begin{pmatrix} X_{L1} - X_{L0} \\ Y_{L1} - Y_{L0} \\ Z_{L1} - Z_{L0} \end{pmatrix} \quad (4.47)$$

上式はカメラの位置から対象物 P が画像上に投影された座標へのベクトルについての関係式です．地上座標系でのベクトルを求めるには，逆行列を利用し，以下の式で計算でき

ます。

$$\begin{pmatrix} X_{L1} - X_{L0} \\ Y_{L1} - Y_{L0} \\ Z_{L1} - Z_{L0} \end{pmatrix} = \begin{pmatrix} a_{11} & a_{12} & a_{13} \\ a_{21} & a_{22} & a_{23} \\ a_{31} & a_{32} & a_{33} \end{pmatrix}^{-1} \begin{pmatrix} u_{L1} \\ v_{L1} \\ -c \end{pmatrix} \tag{4.48}$$

このベクトルを用いて，空間直線の式は，媒介変数 t を用いれば，以下のように表すことができます。

$$\begin{cases} X &= (X_{L1} - X_{L0})t + X_{L0} \\ Y &= (Y_{L1} - Y_{L0})t + Y_{L0} \\ Z &= (Z_{L1} - Z_{L0})t + Z_{L0} \end{cases} \tag{4.49}$$

右画像についても同様に空間直線の式をたてるのですが，このとき媒介変数を s とすると，以下のようになります。

$$\begin{cases} X &= (X_{R1} - X_{R0})s + X_{R0} \\ Y &= (Y_{R1} - Y_{R0})s + Y_{R0} \\ Z &= (Z_{R1} - Z_{R0})s + Z_{R0} \end{cases} \tag{4.50}$$

そして，これら2直線の交点を求めるわけですが，空間直線に誤差が含まれているので2直線が交わることはありません。したがって，2直線間の距離が最も近い部分が，求めたい地上座標といえます。その座標を求めるには，様々な方法がありますが，簡単な方法としては，2直線間の距離の関数より求めることができます。2直線間の距離の二乗 L^2 は，以下の式で表すことができます。

$$\begin{aligned} L^2 &= \{(X_{L1} - X_{L0})t + X_{L0} - (X_{R1} - X_{R0})s - X_{R0}\}^2 \\ &= \{(Y_{L1} - Y_{L0})t + Y_{L0} - (Y_{R1} - Y_{R0})s - Y_{R0}\}^2 \\ &= \{(Z_{L1} - Z_{L0})t + Z_{L0} - (Z_{R1} - Z_{R0})s - Z_{R0}\}^2 \end{aligned} \tag{4.51}$$

この距離 L が，最小となる媒介変数 s, t を求めれば良いので，この距離 L の関数を s, t で偏微分し，それらが0となる s, t を求めるのです。つまり，$\frac{\partial L^2}{\partial s} = 0, \frac{\partial L^2}{\partial t} = 0$ を計算し，連立一次方程式を解くことになります。s, t が求まれば，それぞれの空間直線の式に代入し，最も距離の近い場所が2点求まります。それら2点の中点が求める三次元座標といえます。

　最近は，コンピュータの処理能力が高くなってきたので，ステレオペア画像での解析ではなく，たくさんの写真を用いて一度に解析する手法が一般的になってきました。例えば，対象物を色々な方向から撮影して解析するわけですが，移動しながら動画を撮影して三次元計測を行うことができます。この手法は SfM(Stracture from Motion) と呼ばれています。膨大な画像を用いた解析なので，レンズの歪みやセンササイズが未知数であっても解析が可能です。一昔前は，計測用のカメラが必要とされていましたが，現在は様々なカメラで三次元計測が可能になっています。ただ，SfM によって得られる結果は相対座標ですから，後処理として基準点を用いた座標変換を施す必要があります。

第5章　地球規模での位置決定

　緯度経度は，地球上での位置を特定するのに利用されています。そもそも緯度経度で位置を表すということは，地球が丸いということが解ってからでなければ始まりません。古代ギリシャにおいては，既に地球が丸いということが想像されていたようです。地球の大きさを初めて測ったのは，エラトステネス (Eratosthenes) といわれており，紀元前二世紀の頃です。エラトステネスは，北回帰線上に位置するナイル川のほとりのシエネという場所は，夏至の日に太陽が天頂に位置するのに対して，ナイル川の河口のアレキサンドリアは太陽が天頂に来ないことから，太陽高度の角度差より地球の大きさを測ったとされています。

　そして，地球が本当に丸いかどうかが証明されるには，16世紀頃の大航海時代まで待たなくてはなりませんでした。つまり，地球を一周して，元の位置に戻ることができれば，地球が丸いことが証明されるのです。コロンブスは，1490年に東インド諸島を発見したものの地球一周することはできませんでした。その後マゼラン隊が，1520年に地球一周を成し遂げました。

　航海中に，緯度を測るのは天体の高度を観測することで比較的精度良く決定することができます。しかし，経度を測るには，天体の正中時刻を測り，標準時からの時差を求めなければなりません。したがって，正確な時計が必要となります。大航海時代，振り子時計やゼンマイ時計程度のものしかなかったため，経度の決定は困難を極めたようです。船が揺れても安定して振り子が動作するように工夫された時計を用いていました。このように，緯度経度を自分で測るには，天体の見かけの動きと伴に，時間・暦についてもきっちりと知っておく必要があります。

　さて，局所的な位置関係を測るのであれば，地球上の表面のある部分は平面とみなして，測量や画像による計測によって得られる成果を用いたので十分です。しかし，対象範囲が広くなって来ると地球の丸みを考慮しなければなりません。そうなって来ると，地球の形や大きさをまず決めて，緯度経度の概念でもって地球上の位置を表現する必要があります。地球の大きさと形については，「測量機器による位置計測」の章の水準測量において少し触れました。本章では，緯度経度の定義とその測り方の基礎について解説します。

5.1　天体の運行と暦

　地球上において位置を表現するのに緯度経度を利用していますが，本来緯度経度を測るには，天体の日周運動や年周運動をもとに決定されるものです。特に経度の決定において

第5章　地球規模での位置決定

は，先にも述べましたが，正確な時刻が必要となります。したがって，暦に対する理解も求められます。ここでは天体の運行と暦について，天文観測を通じて緯度経度を計測するうえで，必要となる事柄について解説しておきましょう。

5.1.1 観測点における天体の位置の表現

観測点を中心におき，地平面を円で表し，東西・南北方向の軸を設定する観測点において，地平面に対する法線方向を**天頂**(zenith)と呼んでいます。また，地平線上の北，天頂，地平線上の南を通る大円を**子午線**(prime meridian circle)と読んでいます。日本や中国では，年ごとに干支があります。子丑寅卯辰巳午未申酉戌亥の順です。昔，方角をさすのも円周を12分割し，北を子（ね）として東周りに割り振っていました。したがって，南は午（うま）となり南北をきる線を子午線と呼んでいるのです。それに対して，東，天頂，西を通る大円は**卯酉（ぼうゆう）線**(prime vertical circle)と呼んでいます。

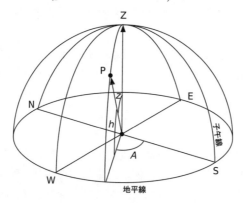

ある天体の位置は，上図に示されているように方位角と高度で表すことができます。**方位角**(azimuth)は，南から西回りの角度Aで，**高度**(elevation)は地平線からの角度hで表すのが一般的です。高度を表すのに，天頂角を用いることもあります。**天頂角**(zenith angle)は，天頂からの角度zで表します。

恒星は，地球が**自転**(daily rotation)していることから，時間とともに見かけの位置が動きます。これを**日周運動**(diurnal motion)と呼んでいます。日周運動において，天体が子午線を通過するときを**正中**(meridian passage)と呼んでいます。天頂を境界として，南側の子午線を通過する時は**南中**，北側の子午線を通過する時は**北中**と呼びます。

5.1.2 太陽時

太陽時(solar time)は，我々にとって慣れ親しんでいる暦です。太陽の日周運動を基準に1日を定義しており，太陽が正中してから次の正中までの時間が**1日**(day)となります。これが時刻の基準となっています。1日の長さを24で割ったものを1時間とし，1時間が60分，1分が60秒と定義されているわけです。

5.1. 天体の運行と暦

　正中する時刻は，地域によって異なるために**標準時**(standard time) が設けられています．ちなみに世界標準時は，イギリスのグリニッジにおける時刻を基準としています．グリニッジ天文台では，12時にほぼ太陽が正中します．しかし丸い地球においてグリニッジの反対側の地域では，世界標準時の深夜0時に太陽が正中することになります．したがって，世界標準時を各国に適用すると，生活時間帯が国によってバラバラになるのが問題です．そこで各国では，経度を15度ごとに区切って，およそ太陽が正中しているときが正午となるような標準時を設けています．日本においては，東経135度線にある明石における時刻を日本標準時としています．それでもなお，標準時が設定された地点と観測点では太陽の正中時刻にズレが生じるのは否めません．各観測点での**地方時**(local time) と標準時にズレが生じているからです．例えば，東京が観測点の場合，東京での太陽の正中時刻は，明石よりも東に位置するため12時よりも早くなります．

　なお，太陽が正中してから，次の日に正中するまでの時間は，常に24時間ではありません．平均値を24時間としています．変化している理由は，地球の公転軸と自転軸がズレていることと，地球の公転軌道が楕円であるために公転速度が変化しているからです．例えば，夏至は6月21日前後ですが，日の出が最も早いのは6月初めで，日の入りが最も遅いのは6月の終わりという現象が生じています．標準時の設定された地点で12時における太陽の見かけの位置は，日によって子午線からズレており，その差を時間で表したものを**均時差**(Equation of time) と呼んでいます．なぜ公転速度が変化するかについては，後に「衛星リモートセンシングによる位置計測」の章で天体の軌道についてケプラーの法則と共に解説します．

　ところで，地球の自転周期と1日の長さは，若干異なります．それは，地球が自転しているとともに公転しているためです．この理由は，下図を参照すれば容易に理解できると思います．太陽が正中した時点での地球上の位置を基準とし，地球が一回転した時点では，地球が公転もしているので，基準となる位置においては，太陽はまだ正中していません．もうすこし自転しなければ，1日とはならないのです．したがって，公転の影響により1日の長さは，地球一回転よりも若干長くなるのです．

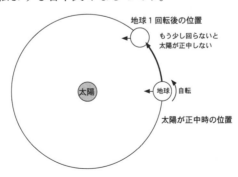

第 5 章　地球規模での位置決定

一年とは

　1 年(year) は，地球が太陽の周りを回る**公転**(revolution) 一回分の時間をさします。つまり太陽がある点を通過し，再びそこを通過するまでの時間と定義されます。現在は 1 年＝365.2425 日とされており，端数が生じているために閏年を利用して 1 年の長さを調整しています。閏年とは，1 年の長さを 366 日にする年のことです。通常は 1 年 365 日なのですが，4 年ごとに 366 日とすることで，365+1/4=365.25 日となります。しかし，これでは精度的に不十分なので 100 年目は閏年ではないようにすることで，365+1/4-1/100=365.24 日となります。さらに精度良くするため，400 年目は閏年にすることで，365+1/4-1/100+1/400=365.2425 日となり，現在，1/10000 日の精度で 1 年間の日数が調整されています。古いカレンダーがあれば，2000 年が 400 年に 1 度の特例で閏年となっていることを確認できます。2000 年は，滅多とない閏年であったことが解ります。

1 秒とは

　1 秒(second) は，1 日の長さを基準としているので，先にも述べたように，あくまでも 1 秒=1/(24 時間*60 分*60 秒) 日です。この定義に一致する時計が正確な時計ということになります。古代より正確な時計が必要とされていました。例えば，日時計，砂時計，振り子時計，ゼンマイ時計，**水晶発振時計**(crystal oscillation) と進化してきたのです。水晶は，特別な加工を施した後に電圧をかけると歪む性質があります。そこでこれに交流電圧を流すことで，水晶の共振する周波数を発振器として利用できるのです。この発振器により現在では，1ヶ月あたり数秒の精度を持つ時計が開発されています。

　科学の分野においては，水晶発振時計でも不十分で，極めて高い精度が要求されます。現在最も正確な時計として，**原子時計**が利用されています。原子時計では，133Cs（セシウム）や 87Rb（ルビジウム）の原子が発振器となっています。これらは，超高速で原子を回る電子の軌道が変化しており，それが発振器として利用されているのです。現在の原子時計における 1 秒は，133Cs の基底状態の 2 つの超微細準位の間の遷移に対応する放射 9,192,631,770 周期の継続時間と定義されています。つまり，91 億分の 1 秒の精度を持つ時計ということになります。この原子時計を利用すれば，光の速さも測れるという高精度さなのです。このように原子時計は，正確に時を刻み，1 秒が定義されているのですが，1 年の長さと同様に 1 秒の長さにおける原子時計の発振器の周期には，端数が生じているために，やはり定期的に調整しなければなりません。したがって数年に一度，閏秒を導入し，調整しているのです。

　原子時計は，放射性原子を用いているので取り扱いが難しい上に高価なので，一般には使われていません。しかし現在は，電波時計がはやってきました。この電波時計は，原子時計の情報を電波に載せて発信し，それを受信することで正確な時刻を一般にも利用できるように工夫しているのです。

5.1.3 恒星時

恒星時(sidereal time) は，地球の自転を基準に定義しています。つまり太陽時の1日に比べて，恒星時は若干短く，1恒星日＝23時間56分04.09秒とされています。この時間は，地球の自転一回転分の時間に相当するのです。この暦は，人工衛星や惑星の動き等を星座の上で表現するときに必要となります。

地球の自転軸と公転軸の向きは一致していません。自転軸は，公転軸に対して約23.4度傾いています。その傾きは，ほぼ一定のまま公転しているので，日本においては夏の太陽は高い高度で正中し，冬の太陽は低い高度で正中します。下図は，地球の公転軌道と自転軸の傾きを模式化したものです。

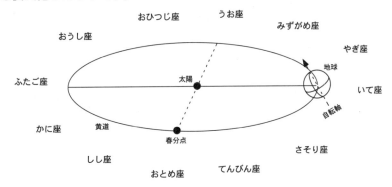

公転軌道の周りには黄道12星座を配置させました。**黄道**(ecliptic) とは地球の公転面にあたり，地球から見ると太陽が星座上を通る道筋といえます。図中における地球の位置は，夏至のときに相当します。地球から見ると太陽はふたご座に位置しています。なお，公転・自転ともに運動の方向は，左回りとなっています。そして，図中における春分点については，次節で解説します。

5.2 天球上での天体の位置

恒星までの距離は，太陽系の大きさに比べて遥かに大きいです。下図は地球の公転軌道，太陽系の大きさ，最も近い恒星までの距離を模式化したものです。太陽系内の天体の距離は，**天文単位**(Astronomical Unit) という単位で表します。単位の標記は AU です。この単位は，太陽と地球との距離を1AUとしています。17世紀以前までは，地球と太陽の距離が解っていなかったのですが，ケプラーの法則等で惑星までの距離の比は解っていたので，太陽と地球との距離を1とおいて様々な計算を行っていたのです。この単位は，太陽系内の天体を表すときには便利なので，いまでも利用されています。ケプラーの法則や惑星までの距離を測る測り方については，「衛星リモートセンシングによる位置計測」の章で解説します。

さて，この天文単位を用いて，最も近い恒星までの距離を表現すると，2.8×10^5 AU となります。つまり280m離れた所から1mmの動きを見るようなものです。したがって，地球

第 5 章　地球規模での位置決定

が太陽の周りを公転していても，恒星の見かけの位置は，地球の自転による日周運動のみで回転運動しているように見えます。

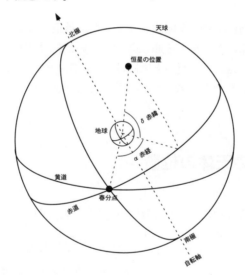

このように恒星が，地球から遥かに遠いことを考えれば，天球という概念を取り入れて恒星の位置を表すことができます。下図のように恒星を天球上に配置させ，地球はその中心で自転しているという概念です。

したがって天球は，地球の自転に合わせて回転していると見なせます。いわゆる天動説の概念なのですが，恒星の日周運動を表現するには十分です。

　天の北極・南極・赤道は，地球の北極・南極・赤道と相対的な位置関係は変わりません。つまり，地球上の同一観測地点においては，恒星は常に同じ経路を辿りながら日周運動をしていることになります。例えば，北極星はほぼ天の北極に位置しているため，常にほぼ同じ位置に見えます。ところが太陽は，冬は低く，夏は高い高度を通過します。この太陽

の見かけの位置を天球上にプロットし，線で表したものが黄道となります。この黄道と天の赤道とは，2箇所で交差します。このうち太陽が赤道の南から北へ昇っていく点を**春分点**(Aries first point) と呼んでいます。暦の上での春分の日は，太陽が春分点を通過する日のことなのです。年によって春分の日が異なることがあります。これは1年が365.2425日と半端なためです。閏年として4年ごとに調整するのではなく，太陽が春分点を通過する日はいつかという観点で春分の日が定められているので年によってずれるのです。

恒星の位置は，天球を使って表すことができます。地球上の位置を緯度経度を使って表すのと同じ概念です。天球において，緯度にあたるのが**赤緯**δ(celestial declination)，経度にあたるのが**赤経**α(right ascension) です。赤緯δ は，恒星と天球の中心との線分が赤道面となす角度で表し，北向きを＋としています。赤経α は，恒星が通る子午線と春分点を通る子午線のなす角度で表します。子午線とは，北極・南極を通る大円のことです。赤経α は，東向きが＋の角度で表すこともあるが，360度を24時間とする時刻で表すことが一般的です。恒星時は，恒星の日周運動を基本とするので，時刻で表現しています。

5.3 緯度・経度

地球上での位置は，**緯度**ϕ(latitude)・**経度**λ(longitude) で表すのが普通です。恒星の位置を表す赤緯同様，緯度は赤道を基準に角度で表されます。経度は春分点ではなく，グリニッジ子午線からの角度で表されます。グニッジ子午線は，イギリスにあるグリニッジ天文台を通る子午線のことです。この子午線より東向きに東経，西向きに西経を用いています。

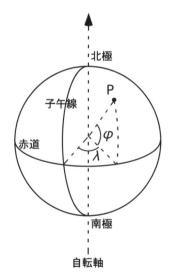

161

第5章　地球規模での位置決定

5.3.1　緯度の計測法

　小学校では，緯度の概略値を知るのに，北極星の高度を計測するのも良いと習ったと思います。しかしこれで測った緯度には，誤差が含まれています。なぜなら，北極星は真の北極に位置していないからです。

　北極星でなくても，恒星の赤緯の値が解っていれば，緯度を測ることができます。現在，10等級程度の明るさの恒星であれば，詳細な位置情報がデータベース化されています。赤緯の解っている恒星を用いて，緯度を求める場合，その恒星の正中高度（子午線通過時の高度）を測れば，緯度を導くことができます。もちろん，約2等級の北極星の赤緯も既知なので，その南中高度を測っても結果は得られます。

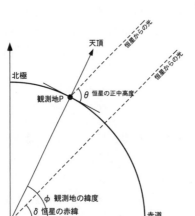

　上図は，緯度を求めるための概念図を示したものです。赤緯δの恒星からは，地球の赤道面に対して角度δの傾きで光が地球に届けられます。図中の破線は，その光の傾きを表しています。恒星は極めて遠い位置から光を放っているため，光の傾きは地球上においては，平行とみなすことができます。観測点Pの緯度がϕで，Pにおける恒星の正中高度がθのとき，ϕ, δ, θの関係は，以下の式で表すことができます。

$$\phi = \delta + \frac{\pi^{rad}}{2} - \theta \tag{5.1}$$

　なお，ここでは地球を真の球とみなして得られる緯度なのですが，実際には地球の形は球でなく回転楕円体に近いのです。これについては，「測量機器による位置計測」の章の水準測量の節において既に述べました。下図は，地球の形を楕円として模式化したものです。地球が球であれば，地球中心から観測点Pへのベクトルが，観測点Pにおける天頂方向と一致します。しかし楕円の場合，観測点Pにおける天頂の方向は，楕円体の接線に対する法線ベクトルの方向となるため，地球中心から観測点Pへのベクトルとは一致しません。したがって，この計測によって得られる緯度は，下図においてはϕとなるのです。この緯度を**地理緯度**(geographic latitude)と呼んでいます。地球の中心と観測点を通る角度のϕ'とは異なります。ϕ'は特に**地心緯度**(geocentric latitude)と呼ばれています。

5.3. 緯度・経度

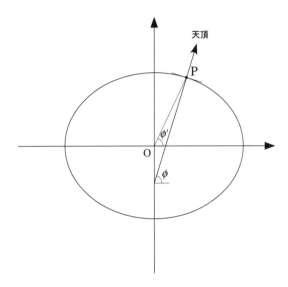

　我々が一般に地図などで用いている測地緯度は，天体を測って得られる地理緯度を基本としています。緯度は，天体観測によって得られる結果をもとにすべきで，それによって緯度の値を簡単に検証できるからです。

　地理緯度と地心緯度の相互関係については，後述します。

5.3.2 経度の計測法

　経度は，恒星の位置を測るだけで求めるのは困難です。経度を知るには天体が正中する時刻を測ることによって求めます。均時差はありますが，太陽は見かけ上，約24時間かけて日周運動をしており，1時間あたり15°動きます。例えば，グリニッジにおいて太陽が12時に正中したとします。日本の明石は東経135°なので，時差は9時間となるので，明石において太陽が正中するのはグリニッジの時刻で3時となります。このように太陽の正中時刻を測ることによって経度が求められます。

　高知の経度は，東経133°33'33"=133.5592°で，明石の東経135°よりも1.4408°西側に位置しています。したがって高知と明石の時差は，$\frac{1.4408}{15} = 0.096055$ 時間=5分46秒となります。 つまり高知で太陽が正中するのは，12時5分46秒と計算できます。

　ところで，古来より各地に天文台が建設されてきました。これは，暦を作り，天文台自身の地球上の位置を計測する役割があったのです。太陽は，明るすぎることと，面積もあることから，位置を測ったり，正中時刻を求めたりするのは，難しいですが，恒星であれば，点光源ですし，沢山あるので，観測精度を上げることができます。現在緯度経度は，GNSSを使って簡単に測れる時代となりましたが，緯度経度の定義は変わっていません。GNSSで得られる情報は，地球の中心を原点とおく三次元の直交座標です。したがって，地心緯度を計算する方が簡単なのですが，あくまでも地理緯度を用いているので，計算は面倒なのですが，地理緯度に変換しています。

第 5 章　地球規模での位置決定

5.4　地球を球体としたときの緯度経度の座標変換

経緯度座標系は，地球上の位置を表現するのには向いているのですが，人工衛星などの宇宙空間での位置を表すのには向いていません。宇宙空間における見かけの位置は赤道座標系（赤緯赤経）で表すこともできますが，あくまでもそれは天球上に投影された見かけ上の位置です。特に動く天体の位置を推算する時は，有限距離ですから XYZ の直交座標系で表した方が便利です。ここでは，地球を球体とみなして緯度経度と直交座標系の変換について解説します。

地心直交座標系(geocentric rectangular coordinate system) は，人工衛星などの地球を中心にまわる天体を表すのに用います。地心直交座標系における各軸の方向は，次のとおりで，単位は m 等の長さの単位を用います。

- X 軸：東経 0°の方向
- Y 軸：東経 90°の方向
- Z 軸：北極の方向

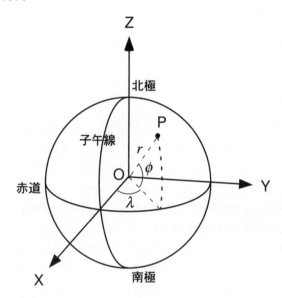

なお，惑星など，太陽系天体の位置を表すには，太陽と中心とする直交座標系（**日心直交座標系**）(heriocentric rectangular coordinate system) を用います。

5.4.1　地心直交座標系から緯度経度への変換

地心直交座標系から経度 λ への変換は，下図の左において，XY 平面を考えます（下図中）。

5.4. 地球を球体としたときの緯度経度の座標変換

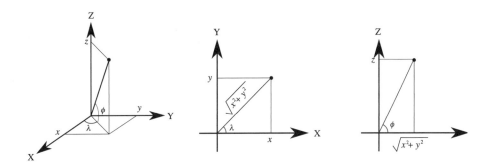

すると経度 λ は，次式で計算できます．

$$\lambda = \tan^{-1} \frac{y}{x} \tag{5.2}$$

地心直交座標系から緯度 ϕ への変換は，まず XY 平面に投影された点と原点との距離を求めます．その距離は，$\sqrt{x^2 + y^2}$ です．次に対象となる点を通る子午面を考え（上図右），緯度 ϕ は，次式で計算できます．

$$\phi = \tan^{-1} \frac{z}{\sqrt{x^2 + y^2}} \tag{5.3}$$

5.4.2 緯経度から地心直交座標系への変換

緯度経度から地心直交座標系への変換の場合，地球の中心から対象物までの距離 r が必要となります．

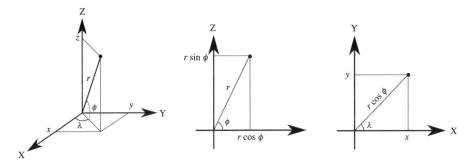

まず Z 座標は，対象となる点を通る子午面を考え（上図中），簡単に次式で計算できます．

$$z = r \sin \phi \tag{5.4}$$

X 座標と Y 座標は，対象となる点から XY 平面に下ろした垂線の足の座標と原点との距離が $r \cos \phi$ であることを利用します（上図右）．これを用いれば，次式で計算することができます．

$$x = r \cos \phi \cos \lambda$$
$$y = r \cos \phi \sin \lambda \tag{5.5}$$

第 5 章　地球規模での位置決定

なお，この式を用いて変換するときは，注意が必要です。というのは，対象となる点が三次元の座標系で，どの象限に位置するのかを把握した上で計算し，得られた座標の値の符号が問題ないか確かめる必要があるからです。

そこで，回転行列を用いて変換する手法について解説します。その概要は，基準となる点を設定し，対象となる点 P に到達するように，その点を回転させることによって計算するのです。回転行列で導くことに慣れると，非常に便利ですから，ここで修得しておきましょう。

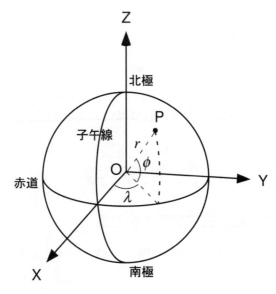

上図において，基準となる点を，グリニッジ子午線と赤道とが交差する点におくと，この点は地球の半径を r とすれば，XYZ の直交座標で表すと $(r, 0, 0)$ となります。この基準となる点を Y 軸まわりに ϕ 回転させ，次に Z 軸まわりに λ 回転させれば，対象となる点 P に到達します。その計算は，次式のようになります。

$$\begin{pmatrix} x \\ y \\ z \end{pmatrix} = \begin{pmatrix} \cos\lambda & -\sin\lambda & 0 \\ \sin\lambda & \cos\lambda & 0 \\ 0 & 0 & 1 \end{pmatrix} \begin{pmatrix} \cos\phi & 0 & \sin\phi \\ 0 & 1 & 0 \\ -\sin\phi & 0 & \cos\phi \end{pmatrix} \begin{pmatrix} r \\ 0 \\ 0 \end{pmatrix} \quad (5.6)$$

上の行列計算をした結果が，次式です。

$$\begin{pmatrix} x \\ y \\ z \end{pmatrix} = \begin{pmatrix} r\cos\phi\cos\lambda \\ r\cos\phi\sin\lambda \\ -r\sin\phi \end{pmatrix} \quad (5.7)$$

なお，回転の順序と回転角の符号には注意しなければなりません。Z 軸回りに先に回転させると，次に回転させるべき軸は X 軸でも Y 軸でもない状態となってしまいます。行列のかけ算において，交換の法則が成り立たなかったことを思い出して下さい。このように，

5.5. 地理緯度と地心緯度との関係

回転の順番は非常に重要なのです。回転角の符号は，右手系は右回りが正となります。したがって，Pが北半球にある場合，Y軸まわりに $-\phi$ 回転させることになるので注意が必要です。

先に導いた変換式と比較して下さい。x と y については同じ式なのですが，z については符号が違います。回転行列で導いた式には，マイナスがついています。ここが重要なポイントです。先に述べたように北半球では ϕ の値は負となります。-180°までは，$\sin\phi$ の値は負になりますから，z 座標の値は結果的に正の値として計算され，問題ないことが解ります。

5.5 地理緯度と地心緯度との関係

地球の形が回転楕円体とすると，下図において点Pにおける緯度は，**地心緯度**と**地理緯度**の2つあることは既に述べました。地心緯度は，楕円体の中心を基準とする ϕ' です。一方地理緯度は，点Pにおける天頂の方向を逆に伸ばしてできる角度 ϕ です。

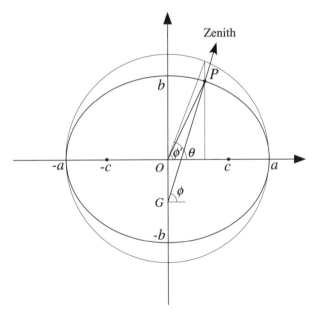

この天頂方向のベクトルは，楕円体上のPにおける**接平面**(tangential plane) の法線方向と等しいことがいえます。したがって，地理緯度と地心緯度の関係を導くためには，まず楕円体上の法線ベクトルを求める計算からしなければなりません。その後，点Pと点Gとの距離を計算し，地理緯度 ϕ から点Pの座標を求めることができます。この手順を本節で解説します。

第 5 章　地球規模での位置決定

5.5.1　楕円体上の法線ベクトルを求める

楕円体上の法線ベクトル (N_x, N_y) は，方程式型で表した楕円の関数を偏微分することによって導くことができます。まず，楕円の関数 $f(x,y)$ は，方程式型の場合，次式となります。

$$f(x,y) = \frac{x^2}{a^2} + \frac{y^2}{b^2} - 1 \tag{5.8}$$

この関数をグラフ化すると，下図のような曲面になります。$f(x,y) = 0$ における曲線が，元の楕円の形を示しています。

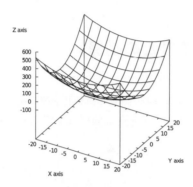

この曲面において，x, y でそれぞれ偏微分すると，次のようになります。

$$\begin{cases} \dfrac{\partial f(x,y)}{\partial x} = \dfrac{2x}{a^2} \\ \dfrac{\partial f(x,y)}{\partial y} = \dfrac{2y}{b^2} \end{cases} \tag{5.9}$$

点 P の座標は，$(a\cos\theta, b\sin\theta)$ なのでこれを代入し，法線ベクトル (N_x, N_y) が得られます。

$$\begin{cases} N_x = \dfrac{2\cos\theta}{a} \\ N_y = \dfrac{2\sin\theta}{b} \end{cases} \tag{5.10}$$

したがって，法線の式をパラメータ t で表すと以下の式を得ます。

$$\begin{cases} x = \dfrac{2\cos\theta}{a} t + a\cos\theta \\ y = \dfrac{2\sin\theta}{b} t + b\sin\theta \end{cases} \tag{5.11}$$

5.5.2　卯酉線曲率半径を求める

地理緯度 ϕ から点 P の座標を求めるには，下図のように P を通る法線において，y 軸との交点 G と P との距離 N が必要となります。この距離は，**卯酉線曲率半径**(radius of

5.5. 地理緯度と地心緯度との関係

prime vertical circle) と呼ばれています。**曲率半径**(radius of curvature) は，ある曲線があったとき，ある曲線状の点における曲がり具合を表現するのに，半径いくらの円の曲がり具合と一致するかをその半径で表すものです。回転楕円体においては，その曲がり具合が，子午線方向と卯酉線方向とで異なるので注意が必要です。そしてこの N は，卯酉線方向での曲率半径に一致しているのです。

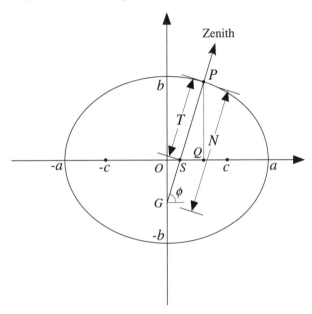

N を求めるには，まず G の座標を求めなければなりません。G の x 座標は 0 なので，法線の式において $x=0$ を満たす t を求め，それを y の式に代入すれば求まります。すると y 座標の値は，次式となります。

$$y = \frac{(b^2 - a^2)\sin\theta}{b} \tag{5.12}$$

したがって，G を原点とすると，P の x 座標は $a\cos\theta$，y 座標は $b\sin\theta - \dfrac{(b^2 - a^2)\sin\theta}{b}$ となり，N の長さは以下のように導くことができます。

$$\begin{aligned}
N^2 &= (a\cos\theta)^2 + \left(b\sin\theta - \frac{(b^2 - a^2)\sin\theta}{b}\right)^2 \\
&= a^2\cos^2\theta + \frac{a^4}{b^2}\sin^2\theta \\
&= \frac{a^4}{b^2} + \left(a^2 - \frac{a^4}{b^2}\right)\cos^2\theta
\end{aligned} \tag{5.13}$$

さて，上式において N は，θ で表されています。最終的には，地理緯度 ϕ で表す必要があるため，ここで ϕ と θ の関係を求めておきましょう。それには，法線の傾きと $\tan\phi$ が

第 5 章　地球規模での位置決定

等しいことを利用すると，次式を導くことができます．

$$\tan\phi = \frac{\frac{2\sin\theta}{b}}{\frac{2\cos\theta}{a}} = \frac{a}{b}\tan\theta \tag{5.14}$$

さらにこの式の両辺を二乗し，$\cos^2\theta$ を導くと，以下の式を得ます．

$$\tan^2\phi = \frac{a^2}{b^2}\tan^2\theta$$
$$= \frac{a^2}{b^2}\left(\frac{1}{\cos^2\theta} - 1\right)$$
$$\cos^2\theta = \frac{a^2}{b^2\left(\tan^2\phi + \frac{a^2}{b^2}\right)} \tag{5.15}$$

式 (5.13) の $\cos^2\theta$ に，上式を代入して整理すると，最終的に N が求まります．

$$N^2 = \frac{a^4}{b^2} + \left(a^2 - \frac{a^4}{b^2}\right)\frac{a^2}{b^2\left(\tan^2\phi + \frac{a^2}{b^2}\right)}$$
$$= \frac{a^4}{b^2}\left(1 + \frac{b^2 - a^2}{b^2\tan^2\phi + a^2}\right)$$
$$= \frac{a^4}{b^2}\left(\frac{b^2\tan^2\phi + a^2 + b^2 - a^2}{b^2\tan^2\phi + a^2}\right)$$
$$= \frac{a^2(\tan^2\phi + 1)}{\frac{b^2}{a^2}\tan^2\phi + 1}$$
$$= \frac{a^2(\tan^2\phi + 1)}{\frac{b^2}{a^2}(\tan^2\phi + 1) - \frac{b^2}{a^2} + 1}$$
$$= \frac{a^2\frac{1}{\cos^2\phi}}{\frac{b^2}{a^2}\frac{1}{\cos^2\phi} - \frac{b^2}{a^2} + 1}$$
$$= \frac{a^2}{\frac{b^2}{a^2} - \left(\frac{b^2-a^2}{a^2}\right)\cos^2\phi} \tag{5.16}$$

次に，上式は，離心率 $e^2 = \frac{a^2-b^2}{a^2}$ を用いて整理すると，次式で表すことができます．

$$N^2 = \frac{a^2}{\frac{a^2-a^2e^2}{a^2} + e^2\cos^2\phi}$$
$$= \frac{a^2}{1 - e^2 + e^2\cos^2\phi}$$
$$= \frac{a^2}{1 - e^2(1 - \cos^2\phi)}$$
$$= \frac{a^2}{1 - e^2\sin^2\phi} \tag{5.17}$$

5.5.3 点 P の座標を ϕ を用いて計算する

次に求まった N を用いて，T の長さを求めましょう。T は，P における法線において，P と x 軸の交点 S との距離です。これを求めるには，三角形 PSQ とその相似三角形 GSO の比を用います。まず，OG:PQ は，y 座標の値を利用して次式で表すことができます。

$$\frac{b^2-a^2}{b}\sin\theta : b\sin\theta = (b^2-a^2) : b^2 \tag{5.18}$$

ここで，$a^2 > b^2$ のときは，$(a^2-b^2):b^2$ となります。したがって，次式が成り立ちます。

$$(a^2-b^2):b^2 = (N-T):T \tag{5.19}$$

これを整理すれば，次式のように T を求めることができます。

$$T = \frac{b^2}{a^2}N \tag{5.20}$$

最終的に点 P の座標を N と ϕ で表すと，以下のようになります。

$$\begin{cases} x = N\cos\phi \\ y = \frac{b^2}{a^2}N\sin\phi \end{cases} \tag{5.21}$$

したがって地理緯度 ϕ と地心緯度 ϕ' の関係は，$\tan\phi' = \frac{y}{x}$ より，次式が導かれます。

$$\begin{aligned}\tan\phi' &= \frac{\frac{b^2}{a^2}N\sin\phi}{N\cos\phi} \\ &= \frac{b^2}{a^2}\tan\phi \end{aligned} \tag{5.22}$$

5.6 地球を回転楕円体としたときの緯度経度の座標変換

地理緯度を用いて子午線の面における座標計算ができるようになったので，地理座標で表された緯度経度を三次元直角座標に変換することへと展開できます。三次元直角座標における各軸は，前節と同様，以下の図のようになっています。つまり，X 軸は子午線と赤道との交点への方向，Y 軸は経度 90°と赤道との交点への方向，Z 軸は北極方向としています。

第 5 章　地球規模での位置決定

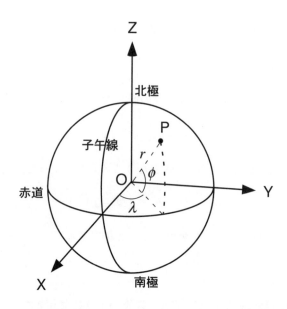

回転楕円体上の点 P の地理緯度が ϕ, 経度が λ のとき，点 P の三次元座標 (x, y, z) を求めます。まず，点 P を Y 軸回りに $-\phi$ 回転させて XZ 平面と一致させたときの点 P の座標は，$(N\cos\phi, 0, -\frac{b^2}{a^2}N\sin\phi)$ となります。次に，この座標を Z 軸回りに $+\lambda$ 回転させて，元の位置に戻せば良いことになります。これを回転行列を用いて表すと，以下のようになります。

$$\begin{pmatrix} x \\ y \\ z \end{pmatrix} = \begin{pmatrix} \cos\lambda & -\sin\lambda & 0 \\ \sin\lambda & \cos\lambda & 0 \\ 0 & 0 & 1 \end{pmatrix} \begin{pmatrix} N\cos\phi \\ 0 \\ -\frac{b^2}{a^2}N\sin\phi \end{pmatrix} \tag{5.23}$$

したがって，上式を整理すると，次式が得られます。

$$\begin{pmatrix} x \\ y \\ z \end{pmatrix} = \begin{pmatrix} N\cos\phi\cos\lambda \\ N\cos\phi\sin\lambda \\ -\frac{b^2}{a^2}N\sin\phi \end{pmatrix} \tag{5.24}$$

これにより，地理緯度と経度の値より，回転楕円体においても座標変換が可能となります。

第6章 衛星リモートセンシングによる位置計測

リモートセンシング(remote sensing) は，いうなれば非接触での物体判読の技術といえます。例えば溶鉱炉の中の温度を非接触で測るのに，光の色や強さを測って温度を求める手法は，まさにリモートセンシングです。

ロケット開発は，1920年代に始まり，1957年にソ連が世界初の**人工衛星**(artificial satellite)であるスプートニクを打ち上げました。その後，人工衛星の開発は目覚ましく，1960年代にはアポロ計画で人を月にまで送り込んでいます。そして，人工衛星から地球を観測するようになります。**衛星リモートセンシング**(satellite remote sensing) は，1970年代に生まれた技術で，気象の状態や地表の状態を測ることから始められました。アメリカの海洋気象衛星 NOAA や陸域観測衛星 Landsat は，この時代に登場したものです。これらの衛星リモートセンシングは，位置を測る目的ではありませんでしたが，その後ステレオ画像を取得できる人工衛星の登場により，三次元での位置計測も可能となっています。フランスの SPOT はその代表例です。その後，ドイツの MOMS，日米合作の Terra ASTER，日本の ALOS PRISM 等，多くのステレオ画像が利用でき，詳細な三次元計測ができるようになっています。

本章では，衛星による位置計測について解説します。基本的には「画像を用いた位置計測」の章に準ずるものです。一般に写真測量においては，外部標定要素であるカメラの位置と姿勢を基準点を用いて求める必要があります。航空写真の場合には，最近では GNSS によりカメラの位置をリアルタイムに近い状態で求め，慣性計測装置（加速度計の組み込まれたもので Inertial Measurement Unit: IMU と呼ばれている）により，姿勢も基準点を用いずに求めることができるようになってきました。人工衛星の場合にも GNSS を搭載することで衛星の位置を計測することができますし，スター・トラッキングと呼ばれる人工衛星自身でいくつかの恒星の位置を観測することで衛星自身の姿勢を求めることも可能となってきました。もともと，人工衛星は航空機に比べて軌道が安定しているため，軌道情報が解れば人工衛星の位置を推定することもできます。そこで本章では，まず始めに人工衛星の軌道を学ぶために必要な基礎的な力学について解説したあと，人工衛星の軌道推算，人工衛星ステレオ画像による三次元計測手法について解説します。

第 6 章　衛星リモートセンシングによる位置計測

6.1　力学基礎

人工衛星を用いて測る場合，人工衛星の位置を推算することが第一に重要となります。その後は画像計測の延長線上にあるといえます。そこで本節では人工衛星の位置推算において基礎となる力学について解説します。

6.1.1　運動の法則

静止している物体に力を加えると，運動したり，変形したりします。物体の運動のみについて考えるため，ひとまず変形しないものとすれば，加わった力は全て運動のために働きます。つまり力によって速度が与えられ，それが変化します。**速度**(velocity) とは，単位時間あたりの距離の変化量です。そして，速度の時間的な変化は，加速すると表現しています。**加速度**(acceleration) とは，単位時間あたりの速度の変化量です。したがって，速度 v は距離の変化量 x を時間 t で微分したものと定義され，加速度 α は速度 v を時間 t で微分したものと定義できます。

$$v = \frac{dx}{dt} \tag{6.1}$$

$$\alpha = \frac{dv}{dt}$$

$$= \frac{d^2x}{dt^2} \tag{6.2}$$

何の抵抗も受けない場において，ある一定の速度で運動している物体は，力が加わらない限り速度の変化はありません。その速度で動き続けようとします。これを**慣性の法則**(law of inertia) と呼んでいます。慣性の法則は，ニュートンが運動の法則として挙げている 3 つの法則のうちの第一法則です。1687 年にニュートンが発表したプリンキピアという書物に，この運動の法則についても記されています。

ある一定の速度 v_0 で直線上に進んでいる物体があるとしましょう。いわゆる**等速運動**(uniform motion) です。時刻 $t = 0$ において物体が x_0 を通過したとき，ある時刻 t における物体の位置 x は，t の関数で次式のように表すことができます。

$$x = v_0 t + x_0 \tag{6.3}$$

もともと速度とは，単位時間あたりの位置の変化なので，距離の変化量を時間で微分することで得られました。したがって，逆に移動後の位置を求めるには，速度 v_0 について，t で積分すれば良いこととなり，上式となるわけです。

次に速度が変化するような加速度運動を考えましょう。速度の変化が時間的に一定のときは，加速度が一定で，いわゆる**等加速度運動**(uniform accelerated motion) となります。ある一定の加速度 α で直線上に進んでいる物体があるとします。時刻 $t = 0$ において物体

の速度が v_0 のとき，ある時刻 t における物体の速度 v は，t の関数で次式のように表すことができます．

$$v = \alpha t + v_0 \tag{6.4}$$

時刻 $t = 0$ において物体が x_0 を通過したとき，ある時刻 t における物体の位置 x は，上式を t で積分した関数で次式のように表すことができます．

$$x = \frac{1}{2}\alpha t^2 + v_0 t + x_0 \tag{6.5}$$

さて，以上のことを踏まえて，ボールを投げたときの軌跡について考えてみます．ボールを投げるとき，ボールが加速を受けるのは，振りかぶってボールが手から離れるまでの時間です．その後ボールは慣性の法則に従って等速運動をしようとしますが，**重力**(gravity) の作用によって落下します（ここでは，空気抵抗は無視することとします）．重力は地球の中心に向かって物体を引っ張る力で，引力とも呼ばれています．したがって重力は，速度を変化させているので，立派に力といえます．そして重力は，地表においてはほぼ一定なので，ボールに対して下向きの加速度を常にもたらします．例えば，斜め上にボールを投げたとすると，手から離れた瞬間のボールの速度 v_0 は，ベクトルで水平方向の x 成分と鉛直方向の y 成分に分解することができます．投げ上げる角度を x 軸から角度 θ で表すと，それぞれの速度成分は，次式で表すことができます．

$$\begin{cases} v_x = v_0 \cos\theta \\ v_y = v_0 \sin\theta \end{cases} \tag{6.6}$$

x 成分については，慣性の法則に従い，そのままの速度を保つのですが，y 成分については，重力が下向きに働きます．したがって y 成分の速度は，時間とともに変化します．**重力加速度**(gravitational acceleration) の値を g としたとき，向きは下向きなので，それぞれの速度成分は，次式で表すことができます．

$$\begin{cases} v_x = v_0 \cos\theta \\ v_y = -gt + v_0 \sin\theta \end{cases} \tag{6.7}$$

この式は，数学でいえば t を媒介変数として表している連立方程式です．ボールの位置は，上式を t で積分すれば良いので，次式で表すことができます．なお，原点は手を離れた瞬間の位置としています．

$$\begin{cases} x = v_0 \cos\theta\, t \\ y = -\frac{1}{2}gt^2 + v_0 t \sin\theta \end{cases} \tag{6.8}$$

下のグラフは，$v_0 = 30$ m/s (108 km/h)，$\theta = 45°$ のときのボールの軌跡を上式に従って描いたものです．グラフにおける矢印は，各点における速度の成分を示しました．なお，重力加速度 g の値は，9.8m/s^2 を利用しましたが，重力加速度については，万有引力の法則の項でさらに解説します．

第 6 章　衛星リモートセンシングによる位置計測

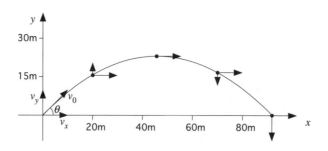

このグラフより，このボールは，放物線を描き，飛距離は約 90m であることが解ります。

さて，次に力について解説します。**力と運動の法則**(law of motion) が，ニュートンの運動の法則においては第二法則として記されています。物体の質量を m，それを動かすときの加速度を α とすると，**力**(force) F は，次式で表されます。

$$F = m\alpha \tag{6.9}$$

力は質量と加速度のかけ算で表しています。同じ加速度で動かすのに，質量の大きいものは大きな力が必要であることを示しています。力の単位としては N（ニュートン）が利用されています。質量が 1kg の物体に 1m/s^2 の加速度を与える力を 1N としている。ところで，力と加速度は，それぞれ向きと大きさを持つので，ベクトルで表現し，$\boldsymbol{F} = m\boldsymbol{\alpha}$ とも表現できます。

ここで**質量**(mass) とは，重さに関わる本質的な量と考えれば解りやすいかもしれません。重さは，質量に比例します。人間が感じる重さは，重力や浮力の作用によって，同じ物体であっても異なります。5kg の鉄アレイでも，水の中では軽く感じますし，さらに重力の小さい宇宙ステーションの中では極めて軽く持ち上げることができます。したがって，浮力や重力の作用によって重さは，変わってきます。重力によって変わることのない物体自身の量が質量ということになります。バネばかりは，重力の作用を利用した重さを測る道具です。したがって重力の異なる場においては，バネばかりの値が異なります。一方，天秤ばかりは，分銅等の測る基準と比べることによって得られる値なので，重力の作用によらず，相対的な量の違いを測ることができ，質量を測る上では重要な機器となります。

運動の法則において第三法則は，**作用・反作用の法則**(law of action and reaction) です。ある物体に力を与えた場合，その物体からも力を返し，その大きさは等しいというものです。A から B に与えた力を $\boldsymbol{F}_a$，B から A に返って来た力を $\boldsymbol{F}_b$ とすると，次式で表すことができます。

$$\boldsymbol{F}_a + \boldsymbol{F}_b = 0 \tag{6.10}$$

力は，ベクトルで表現しており，$\boldsymbol{F}_a$ と $\boldsymbol{F}_b$ は，逆向きであるため，その和はゼロとなります。これは，運動量の保存則を示しているものです。

運動量(momentum)$\boldsymbol{p}$ は，次式のように質量 m と速度 $\boldsymbol{v}$ の積によって表現されます。

$$\boldsymbol{p} = m\boldsymbol{v} \tag{6.11}$$

6.1. 力学基礎

この運動量と力との関係をみると，$F = m\alpha$ で，速度 v を時間 t で微分したものが加速度 α ですから，次のように表すことができます。

$$F = \frac{d}{dt}(mv) \tag{6.12}$$

つまり，運動量を時間で微分したものが力であるといえます。運動量が変化するということは，力が働いているということでもあります。この運動量が保存されるということを考える場合，例えば速度が一定の場合，その運動量も一定で，$F = 0$ となります。したがって，力が与えられない限り速度は一定を保つこととなり，慣性の法則を表しているのです。

物体に力を与えて，どれだけの距離を動かしたかで仕事量が求まります。**仕事**(work) W は，力 F と移動距離 r との積で次式のように表すことができます。

$$W = F \cdot r \tag{6.13}$$

ここで積というのは，内積になります。下図は，ある物体を力 F によって移動させた図を描いています。

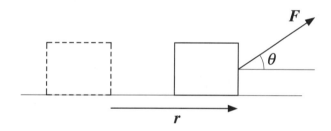

力の方向と移動距離の方向とが異なる場合，内積で表すと $|F||r|\cos\theta$ となり，矛盾はありません。しかも仕事は，方向を持たないスカラー量となります。仕事の単位は J（ジュール）であり，1J は 1N の力で 1m 移動させる仕事量とされています。また仕事には時間がかかるものですが，単位時間あたりの仕事を**仕事率**(power) と呼んでいます。仕事率の単位は W（ワット）であり，1W は 1 秒間あたり 1J の仕事率として定義されています。

仕事によって，物体にエネルギーが蓄えられることがあります。エネルギーの定義は，様々なものがあるのできちんとした表現は困難なのですが，重力が下向きに働いている場において，物体を上に移動させる仕事をすると，その仕事量は物体に**位置エネルギー**(potential energy) として蓄えられます。つまり，エネルギーの単位は仕事の単位 J と同じです。そして手を離せば，物体は落下し始めます。その後，物体は速度を増し，元の位置に達したとき，蓄えられたエネルギーは，全て**運動エネルギー**(kinetic energy) に変換されているのです。

ここで，運動エネルギーについて考えてみましょう。仕事量は，式 (6.13) で与えられていました。仕事量は，力を移動距離で積分したものといえます。したがって，運動の方程

第6章 衛星リモートセンシングによる位置計測

式である $\boldsymbol{F} = m\boldsymbol{\alpha}$ を用いて，移動距離 $\boldsymbol{r}$ で積分すると，以下のようになります。

$$
\begin{aligned}
W &= \int m\boldsymbol{\alpha} d\boldsymbol{r} \\
&= \int m\frac{d\boldsymbol{v}}{dt} d\boldsymbol{r} \qquad \boldsymbol{v} = \frac{d\boldsymbol{r}}{dt} \text{ より}\\
&= \int m\boldsymbol{v} d\boldsymbol{v} \\
&= \frac{1}{2}m\boldsymbol{v}^2
\end{aligned}
\tag{6.14}
$$

なお，$\boldsymbol{v}^2 = \boldsymbol{v} \cdot \boldsymbol{v}$ であり，スカラー量となります。

位置エネルギーと運動エネルギーとの和は，**力学的エネルギー**(mechanical energy) と呼ばれています。この力学的エネルギーは，常に一定になろうとする性質を持っています。

6.1.2 円運動

下図のように原点を中心とし，半径 r の円周上を周回している物体 P を考えます。

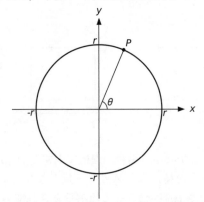

このとき，P の座標は，半径 r と角度 θ を用いて次式で計算することができます。

$$
\begin{cases} x = r\cos\theta \\ y = r\sin\theta \end{cases}
\tag{6.15}
$$

この物体が等速円運動をしているとき，単位時間あたりに進む角度が一定です。そこで角速度を定義し，利用することにしましょう。**角速度**(angular velocity)ω とは，単位時間 t あたりの角度 θ の変化量のことであり，次式で表すことができます。

$$
\omega = \frac{d\theta}{dt}
\tag{6.16}
$$

この角速度 ω が一定であれば，角度は $\theta = \omega t$ となります。したがって，等速円運動をしている物体の座標は，次式で表現することができます。

$$
\begin{cases} x = r\cos\omega t \\ y = r\sin\omega t \end{cases}
\tag{6.17}
$$

円周上の位置の変化量は，角度がラジアンの単位であれば，$r\theta$ となります．よって速度 v は次式で計算できます．

$$v = \frac{d(r\theta)}{dt} = r\frac{d\theta}{dt} = r\omega \tag{6.18}$$

一方，これを成分で表すと，各成分での位置の変化量を時間で微分すれば良いので，次式となります．

$$\begin{cases} v_x = \frac{dx}{dt} = -r\omega\sin\omega t = -\omega y \\ v_y = \frac{dy}{dt} = r\omega\cos\omega t = \omega x \end{cases} \tag{6.19}$$

ここで，成分に分解されている速度を合成し，大きさを求めると，以下のようになります．

$$\begin{aligned} v &= \sqrt{v_x^2 + v_y^2} \\ &= \omega\sqrt{(-y)^2 + x^2} \\ &= r\omega \end{aligned} \tag{6.20}$$

したがって，矛盾はありません．

さらに加速度は，速度の変化量を時間で微分すれば良いので，次式で計算できます．

$$\begin{cases} \alpha_x = \frac{dv_x}{dt} = -r\omega^2\cos\omega t = -\omega^2 x \\ \alpha_y = \frac{dv_y}{dt} = -r\omega^2\sin\omega t = -\omega^2 y \end{cases} \tag{6.21}$$

これを物体の位置を $\boldsymbol{r} = (x,y)$ としてベクトルで表現すると，次式のようになります．

$$\boldsymbol{a} = -\boldsymbol{r}\omega^2 \tag{6.22}$$

符号が負になっていますが，加速度の向きは，$\boldsymbol{r}$ の逆向き，つまり中心に向かう方向であることを示しています．

等速円運動をしている物体は，周期的に同じ位置を通過します．ある点を通過し，再びその点を通過するまでの時間を**周期**(period) と呼んでいます．周期の単位は，一般に時刻の単位が使われます．周期 T は，角速度 ω より求めることができます．回転により移動した角度 θ は，ωt より計算でき，この角度が 2π となる t を求めれば良いので次式が得られます．

$$T = \frac{2\pi}{\omega} \tag{6.23}$$

周期は，一周に要した時間であるのに対して，一定時間に何回周回したかを表すこともできます．これを**振動数**(frequency) と呼んでいます．1秒あたりの周回数は，Hz（ヘルツ）という単位で表現しています．振動数 ν と周期 T との関係は，逆数の関係にあり，次式で表現できます．

$$\nu = \frac{1}{T} \tag{6.24}$$

角速度や周期，振動数等のパラメータは，回転運動だけでなく振動する現象においても使われる重要なものです．

第6章　衛星リモートセンシングによる位置計測

6.1.3　角運動量

　回転させる力は，**モーメント**(moment) や**トルク**(torque) と呼ばれています．例えば，下図のように O から離れた所に力 F がかかっている状態を示しています．

　点 O の周りのモーメント N は，O からの距離 r とそれに直角方向の力 F との積によって計算することができます．

$$N = rF \tag{6.25}$$

同じ力でも r が大きくなれば，大きなモーメントを与えることを意味しています．例えば，栓抜きの柄の長さは，長いほど小さな力で栓を抜くことができますが，これこそモーメントを利用した実例です．

　次に，力が直角でなく，斜めに働いているときはどうなるかを考えてみましょう．下図は，その状態を表したもので，ベクトルで表された $\boldsymbol{r}$ の位置に斜め向きの力 $\boldsymbol{F}$ がかかっており，その力もベクトルで表現されています．

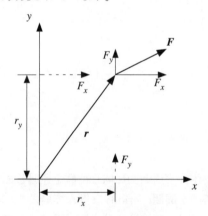

　このとき，原点を中心とするモーメントは，$\boldsymbol{F}$ を x 成分と y 成分に分解し，それぞれの軸上でのモーメントを考えれば良いです．x 軸上の r_x においては，F_y の力が上向きに働いており，y 軸上の r_y においては，F_x の力が右向きに働いています．「データ処理」の章の三次元回転行列で示したように，回転の方向は左回りが正なので，x 軸におけるモーメントは $r_x F_y$ となり，y 軸におけるモーメントは $-r_y F_x$ となります．したがって，原点周りのモーメントの合計は，次のようになります．

$$N = r_x F_y - r_y F_x \tag{6.26}$$

この式は，ベクトルの外積と同じ計算式です．再度，式 (1.82) を確認して下さい．改めて外積を用いてモーメントを表現すると，次のようになります．

$$\boldsymbol{N} = \boldsymbol{r} \times \boldsymbol{F} \tag{6.27}$$

三次元空間においても成り立つので，非常に簡単にモーメントを表すことができます。

運動量は，$p = mv$ で表しました．**角運動量**(angular momentum) は，運動量 p と位置ベクトル r との外積で定義されています．したがって，角運動量 L は次式で表されます．

$$L = r \times p \tag{6.28}$$

下図は，角運動量の概念を示したものです．ある方向に等速直線運動をしている物体を考えたとき，角運動量の大きさは，運動量 p と位置ベクトル r とが作る平行四辺形の面積に等しいのです．つまり図に示した三角形の面積の2倍となります．

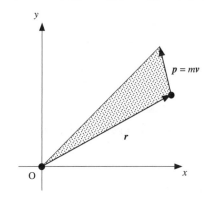

この物体がどんどん進んで行ったとしても，単位時間あたりの外積の大きさは変わらないので，角運動量が保存されているといえます．等速円運動においても常に一定の角運動量で運動しており，やはり角運動量は保存されています．

さて，角運動量を表す式に着目しましょう．質量を m，速度を v とすると，運動量 $p = mv$ となります．そして，速度 v を角速度 ω と半径 r を用いれば，$v = \omega r$ です．したがって，角運動量は，次式のように表すことができます．

$$\begin{aligned} L &= mvr \\ &= mr^2 \omega \end{aligned} \tag{6.29}$$

運動量は速度かける質量で，角運動量は，角速度かける mr^2 といえます．この mr^2 を**慣性モーメント**(moment of inertia) と呼び I で表します．慣性モーメントは，回転のしやすさを表す指標となります．

この慣性モーメントは，構造力学でいう**断面二次モーメント**(geometrical moment of inertia) に相当します．断面二次モーメントの場合は，ある断面において質量を面積で表したものにすぎません．

6.1.4　万有引力の法則

ニュートンは，1687年「プリンキピア」において万有引力の法則を解説しています．惑星や衛星の運動が，直線運動ではなく，太陽や地球に引き寄せられるようになりながら円

第6章 衛星リモートセンシングによる位置計測

錐曲線の軌道を保って運動していること等から，引力の存在を導きました。惑星と太陽，木星の衛星と木星，月と地球等の2つの物体の間には，引っ張る力が及ぼし合っています。そしてその引力は，2つの物体間の距離の二乗に反比例するという法則を発見しました。

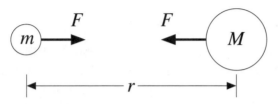

上図において，2つの物体の質量を m, M，物体間の距離を r とすると，引っ張り合う力は，次式で表されます。これが，万有引力を表す式です。

$$F = G\frac{Mm}{r^2} \tag{6.30}$$

ここで G は万有引力定数で，一定の値とされています。初めて万有引力定数が求まったのは，万有引力の法則の発見から100年余り後の18世紀の終わりのことです。1798年にキャベンディッシュ(Cavendish)が2つの錘の引力を測ることに成功したことから，後年に万有引力定数が導かれました。それまで地球の質量は求められていませんでしたが，万有引力定数が求まったことで，地球の半径，重力加速度より，地球の質量を求めることが可能となりました。現在，この万有引力定数は，一般に次の値が用いられています。

$$G = 6.672 \times 10^{10} \mathrm{m^3/kg/s^2}$$

さて，この式 (6.30) において，太陽の周りを回る惑星の運動に適用するため，太陽の質量 M を入力しますが，その値を入力したときの GM も定数となり，これは日心重力定数 G_s と呼ばれています。地球の周りを回る衛星の運動においても同様で，その定数は地心重力定数 G_e と呼ばれています。それぞれの値は，以下のとおりです（天文年鑑より）。

$$G_s = 1.32712438 \times 10^{20} \mathrm{m^3/s^2}$$
$$G_e = 3.986005 \times 10^{14} \mathrm{m^3/s^2}$$

ここで，運動の法則である $F = m\alpha$ との関係を考えると，万有引力の法則における加速度の項は，$G\frac{M}{r^2}$ となります。したがって，地球の中心から地球表面までの距離，つまり地球の半径の値を入力すれば，地表での重力加速度 g が求まります。例えば，地球の赤道半径として 6378140m を入力すると，$g = 9.79827 \mathrm{m/s^2}$ となり，高校での物理の授業で利用した重力加速度である $9.8\mathrm{m/s^2}$ が導かれます。

ところで，太陽の質量についてはどのように求めるのでしょうか。地球の公転周期から円運動での加速度が求まり，太陽と地球の距離が解れば，万有引力の法則により太陽の質量も求まります。ただし，太陽と地球との距離は，非常に遠いために直接測ることは困難です。地球の半径分の長さの基線（北極と南極を結ぶ線）を使って三角測量により間接的に測るにしても視差は，0.00243°(8.75")と僅かのため，十分な精度で測ることは困難です。

現代の精度の高い測量機器で，0.000278°(1.00")程度の精度なので，これを用いて測ったとしても1/10程度の精度でしか測ることができません．太陽と地球との距離は困難なのですが，火星であれば大接近時に比較的近い距離を通過するので三角測量によりそれを測ることは可能です．地球と火星との距離の計測に成功したのはカッシーニ(Cassini)で，フランスのパリとギアナのカイエンヌとを基線として三角測量により求めました．1672年のことです．この測量において重要なのは，火星は動いているため，パリとギアナから同時に観測する必要があります．電話もなく正確な時計もなかった当時の同期観測には，なんと木星の衛星が利用されていたそうです．木星の衛星のうち，4つは非常に大きく，比較的小さな望遠鏡でも見ることができます．したがって，4つの衛星の運動を観測することができ，その運動の状況を時計代わりに利用するのです．これにより地球と火星までの距離を測ったといわれています．

当時，次節で解説するケプラーの法則により，太陽と惑星との距離は，相対的な値しか解っていませんでした．現在でも太陽と地球との距離を1AU（天文単位）で表すことが多いです．カッシーニにより，地球と火星との距離が求まったことで，それを絶対値で表すことができ，太陽と地球との距離も間接的ですが，求めることができたのです．太陽と地球との距離が求まったことで，万有引力の法則を用いて，太陽の質量を始め各惑星の質量も求まりました．現在でも太陽と地球との距離は，直接測っていません．レーザーを用いて金星までの距離を精密に測り，それをもとに太陽と地球との距離を求めているようです．

6.2 ケプラー(Kepler)の法則

太陽の周りを運動する惑星，地球の周りを運動する衛星は，常にほぼ同じ**軌道**(orbit)を描いています．そしていずれも**ケプラーの法則**(Kepler's laws)に則っています．1619年にケプラーは，火星と地球と太陽の見かけの動きから，惑星の運行に関する三つの重要な法則を発表しました．その後ニュートンは，1687年「プリンキピア」において万有引力の法則を用いてケプラーの法則を理論的に説明しています．ここでは，そのケプラーの法則について，人工衛星の運動を例に万有引力の法則を用いながら解説します．

6.2.1 ケプラーの第一法則

地球を周回する人工衛星は，**楕円軌道**(elliptic orbit)を描き，地球の重心は，楕円軌道の一つの焦点に位置します．これがケプラーの第一法則です．通常，楕円軌道の長半径はa，離心率はeで表します．

第6章　衛星リモートセンシングによる位置計測

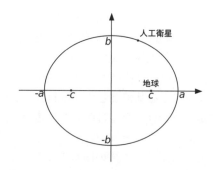

太陽の周りを回る惑星も同様です。この法則が発見されるまで、惑星は円運動していると考えられていました。しかし、円運動として惑星の軌道を決定し、地球から見る惑星の位置を予測したとしても誤差が発生してしまうため、天動説を完全に覆すことはできなかったのです。ところが、ケプラーがこの法則を発見してから、非常に正確に惑星の位置を計算できるようになったのです。

6.2.2　ケプラーの第二法則

人工衛星が円軌道を描く場合は、その運動は**等速円運動**(uniform circular motion) となります。ところが、楕円軌道を描くときは、ケプラーの第1法則より、地球の重心が楕円軌道の一つの焦点に位置するため、軌道上の場所によって重力の大きさが変化します。重力 F は、ニュートンの**万有引力の法則**(laws of gravity) により、以下の式で与えられていました。

$$F = G\frac{Mm}{r^2} \tag{6.31}$$

ここで G は万有引力定数、M は地球の質量、m は人工衛星の質量、r は人工衛星と地球との距離です。この式より重力は、地球に近いとき大きく、遠いとき小さくなります。そして、角運動量保存則からみても、地球と人工衛星の経路から描ける面積が単位時間あたり一定という**面積速度一定**(areal velocity) のケプラーの第二法則が導かれます。下図はその様子を示したものです。塗りつぶされた部分の面積は同じとなるように描いています。このように人工衛星は、単位時間あたり地球と人工衛星の描く軌道とで描かれる面積が同じで、地球に近いほど速度が速く、地球から遠いほど速度が遅いことになります。

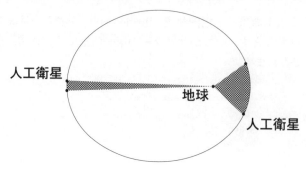

6.2. ケプラー (Kepler) の法則

角運動量保存則を適用すると，この面積速度一定が導かれるのですが，ここでは，図解的に面積速度一定について解説してみます。下図において点 O は地球の位置を表し，人工衛星が A, B, C, D と通過して行く様子が描かれています。

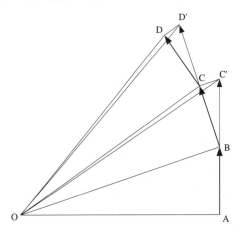

人工衛星が地球の重力の影響を受けない場合は，A から B を通過後もまっすぐ進み，C' に向かいます。このとき重力を受けない場合でも点 O において描かれる面積速度△ OAB と △ OBC' は等しくなります。点 O と直線 AB, BC' との垂直距離は変わらないからです。ここで，地球の重力を考慮してみましょう。点 B において重力により C' から C に引き戻されると考えれば簡単です。このとき，引き戻される方向は，点 B において点 O に向かう方向です。したがって，OB と CC' は平行ですから，△ OBC' と△ OBC も等しくなります。これは，点 D に向かう時も同様です。したがって，面積速度一定とみなすことができます。

それでは，ケプラーの第 2 法則を式で表してみましょう。そのためには，下図において人工衛星が A から P へ動く面積 CAP を求めなければなりません。

第6章　衛星リモートセンシングによる位置計測

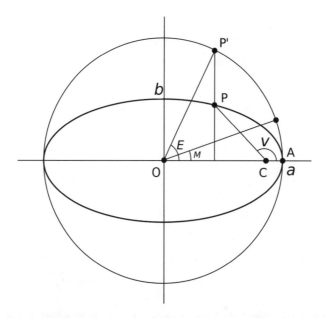

衛星の位置を円軌道に投影したP'を考え，その角度をE（ラジアン）とおくと，扇型面積OAP'は以下の式で求められます。

$$OAP' = \pi a^2 \frac{E}{2\pi}$$
$$= \frac{1}{2}a^2 E \tag{6.32}$$

楕円の扇型面積OAPは扇形面積OAP'の$\frac{b}{a}$なので，楕円の扇形面積OAPは以下の式となります。

$$OAP = \pi a^2 \frac{E}{2\pi}\frac{b}{a}$$
$$= \frac{1}{2}abE \tag{6.33}$$

したがって，地球を中心とする楕円の扇形面積CAPは，楕円の扇形面積OAPから三角形OCPを引けば求まります。OCの距離は**離心率**eを用いるとae，高さは$b\sin E$なので，次式が得られます。

$$CAP = \frac{1}{2}abE - \frac{1}{2}aeb\sin E$$
$$= \frac{1}{2}ab(E - e\sin E) \tag{6.34}$$

この扇形面積CAPが単位時間あたり一定なので，AからPへ移動するのに要した時間をtとすれば面積速度が計算できます。一方，楕円軌道の全面積と人工衛星の公転周期をTを用いても面積速度が計算できます。面積速度一定により，これらは等しいことから，以下の式を得ることができます。

$$\frac{\frac{1}{2}ab(E - e\sin E)}{t} = \frac{\pi ab}{T} \tag{6.35}$$

この式を整理すると，次のようになります．

$$E - e\sin E = \frac{2\pi}{T}t \tag{6.36}$$

ここで，E は**離心近点角**(eccentric anomaly) と呼ばれている変数です．また $\frac{2\pi}{T}t$ は角度を意味し，**平均近点角**M(mean anomaly) と呼ばれています．この平均近点角 M は，人工衛星が円軌道を描くときの位置とみなすことができます．したがってこの式は，半径 a の円軌道を描く人工衛星の公転周期と長半径が a の楕円軌道を描く人工衛星の公転周期は同じであることも示しています．

6.2.3 ケプラーの第三法則

ケプラーの第三法則は，軌道半径と周期との関係に関するものです．円軌道を考えた場合，軌道半径 r の人工衛星のスピード v は，公転周期を T，振動数を ν，角速度を ω とすると以下の式で表されます．

$$\begin{aligned} v &= \frac{2\pi r}{T} \\ &= 2\pi r \nu \\ &= r\omega \end{aligned} \tag{6.37}$$

なお，**振動数**(frequency) とは，単位時間あたりの公転回数であり，$T = 1/\nu$ です．また，**角速度**(angular velocity) は単位時間あたりの角度（ラジアン）です．

次に**等速円運動**(uniform circular motion) における加速度 α を求めましょう．既に等速円運動の加速度については求めましたが，ここでは図解的に求めてみましょう．まず重力がなければ，慣性の法則に従い天体は**等速直線運動**(uniform motion) となるのですが，円運動の場合，速度が一定であっても速度の方向が変化するので，その分加速度も発生しています．下図は，速度 v で等速円運動している人工衛星が点 A から点 B に動いた時の速度の方向と大きさを示しています．いずれも接線方向の速度ベクトルです．図の右側には，点 A と点 B における人工衛星の速度ベクトルを出発点を同じにして描いています．この二つのベクトルのなす角度は，∠AOB つまりこの図より速度の変化は，$\Delta\theta$ に等しくなります．そして速度ベクトルの変化は，Δv だけ発生したことになります．

第 6 章　衛星リモートセンシングによる位置計測

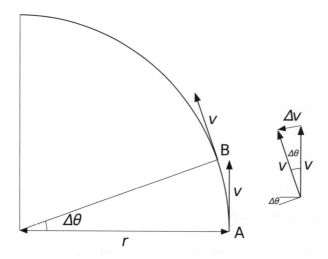

時間あたりの速度の変化が解れば，加速度は求まります．点 A から点 B に移動するまでの時間が Δt だったとすると，加速度 α は，以下の式で表されます．

$$\alpha = \frac{\Delta v}{\Delta t} \tag{6.38}$$

ここで，$\Delta \theta$ が小さい時は，Δv は半径 v の弧の長さで近似できることから $\Delta v \approx v\Delta\theta$ で表すことができます．また，$\Delta\theta$ を角速度 ω を使って表すと，$\Delta\theta = \omega\Delta t$ となります．したがって，加速度 α は以下のように表すことができます．

$$\begin{aligned}\alpha &= \frac{\Delta v}{\Delta t} \\ &= \frac{v\Delta\theta}{\Delta t} \\ &= v\omega \\ &= \frac{v^2}{r} \\ &= \frac{4\pi^2 r}{T^2}\end{aligned} \tag{6.39}$$

式 (6.22) と同じ結果となりました．

一方，式 (6.30) の万有引力の法則から，$F = m\alpha$ を利用し，以下の式が成り立ちます．

$$m\frac{4\pi^2 r}{T^2} = G\frac{Mm}{r^2} \tag{6.40}$$

式を整理すると次式を得ます．

$$\frac{r^3}{T^2} = \frac{GM}{4\pi^2} \tag{6.41}$$

これが，ケプラーの第三法則です．この意味は，公転周期の二乗と軌道半径の三乗とが比例関係にあるというものです．つまり，軌道半径が分かれば，公転周期が求まることを意

味します。ケプラーが発見した法則をニュートンが見出した万有引力の法則によって説明することができたわけです。

ところで，楕円運動でもケプラーの法則は成り立つのか心配ですが，同じ長半径の楕円軌道を描くものにおいては，細長くても円に近くても同じ周期となります。円運動の場合，地球の位置は円の中心となります。楕円となった場合，地球は一つの焦点に位置し，ケプラーの第二法則によって地球に近い時は速く，遠い時は遅く運動します。つまり，結果として長半径を円の半径とする軌道の周期と同じになるのです。したがってケプラーの第三法則は，公転周期の二乗と軌道長半径の三乗とが比例関係にあるということを表しています。

6.3 人工衛星位置推算の基礎

6.3.1 天体の軌道

天体の軌道は，様々な傾きを持つため，幾つかのパラメータを定義したうえで軌道を表現しています。太陽の周りを周回する惑星も地球の周りを回る人工衛星も万有引力の法則にそって運動しているので同じと考えてかまいません。そこで本節においては，人工衛星に焦点を絞り，軌道パラメータを用いて，ある時刻に人工衛星がどこに位置しているかを計算する手法について解説します。下図は，軌道の概念図を表したものです。

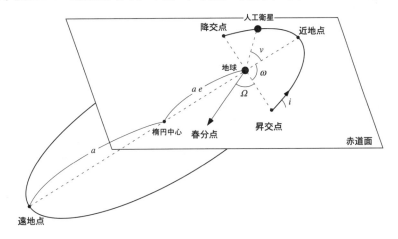

幾つかの専門用語があるので，それについてまず解説しておきます。人工衛星の軌道は，既に述べたように楕円軌道です。したがって，地球に最も近づく点と最も遠ざかる点があります。最も近づく点を**近地点**(perigee)，最も遠ざかる点を**遠地点**(apogee) と呼んでいます。そして，人工衛星の軌道面は，地球の赤道面と一致していないため，角度がついています。そのため，人工衛星の周回運動においては，赤道面を 2 回通過します。このうち，南から北に横切る点を**昇交点**(ascending node)，北から南に横切る点を**降交点**(descending node) と呼んでいます。下表は，位置推算に必要な軌道パラメータを表したものです。たくさんのパラメータが必要であることが解ります。地球に近い軌道の人工衛星の場合，地球が回

第6章 衛星リモートセンシングによる位置計測

表 6.1: 軌道パラメータ

パラメータ	意味	単位
元期 ET	軌道要素を確定した時刻	days
近地点引数 ω	近地点と昇交点のなす角	degree
軌道傾斜角 i	人工衛星の軌道面と赤道面とのなす角度	degree
昇交点赤経 Ω	春分点と昇交点のなす角度	degree
離心率 e	楕円の形を表す数値	無次元
平均近点角 M_0	元期における人工衛星の位置を表す角度	degree
平均運動 M_1	人工衛星の一日あたりの周回数	rev/day
平均運動変化係数 M_2	平均運動の変化割合	rev/day^2

転楕円体であることから，赤道通過時と北極南極通過時とで重力が異なり，これらの軌道要素が一定とならない場合があるので注意が必要です．特に人工衛星の位置を求めたい日付が，軌道要素の元期から離れていると誤差が大きくなるので注意が必要です．

6.3.2 軌道面上の位置

軌道長半径の計算

軌道面上の位置を求めるには，まず楕円軌道の形を決定する軌道長半径 a と離心率 e が必要となります．楕円軌道における実際の衛星の位置 $P(x_p, y_p)$ は，P を円軌道に投影した P' の位置，つまり，∠AOP' がわかれば計算できます．∠AOP' は先にも述べたが，離心近点角 E です．

$$\begin{cases} x_p = a\cos E \\ y_p = b\sin E = a\sqrt{1-e^2}\sin E \end{cases} \quad (6.42)$$

6.3. 人工衛星位置推算の基礎

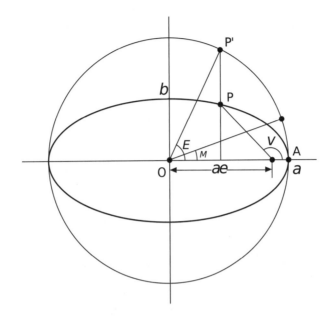

離心近点角 E は，ケプラーの第2法則により求めることができますが，その前に軌道長半径 a を計算する必要があります．公転周期 T が分かれば，次式のケプラーの第3法則により，軌道長半径 a を計算できます．

$$\frac{a^3}{T^2} = \frac{GM}{4\pi^2} \tag{6.43}$$

なお，係数 GM は，地球周回軌道の人工衛星の場合，次の値となっています．

$$\begin{aligned}GM &= 3.986005 \times 10^{14} (\mathrm{m^3/s^2}) \\ &= 2.975537 \times 10^{15} (\mathrm{km^3/day^2})\end{aligned} \tag{6.44}$$

ニュートンラフソン法による離心近点角 E の計算

次にケプラーの第2法則により E を求めましょう．次式はその第2法則を式で表したものです．

$$E - e\sin E = \frac{2\pi}{T}t = M \tag{6.45}$$

ケプラーの第2法則において，人工衛星が最も地球に近づく位置（近地点 A）を $t = 0$ とすると，そのときの通過時刻が分かれば，任意の時刻における軌道面上の衛星の位置を計算することができます．

また，ケプラーの第2法則の右辺の平均近点角 M は，人工衛星が円軌道を描くときの軌道上の位置とみなすことができ，それと対応する時刻の楕円軌道上の位置を離心近点角 E で表すことができます．したがって，ある時刻における M の値が分かれば，任意の時刻における軌道面上の衛星の位置を計算することができます．

第 6 章　衛星リモートセンシングによる位置計測

　彗星などの放物軌道や細長い楕円軌道の場合は，近地点通過時刻が与えられる場合が多く，人工衛星などの円軌道に近い楕円軌道の場合は，ある時刻における平均近点角が与えられます。

　実際に軌道面上の位置を求めるには，ある時刻における平均近点角 M が与えられ，求めたい時刻の離心近点角 E を計算するわけですが，ケプラーの第 2 法則の式は非線形方程式のために単純に解を求めることはできず，近似計算によって解を求めなければなりません。

　近似計算の方法は，数々考案されていますが，この場合，最も簡単に解けるニュートン・ラフソン法を用いることができます。この方法については，既に解説しました。このニュートン・ラフソン法を用いてケプラーの第 2 法則を解いてみましょう。このとき関数は次式で与えられます。

$$f(E) = M - E + e \sin E \tag{6.46}$$

この関数 $f(E) = 0$ を満たす E を求めることになります。そのためには，まず初期値 E_0 を設定し，接線を求めるのですが，この接線の傾きは，関数 $f(E)$ を微分することによって求まります。

$$f'(E) = e \cos E - 1 \tag{6.47}$$

近似解 E_1 は，E_0 から解に ΔE_0 だけ近づきます。その近づく量は，接線の傾き $f'(E_0)$ より次式にて求まります。

$$f'(E_0) = \frac{f(E_0)}{\Delta E_0} \tag{6.48}$$

したがって ΔE_0 が求まるので，$E_1 = E_0 - \Delta E_0$ を計算し，次の近似解を求めます。この近似解を求めていくための各 ΔE の計算は，以下のように表現できます。

$$\begin{aligned}
\Delta E_0 &= \frac{f(E_0)}{f'(E_0)} \\
\Delta E_1 &= \frac{f(E_0 - \Delta E_0)}{f'(E_0 - \Delta E_0)} \\
\Delta E_2 &= \frac{f(E_0 - \Delta E_0 - \Delta E_1)}{f'(E_0 - \Delta E_0 - \Delta E_1)}
\end{aligned} \tag{6.49}$$

なお初期値 E_0 は，円に近い楕円軌道の場合は，M の値を直接初期値として利用できます。これにより E が求まり，人工衛星の軌道上の座標が計算できます。

軌道面上座標の計算

　人工衛星の軌道面上の座標 (U, V) は，離心近点角 E が求まれば，簡単に計算できます。座標の原点が，楕円の中心に位置し，軌道長半径に沿って U 軸方向，短半径に沿って V 軸方向を設定すれば，以下の式を得ます。

$$\begin{cases} U = a \cos E \\ V = b \sin E = a\sqrt{1-e^2} \sin E \end{cases} \tag{6.50}$$

6.3. 人工衛星位置推算の基礎

しかし，以下の図のように地球の中心を原点とする座標系の方が，地球から見た人工衛星の位置を決定するには都合が良いのです。

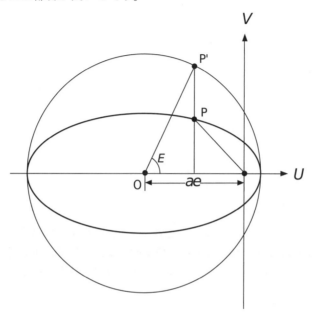

この座標系において人工衛星の軌道面上の座標 (U, V) は，以下のようになります。

$$\begin{cases} U = a\cos E - ae \\ V = a\sqrt{1-e^2}\sin E \end{cases} \quad (6.51)$$

6.3.3 地球中心を原点とする三次元座標

人工衛星の軌道面上の座標 (U, V) は，離心近点角 E が求まれば計算でき，次に地球中心を原点とする三次元座標を計算します。この計算のためには，地球と人工衛星の軌道との関係を決定するパラメータが必要となります。そのリストを以下に示します。

- 近地点引数 ω (Argument of perigee)：軌道面の平面 UV における軌道の傾きといえます。つまり，平面 UV に対して，鉛直方向の W 軸を考えたときの W 軸回りの回転角といえます。

- 軌道傾斜角 i (inclination angle)：地球の赤道面に対する軌道面の傾きを表します。軌道傾斜角が 0°のときは赤道軌道，軌道傾斜角が 90°のときは極軌道です。この角度は，地球中心の三次元直角座標を考えた場合，x 軸回りの回転といえます。

- 昇交点赤経 Ω (right ascension of ascending node)：人工衛星が地球の赤道面を横切る昇交点の位置を赤経で表したものです。この角度は，地球中心の三次元直角座標を考えた場合，z 軸回りの回転といえます。

第6章　衛星リモートセンシングによる位置計測

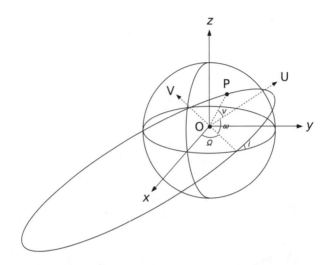

これらのパラメータより，人工衛星の軌道面上の位置 (U,V) を地球中心の三次元直角座標 (x,y,z) へ変換することができます．この変換には，三次元回転行列を用います．まず (U,V) を z 軸回りに ω 回転させ，続いて x 軸まわりに i，最後に再度 z 軸回りに Ω 回転させます．これを式で表すと，以下のようになります．

$$\begin{pmatrix} x \\ y \\ z \end{pmatrix} = \begin{pmatrix} \cos\Omega & -\sin\Omega & 0 \\ \sin\Omega & \cos\Omega & 0 \\ 0 & 0 & 1 \end{pmatrix} \begin{pmatrix} 1 & 0 & 0 \\ 0 & \cos i & -\sin i \\ 0 & \sin i & \cos i \end{pmatrix} \begin{pmatrix} \cos\omega & -\sin\omega & 0 \\ \sin\omega & \cos\omega & 0 \\ 0 & 0 & 1 \end{pmatrix} \begin{pmatrix} U \\ V \\ 0 \end{pmatrix}$$
(6.52)

これで，人工衛星の位置を地心直交座標系にて表すことができました．あとは，これを緯度経度と高度とに変換すれば，どこを通過しているかを求めることができます．

6.4 人工衛星位置推算の実際

6.4.1 軌道要素の入手

軍事衛星でなければ，軌道要素は公開されているので，"Space Track"などのホームページより軌道要素のデータはダウンロードできます．2006 年 1 月に打ち上げられた地球観測衛星 ALOS の軌道要素は，次のとおりです．

この軌道要素を用いて ALOS の位置を計算してみましょう．観測時刻として 2006 年 5 月 15 日 11 時 (JST) を設定し，具体的な計算例を示します．

6.4.2 軌道長半径 a の計算

まず，観測時刻が元期から何日経過しているかを計算しなければなりません．観測時刻は日本標準時で与えられているので，それを世界時 (UT) で表すと 5 月 15 日 2 時というこ

6.4. 人工衛星位置推算の実際

表 6.2: ALOS の軌道パラメータ

パラメータ	値
元期 ET	2006 年 120.72277529 日 (UT)
近地点引数 ω	$\omega_0 = 14.7699°$
軌道傾斜角 i	$i = 98.2104°$
昇交点赤経 Ω	$\Omega_0 = 195.1270°$
離心率 e	$e = 0.0001679$
平均近点角 M_0	$M_0 = 345.3549°$
平均運動 M_1	$M_1 = 14.59544429 (\text{rev/day})$
平均運動変化係数 M_2	$M_2 = 0.00000232 (\text{rev/day}^2)$

とになります。これを 2006 年の 1 月 1 日からの日数に直すと，135.0833333 日という結果が得られます。したがって，元期からの経過日数 Δt は 14.36055804 日となります。

次に軌道長半径 a をケプラーの第 3 法則により計算します。そのためには公転周期 T が必要となりますが，軌道要素においては，平均運動 M_1 が与えられています。平均運動は，一日に公転を何回 (rev) するかを表していますので，その逆数が公転周期 (day) となります。したがって軌道長半径 a は，以下の式で計算できます。

$$a = \left(\frac{GM}{4\pi^2 M_1^2}\right)^{\frac{1}{3}} \tag{6.53}$$

ただし，平均運動はその変化係数が与えられているとおり，毎日変化しています。なぜなら地球は回転楕円体に近い形をしており，低軌道の場合，地球を周回中，重力の大きい赤道付近や重力の小さい極付近を通過し，重力が一定でないことから安定した軌道とならないのです。したがって元期からの経過日数 Δt より観測時刻の平均運動 M_m を変化係数を用いて以下のように計算しなければなりません。

$$\begin{aligned} M_m &= M_1 + M_2 \Delta t \\ &= 14.59544429 + 0.00000232 \times 14.36055804 \\ &= 14.59547761 (\text{rev/day}) \end{aligned} \tag{6.54}$$

式 6.53 における係数 GM は，地球周回軌道の人工衛星の場合，次の値となっています。

$$GM = 2.975537 \times 10^{15} (\text{km}^3/\text{day}^2) \tag{6.55}$$

この値を利用し，ALOS の平均運動を代入して軌道長半径を求めると，以下のようになります。

$$a = \left(\frac{2.975537 \times 10^{15}}{4\pi^2 \times 14.59547761^2}\right)^{\frac{1}{3}} = 7072.772117 (\text{km}) \tag{6.56}$$

第6章 衛星リモートセンシングによる位置計測

得られた値から地球の赤道半径の値を引いて，ALOS の高度を求めると，約 694.612 (km) 上空を周回しているという結果が得られます。

6.4.3 離心近点角 E の計算

次にケプラーの第 2 法則により離心近点角 E を求めましょう。そのためには観測時刻の平均近点角 M を求めなければなりません。軌道要素で与えられているのは，元期における平均近点角なので，平均運動の値とその変化係数を用いて計算します。平均運動を求めた式 (6.54) を積分し，積分定数として M_0 を与えれば，観測時刻の平均近点角が求まります。なお，軌道要素における平均近点角 M_0 は，角度で与えられているのでこれを 1 回転を 1 とする単位 (rev) に変換しなければなりません。

$$\begin{aligned} M &= M_0 + M_1 \Delta t + \frac{1}{2} M_2 \Delta t^2 \\ &= \frac{345.3549°}{360°} + 14.59544429 \times 14.36055804 + \frac{0.00000232}{2} \times 14.36055804^2 \\ &= 210.5582833 (\text{rev}) \end{aligned} \tag{6.57}$$

ここで，計算された平均近点角 M は，単位 (rev) で与えられているので，これを角度に変換します。そのためには，小数部に 360° をかけます。したがって，平均近点角 $M = 200.9819819°$ を得ます。

求まった平均近点角 M と離心率 e から離心近点角 E が求まります。

$$E - e \sin E = M \tag{6.58}$$

ニュートン・ラフソン法により，離心近点角を求めると，$E = 200.9785378°$ を得ます。

6.4.4 地球を中心とする人工衛星の三次元座標計算

離心近点角 E が求まれば，人工衛星の軌道面上の座標 (U, V) は，以下の式で計算できます。

$$U = a \cos E - ae = -6605.13811 (\text{km}) \tag{6.59}$$

$$V = a\sqrt{1 - e^2} \sin E = -2532.181238 (\text{km}) \tag{6.60}$$

次に近地点引数 ω，軌道傾斜角 i，昇交点赤経 Ω より三次元直角座標を計算します。この座標系は，地球重心を原点とし，赤道面を x-y 平面，x 軸を春分点の方向，z 軸を北極の方向とする右手系です。近地点引数 ω と昇交点赤経 Ω は，平均運動と同様に人工衛星が非常に地球に近い軌道なので，日々変化しています。その変化は，軌道傾斜角 i と軌道長半

径 a と地球の半径 r との比の関数で以下の式で与えられています。

$$\omega = \omega_0 + \frac{180 \times 0.174(2 - 2.5\sin^2 i)}{\pi(\frac{a}{r})^{3.5}}\Delta t = -29.99869264° \quad (6.61)$$

$$\Omega = \Omega_0 - \frac{180 \times 0.174\cos i}{\pi(\frac{a}{r})^{3.5}}\Delta t = 209.3656112° \quad (6.62)$$

これらの補正式が適用できるのは，要求する位置精度にもよりますが，最新の軌道要素が与えられた日時から数週間程度と思われます。したがって，できるだけ最新の軌道要素を入手して計算するようにして下さい。

観測時刻における値を求めた後，人工衛星の軌道面上の位置 (U,V) を地球中心の三次元直角座標 (x,y,z) へ変換します。この座標変換には，三次元回転行列を用います。まず (U,V) を z 軸回りに ω 回転させ，続いて x 軸まわりに i，最後に再度 z 軸回りに Ω 回転させます。これを式で表すと，以下のようになります。

$$\begin{pmatrix} x \\ y \\ z \end{pmatrix} = \begin{pmatrix} \cos\Omega & -\sin\Omega & 0 \\ \sin\Omega & \cos\Omega & 0 \\ 0 & 0 & 1 \end{pmatrix} \begin{pmatrix} 1 & 0 & 0 \\ 0 & \cos i & -\sin i \\ 0 & \sin i & \cos i \end{pmatrix} \begin{pmatrix} \cos\omega & -\sin\omega & 0 \\ \sin\omega & \cos\omega & 0 \\ 0 & 0 & 1 \end{pmatrix} \begin{pmatrix} U \\ V \\ 0 \end{pmatrix}$$

$$= \begin{pmatrix} 6010.950161 \\ 3564.047662 \\ 1098.104593 \end{pmatrix} \quad (6.63)$$

6.4.5 観測時刻におけるグリニッジ子午線の赤経計算

先にも述べましたが，三次元座標における x 軸は春分点の方向を表しています。したがって，人工衛星の位置を緯度と経度で表すためには，観測時刻にグリニッジ子午線がどこを向いているかを赤経で表す必要があります。この赤経の値は角度ですが，360°を24時間とする時刻で表し，これをグリニッジ恒星時と呼んでいます。なおグリニッジ恒星時は，理科年表や天文年鑑などで調べることができます。地球の自転周期は23時間56分4.09053秒なので，地球は一日あたり1.002737909回転 (rev/day) していることになります。ある時刻のグリニッジ恒星時が分かれば，それを回転数 θ_0(rev) で表します。その時刻から観測時刻までの日数 ΔT を求めると，観測時刻のグリニッジ恒星時が回転数の単位 θ_G(rev) で計算できます。

$$\theta_G = \theta_0 + 1.002737909\Delta T \quad (6.64)$$

天文年鑑によると，2006年1月1日0時のグリニッジ恒星時は6時38.08分なので，それを回転数で表すと $\theta_0 = 0.276444444$(rev) となります。観測時刻を2006年の1月1日0時 (UT) からの経過日数に直すと，135.0833333 - 1日なので，上式より回転数で表された観測時刻のグリニッジ恒星時は，$\theta_G = 134.7268858$(rev) と計算されます。したがって，観測時刻におけるグリニッジ子午線の赤経は，θ_G の小数部に360°をかければ，角度で表されます。計算結果は，$\theta_G = 261.6788848°$ となります。

第6章 衛星リモートセンシングによる位置計測

6.4.6 人工衛星の緯度・経度計算

観測時刻におけるグリニッジ子午線の赤経が計算できたので，先に計算した人工衛星の三次元座標を赤道面におけるグリニッジ子午線の方向を x 軸とする座標に変換します。この変換は，単に z 軸回りの回転により表すことができます。なお，注意すべきは回転の方向で，座標軸を回転させるので負の向きに回転させなければなりません。

$$\begin{pmatrix} X \\ Y \\ Z \end{pmatrix} = \begin{pmatrix} \cos(-\theta_G) & -\sin(-\theta_G) & 0 \\ \sin(-\theta_G) & \cos(-\theta_G) & 0 \\ 0 & 0 & 1 \end{pmatrix} \begin{pmatrix} x \\ y \\ z \end{pmatrix} = \begin{pmatrix} -4396.437109 \\ 5431.877974 \\ 1098.104593 \end{pmatrix} \quad (6.65)$$

さて，緯度経度と三次元座標との関係は，地球を球形とし，人工衛星の地球重心からの距離を r とすると，以下のとおりです。

$$\begin{cases} X = r\cos\phi\cos\lambda \\ Y = r\cos\phi\sin\lambda \\ Z = r\sin\phi \end{cases} \quad (6.66)$$

したがって，緯度は r と z 座標より計算でき，経度は $\frac{Y}{X} = \tan\lambda$ より計算できます。

$$\phi = \sin^{-1}\frac{Z}{\sqrt{X^2+Y^2+Z^2}} = \sin^{-1}\frac{1098.104593}{7073.880921} = 8.9303° \quad (6.67)$$

$$\lambda = \tan^{-1}\frac{Y}{X} = \tan^{-1}\frac{5506.701512}{-4302.347736} = -51.0141° \quad (6.68)$$

ここで注意しなければならないのは，$\tan^{-1}$ の計算結果は，$-\frac{\pi}{2} \sim \frac{\pi}{2}$ の値しか返さないことです。この計算例では，X がマイナス，Y がプラスなので，XY 平面において人工衛星は第二象限にあるはずですが，結果は第四象限を示してしまいます。したがって計算結果に $180°$ をプラスし，$180 - 51.9997 = 128.0003$ が答えとなります。なお，プログラム言語や表計算ソフトには，$\tan^{-1}$ の計算結果を $-\pi \sim \pi$ の値の値で返す関数が用意されています。通常 atan2(x, y) という名前で用意されています。これを使えば，象限を考慮することなく計算結果がそのまま利用できます。

最終的に，観測時刻において ALOS は，北緯 $8.9303°$，東経 $128.9859°$ に位置していると導かれました。今回は，地球を球形とみなして計算していますが，地球を回転楕円体として解くこともできるようにしておきましょう。

6.4.7 観測点における人工衛星の方位角と高度

観測点において，人工衛星がどこにいるかを計算するには，観測点から人工衛星へのベクトルを計算するところから始めます。前項において，人工衛星の位置は，グリニッジ子

6.4. 人工衛星位置推算の実際

午線の方向を x 軸とする直角座標系で $P(X,Y,Z)$ と求まりました。次に観測点の座標を求める必要があります。観測点の緯度 ϕ と経度 λ と標高 H が与えられていれば，座標は次式で求めることができます。

$$\begin{pmatrix} X \\ Y \\ Z \end{pmatrix} = \begin{pmatrix} (N+H)\cos\phi\cos\lambda \\ (N+H)\cos\phi\sin\lambda \\ (-\frac{b^2}{a^2}N+H)\sin\phi \end{pmatrix} \tag{6.69}$$

この計算法については既に前章において解説しました。式 (5.24) を確認して下さい。求まった観測点の座標を $A(X_a, Y_a, Z_a)$ とすると，下図に示したように，観測点 A から人工衛星 P へのベクトルが計算できます。

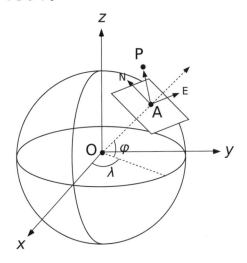

このベクトル $(\Delta X, \Delta Y, \Delta Z)$ を成分で表すと，以下のようになります。

$$\begin{pmatrix} \Delta X \\ \Delta Y \\ \Delta Z \end{pmatrix} = \begin{pmatrix} X - X_a \\ Y - Y_a \\ Z - Z_a \end{pmatrix} \tag{6.70}$$

このベクトルは，グリニッジ子午線の方向を x 軸とする直角座標系なので，観測点と地球との接平面の座標系 (u, v, w) に変換しなければなりません。変換後の座標は，回転行列を用いて，次式で計算することができます。

$$\begin{pmatrix} u \\ v \\ w \end{pmatrix} = \begin{pmatrix} \cos(\frac{\pi}{2}-\phi) & 0 & \sin(\frac{\pi}{2}-\phi) \\ 0 & 1 & 0 \\ -\sin(\frac{\pi}{2}-\phi) & 0 & \cos(\frac{\pi}{2}-\phi) \end{pmatrix} \begin{pmatrix} \cos\lambda & -\sin\lambda & 0 \\ \sin\lambda & \cos\lambda & 0 \\ 0 & 0 & 1 \end{pmatrix} \begin{pmatrix} \Delta X \\ \Delta Y \\ \Delta Z \end{pmatrix} \tag{6.71}$$

南向きが u 軸となっているので，人工衛星の方位角は，南から東周りの角度 A として次式で計算できます。

$$A = \tan^{-1}\frac{v}{u} \tag{6.72}$$

第 6 章　衛星リモートセンシングによる位置計測

高度 h については，次式で計算できます．

$$h = \sin^{-1} \frac{w}{\sqrt{u^2 + v^2 + w^2}} \tag{6.73}$$

h が負つまり w が負のときは，地平線よりも下に人工衛星が位置しており，人工衛星を見ることができません．

6.5　地球観測衛星の軌道

人工衛星は，観測対象によって特徴のある軌道により運用されています．ここでは，観測対象と軌道について解説します．

6.5.1　赤道軌道と極軌道

まず，軌道傾斜角によって軌道を分類すると，下図に示すように，**赤道軌道**(equatorial orbit)，**傾斜軌道**(inclined orbit)，**極軌道**(polar orbit) とに分類できます．赤道軌道は，軌道傾斜角がほぼ 0 であり，極軌道の場合は軌道傾斜角がほぼ 90°です．

赤道軌道

傾斜軌道

極軌道

地球観測衛星の多くは，極軌道か傾斜軌道で運用されています．極軌道であれば，地球自身が自転していることを利用して，全球を観測することができるからです．地球観測衛星の高度は，約 450〜800km ですが，地球の半径が約 6370km であることを考えれば，非常に地球に近い軌道で運用されていることが解ります．この高度であれば，比較的小さな望遠鏡でも高分解能で観測できるという利点もあります．レンズの分解能から試算すると，600km の高さから 1m 程度の分解能を得るには，口径 40cm の望遠鏡で十分です．ところで，この高度での軌道周期は，ケプラーの第三法則によると約 1.6 時間となります．ある場所を観測して，1.6 時間後に人工衛星が帰って来たとき，その場所は自転により移動しているため，別の場所を観測することになります．同じところを連続して観測する回帰周期となると，衛星センサの仕様にもよりますが，1 週間以上にもなるものがあります．したがって，極軌道の地球観測衛星で即時対応の観測を行うためには，1 機での運用ではなく，複数機体制での運用が必要となります．防衛省が，高分解能の偵察衛星を運用していますが，1 機では不十分のために 2007 年現在，2 機体制で運用しているのは，即時対応のためと考えられます．

6.5. 地球観測衛星の軌道

赤道軌道で低い高度の場合，赤道付近しか観測できないという欠点があります。しかし，**静止軌道**(geostationary orbit)と呼ばれる軌道は，赤道軌道となっています。静止軌道は，地球の自転周期と人工衛星の軌道周期とが一致する軌道で，これもケプラーの第三法則によって計算すると，高度は約 36000km の彼方となります。この軌道周期で赤道軌道で運用すると，地上から見た人工衛星の見かけの位置は，常に同じところになり，静止しているように見えます。このことから静止軌道と呼ばれています。この軌道は，ある場所から常に同じ位置に見えているため，通信や放送に積極的に利用されています。また，常時観測も可能です。ただし，非常に遠い軌道のために低分解能での観測となるが，気象衛星として利用されています。気象衛星「ひまわり」や BS 衛星，CS 衛星は，我々にとって身近な衛星であり，全て静止軌道です。

6.5.2 太陽同期軌道

地球観測衛星は，極軌道で運用されていると解説したのですが，実は完璧な極軌道ではありません。この理由について解説します。基本的に衛星の軌道面の傾きは，地球か公転したとしても同じ向きを保ちます。したがって，下図に示しているとおり，ある時点で軌道面が太陽を向いた状態であっても，公転によりその軌道面は太陽を向かなくなってしまいます。

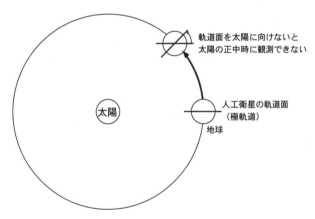

地球観測衛星の場合，軌道面は常に太陽を向いた状態の方が好ましいのです。太陽の正中する時刻に常に観測すると，観測点では太陽高度が高いために，観測に有利だからです。夕方観測されると，太陽高度が低く，影が多い画像になるばかりでなく，地表面の輝度も低い値となってしまいます。したがって，常に太陽の方向を向くような工夫が必要となります。つまり，昇交点赤経 Ω が，太陽を向くように常に変化させなければなりません。軌道の傾きを変化させるためには，ロケットにより強制的に変化させることもできますが，ロケット燃料が尽きると運用できなくなるため，実用的ではありません。この問題に対して，人工衛星の軌道が不安定であることを逆に利用して解決しています。

第6章　衛星リモートセンシングによる位置計測

先にも述べたように，低高度の人工衛星は，地球が回転楕円体に近いために軌道が安定していません。特に平均運動 M_0，昇交点赤経 Ω，近地点引数 ω が常に変化します。この変化量は，軌道傾斜角に依存しています。赤道軌道は，地球表面と人工衛星との距離がほぼ同じため，重力がほぼ一定なので，軌道は比較的安定しています。しかし，傾斜軌道になると，地球表面と人工衛星との距離が変化するために安定した軌道にならないのです。これを利用して昇交点赤経 Ω の変化が，太陽の方向を常に向くような軌道傾斜角を探すのです。前節で計算した ALOS 衛星の場合，軌道傾斜角 i が約 98°であれば，昇交点赤経 Ω の変化が，ちょうど太陽を向き続ける軌道となっています。

常に太陽の方向を向くような軌道は，**太陽同期軌道**(sun synchronous orbit) と呼ばれ，地球観測衛星においては，極めて重要な軌道です。その太陽同期軌道は，地球が回転楕円体であることによる軌道の不安定さを利用して実現しています。科学技術の奥深さに驚くばかりです。

6.6　人工衛星画像の幾何学

地球観測衛星は，様々なセンサを利用しています。多くは，デジタルカメラに利用されているようなイメージセンサが用いられている。ただデジタルカメラのイメージセンサは，画像におけるピクセルを構成するための**撮像素子**(image pickup device) が面的に二次元で配置されており，**マトリクスアレイセンサ**(matrix array sensor) と呼ばれています。一方，人工衛星に搭載されている画像センサは，マトリクスアレイセンサではなく，**リニアアレイセンサ**(linear array sensor) が用いられています。リニアアレイセンサは，直線上に撮像素子が配置されているもので，身近なものではコピー機やファックス，イメージスキャナ等に利用されています。これらの機器は，センサが直線上に動いたり，撮影されるもの自身が直線上に動くことによって，撮像素子が直線上に配置されているイメージセンサでも面的な画像を取得できます。人工衛星は，常に移動しているため，リニアアレイセンサで観測が可能なのです。

マトリクスアレイセンサは，分解能を高めるのに，面的に撮像素子を配置させる必要があるため，非常に多くの撮像素子が必要です。それに対して，リニアアレイセンサは，横方向の画素数を増やすことと画像を取得する時間的なスピードを速めることで高分解能化が可能です。さらに，精密な計測のためには，撮像素子個々の感度を調整したり，補正したりする必要もあり，マトリクスアレイセンサのように非常に多くのイメージセンサがある場合，調整や補正が非常に困難な一方，リニアアレイセンサは撮像素子の数が少ないので調整や補正において有利でもあるのです。

地球観測衛星は，通常衛星の直下を観測しています。下図は，その様子を表したものです。

6.6. 人工衛星画像の幾何学

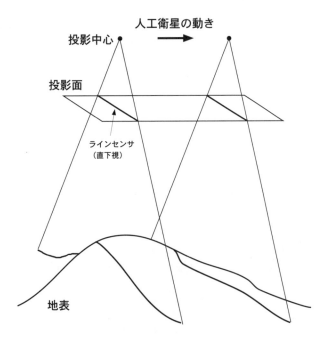

リニアアレイセンサの場合，センサの配置している方向は中心投影ですが，人工衛星の動いている方向は，平行投影となります．マトリクスアレイセンサの場合は，「データ処理」の章の座標変換，「画像を用いた位置計測」の章のカメラキャリブレーションでも述べたように，中心投影の幾何学により三次元射影変換（式 (2.82)）で表すことができますが，リニアアレイセンサの場合には，この式で精度よく表すことができません．現在，各人工衛星センサの幾何モデルとして，RPC **モデル**(Rational Polynomial Coefficient model) が利用されています．人工衛星画像の座標を (u,v)，地上座標を (x,y,z) とし，高次多項式の関数 f_u, g_u, f_v, g_v を用いると，RPC モデルは，次式で表すことができるというものです．

$$\begin{cases} u = \frac{f_u(x,y,z)}{g_u(x,y,z)} \\ v = \frac{f_v(x,y,z)}{g_v(x,y,z)} \end{cases} \tag{6.74}$$

RPC モデルは，近年打ち上げられた IKONOS や Quick Bird 等の高分解能商業衛星や日本の ALOS に搭載された PRISM のセンサの場合，データ配布元が提供しています．これらの衛星は，GNSS 衛星によって衛星自身の位置を高精度で測位するとともに，衛星から恒星の位置を観測することによってセンサの姿勢を検知するスタートラッカーと呼ばれる機能を有することから，これらの情報を元に RPC モデルが構築されています．なお，入手した RPC モデルにも誤差は含まれているので，精密な計測が要求される場合には，地上基準点などを用いて補正しなければなりません．

RPC モデルが無いセンサの場合には，ユーザー自ら幾何変換のモデルを構築しなければなりません．地上分解能が 30m 以上と低く，衛星の直下を観測しているようなセンサの場合は，**アフィン変換**（式 (2.77)）が利用できます．衛星の直下ではなく，傾きを持ったセンサや，地上分解能が高く標高の影響を受けるようなセンサの場合には，**三次元射影変換**

第 6 章 衛星リモートセンシングによる位置計測

(式 (2.82)) などでも対応可能です．しかし，先にも述べたように人工衛星の進行方向は，平行投影なので厳密には三次元射影変換を適用することはできません．そこで，三次元射影を少し改良したものが利用できます．人工衛星画像の座標を (u,v)，地上座標を (x,y,z) としたとき，変換係数を $a_1 \cdots a_8, b_1 \cdots b_6$ とすると，次式で表すことができます．

$$\begin{cases} u = \dfrac{a_1 x + a_2 y + a_3 z + a_4}{b_1 x + b_2 y + b_3 z + 1} \\ v = \dfrac{a_5 x + a_6 y + a_7 z + a_8}{b_4 x + b_5 y + b_6 z + 1} \end{cases} \tag{6.75}$$

三次元射影変換の分母は，u,v ともに同じ係数を用いていましたが，この式は別々の係数で表しています．これにより，ラインセンサに対応しています．RPC モデルのように，分子・分母伴に高次多項式ではないですが，正確な基準点データがあれば，この変換式でも 1 ピクセル未満の十分な精度を得ることができます．

さらに u 方向は射影変換で，v 方向は線形変換で変換する式を用いることもされているようです．

$$\begin{cases} u = \dfrac{a_1 x + a_2 y + a_3 z + a_4}{b_1 x + b_2 y + b_3 z + 1} \\ v = a_5 x + a_6 y + a_7 z + a_8 \end{cases} \tag{6.76}$$

この式は Gupta-Hartley モデルと呼ばれています．

いずれにしてもユーザ自ら変換モデルを構築する場合には，変換式における係数は，多数の地上基準点を用いて最小二乗法により求めなければなりません．**地上基準点**(ground control point) とは，画像状に投影された地物の画像座標 (u,v) とその地上座標 (x,y,z) のデータベースのことです．地上基準点を用いた変換式の構築手法については，「画像処理」の章における幾何補正の項で解説します．高知工科大学では，四国地域を対象に高精度の地上基準点情報を公開しています．500 点以上整備されているので，RPC モデルがなくとも，この基準点情報を用いて，精度の高い幾何変換を行うことが可能です．

さて，人工衛星画像により三次元計測を行うためには，写真測量と同様にステレオ画像が必要となります．ステレオ画像を取得するのに，衛星の直下の画像だけでは困難です．そのため，進行方向に対してセンサを回転（ローリング）させて異なる角度で画像を取得し，ステレオ画像を得る手法があります．例えば，一回目の観測で衛星直下を撮影し，その後二回目に斜めから同じ場所を撮影してステレオ画像を得るのです．この手法で三次元計測を行える人工衛星は，フランスの SPOT が代表的です．

これに対して，同時にステレオ画像を取得する技術も実用化されています．例えば，直下を撮影するだけでなく，前方あるいは後方を同時に撮影するセンサもあります．下図は，直下と後方を同時に撮影しているセンサの概念図を示したものです．

6.6. 人工衛星画像の幾何学

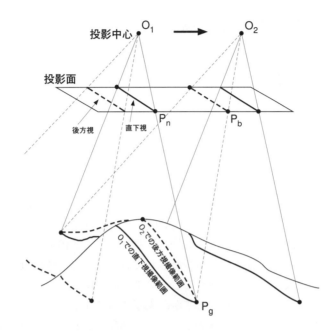

地上における P_g は，直下視では衛星が O_1 のときに，P_n に投影されます。そして後方視では衛星が O_2 のときに，P_b に投影されます。P_g の撮影ラインにおいて，P_g よりも標高の高い地点は，後方視では衛星が O_2 に達する前に撮影されます。この視差を利用して三次元座標が計算できるのです。この手法で三次元計測を行える人工衛星は，アメリカの Terra ASTER や日本の ALOS PRISM が代表的です。

直下視と後方視の画像より三次元計測を行うためには，ステレオ対応点が求まっている必要があります。ステレオ対応点とは，ある地上の物体が画像上に写っているとき，直下視画像における座標 (u_n, v_n) と，後方視画像における座標 (u_b, v_b) のそれぞれに対応する点のことです。そして，直下視の幾何モデルと後方視の幾何モデルが次式のように与えられるとすると，三次元座標が計算できます。

$$\begin{cases} u_n = f_u(x,y,z) \\ v_n = f_v(x,y,z) \\ u_b = g_u(x,y,z) \\ v_b = g_v(x,y,z) \end{cases} \tag{6.77}$$

上式にステレオ対応点の座標を代入すると，未知数は地上座標の (x,y,z) となります。したがって，三つの未知数に対して四つの式なので，最小二乗法によって地上座標を求めることができます。直下視と後方視だけでなく，前方視野画像もあれば，三つの未知数に対して六つの式となり，誤差が丸められて精度の高い座標が計算できると期待できます。なお，計算精度は幾何モデルの精度だけではなく，ステレオ対応点の座標の精度にも大きく依存します。ステレオ対応点は，目視で取得するのではなく，画像処理手法の画像マッチングなどを利用して精度良く，多数の点を取得することが重要となります。画像マッチン

第 6 章　衛星リモートセンシングによる位置計測

グ手法については,「画像処理」の章で解説します.

6.7　GNSS 測量

6.7.1　GNSS 測量の原理

　GNSS(Global Navigation Satellite System) は，アメリカの軍事衛星を利用した測位技術です．1990 年代の始めから打ち上げられ，2008 年現在，32 機の GNSS 衛星が地球を周回しています．GNSS 衛星は，セシウムやルビジウムの原子時計を搭載し，高精度の時刻情報を発信しています．地上で GNSS 衛星の電波を受信すると，その時刻情報は，衛星ごとにばらついています．このばらつきは，受信機と各 GNSS 衛星との距離にばらつきがあるためです．つまり，距離が長いと，その分だけ遅れた時刻情報を受信することになります．したがって，受信機に正確な時計が搭載されているならば，各衛星からの時刻の違い ΔT は，各衛星と受信機との距離を測ることができます．電磁波の速度を C とすると，その距離は $C\Delta T$ で計算できると思われますが，実際にはそう単純にはいきません．地球の重力場による時間の遅れと，高速で移動する衛星の運動による時間の遅れを考慮しなければならないのです．これらは，それぞれアインシュタインの一般相対性理論と特殊相対性理論により補正することが可能です．現在，GNSS はスマートフォンやカーナビゲーション等に利用され，一般に利用されるようになりました．アインシュタインの相対性理論が，生活に生かされているのを見ると，科学技術の進歩を痛感せざるを得ません．

　さて GNSS 衛星と受信機との距離に加えて，各衛星の位置が正確に解っていれば，受信機の位置を求めることが可能となります．GNSS 衛星の位置は，人工衛星の軌道情報により高精度で求めることができます．特に GNSS 衛星は，高度約 2 万 km の彼方を運行しているために，大気の影響をあまり受けず，地球観測衛星よりも安定した軌道を持っています．それに加えて，GNSS 衛星は常に地球から軌道を監視されており，常に高精度の軌道情報が維持されています．

　下図は，GNSS による測位の仕組みを模式図に表したものです．

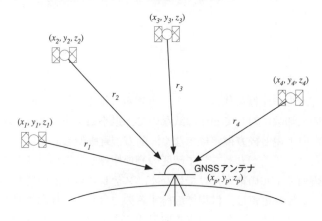

6.7. GNSS 測量

各 GNSS 衛星の位置は，$(x_1, y_1, z_1), \cdots (x_n, y_n, z_n)$ で表しています。各 GNSS 衛星と受信機との距離は，$r_1, \cdots, r_n$ です。これらの情報をもとに受信機の位置 $P(x_p, y_p, z_p)$ を計算するわけです。この測位は，既知点を観測することにより，測点の位置を求めるので，測量の種別でいえば後方交会法にあたります。

測点 P の位置計算を解析的に行うためには，連立方程式をたてる必要があります。ある GNSS 衛星 (x_i, y_i, z_i) の位置と測点までの距離 r_i が求まっているので，測点 P は，GNSS 衛星の位置を中心とし，半径 r_i の球面上にあるといえます。式で表すと次のようになります。

$$(x_i - x_p)^2 + (y_i - y_p)^2 + (z_i - z_p)^2 = (r_i + C\Delta t)^2 \tag{6.78}$$

ここで，Δt は，受信機の時計の誤差を表しています。GNSS 衛星には高精度の原子時計が搭載されていますが，それは非常に高価な時計です。市販の受信機にはそのような時計が搭載されていないため，受信機の時計には誤差が含まれています。その誤差を変数 Δt で表しているのです。この式における変数は，$x_p, y_p, z_p, \Delta t$ となり，4 つ存在します。したがって，この方程式を解くためには 4 つ以上の式を立てて，最小二乗法により解かなければなりません。つまり，三次元座標を得るには，4 つ以上の GNSS 衛星が観測点から見える状態でなければならないのです。

GNSS 衛星から発信している電波の種類を下に示します。このように，一般用と軍事用

表 6.3: GNSS 衛星の電波信号

周波数	信号コード	備考
L1 帯 1,575.42 MHz	C/A コード	民間用
	P コード	軍事用
L2 帯 1,227.6 MHz	P コード	軍事用
L5 帯 1,176.45 MHz	Q5,I5 コード	航空機用

に分かれています。軍事用の信号は暗号化されているために，一般には信号を解読することができません。一方で一般用の信号は，コードが公開されているので，その情報を活用することができます。送信している情報は，時刻情報，衛星の軌道情報，電離層での電波遅延の補正情報等です。現在は，航空機のナビゲーションのための L5 コードも追加されています。

6.7.2 GNSS 測量の種類

単独測位

単独測位(standalone GNSS) は，民間でも利用できる C/A コードを用いて測るもので，様々な補正を施す必要がありますが，基本的に式 (6.78) を用いて計算されます。この C/A

第 6 章　衛星リモートセンシングによる位置計測

コードは，2000 年までは，軍事利用の目的から，情報を劣化させて，30m 以上の低い精度でしか測位することができませんでしたが，それ以降は情報を劣化させていないので 10m 程度の精度で測位できるようになっています。

単独測位は，廉価なカーナビゲーションやハンディタイプの端末，携帯電話に組み込まれ，レジャーに活用されるだけでなく，警備等のセキュリティ分野にも活用されています。

ディファレンシャル測位

単独測位は，10m 程度の精度であるため，それを 1m 程度の精度を担保するための技術が，**ディファレンシャル測位**(differential GNSS) です。ディファレンシャル測位では，二つの GNSS 受信機を用いるのが一般的です。一つの GNSS 受信機は基地局として固定した状態にし，もう一つは移動局として利用します。基地局にて GNSS による測位結果を時系列的に並べると，様々な要因によって，測位結果の示す位置は，実際には固定されているにもかかわらず変化しています。この変化が誤差であり，この誤差は，基地局から非常に遠くない限り，同程度のものがもう一方の移動局の GNSS 受信機にも含まれているとみなせます。したがって，基地局で得られる誤差情報を移動局に送り，移動局側でその情報を用いて補正することで，精度向上を図ることができます。このような測位をディファレンシャル測位と呼んでいます。ディファレンシャル測位向けの誤差情報は，様々な機関で発信されています。例えば，海上保安庁は中波ラジオの電波を利用して発信していたり，地方の FM 局は FM ラジオの音声放送の隙間に誤差情報を載せて発信していたりします。カーナビゲーションもディファレンシャル対応とうたっている製品は，ディファレンシャル測位がなされているので，補正情報が受信できる状態では，1m 程度の精度で測ることができます。

干渉測位

干渉測位(relative GNSS) は，L2 帯の P コードも利用し，数 cm の精度で測位を行うもので，測量分野に利用されています。ディファレンシャル測位と同様に 2 台の GNSS 受信機を利用するのですが，コード情報だけでなく，2 台で受信する電波の位相差も利用して高精度化を図っているため，干渉測位と呼ばれています。L1 帯の波長の長さは 19cm，L2 帯の波長の長さは 24cm 程度なので，波長の 1/10 まで読み取れば，2cm の精度が実現できます。干渉測位の原理については，各専門書に委ねます。下の表は，干渉測位の種類を示したものです。時間をかけて固定された点を測るスタティックは，非常に精度が高いです。移動しながら測るキネマティックでも 3cm の精度を有しています。いずれにしても干渉測位に対応した 2 台の GNSS 受信機が必要なのですが，国土地理院が設置している**電子基準点**(continuous GNSS station) の情報を用いれば，1 台の受信機でも測位が可能です。また，最近では複数の電子基準点の情報を活用して**仮想基準点**(virtual relative station) を

6.7. GNSS 測量

表 6.4: 干渉測位の種類

名称	観測時間	精度
スタティック	30 分〜数時間	1cm 以内
高速スタティック	10 分〜30 分	3cm 以内
キネマティック	1 秒〜10 秒	3cm 以内

構成し，その情報を携帯電話回線で送信することでリアルタイムでのキネマティック測量を実現する技術も出ています。

第7章 衛星リモートセンシングによる物体判読の基礎

当初の衛星リモートセンシングの目的は，位置を測る目的ではなく，気象の状態や地表の状態を測るためのものでした。よって衛星リモートセンシングは，画像を強調したり，画像を用いて何らかの分類をしたりという画像処理機能がメインでした。画像処理については次の章で解説しますが，その前に本章では，電磁波と物質の相互作用について解説します。

我々の目にする光は，電磁波の一種です。その電磁波が物質に衝突したときの様々な振る舞いの結果が我々の目にする風景となっています。昼間の外であれば，太陽から放たれた電磁波，夜間の室内であれば，電燈から放たれた電磁波の振る舞いが我々の目に飛び込んでいるのです。画像処理は，コンピュータを用いれば簡単に結果が得られます。しかし処理結果の意味するものをきちんと把握しておかなければ，次の処理へとつながりません。したがって，電磁波のことをある程度解っていなければ，画像を解析する際に過ちを犯す可能性もあります。なお，今までに解説した数学の知識に加えて電磁気学の知識が備われば十分理解できると思われます。

7.1 電磁気学基礎

衛星リモートセンシングでは，様々な電磁波（光）の情報を利用します。そこで，その電磁波の基礎について，ここで解説します。

7.1.1 電界

電気については，18世紀に入ってから様々な研究がなされ始めました。摩擦により**静電気**(static electricity) が生まれます。その静電気は，モノを引き寄せる力があります。プラスチック製の下敷きをナイロンのシャツ等で擦ると静電気が発生します。その下敷きを髪の毛に近づけると，髪の毛が下敷きにくっつくようになることは，よく知られています。これは，物質によって電気を溜めやすいものと溜めにくいものがあり，擦ることによって溜めやすい物質に電気が移動すると考えられていました。なぜ擦ることで電気が移動するかについては，20世紀に入って，原子や分子の構造が把握できるようになり，その理由が明らかとなりました。その原理については，著者自身も十分把握できていないので，他の文献を参考にして下さい。とにかく，電気が溜まる方をプラス，少なくなる方をマイナスと

第7章 衛星リモートセンシングによる物体判読の基礎

定義していました．そして，電気の溜まったモノと，少ないモノは，互いに吸い寄せられる傾向にあります．毛皮やナイロンはプラスになりやすく，アクリルやセルロイド，セロファンは，マイナスになりやすいようです．それゆえ，マイナスとなったプラスチック製の下敷きは，プラスの毛髪とくっつくような現象が発生するのです．

電気の量は，**電荷**(electric charge) という用語で表現します．2つの物体 A,B の電荷を q_a, q_b とし，物体間の距離が r のとき，2つの物体に働く力 F は，次式で表すことができます．

$$F = k\frac{q_a q_b}{r^2} \tag{7.1}$$

ここで k は，係数を表しています．下図は，その関係を図に表したものです．

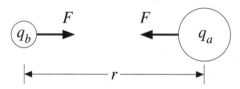

この式は，ニュートンの万有引力の法則と全く同じ式であることが解ります．式 (6.30) と比べると，質量の部分が，電荷に置き換わったにすぎません．この法則は，18 世紀後期にフランスのクーロン (Coulomb) が発見し，**クーロンの法則**(Coulomb's law) と呼ばれています．クーロンは，物理学者であるだけなく，土木についても研究しており，特に土質力学においては，土の破壊基準について大きな成果を残しています．

式 (7.1) における力の単位は N（ニュートン）ですが，それに対応する電荷の単位が必要となります．電荷の単位は C（クーロン）で定義されており，2つの等しい電荷があり，距離 r が 1m のとき，9×10^9 N の力が働くときの電荷を 1C と定義しています．これより，係数 k は，$9 \times 10^9 \mathrm{Nm^2/C^2}$ となります．

さて，電磁気学においては，式 (7.1) における $k\frac{q_a}{r^2}$ をまとめて，**電界**（**電場**）(electric field) の強さ E として表します．すると次式のように表すことができます．

$$F = q_b E \tag{7.2}$$

電界の強さ E は，電荷 q_a から距離 r 離れたところで，q_a の電荷によって q_b が，どれだけの影響を受けるかを表す指標となります．単位は，N/C です．例えば，ある電荷の値の解っている物体があったとき，作用する力を求めることができれば，電場の量が求まります．

下図は，電界の概念を表したものです．ある電荷 q_a があったとき，その電荷に近いほど大きい力を受けます．ここで，電荷から放射状に作用する**電気力線**(electric flux line) の概念を取り入れます．電荷の強さの大小は，電荷から出る電気力線の数で表現します．電荷の強いものは，電気力線の数も多いと表現するのです．したがって，ある部分において，電気力線の密度が高い部分ほど強い電界といえます．

7.1. 電磁気学基礎

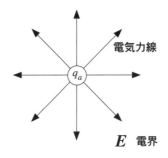

この電界の強さは，電荷からの距離 r の二乗に反比例しますが，電荷を中心とする半径 r の球の面積に依存すると表現した方が的確です．電界の強さは，電気力線の密度と考えましたが，r 離れた部分での電界の強さ E に球の表面積である $4\pi r^2$ を乗ずると一定となり，電気力線の数を示す指標となります．この指標を式で表すと，以下のようになります．

$$E \times 4\pi r^2 = k\frac{q_a}{r^2} \times 4\pi r^2$$
$$= 4\pi k q_a \tag{7.3}$$

この式のとおり，電気力線の数を示す指標は，$4\pi k q_a$ で，定数となっています．この式は，電荷と電界の強さについての関係だけでなく，光源と光の強さの関係においても同様で，明るい光源を持つものも遠くでは弱いが，光源を中心とする球の面積によって光の強さを積分すると一定となります．この法則は，1835 年にガウスが発見し，**ガウスの法則**(Gauss' law) と呼ばれています．

ここで，$4\pi k$ は $\frac{1}{\epsilon_0}$ で表し，ϵ_0 は**誘電率**(permittivity) と呼ばれています．この誘電率を使って先の式を書き換えると，電気力線の数を表す指標は，$\frac{q_a}{\epsilon_0}$ となります．したがって，電界の強さを式で表すと，次式となります．

$$4\pi r^2 E = \frac{q_a}{\epsilon_0}$$
$$E = \frac{q_a}{4\pi r^2 \epsilon_0} \tag{7.4}$$

この式において，$\frac{q_a}{4\pi r^2}$ は，**電束密度**(electric flux density)D と呼び，次式で表すことができます．

$$D = \epsilon_0 E \tag{7.5}$$

電束密度の単位は，誘電率 ϵ_0 の単位が C^2/Nm^2，電界の強さ E の単位が N/C なので，C/m^2 となります．

さて，電荷と力の関係がクーロンの法則でしたが，次に力の行う仕事量を導きます．電荷 q_b がクーロン力によって q_a まで移動したとすると，仕事をしたことになります．**仕事**W は，既に力学の基礎で述べたように，式 (6.13) により $W = F \cdot r$ でした．電磁気でも同様

第7章 衛星リモートセンシングによる物体判読の基礎

に考えると，次式を得ます。

$$\begin{aligned}
W &= F \cdot r \\
&= q_b E r \\
&= q_b \frac{q_a}{4\pi r \epsilon_0}
\end{aligned} \quad (7.6)$$

上式において，Er の部分は，**電位**(electric potential)と呼ばれています。逆に電位の勾配，つまり電位を距離で微分したものが電界の強さということになります。また，2点間の電位の差が**電位差**(difference of potential)であり，**電圧**(power voltage)V に対応します。

7.1.2 磁界

ニュートンの万有引力の法則の式は，2つの電荷の間のクーロン力だけでなく，磁石における2つの磁極の間に働く力においても成り立つ極めて重要な式です。磁石はご存知のようにN極とS極に分かれ，お互いに引っ張り合う力を生じさせます。

電気の量は，電荷という用語で表現しましたが，磁気において対応する量は，**磁極**(magnetic pole)の強さと呼んでいます。2つの物体 A,B の磁極の強さを p_n, p_s とし，物体間の距離が r のとき，2つの物体に働く力 F は，次式で表すことができます。

$$F = k \frac{p_n p_s}{r^2} \quad (7.7)$$

ここで k は，係数を表しています。

電荷の単位はC（クーロン）で定義されていましたが，磁極の強さは，Wb（ウェーバー）という単位で定義されています。2つの等しい磁極があり，距離 r が 1m のとき，$\frac{10^7}{(4\pi)^2} = 6.33 \times 10^4$N の力が働くときの電荷を 1Wb と定義しています。これより，係数 k は，6.33×10^4Nm^2/Wb^2 となります。

電荷においては電界という概念を導入し，電荷の影響を表すことができました。同様に，磁極においては，**磁界**(magnetic field)H という概念を導入して磁極の影響を表すことができます。下図は，その概念を表したものです。ある磁極 p_n, p_s があったとき，その磁極に近いほど大きい力を受けます。ここで，磁極から放射状に作用する**磁束線**(magnetic flux line)の概念を取り入れます。磁極の強さの大小は，磁極から出る磁束線の数で表現します。磁極の強いものは，磁束線の数も多く表現されます。したがって，ある部分において，磁束線の密度が高い部分ほど強い磁界といえます。

7.1. 電磁気学基礎

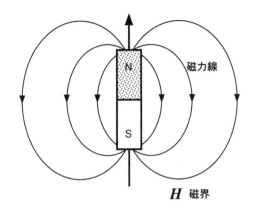

磁界においてもガウスの法則が成り立ちます。

磁界は磁石により発生するだけでなく、電気によっても発生します。小学校のときの理科の実験等で、豆電球を導線を使って乾電池に繋いで光らせることはよくやられています。このとき、方位磁針をその導線に近づけると、方位磁針の針の向きが変化します。このことは、電気によって磁界が発生することを示しており、1820年にデンマークのエルステッド (Ørsted) が発見しました。

その後、フランスのアンペール (Ampere) が詳しく実験をし、電流 I と磁界 H との関係を導きました。それが以下の式です。**アンペールの法則**(Ampere's rule) と呼ばれています。

$$H = \frac{I}{2\pi r} \tag{7.8}$$

電流 I については後述しますが、電荷の流れを表すものであり、単位は A（アンペア）です。したがって磁界 H の単位は、A/m となります。この法則は、磁界の強さが電流に比例し、導線からの距離に反比例することを意味しています。下図はその概念図です。磁力線の向きは、電流の方向に対して右回りで、一般的なネジの向きに等しいです。

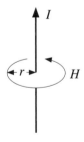

なお電流による磁界は、単に導線からの距離 r に反比例するというより、むしろ、導線を中心とする半径 r の円周の長さに反比例しているといえます。点電荷による電界は、ガウスの法則により球の表面積に反比例していました。導線により発生する磁界は、点ではなく、線なので円柱上で同じ磁界が発生します。導線が十分長ければ、この式のとおり、電界は円周の長さに反比例することになります。一方、導線が短い場合は、点に近くなるた

め円の表面積に反比例します。微小な導線の長さを Δs とすると，電流による磁界は，次式で表すことができます。

$$H = \frac{I\Delta s}{4\pi r^2} \tag{7.9}$$

この式は，フランスのビオとサバールが発見したため，**ビオ・サバールの法則**(Biot-Savart's law) と呼ばれています。

電気によって強い磁界を発生させるには，導線を筒状にグルグルと巻いてコイルをつくれば良いです。コイルによって磁束線の数を増やすことができるからです。またコイルの中に磁化しやすい金属の棒を挿入すれば，さらに磁力を大きくすることができます。これを利用すれば，強い磁石を電気で作れることになり，色々活用されています。いわゆる電磁石です。

さて，電界 E においては誘電率 ϵ を用いて電束密度 D が定義されていました。磁界 H においては同様に**透磁率**(magnetic permeability) μ_0 を用いて**磁束密度**(magnetic flux density) B が定義されています。

$$B = \mu_0 H \tag{7.10}$$

磁束密度の単位は，電束密度の単位と同様に導くと，Wb/m^2 となります。透磁率 μ_0 の単位は，誘電率と同様に N/A^2 であり，真空中では $4\pi \times 10^{-7}$ N/A^2 です。

7.1.3 電流

ここで，**電流**(electrical current) について解説しておきましょう。電流は，電荷の流れをさしています。厳密な定義は，単位時間にある断面を通過する電気量とされています。そして 1A（アンペア）とは，1 秒間に 1C の電荷が流れる量を表しています。電荷粒子の密度を ρ，電荷粒子の平均速度を v，断面積を S とすると，電流 I は次式で表すことができます。

$$I = \rho v S q \tag{7.11}$$

この式における電荷粒子の平均速度 v を他の式で置き換えてみます。電荷粒子の質量を m とし，加速度を α とすると，その力は $F = m\alpha$ で表されます。一方，式 (7.2) より $F = qE$ なので，加速度は，$\alpha = \frac{qE}{m}$ で表すことができます。そして速度 v は時間を T とすると $v = \frac{qE}{m}T$ となり，式 (7.11) は，次式のように表すことができます。

$$\begin{aligned} I &= \rho \frac{qE}{m} TSq \\ &= \frac{\rho q^2 TS}{m} E \end{aligned} \tag{7.12}$$

したがって，電位 E と電流 I は比例関係にあることが分かります。

電気回路においては，電流 I，電圧 V，抵抗 R の関係は，次式で表しています。

$$I = \frac{V}{R} \tag{7.13}$$

この式は，**オームの法則**(Ohm's law) と呼ばれています。これは，先に式 (7.12) における電位 E を電圧 V に置き換えて，比例係数を $\frac{1}{R}$ で表しているのです。

7.1.4 電流と磁界の関係

ローレンツ (Lorentz) 力

電流が流れると，磁界を発生させますが，磁界の中に電流を流すと力が発生します。この現象は，**アンペールの力**，或は**ローレンツ力**(Lorentz force) と呼ばれています。磁束密度 B，電流 I，力 F の関係は，下図のようになっています。

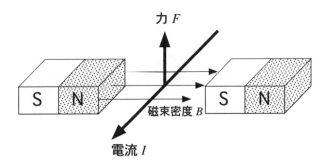

それぞれ異なる方向を持っています。これらの関係をベクトルを用いて式で表すと，次式のように簡単に表すことができます。

$$\boldsymbol{F} = (\boldsymbol{I} \times \boldsymbol{B})l \tag{7.14}$$

ここで，l は電流方向の長さであり，ベクトル積（外積）を用いて表しています。力 $\boldsymbol{F}$ の方向は，電流 $\boldsymbol{I}$ と磁束密度 $\boldsymbol{B}$ とが作る平面に垂直な法線方向となっています。それぞれの方向の覚え方については，下図のようにフレミングの左手の法則で知られています。

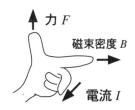

フレミングの左手の法則

親指を力，人差し指を磁界，中指を電流として，それぞれの方向を表しています。

このローレンツ力は，モーターに利用されています。磁石の中でコイル状の導線をおき，電流を流すことでローレンツ力を回転する力に変えているのがモーターです。

第 7 章　衛星リモートセンシングによる物体判読の基礎

電磁誘導

　電流と磁界によって力が発生し，モーターが開発されました。逆に磁界と力によって電流を発生させることもできます。いわゆる発電機です。磁界と力というより，磁界の変化といった方が適切でしょう。下図に示したように，コイルに磁石を近づけると電流が発生します。

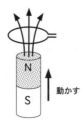

　これを発見したのはファラデー(Faraday)で，1831年のことです。この現象を**電磁誘導**(electromagnetic induction) と呼んでいます。電磁誘導によって得られる誘導起電力 V は，磁束の変化量 $\Delta\phi$ と変化時間 Δt より，次式で与えられます。

$$V = -\frac{\Delta\phi}{\Delta t} \tag{7.15}$$

磁束 ϕ は，磁束密度 B に面積 S をかけたものです。これを**ファラデーの法則**(Faraday's law) と呼んでいます。符号がマイナスになっていますが，これは，磁束の変化する方向とは逆向きに電圧が発生することを意味しています。マイナスの起電力が発生することで，逆向きの磁束が新たに発生し，バランスを保つようになっています。

　電磁誘導は，発電機だけではなく様々な用途に利用されています。例えば，金属探知器は金属の移動によって磁界が変化するため誘導起電力が得られます。空港のセキュリティチェックのゲートにおいては，ゲート自身が大きなコイルであり，そこを金属が通過すると誘導起電力が発生するので，金属を持っているかどうかを判別できます。また IH(Induction Heating) に代表される電磁調理器も電磁誘導が利用されています。これはパネルの下に埋め込まれたコイルによって磁気を変化させ，金属鍋に誘導起電力を発生させることによって鍋を温めるものです。

7.1.5　マックスウェル(Maxwell)方程式

　イギリスのマックスウェル(Maxwell)は，1864年に電場と磁場におけるガウスの法則，アンペールの法則，ファラデーの法則を定式化しました。それがマックスウェル方程式と呼ばれています。そして重要なことは，マックスウェル方程式によると，電磁波の存在が予測されていたことです。

7.1. 電磁気学基礎

電場におけるガウスの法則

電場におけるガウスの法則は，式 (7.4) に示したように $4\pi r^2 E = \frac{q_a}{\epsilon_0}$ でした。これは電荷を中心とし，半径 r の球の表面積×電界の強さは一定であることを示していました。なお電界の強さは，電気力線の密度に対応します。したがって半径 r の球の表面積×電界の強さは，電気力線の数に対応しています。ここでは，この球面を任意の閉曲面（立体的に閉じた面）における式に拡張します。下図の左に示すような，電荷を取り囲む閉曲面 a においても，曲面から出て行く電気力線の数は球面と変わらないため，任意の閉曲面の面積×電界の強さは $\frac{q_a}{\epsilon_0}$ の値となります。一方，電荷を取り囲んでいない閉曲面 b の場合には，電気力線が閉曲面に入るものと出て行くものがあるので，電気力線の総和は 0 となります。

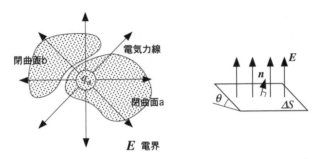

さて，任意の閉曲面の内部に電荷があるときの電気力線の本数を表す式を立てるのに，閉曲面の微小表面を用いて積分で表します。上図の右は，閉曲面 a の一部の微小表面を取り出したものです。この微小表面の面積を ΔS とし，この断面を横切る電界の強さをベクトル $\boldsymbol{E}$ で表しています。微小表面と $\boldsymbol{E}$ とは垂直とは限らず傾きを持っています。その傾きを θ とすると，微小表面に垂直な成分は，$|\boldsymbol{E}|\cos\theta$ となります。これは，微小表面の単位法線ベクトルを $\boldsymbol{n}$ とすると，内積を用いて $\boldsymbol{E}\cdot\boldsymbol{n}$ と表すことができます。なぜなら，$\boldsymbol{E}\cdot\boldsymbol{n} = |\boldsymbol{E}||\boldsymbol{n}|\cos\theta$ で，$|\boldsymbol{n}| = 1$ だからです。したがって，任意の閉曲面での式 (7.4) は，次のようになります。

$$\int_s \boldsymbol{E}\cdot\boldsymbol{n}\,dS = \frac{q_a}{\epsilon_0} \tag{7.16}$$

電荷に体積がある場合は，**電荷密度**(electric charge density)ρ の概念を導入すれば，電荷 $q_a = \int_v \rho\,dv$ と表すことができます。したがって，上式は以下のように表されます。

$$\epsilon_0 \int_s \boldsymbol{E}\cdot\boldsymbol{n}\,dS = \int_v \rho\,dv \tag{7.17}$$

これが，4 つのマックスウェル方程式のうちの一つです。

磁界におけるガウスの法則

磁界におけるガウスの法則は，考え方としては電界の場合と同じです。ただし，磁界における磁力線は，必ず出て行くものと入って来るものとがあります。下図のように N の磁

第7章　衛星リモートセンシングによる物体判読の基礎

極を取り囲むような閉曲面であっても出て行く磁力線だけでなく，磁石内部から多くの磁力線が入ってきます。

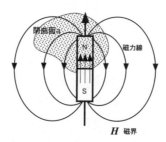

したがって，磁力線の総和は0となるのです。磁界の強さをベクトル $\boldsymbol{H}$ で表し，電界におけるガウスの法則と同様に考えると，$\mu_0 \int_s \boldsymbol{H} \cdot \boldsymbol{n} dS = 0$ となり，次式を得ます。

$$\int_s \boldsymbol{B} \cdot \boldsymbol{n} dS = 0 \tag{7.18}$$

これが，磁界におけるガウスの法則を表したマックスウェル方程式です。

アンペールの法則

アンペールの法則は，式(7.8)に示したように $H = \frac{I}{2\pi r}$ でした。磁束密度 B で表すと，$B = \frac{\mu_0 I}{2\pi r}$ となり，$2\pi r B = \mu_0 I$ と書けます。ガウスの法則は，点から球状に広がる様子をイメージしていますが，アンペールの法則においては，導線から円筒状に広がるイメージです。したがって，導線を囲む閉曲線（閉曲面は三次元空間における面による閉じた空間を指しますが，閉曲線は二次元平面における閉じた平面をさします）で積分したものとなります。よって，次式で表すことができます。なお $\oint$ 記号は積分を表すのですが，特に閉曲線において一周分の積分をするときに用いられます。

$$\oint B dr = \mu_0 I \tag{7.19}$$

導線の断面の断面積あたりの電流の密度を j とし，その断面の微小断面積を ΔS とすると，$I = \int j dS$ となります。したがって上式は，次式で書き表されます。

$$\oint B dr = \mu_0 \int_s j dS \tag{7.20}$$

これが，アンペールの法則を表したマックスウェル方程式の原型です。

マックスウェルは，この方程式に変位電流の項を加えました。アンペールの法則は，電流が流れたときに磁界が発生するというものですが，電界の変化によっても磁界が発生します。例えば，コンデンサは2つの離れた電極板に電荷を溜めるものです。この電荷が溜まる過程において，電界が大きくなり，これに伴ってコンデンサのまわりにも下図のように磁界が発生します。

7.1. 電磁気学基礎

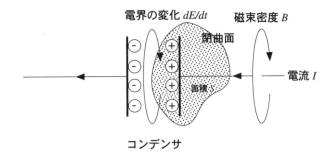

ある点における電界の時間的変化は，$\frac{dE}{dt}$ で表すことができます。これを閉曲面で積分すると $\int_s \frac{dE}{dt} dS$ となります。これを電束密度で表すと $\epsilon_0 \int_s \frac{dE}{dt} dS$ となり，これは**変位電流密度**(displacement current density) と呼ばれています。この項を式 (7.20) に加えてアンペールの法則を拡張すると，次式を得ます。

$$\oint B dr = \mu_0 \int_s \left(j + \epsilon_0 \frac{dE}{dt} \right) dS \tag{7.21}$$

これを**アンペール・マックスウェルの法則**(Ampere-Maxwell's law) と呼んでいます。さらに，この式をベクトルで表すと，次のようになります。

$$\oint \boldsymbol{B} dr = \mu_0 \int_s \left(\boldsymbol{j} + \epsilon_0 \frac{\partial \boldsymbol{E}}{\partial t} \right) \cdot \boldsymbol{n} dS \tag{7.22}$$

これが，アンペールの法則を拡張したマックスウェル方程式の一つです。

ファラデーの法則

ファラデーの法則は，式 (7.15) に示したように $V = -\frac{\Delta \phi}{\Delta t}$ でした。電圧 V は，式 (7.6) に示したように，電界 E と電荷の移動距離 r の積で表すことができます。コイルのある部分における電界を E，その部分の長さを Δr とすると，その部分での電圧は，$V = E \Delta r$ となります。これを閉曲線全体に拡張し，コイルの両端での電圧は，$V = \oint E dr$ となります。

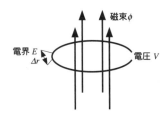

磁束 ϕ は，磁束密度 B に面積 S をかけたものと同じなので，$\phi = \int_s B dS$ と表され，ファラデーの法則は，次式で表すことができます。

$$\oint E dr = -\frac{d}{dt} \int_s B dS \tag{7.23}$$

第 7 章　衛星リモートセンシングによる物体判読の基礎

これをベクトルで表すと，次式を得ます．

$$\oint E dr = -\int_s \frac{\partial B}{\partial t} \cdot n dS \tag{7.24}$$

これが，ファラデーの法則についてのマックスウェル方程式です．

微分形式によるマックスウェル方程式

マックスウェル方程式は，式 (7.17)，式 (7.22)，式 (7.18)，式 (7.24) の 4 つの基本方程式で構成されています．改めて書き表すと，以下のとおりです．

$$\epsilon_0 \int_s E \cdot n dS = \int_v \rho dv \qquad \text{電界におけるガウスの法則}$$

$$\oint_s B dr = \mu_0 \int_s \left(j + \epsilon_0 \frac{\partial E}{\partial t} \right) \cdot n dS \qquad \text{アンペール・マックスウェルの法則}$$

$$\int_s B \cdot n dS = 0 \qquad \text{磁界におけるガウスの法則}$$

$$\oint_s E dr = -\int_s \frac{\partial B}{\partial t} \cdot n dS \qquad \text{ファラデーの法則}$$

これらの方程式は，積分で表されており，閉曲線や閉曲面全体での電界や磁界についてまとめられています．積分系だと，全体での電界や磁界の状態は，この式で十分説明できますが，ある点での状態を表現するためには，不十分です．したがって，これらの式を微分で表す式が必要となります．ベクトルの微分を利用してマックスウェル方程式を表現すると，次式のようになります．

$$\nabla \cdot E = \frac{\rho}{\epsilon_0} \qquad \text{電界におけるガウスの法則} \tag{7.25}$$

$$\nabla \times B = \mu_0 \left(j + \epsilon_0 \frac{\partial E}{\partial t} \right) \qquad \text{アンペール・マックスウェルの法則} \tag{7.26}$$

$$\nabla \cdot B = 0 \qquad \text{磁界におけるガウスの法則} \tag{7.27}$$

$$\nabla \times E = -\frac{\partial B}{\partial t} \qquad \text{ファラデーの法則} \tag{7.28}$$

このように，すっきりとした方程式で表すことができます．これらのマックスウェル方程式は，電子回路の中での電界や磁界の状況を把握することができるだけでなく，電磁波に関しても説明することができます．

7.2　電磁波の基礎

7.2.1　電磁波の種類

電磁波(electromagnetic waves) は，電波と略されたりしていますが，現在様々な用途に活用されています．ラジオ，テレビ，携帯電話，リモコン，電子レンジなどが代表例です

が，光も電磁波の一種です．電磁波は，波の性質と粒子の性質を兼ね備えています．したがって，**波長**(wave length)λ をもとに電磁波が分類されています．波の伝わる速さは，光速と等しいのですが，どの波長の電磁波であろうと同じ速度 c です．このことから，波長が決まると**周期**(period)T と**振動数**(frequency)ν も決まります．周期 T は，一つの波が通過するのに要する時間です．つまり光速 $c = \lambda/T$ と計算でき，波長が長くなれば，周期も長くなります．振動数 ν は，1秒間に何個の波が通過するかを意味し，$\nu = 1/T$ となります．よって $c = \nu\lambda$ が導かれ，波長が長くなれば，振動数は少なくなります．なお，振動数は，**周波数**という言葉で表現されることもあります．ラジオやテレビの電磁波は，波長でなく周波数で表現される場合が多いようです．

現在までに解っている電磁波は，周波数にして $10^{-5} \sim 10^{22}$ Hz の範囲にあります．波長の短いものから順に γ 線，エックス線，紫外線，可視光線，赤外線，電波等と俗に呼ばれています．下図は，波長ごとに電磁波を分類した概念図です．可視域は，$0.4 \sim 0.7\mu$m で非常に狭い範囲を人間の目は感知していることになります．

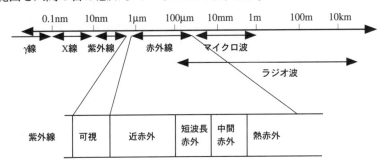

電磁波の波長帯域

幅広く分布している電磁波のうち，リモートセンシングで用いられている電磁波の波長は，紫外線の一部（$0.3 \sim 0.4\mu$m），可視光（$0.4 \sim 0.7\mu$m），赤外の一部（$0.7 \sim 14\mu$m）とマイクロ波（約 1mm〜1m）です．特にこれらを，可視反射赤外リモートセンシング，熱赤外リモートセンシング，マイクロ波リモートセンシングと大別することが多いです．

7.2.2 電磁波の波動方程式

電磁波は，マックスウェル方程式によってその生成過程を説明することができます．そのために，まず何もない真空中において，マックスウェル方程式はどうなるか考えてみましょう．電界におけるガウスの法則においては，閉曲面の中に電荷が含まれているときのものでした．真空中には電荷は存在しないため，磁界におけるガウスの法則と同様に $\nabla \cdot \boldsymbol{E} = 0$ となります．また，アンペール・マックスウェルの法則においては，真空中には電流が存在しないため，$\nabla \times \boldsymbol{B} = \mu_0 \epsilon_0 \frac{\partial \boldsymbol{E}}{\partial t}$ となります．したがって真空中におけるマックスウェル

第7章　衛星リモートセンシングによる物体判読の基礎

の方程式は，次のように表現できます。

$$\nabla \cdot \boldsymbol{H} = 0 \tag{7.29}$$

$$\nabla \cdot \boldsymbol{E} = 0 \tag{7.30}$$

$$\nabla \times \boldsymbol{H} = \epsilon_0 \frac{\partial \boldsymbol{E}}{\partial t} \tag{7.31}$$

$$\nabla \times \boldsymbol{E} = \mu_0 \frac{\partial \boldsymbol{H}}{\partial t} \tag{7.32}$$

なお，磁束密度 B は，磁界 H で書き直しました。真空中においては，さらにすっきりとした方程式になっていることがわかります。電界の変化は磁界を発生させ，その磁界の向きは電界に対して垂直方向となります。このことを外積と偏微分を使って式 (7.31) で表現しています。同様に磁界の変化は電界を発生させ，その電界の向きは磁界に対して垂直方向となります。これを式 (7.32) で表現しています。したがって，下図のように電界の変化が，磁界を発生させ，それがまた電界を発生させるという無限の連鎖反応が生じます。これが電磁波の正体のようです。

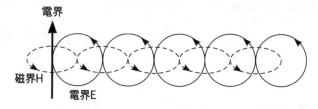

　電磁波は，電界と磁界が相互に発生しながら伝搬されていきます。したがって，伝搬される状況を式で表現する必要があります。下図はその概念図で，波の関数 $f()$ が z 方向に伝搬される様子を表したものです。時刻についての軸を t とし，奥行き方向にとっています。関数 $f()$ で表される波が速度 v で右方向に進んでいます。ある時刻 t_0 において波が z_0 を通過し，Δt 後には z_1 に達しています。この位置関係を速度 v を用いると，$z_0 = z_1 - v\Delta t$ と表すことができます。

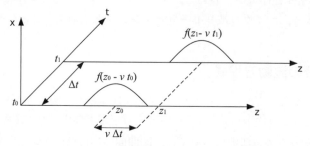

伝搬する波は，$f(z - vt)$ で表現することができます。その理由は，次式より説明できます。

$$\begin{aligned} f(z_1 - vt_1) &= f(z_1 - v(t_0 + \Delta t)) \\ &= f(z_1 - vt_0 - v\Delta t) \qquad z_0 = z_1 - v\Delta t \text{ より} \\ &= f(z_0 - vt_0) \end{aligned} \tag{7.33}$$

7.2. 電磁波の基礎

つまり，$f(z_1 - vt_1) = f(z_0 - vt_0)$ となり，$f(z - vt)$ の形が維持されており，時間とともに $f()$ の波が右に移動する様子が表現されるのです。移動方向が逆の左の場合は，$f(z + vt)$ となります。

次に，伝搬する波の形を**正弦波**(sine wave) と仮定して表しましょう。正弦波は，sin 関数で表される波のことで，$\sin x$ の場合，波長が 2π の無限に続く波が移動している状況です。波長 λ，振幅 a とすると，波の関数 $u(z,t)$ は次式となります。

$$u(z,t) = a \sin \frac{2\pi}{\lambda}(z - vt) \tag{7.34}$$

一つの波が通過し次の波が来るまでの時間，つまり周期を T とすると，波の進行速度 v より $\lambda = vT$ となります。したがって上式は，次のようになります。

$$u(z,t) = a \sin 2\pi\left(\frac{z}{\lambda} - \frac{t}{T}\right) \tag{7.35}$$

ここで，$\frac{2\pi}{\lambda}$ は波の数を表しており，**波数**(wave number) とよび，それを k とおきましょう。また $\frac{2\pi}{T}$ は**角振動数**(angular frequency) を表しており，ω とおくことができます。したがって，波の関数は次式で表すことができます。

$$u(z,t) = a \sin(kz - \omega t) \tag{7.36}$$

さらにこの式を三次元空間の任意の方向に進む波に拡張します。このとき波は**平面波**(plane wave) を仮定します。平面波は，波の集団が平面上に分布し，それが一段となって同一方向に進むような波です。例えば，太陽からの電磁波は，非常に遠いところから放射されており，地球上においては平面波とみなすことができます。

任意の方向に進む平面波を表現するとき，波の進む方向をベクトルで表す必要があります。そこで，波数 k をベクトル $\boldsymbol{k} = (k_x, k_y, k_z)$ で表現します。下図は，平面波の概念図を表したものです。

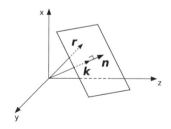

上図においては，$\boldsymbol{k}$ の単位ベクトルを $\boldsymbol{n}$ と，任意の平面上の点へのベクトル $\boldsymbol{r}$ を図示しています。$\boldsymbol{n}$ は，平面の単位法線ベクトルに相当します。この波の関数はベクトル $\boldsymbol{r}$ となり，次式で表現することができます。

$$\begin{aligned} u(\boldsymbol{r},t) &= a \sin(\boldsymbol{k} \cdot \boldsymbol{r} - \omega t) \\ &= a \sin(k_x x + k_y y + k_z z - \omega t) \end{aligned} \tag{7.37}$$

第 7 章　衛星リモートセンシングによる物体判読の基礎

　さらにオイラーの公式 (2.95) により複素関数で表現することも可能です。そのためには，正弦波で表していた波を余弦波に書き換える必要があります。正弦波を余弦波に直しても，位相が $\frac{\pi}{2}$ ずれるのみなので，波の本質的な違いはありません。それを次式に示します。

$$u(\boldsymbol{r},t) = a e^{i(\boldsymbol{k}\cdot\boldsymbol{r}-\omega t)} \tag{7.38}$$

i は虚数単位を表しています。上式を改めて三角関数で表現すると，次式のようになります。

$$u(\boldsymbol{r},t) = a\cos(\boldsymbol{k}\cdot\boldsymbol{r}-\omega t) + i\sin(\boldsymbol{k}\cdot\boldsymbol{r}-\omega t) \tag{7.39}$$

実数部と虚数部のうち，実数部のみ取り扱うことで実用上は問題ありません。複素関数で表現することにより，計算が簡単になるという利点があります。

　さて，電磁波における電界と磁界を元に戻って正弦波を用いて表現し，波動方程式を求めましょう。このとき，任意のベクトルを想定すると複雑になるため，単純に z 軸方向に伝搬するものとします。そして，下図のように電界は xz 平面に沿って振動し，磁界は yz 平面に沿って振動しているものとします。

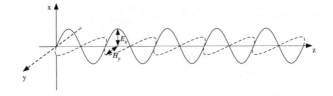

z 軸上のある点における電界の強さを E_x，磁界の強さを H_y とすると，次式で表すことができます。

$$E_x = E_0 \sin(kz - \omega t) \tag{7.40}$$

$$H_y = H_0 \sin(kz - \omega t) \tag{7.41}$$

ところで，式 (7.31) は，任意のベクトルを対象としたものでしたが，上図のように z 軸上を伝搬する場合，次式で表すことができます。

$$\frac{\partial H_y}{\partial z} = \epsilon_0 \frac{\partial E_x}{\partial t} \tag{7.42}$$

式 (7.32) についても同様に，次式で表すことができます。

$$\frac{\partial E_x}{\partial z} = \mu_0 \frac{\partial H_y}{\partial t} \tag{7.43}$$

次に，式 (7.42) の両辺を z で偏微分し，整理すると次式を得ます。

$$\begin{aligned}\frac{\partial^2 H_y}{\partial z^2} &= \epsilon_0 \frac{\partial E_x}{\partial t}\frac{\partial H_y}{\partial z}\\ &= \epsilon_0 \mu_0 \frac{\partial^2 H_y}{\partial t^2} \qquad \text{式 (7.43) より}\end{aligned} \tag{7.44}$$

これが**磁界**に関する**波動方程式**(wave equation) です。また電界についても，式 (7.43) の両辺を z で偏微分し，整理すると次式を得ます。

$$\frac{\partial^2 E_x}{\partial z^2} = \mu_0 \frac{\partial H_y}{\partial t}\frac{\partial E_x}{\partial z}$$

$$= \epsilon_0 \mu_0 \frac{\partial^2 E_x}{\partial t^2} \qquad 式 (7.42) より \qquad (7.45)$$

これが**電界**に関する**波動方程式**(wave equation) です。式 (7.45) に式 (7.40) を代入し，整理すると次式を導くことができます。

$$\frac{\partial^2 (E_0 \sin(kz-\omega t))}{\partial z^2} = \epsilon_0\mu_0 \frac{\partial^2 (E_0 \sin(kz-\omega t))}{\partial t^2}$$

$$k\frac{\partial (E_0 \cos(kz-\omega t))}{\partial z} = -\omega\epsilon_0\mu_0 \frac{\partial (E_0 \cos(kz-\omega t))}{\partial t}$$

$$-k^2(E_0\sin(kz-\omega t)) = -\omega^2\epsilon_0\mu_0(E_0\sin(kz-\omega t))$$

$$k^2 = \omega^2 \epsilon_0\mu_0$$

$$\frac{k^2}{\omega^2} = \epsilon_0\mu_0 \qquad (7.46)$$

ここで，$k = \frac{2\pi}{\lambda}$，$\omega = \frac{2\pi}{T}$ なので，波の速度 $v = \frac{\lambda}{T}$ は，$v = \frac{\omega}{k}$ となります。なお，電磁波の伝搬速度は光速 c に等しいです。したがって光速 c は，次式で表すことができます。

$$c = \frac{\omega}{\lambda}$$

$$= \frac{1}{\sqrt{\epsilon_0\mu_0}} \qquad (7.47)$$

このように光速 c は，真空での誘電率 ϵ_0 と透磁率 μ_0 から計算できることを意味しており，非常に興味深いです。

一般的な波動方程式は，x 軸方向に向かって伝搬するもので表し，次式のように，速度 v を用いて次式で表すことが多いようです。

$$\frac{\partial^2 y}{\partial x^2} = \frac{1}{v^2}\frac{\partial^2 y}{\partial t^2} \qquad (7.48)$$

電磁波の波動方程式は求まったので，ここで電界と磁界との関係について把握しておきましょう。電界 E も磁界 H もベクトルであり，互いに直交します。そして電磁波の進む方向 S は，外積を用いて次式で計算することができます。

$$\boldsymbol{S} = \boldsymbol{E} \times \boldsymbol{H} \qquad (7.49)$$

このベクトル S は，**ポインティングベクトル**(pointing vector) と呼ばれています。

次に，電界 E と磁界 H の大きさの関係について計算します。まず，式 (7.40)，式 (7.41) を式 (7.42)，式 (7.43) のそれぞれに代入し，偏微分すると次式を得ます。

$$kH_0\cos(kz-\omega t) = \epsilon_0\omega E_0 \cos(kz-\omega t) \qquad (7.50)$$

$$kE_0\cos(kz-\omega t) = \mu_0\omega H_0 \cos(kz-\omega t) \qquad (7.51)$$

第 7 章　衛星リモートセンシングによる物体判読の基礎

$\frac{k}{\omega}$ を左辺に移項して整理すると次式を得ます．

$$\frac{k}{\omega} = \epsilon_0 \frac{E_0 \cos(kz - \omega t)}{H_0 \cos(kz - \omega t)} \tag{7.52}$$

$$\frac{k}{\omega} = \mu_0 \frac{H_0 \cos(kz - \omega t)}{E_0 \cos(kz - \omega t)} \tag{7.53}$$

したがって，上の二式は等しいので，それを整理すると，次のようになります．

$$\mu_0 \{H_0 \cos(kz - \omega t)\}^2 = \epsilon_0 \{E_0 \cos(kz - \omega t)\}^2$$

$$\{H_0 \cos(kz - \omega t)\}^2 = \frac{\epsilon_0}{\mu_0} \{E_0 \cos(kz - \omega t)\}^2$$

$$H_0^2 = \frac{\epsilon_0}{\mu_0} E_0^2$$

$$H_0 = \sqrt{\frac{\epsilon_0}{\mu_0}} E_0 \tag{7.54}$$

図では，電界 E と磁界 H の振幅を同じ程度で描き表しましたが，実際には透磁率 ν_0 の方が誘電率 ϵ_0 よりも極めて大きいので，磁界の振幅 H_0 は，電界の振幅 E_0 に比べて実際には非常に小さいです．

7.3　電磁波と物質の相互作用

7.3.1　電磁波の反射，屈折，偏光

「画像を用いた位置計測」の章において，光の反射と屈折については**スネルの法則**(Snell's law) に従うことを解説しました．ここでは波の方程式を用いて反射と屈折の現象を定式化し，スネルの法則を導くとともに，偏光についても言及します．

電磁波は電界と磁界が直交し，それが伝搬していきます．電界と磁界の波が伝搬するそれぞれの振動面は，様々な方向を向いているものです．下図は，電界の振動する面が縦方向と横方向の場合の反射と屈折の様子を図示したものです．下図において電磁波は，zx 平面に沿って左上から右下に向かって進んでおり，yz 平面より上側と下側とで媒質が異なっている様子を示しています．上側の媒質の誘電率は ϵ_1，透磁率は μ_1，下側の媒質の誘電率は ϵ_2，透磁率は μ_2 としています．

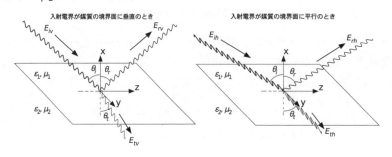

7.3. 電磁波と物質の相互作用

左側の図は，電界の振動面が zx 平面に平行となっており，媒質の境界面に対して垂直に振動している様子を表しています。この状況で，入射する電磁波の電界を E_{vi}，屈折後は E_{vt}，反射後は E_{vr} とします。そして入射角は θ_i，屈折角は θ_t，反射角は θ_r で，それぞれ x 軸からの角度で表しています。一方右側の図は，電界の振動面が zx 平面に直角となっており，媒質の境界面に対して平行に振動している様子を表しています。この状況で，入射する電磁波の電界を E_{hi}，屈折後は E_{ht}，反射後は E_{hr} としています。

媒質の境界面に対して垂直に振動している入射電界は，複素関数を用いると $E_{iv}\mathrm{e}^{\mathrm{i}(k_1\boldsymbol{n}\cdot\boldsymbol{r}-\omega t)}$ と表すことができます。ここで，$\boldsymbol{n}$ は入射電界の進行方向を表し，成分にすると下図の左に示すように $(\sin\theta_i, -\cos\theta_i)$ です。$\boldsymbol{r}$ は zx 平面上なので (z,x) で表すことができ，入射電界 $u_{iv}(z,x,t)$ は次式となります。なお，上側の媒質における波数を k_1 とおいています。

$$u_{iv}(z,x,t) = E_{iv}\mathrm{e}^{\mathrm{i}(k_1 z\sin\theta_i - k_1 x\cos\theta_i - \omega t)} \tag{7.55}$$

また，入射電界の振幅の z 軸方向成分 E_{ivz} は，下図の左に示すように $E_{ivz} = E_{iv}\cos\theta_i$ となります。これに対する磁界は，$\boldsymbol{n}\times\boldsymbol{E}$ の方向となり，紙面に対して向こう向きの y 軸に沿う向きとなります。右手系の座標においては，y 座標の向きは紙面に対して手前向きであるため，磁界の y 軸の成分は負の値をとることになります。その大きさは，式 (7.54) より計算できるので，入射磁界の y 軸方向成分 H_{ivy} は，$H_{ivy} = -\sqrt{\frac{\epsilon_1}{\mu_1}}E_{iv}$ となります。磁界は y 軸方向の振動なので，z 成分も x 成分も発生せず，入射角に依存しません。これらの式を改めて示すと以下のようになります。

$$\begin{cases} E_{ivz} = E_{iv}\cos\theta_i \\ H_{ivy} = -\sqrt{\frac{\epsilon_1}{\mu_1}}E_{iv} \end{cases} \tag{7.56}$$

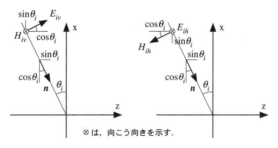

媒質の境界面に対して平行に振動している入射電界の場合，入射電界の振幅の y 軸方向成分 E_{ihy} は，上図の右に示すように入射角に依存しないため $E_{ihy} = -E_{hi}$ となります（上図右のように先の磁界のときと同じ向きとしました）。入射磁界の方向 H_{ih} は，$\boldsymbol{n}\times\boldsymbol{E}$ の方向となり，左下向きになります。したがって，その z 軸方向の成分 H_{iz} は，$H_{ihz} = -\sqrt{\frac{\epsilon_1}{\mu_1}}E_{ih}\cos\theta_i$ となります。これらの式を改めて示すと以下のようになります。

$$\begin{cases} E_{ihy} = -E_{ih} \\ H_{ihz} = -\sqrt{\frac{\epsilon_1}{\mu_1}}E_{ih}\cos\theta_i \end{cases} \tag{7.57}$$

第 7 章　衛星リモートセンシングによる物体判読の基礎

次に，反射電界について同様に考えましょう．媒質の境界面に対して垂直に振動している反射電界 $u_{rv}(z,x,t)$ は次式で表されます．

$$u_{rv}(z,x,t) = E_{rv}e^{i(k_1 z \sin\theta_r - k_1 x \cos\theta_r - \omega t)} \tag{7.58}$$

そして，反射電界の振幅の z 軸方向成分 E_{rvz} と，これに対する反射磁界の y 軸方向成分 H_{rvy} は，次式で表すことができます（下図の左参照）．

$$\begin{cases} E_{rvz} = -E_{rv}\cos\theta_r \\ H_{rvy} = -\sqrt{\frac{\epsilon_1}{\mu_1}}E_{rv} \end{cases} \tag{7.59}$$

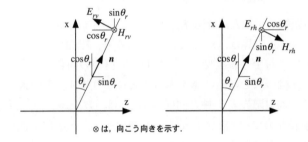

媒質の境界面に対して平行に振動している反射電界において，反射電界の y 方向成分 E_{rhy} と，これに対する反射磁界の z 軸方向成分 H_{rhz} は，次式で表すことができます（上図の右参照）．

$$\begin{cases} E_{rhy} = -E_{rh} \\ H_{rhz} = \sqrt{\frac{\epsilon_1}{\mu_1}}E_{rh} \end{cases} \tag{7.60}$$

次に，透過電界について同様に考えます．媒質の境界面に対して垂直に振動している透過電界 $u_{tv}(z,x,t)$ は次式で表されます．なお，下側の媒質における波数を k_2 とおいています．

$$u_{tv}(z,x,t) = E_{tv}e^{i(k_2 z \sin\theta_r - k_2 x \cos\theta_t - \omega t)} \tag{7.61}$$

そして，透過電界の振幅の z 軸方向成分 E_{tvz} と，これに対する透過磁界の y 軸方向成分 H_{tvy} は，次式で表すことができます（下図の左参照）．

$$\begin{cases} E_{tvz} = E_{tv}\cos\theta_t \\ H_{tvy} = -\sqrt{\frac{\epsilon_2}{\mu_2}}E_{tv} \end{cases} \tag{7.62}$$

7.3. 電磁波と物質の相互作用

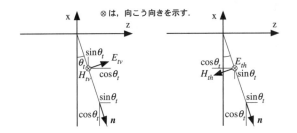

媒質の境界面に対して平行に振動している透過電界に おいて，反射電界の y 方向成分 E_{thy} と，これに対する透過磁界の z 軸方向成分 H_{thz} は，次式で表すことができます（上図の右参照）。

$$\begin{cases} E_{thy} = -E_{th} \\ H_{thz} = -\sqrt{\dfrac{\epsilon_2}{\mu_2}} E_{th} \end{cases} \tag{7.63}$$

さて，媒質の境界面においては，入射電場と反射電界の合計が透過電界と釣り合わなければなりません。そこで，式 (7.55)，式 (7.58)，式 (7.61) の z 軸成分を対象とし，境界面なので $x=0$ を代入すると，境界面に対して垂直な電界も平行な電界も次式で表すことができます。なお，ωt の項は省略しました。

$$\begin{cases} E_{ivz}\mathrm{e}^{ik_1 z \sin\theta_i} + E_{rvz}\mathrm{e}^{ik_1 z \sin\theta_r} = E_{tvz}\mathrm{e}^{ik_2 z \sin\theta_t} \\ E_{ihy}\mathrm{e}^{ik_1 z \sin\theta_i} + E_{rhy}\mathrm{e}^{ik_1 z \sin\theta_r} = E_{thy}\mathrm{e}^{ik_2 z \sin\theta_t} \end{cases} \tag{7.64}$$

この式が，どのような z の値であろうと成り立つためには次式が満たされなければなりません。

$$k_1 \sin\theta_i = k_1 \sin\theta_r = k_2 \sin\theta_t \tag{7.65}$$

したがって，$\theta_i = \theta_r$ と $k_1 \sin\theta_r = k_2 \sin\theta_t$ というスネルの法則が導かれます。k_1, k_2 が屈折率に相当し，$k_1 = \omega\sqrt{\dfrac{\epsilon_1}{\mu_1}}, k_2 = \omega\sqrt{\dfrac{\epsilon_2}{\mu_2}}$ です。この式が満たされれば，式 (7.64) は次式のように簡単な式で表すことができます。

$$\begin{cases} E_{ivz} + E_{rvz} = E_{tvz} \\ E_{ihy} + E_{rhy} = E_{thy} \end{cases} \tag{7.66}$$

磁界についても同様に考えると，次式を得ます。

$$\begin{cases} H_{ivy} + H_{rvy} = H_{tvy} \\ H_{ihz} + H_{rhz} = H_{thz} \end{cases} \tag{7.67}$$

これらの式に式 (7.56)，式 (7.57)，式 (7.59)，式 (7.60)，式 (7.62)，式 (7.63) を代入すると

第 7 章　衛星リモートセンシングによる物体判読の基礎

次式を得ます。

$$\begin{cases} E_{iv}\cos\theta_i - E_{rv}\cos\theta_r = E_{tv}\cos\theta_t \\ -E_{ih} - E_{rh} = -E_{th} \\ -\sqrt{\frac{\epsilon_1}{\mu_1}}E_{iv} + -\sqrt{\frac{\epsilon_1}{\mu_1}}E_{rv} = -\sqrt{\frac{\epsilon_2}{\mu_2}}E_{tv} \\ -\sqrt{\frac{\epsilon_1}{\mu_1}}E_{ih}\cos\theta_i + \sqrt{\frac{\epsilon_1}{\mu_1}}E_{rh} = -\sqrt{\frac{\epsilon_2}{\mu_2}}E_{th} \end{cases} \quad (7.68)$$

これらの式とスネルの法則を用いて，入射電界と反射電界の比を求めます。この比はいわゆる振幅反射率に相当します。媒質の境界に対して垂直に振動する電界の場合には，次式のようになります。なお屈折率の比は n で表しました。つまり $n = \sqrt{\frac{\epsilon_2}{\mu_2}}/\sqrt{\frac{\epsilon_1}{\mu_1}}$ を用いました。

$$\frac{E_{rv}}{E_{iv}} = \frac{\cos\theta_i - n\cos\theta_t}{\cos\theta_i + n\cos\theta_t} \quad (7.69)$$

媒質の境界に対して平行に振動する電界の場合には，次式のようになります。

$$\frac{E_{rh}}{E_{ih}} = \frac{n\cos\theta_i - \cos\theta_t}{n\cos\theta_i + \cos\theta_t} \quad (7.70)$$

次に入射電界と透過電界の比を求めます。この比はいわゆる振幅透過率に相当します。媒質の境界に対して垂直に振動する電界の場合には，次式のようになります。

$$\frac{E_{tv}}{E_{iv}} = \frac{2\cos\theta_i}{\cos\theta_i + n\cos\theta_t} \quad (7.71)$$

媒質の境界に対して平行に振動する電界の場合には，次式のようになります。

$$\frac{E_{th}}{E_{ih}} = \frac{2\cos\theta_i}{n\cos\theta_i + \cos\theta_t} \quad (7.72)$$

これら式 (7.69)〜式 (7.72) は，**フレネルの式**(Fresnel's equations) と呼ばれています。振幅反射率の式をみると，媒質の境界面に対して垂直の振動している場合，分子の値は小さくなり，反射後の振幅は非常に小さくなることが分かります。特に入射角度 θ_i によっては分子の値が 0 になる場合もあります。この角度を**ブリュースター角**(Brewster's angle) と呼んでいます。

　太陽から降り注ぐ光（電磁波）において，電界面はあらゆる方向を向いています。この光が何かに反射すると，反射面に対して垂直に振動する電界面を持つ光は非常に弱くなり，平行に振動する電界面を持つ光が卓越することになります。このように，ある一定方向に電界面が偏った光を**偏光**(polarisation) と呼んでいます。サングラスの中には，偏光サングラスというものもあります。これはレンズにたくさんのスリットを入れることによって入ってくる光の量を少なくしています。そして，単に光の量が少なくなるだけでなく，特定の振動面を持つ光をカットすることができます。つまり，スリットに対して直角方向の電界面を持つ光は，透過できません。例えば，水面やガラスに反射する光は，特定の向きの電界面を持つものが多いので，偏光サングラスによってそれらをカットし，水面の中やガラスの中を見やすくする機能もあるのです。

7.3. 電磁波と物質の相互作用

7.3.2 電磁波に関する物理量

電磁波が発生し，四方八方に伝搬して行くことを**放射**(radiation) と呼んでいます。電磁波の放射は，エネルギを持っています。**放射エネルギ**(radiant energy) の単位は (J) です。単位時間あたりの放射エネルギ (J/s) は，**放射束**(radiant flux) あるいは**光束**(light flux) と呼ばれ，単位は (W) に相当します。実用単位としてルーメン (lm) が一般に利用されています。身近なところでは，プロジェクタの明るさを表すのに利用されています。

放射束を単位面積あたりの値に換算したものが**放射発散度**(radiant exitance) です。つまり放射発散度は，放射源から射出される単位時間，単位面積あたりのエネルギといえます。これに対して，放射源から，ある面に対して照射される単位時間，単位面積あたりのエネルギは，**放射照度**(irradiance) 呼ばれています。いずれも同じ単位で表現します。放射発散度 M_e と放射束 Φ の関係は，面積を S とすると，次式で表されます。

$$M_e = \frac{d\Phi}{dS} \tag{7.73}$$

単位は (W/m^2) となります。実用単位はルクス $(lx = lm/m^2)$ が一般に利用されています。

放射源が点の場合には，放射源から離れるに従って，放射照度は小さくなります。そこで放射束を**立体角**(solid angle) あたりの値に換算した**放射強度**(radiant intensity) が使いやすいです。下図は，その様子を表しています。

放射強度 I_e と放射束 Φ とは，立体角を Ω とすると次式で表されます。

$$I_e = \frac{d\Phi}{d\Omega} \tag{7.74}$$

放射強度 I_e の単位は (W/sr) となる。実用単位はカンデラ (cd = lm/sr) が一般に利用されています。立体角は，三次元での角度を表すのに利用されているもので，下図に示すように円錐の頂点の三次元角度の概念です。円錐の中心軸と母線との平面上の角度は α ですが，立体角はこれとは異なります。

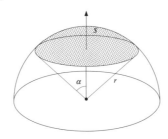

立体角 Ω は，円錐の底面が接する球面上の面積 S と母線の長さ r の関数で以下のように表すことができます。

$$\Omega = \frac{S}{r^2} \tag{7.75}$$

233

第 7 章 衛星リモートセンシングによる物体判読の基礎

単位は sr, ステラジアンと呼んでいます。球の表面積は，$4\pi r^2$ なので，全球の立体角は，$4\pi(\mathrm{sr})$ となります。

次に，放射源が面的に広がっている場合を考えましょう。面積がある場合，放射面に対して法線方向から得られるエネルギは最大となりますが，斜めになるとそのエネルギは小さくなります。下図のように，ある微小面積 dS を考えた場合，法線からの角度 θ 傾いたときの微小面積は，$dS\cos\theta$ となります。

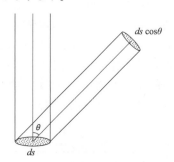

そこで放射源が面の場合には，単位面積あたりの放射強度に換算された**放射輝度**(radiance)が用いられます。放射輝度 L_e は，放射強度 I_e を用いて次式で計算されます。

$$L_e = \frac{dI_e}{dS\cos\theta} \tag{7.76}$$

さらに，放射束で放射輝度を表すには，$I_e = \frac{d\Phi}{d\Omega}$ より，次式が得られます。

$$L_e = \frac{d^2\Phi}{d\Omega dS\cos\theta} \tag{7.77}$$

放射輝度の単位は，$(\mathrm{W/sr\cdot m^2})$ となります。実用単位はスチルブ $(\mathrm{cd/cm^2})$ が一般に利用されています。

7.3.3 電磁波の放射と吸収

黒体放射

物質は電磁波を**放射**(radiation) しており，特にその放射が熱に依存しているものを熱放射と呼んでいます。逆に，熱を持っている物質はすべて**熱放射**(heat radiation) しているといえます。物質が熱を持つと色が変化します。例えば電熱線を用いたヒーターは，温度が上昇するに連れて赤からオレンジ，黄色へと変化し，明るさも増します。つまり熱を持つほどに放射の量も多くなります。この熱放射は，通常物質ごとに放射特性を持っています。ある電磁波の波長帯は放射効率が高く，ある波長帯は放射効率が低いという，選択的放射体がほとんどです。また，入射する電磁波をよく吸収するものほど，よく放射するという性質を持っています。黒い服は太陽の光を吸収しやすく，暖かくなるのはこのためです。したがって完全吸収体の場合は，温度だけで放射量が一意的に決まることになります。この

7.3. 電磁波と物質の相互作用

ような物体を**黒体**(black body) と呼び，黒体の熱放射を黒体放射 (black body radiation) と呼んでいます。つまり黒体は，入射するすべての電磁波を完全に吸収し，反射も透過もしない物質で，ある温度において，他のどの物質よりも大きい放射をするものです。このことは，1859 年にロシア生まれのキルヒホッフ (Kirchhoff) によって発見されました。熱放射の量は，波長 λ と温度 T にのみに依存するというものです。この法則は，温度は色を測ることによって推算できることを示しており，現在ではサーモグラフィーなどに利用されています。

キルヒホッフの熱放射則を理論的に導くことに成功したのは，ドイツのプランク (Planck) で 1900 年のことです。プランクは，オーストリアのボルツマンの発見した統計力学の法則を利用しました。光をはじめとする電磁波は，つまり，たくさん存在する電子の振る舞いによるものなので，その振る舞いは統計的に説明できるということに基づいています。このことから，電磁気学は，統計力学へと発展することになります。さて，電磁波は，時間的に変化します。ボルツマンは，温度 T によるエネルギーの時間平均 $<E>$ は，$<E>=\frac{1}{2}kT$ で表されることを示しました。ここで k は定数であり，**ボルツマン定数**(Boltzmann constant) と呼ばれています。そして，ある一定時間内において，エネルギー状態 E にあるときの回数 $P(E)$ は，次式で表されることを統計計算によって導きました。

$$P(E) = A e^{-\frac{E}{kT}} \tag{7.78}$$

ここで，A は定数であり，e は自然対数です。この式は正規分布を導くときに出て来た式 (2.30) と非常に似ています。この式をプランクは利用しました。このとき，電磁波の持つエネルギ E は，$E = nh\nu$ で表されるものとしています。h は**プランク定数**(Planck constant) と呼ばれる定数で，ν は電磁波の振動数，n は整数です。振動数が大きいほどエネルギーも大きくなることを表しています。n が $0, 1, 2, \cdots$ という整数であるところが妙なところなのですが，このことを導入すれば，熱放射の理論と実測とが合致するのです。$n = 0, 1, 2, \cdots$ のときのエネルギー状態にある回数は，$P(0), P(1), P(2), \cdots$ となり，エネルギの総和は，次式で求めることができます。

$$0h\nu P(0) + 1h\nu P(1h\nu) + 2h\nu P(2h\nu) + \cdots \tag{7.79}$$

第7章　衛星リモートセンシングによる物体判読の基礎

これをエネルギー状態ごとの回数の総和で割ると，エネルギーの平均値が算出されます。

$$
\begin{aligned}
<E> &= \frac{0h\nu P(0) + 1h\nu P(1h\nu) + 2h\nu P(2h\nu) + \cdots}{P(0) + P(1h\nu) + P(2h\nu) + \cdots} \\
&= \frac{h\nu(0 + e^{-\frac{h\nu}{kT}} + 2e^{-\frac{2h\nu}{kT}} + \cdots)}{e^0 + e^{-\frac{h\nu}{kT}} + e^{-\frac{2h\nu}{kT}} + \cdots} \\
&= h\nu \frac{0 + x + 2x^2 + \cdots}{1 + x + x^2 + \cdots} \qquad x = e^{-\frac{h\nu}{kT}} \text{ とおいた} \\
&= h\nu \frac{x}{1-x} \\
&= \frac{h\nu}{x^{-1} - 1} \\
&= \frac{h\nu}{e^{\frac{h\nu}{kt}} - 1}
\end{aligned}
\tag{7.80}
$$

この式により，電磁波の振動数ごとでのエネルギーを計算することができます。エネルギーで表したこの式を放射発散度 $M_e(\lambda, T)$ に直すと，次式となります。cは光速であり，$c = \nu\lambda$ です。

$$
M_e(\lambda, T) = \frac{2\pi hc^2}{\lambda^5} \frac{1}{e^{\frac{hc}{k\lambda T}} - 1}
\tag{7.81}
$$

この式を利用し，$T = 300$[K] から 5000[K] における各波長ごとの放射発散度を計算すると下図のようになります。

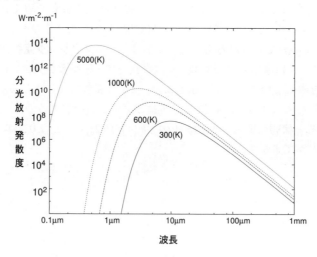

温度が上がるに連れて，放射のピークが赤外域より可視域に移りつつ，その量も多くなっています。太陽は約 5900[K] の黒体と近似されており，可視域の黄色い部分にピークを持つ放射源となっています。

黒体の放射発散度 M_e から放射輝度 L_e に変換します。このとき黒体の放射輝度を特別に B で表すと，次式となります。

$$
B(\lambda, T) = \frac{2hc^2}{\lambda^5} \frac{1}{e^{\frac{hc}{k\lambda T}} - 1}
\tag{7.82}
$$

プランクの法則で基本的に黒体の放射エネルギーを計算できるのですが，振動数が大きい場合，小さい場合とで近似式を導くこともできます．例えば，振動数が大きいとき，つまり波長が短い場合には，$\frac{h\nu}{kT} \gg 1$ より，$e^{\frac{h\nu}{kT}} - 1 \fallingdotseq e^{\frac{h\nu}{kT}}$ が得られ，次式を得ます．

$$B(\lambda, T) = \frac{2hc^2}{\lambda^5} \frac{1}{e^{\frac{hc}{k\lambda T}}} \tag{7.83}$$

これをウィーン (Wien) の放射法則といい，$\lambda = 0.9 \sim 10\mu m$, T にして常温から約 3200 ℃までの範囲で使用できます．

一方，振動数が小さいとき，つまり波長が長い場合には，$\frac{h\nu}{kT} \fallingdotseq 0$ より，$e^{\frac{h\nu}{kt}} - 1 \fallingdotseq \frac{h\nu}{kT}$ が得られ，次式を得ます．

$$B(\lambda, T) = \frac{2c}{\lambda^4} kT \tag{7.84}$$

これをレーリー・ジーンズ (Rayleigh-Jeans) の放射法則といいます．$\lambda = 3\text{mm} \sim 30\text{mm}$ のマイクロ波の範囲で使用できます．

放射の原理

真空に近い状態で，ある気体が封入されたガラス管の中に電極があり，電極間に電圧をかけると，気体特有の色の発光現象が見られます．これは**真空放電**(vacuum discharge) と呼ばれている現象です．蛍光灯の原型ともいえますが，この光は，特有の波長をもった電磁波として捉えられます．この電磁波の放射について，水素原子を例に説明すると，次のようになります．

水素原子は下図のように，1個の原子核と1個の電子から構成される．そして電子はとびとびの軌道上に存在します．半径が中途半端な軌道というものは無いようで，この理由は良く解っていないようです．一番内側の軌道を電子が周回するときと，外側の軌道を周回するときでは，運動する電子のもつエネルギーが異なり，外側ほどエネルギーが大きいです．これは，1913年にデンマークのボーア (Bohr) が提唱した量子条件によって説明しています．

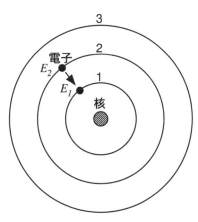

第 7 章　衛星リモートセンシングによる物体判読の基礎

上図は，2 番目の軌道上にある電子が，1 番目の軌道に移る状況を示したものです。2 番目の軌道にある電子の方が，1 番目の軌道にある電子よりも**エネルギー準位**(energy level) は高いです。2 番目の軌道にあるときのエネルギーが E_2，1 番目の軌道にあるときのエネルギーが E_1 とすると，軌道が 1 番目に移ることで $E_2 - E_1$ のエネルギーが減り，減ったエネルギー分が電磁波として**放射**(radiation) されます。つまり，真空に近いガラス管の内部は，エネルギー準位の高い水素があり，電圧をかけることによってガラス管の内部の電子の数が増え，水素原子上を回る電子とぶつかることによってエネルギー準位が低くなり，光が放たれます。エネルギー準位が高い状態のことを**励起**(excitation) 状態と呼んでいます。なお，電子の軌道が内側に移動するときは電磁波が放射されるのですが，逆に外側に移動するときは電磁波が**吸収**(absorption) されます。

真空放電において放射される電磁波は，移る軌道に応じて特徴的な波長（振動数）を持っています。水素原子については，1890 年にスウェーデンのリュードベリ (Rydberg) が波長と移動する軌道との関係を明らかにしました。n 番目の軌道から m 番目の軌道に移るときに放射される電磁波の波長 λ（振動数 ν）は，次式で表すことができます。

$$\frac{1}{\lambda} = \frac{\nu}{c} = R\left(\frac{1}{n^2} - \frac{1}{m^2}\right) \tag{7.85}$$

ここで，R は定数であり，リュードベリ定数と呼ばれています。

黒体放射の項においても解説したが，電磁波のエネルギー E は，次式で与えられます。

$$E = \frac{hc}{\lambda} = h\nu \tag{7.86}$$

プランクは $E = nh\nu$ としたが，1905 年，ドイツのアインシュタイン (Einstein) は，光量子仮説を提唱し上の式を導きました。電磁波が一つ一つの粒によって構成されているというもので，その粒は**光子**(photon) と呼ばれています。つまり上式におけるエネルギーは，光子一つの持つエネルギーと解釈し，矛盾を無くしているのです。

7.4　リモートセンシングにおける電磁波の観測

7.4.1　可視近赤外リモートセンシング

可視反射赤外リモートセンシングは，太陽光の反射を利用しています。太陽光は $0.5\mu m$ をピークに持つ放射源です。一方物質からの放射は $10\mu m$ をピークに持ちます。当然，太陽光の反射と物質の放射とが混在する部分が存在し，それらが $3\mu m$ 付近で均衡状態となっています。したがって反射赤外域は $0.7 \sim 3\mu m$ の範囲とされています。可視光も含めて，この領域のリモートセンシングは，地上物質の反射特性の違いから物体の判別を行うものです。すべての物質は，それぞれ固有の性質として電磁波を反射吸収透過し，それ自身放射します。われわれは目である程度その特徴を見ることができます。例えば，植物が緑にみえるのは葉中のクロロフィルが青赤の光を吸収し緑をよく反射するからです。このように電磁波に対する物質固有の波長特性を分光特性と呼びます。

7.4. リモートセンシングにおける電磁波の観測

大気による電磁波の吸収と散乱

可視近赤外リモートセンシングでは，太陽からの放射された電磁波が地球表面で反射し，再度大気を透過してくる電磁波を受けています。したがって大気による電磁波の吸収と散乱の現象を把握しておくことは非常に重要です。一般に，大気による吸収・散乱は，電磁波を減衰させることを意味し，消散と呼ばれています。特に消散の割合を消散係数といいます。

大気は，大きく分子とエアロゾル（aerosol）で構成されています。分子は，窒素（N_2），酸素（O_2）の他炭酸ガス（CO_2）やオゾン（O_3），などが該当し，粒径が小さいです。一方エアロゾルは，霧や霞みなどの水蒸気，スモッグ，塵などが該当し，粒径の大きいものをさしています。これら大気中の分子やエアロゾルは，電磁波を吸収・散乱させますが，波長帯によってその割合が異なります。なお，N_2，O_2，Ar 等は，ほとんど吸収に寄与していません。

電磁波の減衰は，散乱によっても大きな影響を与えられています。一般に分子による散乱を**レーリー散乱**(Rayleigh scattering)，エアロゾルによる散乱を**ミー散乱**(Mie scattering)と呼んでいます。レーリー散乱において，1個の粒子における散乱光の強さ I_s は，α を分極率，θ を散乱角，λ を波長，I_i を入射光の強さ，$d\omega$ を立体角，$d\omega'$ 散乱光束の立体角とすると，次式で表されます。

$$I_s = \left(\frac{128\pi^5}{3\lambda^4}\alpha^2/d\omega\right) \cdot \frac{3}{4}(I_i + \cos^2\theta)\frac{d\omega'}{4\pi} \tag{7.87}$$

この式は，波長の 1/10 以下の微粒子の場合に適用できます。ρ を大気の密度，N を単位体積あたりの微粒子の数，γ を大気の屈折率とすると，レーリー散乱による**消散係数**(extinction coefficient)K_λ は次式となります。

$$K_\lambda = \frac{8\pi^3(\gamma^2-1)^2}{3\lambda^4 N\rho} \tag{7.88}$$

消散係数は，散乱による放射強度の減衰率を表すものです。消散係数を見ると，散乱光の強さは，波長 λ の 4 乗に反比例していることから，波長が長いものほど散乱光の放射強度は弱く，あまり散乱しないことを示しています。逆に波長が短いものほど散乱光の放射強度が強いです。空の色が青いのは，レーリー散乱によるもので，太陽光のうち，青く短い波長の光が散乱しているためです。

レーリー散乱において，粒子の大きさが波長よりも大きい場合，理論値と実測値にずれが生じてくる。粒子の形状を表す項が含まれていないからです。そこでミーは，消散係数に散乱断面積係数を導入しました。b を粒子の半径，$K()$ を散乱断面積係数とすると，次式で表すことができます。

$$K_\lambda = \pi b^2 K\left(\frac{2\pi b}{\lambda}, \gamma\right) \tag{7.89}$$

水蒸気による散乱は，白っぽくなります。よって光の波長には依存していません。つまり，粒子が大きいためどのような波長の波も散乱するためです。

第7章　衛星リモートセンシングによる物体判読の基礎

　光学式センサで地球を観測した場合，取得できる情報は，地上から反射・放射される電磁波のほかに，大気の散乱による電磁波も存在します。この散乱による入射をパスラジアンスと呼んでいます。

　下図は，SMARTというフリーソフトで，太陽放射および地上での太陽光の放射照度を表したものです。水蒸気量やエアロゾル，オゾン層等のパラメータを入力すると，それに応じて波長ごとに太陽光の放射照度を出力してくれます。

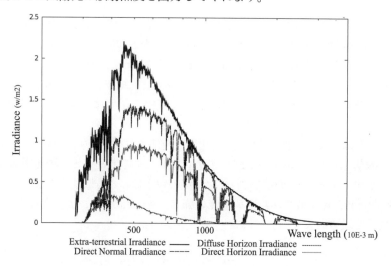

Extra-terrestrial Irradiationは，大気圏外での放射照度を表していて，Direct Normal Irradiationは，垂直方向での直達光の放射照度，Diffuse Horizon Irradiationは，水平方向での拡散光の放射照度を表しています。大気によって，紫外線が吸収されているのは良く知られていますが，それ以外の長い波長帯域でも吸収されている部分があることが分かります。

放射伝達

　放射伝達とは，電磁波が大気の影響を受けながら伝播する過程をいいます。大気の影響には電磁波を減衰させる働きのある乗法性因子と，増幅させる働きのある加法性因子とがあります。乗法性因子は**消散**(extinction)を意味し，電磁波の吸収および散乱によって生じます。先にも述べましたように，大気中の分子が特定波長域の電磁波を吸収します。散乱による消散は，対象物からセンサに向かう電磁波のエネルギーが散乱によって方向を曲げられることによるものです。特に短波長域で散乱は顕著に生じます。

　一方加法性因子は**射出**(emission)を意味します。電磁波の放射および散乱によって生じます。センサは対象物からの放射を受けるだけでなく，大気中の分子・エアロゾルからの放射も受けます。この放射現象は，先にも述べましたようにプランクの放射法則に基づきます。また熱放射はどの方向にも一様な大きさで射出されています。散乱による射出エネルギーは，散乱体の形及び大きさ，入射方向・散乱方向に依存します。そしてその方向は

7.4. リモートセンシングにおける電磁波の観測

対象物からセンサに向かう方向以外からの電磁波の散乱に依存するため，一様ではありません。

熱力学的に平衡状態にあるときは，射出量と消散量が一致しており，その比はプランク関数によって表現できます。これは**キルヒホッフの法則**(Kirchhoff's law) と呼ばれています。ある波長 λ における射出係数を j_λ，消散係数を k_λ とすると，次式で表されます。

$$\frac{j_\lambda}{k_\lambda} = B(\lambda, T) \tag{7.90}$$

電磁波が媒質を通ったとき，消散によって放射輝度 I_λ がどの程度減衰するかは，媒質を通る経路長 ds に依存します。経路が長いほど消散の量も大きいです。媒質の密度を ρ とすると，放射輝度の変化量 dI_λ は，次式で表すことができます。

$$dI_\lambda = -k_\lambda \rho I_\lambda ds \tag{7.91}$$

射出についても同様に，次式で表すことができます。

$$dI_\lambda = j_\lambda \rho ds \tag{7.92}$$

以上の消散・射出現象は同時に生じるため，その両者を同時に表さなければなりません。それが放射伝達式です。なお式 (7.90) より，$j_\lambda = k_\lambda B(\lambda, T)$ となり，熱放射のプランク関数を一般的な放射源の関数として J_λ で表すと，$j_\lambda = k_\lambda J_\lambda$ となります。したがって，放射伝達式は次のように表すことができます。

$$dI_\lambda = -k_\lambda \rho I_\lambda ds + j_\lambda \rho ds$$
$$= -k_\lambda \rho I_\lambda ds + k_\lambda J_\lambda \rho ds$$
$$\frac{dI_\lambda}{\rho k_\lambda ds} = -I_\lambda + J_\lambda \tag{7.93}$$

放射伝達モデルを実際に解くのは，非常に困難ですが，それを組み込んでいるシミュレーションソフトが幾つかあります。その一つが，LOWTRAN です。これはアメリカ AFGL (Air Force Geophisics Laboratory) が開発したもので，モデルや大気パラメータに応じて大気の分光透過率や放射量を計算できることができます。現在は，MODTRAN と呼ばれるシミュレーションソフトに拡張されています。また 6s(Second Simulation of the Satellite Signal in the Solar Spectrum) というシミュレーションソフトもあります。こちらは主な人工衛星のセンサ情報も組み込まれており，センサごとに放射量等をシミュレートすることができます。

分光反射特性

分光反射特性は，一般にある物質において，波長ごとの電磁波の反射率を表します。反射率は，ある面への入射光束に対する反射光束の比率であり，0 から 1 の範囲で表現され

第7章　衛星リモートセンシングによる物体判読の基礎

ます。本来は白色光の半球全方向の入射と反射の比率のことをいい，太陽光を入射光とした場合の反射率は特に**アルベド**(albedo)と呼ばれています。また，同義語として反射係数があります。これは完全拡散面からの反射光束との比率です。なお完全拡散面とは，方向によって反射光束の量が変わらない均等拡散面で，反射率が1の面のことです。

　地表面は大まかに植物・土壌・水が基本的な構成物質としましょう。下図はそれらの分光反射率を表しています。もちろん，植物や土壌の種類によって異なるものですが，グラフの形状はほぼ同じ感じです。

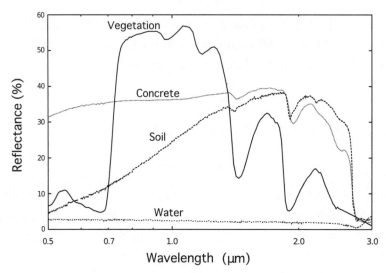

　この図において最も特徴的なのは植物の分光反射特性です。近赤外の領域で最も強く反射し，可視の赤の領域の反射は非常に弱いことが解ります。この特徴を利用し，センサに入射する近赤外域のカウント値と可視域のカウント値の比を用いて植生指標を算出することができます（後述）。これは，植物の葉に含まれるクロロフィルが近赤外において大きい反射率を示す性質を利用したものです。

　水は，透明度の善し悪しに関わらず赤外域では反射しない特徴を持っています。ただし濁った水は反射率が高くなる傾向があります。

　土壌は波長が長くなるにつれて次第に反射率が大きくなっています。土壌もそれぞれ種類があり，それ毎に微妙に分光反射特性は変わってきます。また土壌を構成している粘土鉱物，水分量にも依存されます。なお岩石・粘土鉱物の分光反射率は，微妙な違いはあるものの際立った違いは少ないです。したがって，岩石・鉱物を識別するにはスペクトル分解能の非常に高いセンサが望まれます。土壌に含まれる水分量によっても分光特性が極端に変わります。一般に水を含むと反射率は下がる傾向にあり，水が赤外域において電磁波を吸収する特性があるからです。したがって，状況によって分光反射特性に変化が見られ，リモートセンシングによる土壌の種類を判別することは困難を極めています。

7.4. リモートセンシングにおける電磁波の観測

7.4.2 熱赤外リモートセンシング

熱赤外リモートセンシングは，物体の放射する電磁波を検知することによって行われます。対象となる電磁波の波長域は，先に述べた反射赤外域よりも長い波長の 3〜14μm の範囲です。放射量は温度に依存するため熱赤外と呼ばれ，海水面温度を推定する等に利用されています。

7.4.3 マイクロ波リモートセンシング

マイクロ波リモートセンシングは，さらに長い波長帯域を利用するものです。この領域になると物質からの放射は少なくなります。したがって，物体からの放射量を測定する受動型センサの他に，センサ自身がマイクロ波を発射し地上で散乱されて戻ってきた受信電力を測定する能動型センサがあります。受動型センサは，先の熱赤外リモートセンシングと同様，対象物体の出す放射輝度を測定するのですが，能動型センサは，センサの出す電波の対象物体による後方散乱成分を測定します。

電磁波が入射し，境界面でのみ散乱が生じる現象を表面散乱と呼びます。これに対して，媒質中で散乱が生じる現象を体積散乱と呼んでいます。地表面や水面によるマイクロ波の散乱は表面散乱です。したがってここでは表面散乱について解説します。表面散乱の強さは，媒質表面の複素誘電率の増加とともに強くなり，その散乱角特性は，表面の粗さによって決まります。表面が滑らかである（表面の粗さが波長に比べて小さい場合）と鏡面反射となり，入射波と反対の方向に大きな散乱成分を持ちます。その反射の大きさはフレネルの反射係数で表すことができます。一方，表面が粗くなると散乱の成分が多くなります。特に鏡面反射の成分はコヒーレント成分と呼ばれ，散乱の成分はインコヒーレント成分と呼ばれています。インコヒーレント成分はあらゆる方向性をもっています。ランダムな表面散乱の程度は，使用する電磁波の波長と観測する物体の表面の粗さのスケールの相対関係によって決まります。表面の粗さの指標として，レーリーの基準とフラウンフォーファーの基準があります。レーリーの基準は，ある面に入射角 θ で電磁波を当てた場合，次式で表すことができます。

$$\Delta\phi = 2k\Delta h \cos\theta < \frac{\pi}{2} \tag{7.94}$$

$$\Delta h < \frac{\lambda}{8\cos\theta}$$

λ：電磁波の波長，Δh：表面の粗さの標準偏差，$k(=2\pi/\lambda)$：波数となり，この式は二つの反射波の位相差 $\Delta\phi$ が $\pi/2$ ラジアン以下であれば，表面は滑らかであることを意味しています。一方，フラウンフォーファーの基準では，

第 7 章　衛星リモートセンシングによる物体判読の基礎

$$\Delta\phi = 2k\Delta h\cos\theta < \frac{\pi}{8} \tag{7.95}$$

$$\Delta h < \frac{\lambda}{32\cos\theta}$$

となります。こちらの基準の方が厳しく，使いやすいといわれています。

衛星搭載の合成開口レーダやマイクロ波散乱計によって観測できる散乱は，入射方向のものに限定されます。この入射方向の散乱を特に後方散乱といいます。レーダ断面積 σ は次式で表すことができます。

$$\sum \sigma_i = \frac{P_r(4\pi)^3 R^4}{P_t G^2 \lambda^2} \tag{7.96}$$

P_t：レーダの送信電力，λ：波長，R：レーダからの距離，　G：アンテナの利得，P_r：受信電力

散乱面の面積が A のとき，単位面積あたりの平均散乱断面積 $\sigma_0 = \sigma_i/A_i$ を後方散乱係数（backscattering coefficient）と呼び，表面の粗さによって異なった入射角依存性を持ちます。したがってマイクロ波データは，この粗さが画像化されるものです。

第8章　画像処理

　これまで，国土を測る技術の基礎となる理論を数学や物理・地学の学問分野を通して解説してきました。本章からは，実際にコンピュータを用いて処理する手法の基礎を解説します。コンピュータは，もともと計算機と呼ばれていました。その名のとおり，計算をさせる目的でしか利用されていなかったのです。手計算では困難な解析目的のために，各自プログラムを組んで，それを走らせるという利用の仕方です。したがって，プログラムを組むことのできる人しか利用できませんでした。ところが，コンピュータの能力向上に伴って，計算だけではなく，文書を保存したり印刷したりするワープロ機能や，インターネットを始めとするネットワーク機能が備わることで，コンピュータが文房具の一つとなりました。さらには電子メールによる情報交換やネット検索といったことも可能となるだけでなく，画像や音楽，動画の保存と編集機能まで備わっており，コンピュータは文房具の枠をも越えた我々の生活にとって不可欠なツールとなっています。

　計測の分野においてもコンピュータは，非常に大きな影響を与えており，測量機器を使った計測結果の解析だけでなく，画像を用いた計測も可能となってきました。本章では，その画像処理について解説します。「画像を用いた位置計測」の章において，カメラを用いた位置計測について解説しましたが，もともとフィルムカメラ時代に確立された技術です。フィルムといっても35mm版の一般的なフィルムではなく，フィルムサイズが非常に大きい特殊な計測カメラです。それが今やイメージセンサを用いたデジタルカメラでも，ある程度の精度が期待できる時代となってきました。トランシットやトータルステーションの測角精度は，安価なもので5"～10"の読み取りが可能です。この程度の角度分解能は，10Mピクセルのデジタルカメラでも実現可能な状態です。

　さて，画像処理は，「Photoshop」等の一般的なソフトウェアに加えて，リモートセンシングの画像処理に特化した「ERDAS」や「ENVI」等の様々な専用ソフトウェアも数多く登場しています。さらには，デジタルカメラによる三次元計測のためのソフトウェアも存在します。したがって，専門家でなくとも，ある程度の画像解析が可能な時代となっています。しかしながら，各目的を達成するためには，専用ソフトウェアでは十分でない点もあり，その場合には自分で処理プログラムを書かなければなりません。プログラム言語を修得することは，専門家にとっては未だに重要なことです。本書をヒントに自分で画像処理プログラムの作成にも挑んでもらえたら幸いです。

第 8 章　画像処理

8.1　コンピュータにおける画像ファイル

　コンピュータで扱うことのできるファイルは，基本的には 0 と 1 の情報で記述され，**バイナリデータ**(binary data) と呼ばれています。バイナリとは，2 進数という意味です。したがって，文字，図形，画像等を 0 と 1 の記号に置き換えて保存しているのです。

　一方，コンピュータは当初，1byte（8bit）を一つの単位としてデータを処理していました。つまり 8 桁の 2 進数を基本として処理がなされていました。例えば，この 1 バイトで整数を表現するとすれば，0〜255 の値を表現することができます。文字情報のみの**テキストデータ**(text data) も，もとを突き詰めれば，バイナリで表現されています。英数字は，ASCII **コード**によって，1 バイトの値と文字とが対応付けられています。

　1byte を表現するのに，一般に 16 進数が用いられています。1byte（8bit）を 4bit ずつに分割し，2 つの値で表す。4bit で 0〜15 の値を表現できるので，16 × 16 = 256 の表で表現できます。なお，16 進数は，10〜15 をアルファベット A〜F で表します。表 8.1 はその ASCII コード表です。例えば，ASCII コードにおける K は，上位バイト 4，下位バイト B に位置し，16 進数で 4B，10 進数で 75，2 進数で 1001011 としてコンピュータ上では表現されています。

表 8.1: ASCII コード表

		上位バイト							
		0	1	2	3	4	5	6	7
下位バイト	0	NUL	DLE	SP	0	@	P	`	p
	1	SOH	DC1	!	1	A	Q	a	q
	2	STX	DC2	”	2	B	R	b	r
	3	ETX	DC3	#	3	C	S	c	s
	4	EOT	DC4	$	4	D	T	d	t
	5	ENQ	NAC	%	5	E	U	e	u
	6	ACK	SYN	&	6	F	V	f	v
	7	BEL	ETB	’	7	G	W	g	w
	8	BS	CAN	(	8	H	X	h	x
	9	HT	EM	)	9	I	Y	i	y
	A	LF/NL	SUB	*	:	J	Z	j	z
	B	VT	ESC	+	;	K	[	k	{
	C	FF	FS	,	<	L	\	l	—
	D	CR	GS	-	=	M	]	m	}
	E	SO	RS	.	>	N	^	n	~
	F	SI	US	/	?	O	_	o	DEL

8.1. コンピュータにおける画像ファイル

テキストファイルとは，この ASCII コードにしたがって，記述されているファイルを指しています。ところで，漢字は文字の種類が極めて多いので，1byte では表現しきれません。そこで，2byte のコードで漢字を表現しており，別のコードで漢字の対応表が規定されています。現在は，JIS, Shift-JIS, EUC, 区点等のコードがあります。Windows 系の OS では Shift-JIS コードが，携帯電話などでは区点コード，UNIX 系の OS では EUC コードが採用されており，適宜コード一変換が必要です。多くの電子メールは，メールソフト自身が漢字コード変換の機能を有しているため，ローカルの OS に対応した漢字変換が自動的になされていますから，これをあまり意識することはありません。

画像ファイルは，通常バイナリ形式で格納されており，明るさ（輝度）の情報を数値で示しています。

8.1.1 ラスタデータとベクタデータ

画像のデータモデルの形式は大きくラスタ型とベクタ型に分類することができます。下図に各データモデルそれぞれの概念図を示します。

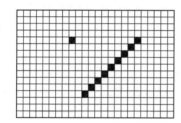 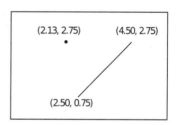

ラスタ型のデータは，格子状に対象領域を区切り，その格子点毎にデータが納められている形式です。画像の取得に用いられるイメージセンサ等を用いたセンサは，通常ラスタデータを出力します。位置情報は直接データ内に表現されていませんが，格子点の座標から投影面での位置座標を導くことができます。格子点の座標は，左上点が原点となり，右方向が列番号 u，下方向が行番号 v として扱っているのが普通です。数学における座標は，X 座標を右方向にとると，Y 座標は上方向にとる右手系です。しかし，ラスタデータにおける UV 座標の V は下向きとなっており，左手系です。テレビは，かつてブラウン管と呼ばれる装置で左上から右下に向かって光を走査して映像を表現していました。つまり左上点が原点だったわけです。このようなことから画像においては，現在も左手系の座標が使われています。なお，列は column，行は row と表現する場合もありますし，ピクセル，ラインと表現する場合もあります。表計算ソフトにおけるデータも左上から右下に向かって表現されるので，この点においてはあまり矛盾はありません。画像において，格子点は画素 (pixel) に相当するが，この画素を表計算ソフトで例え，セル (cell) と呼ばれることもあります。

ベクタ（ベクトル）型は，対象物の座標情報と属性情報（点か線か多角形か？線の太さは？等，データに付随する情報）が直接納められています。地理情報システムではベクタ

第 8 章 画像処理

型を扱うことが多いです．施設等を点で，道路等を線で，区画等を面で表現するためです．これらについては，地理情報システムの章で解説しましょう．

位置情報の精度は，ラスタ型の場合，格子点間隔を細かくすることで高精度化が可能ですが，高精度化に伴ってデータ量が膨大なものとなります．したがって対象領域が広く非常に高い精度が要求されるデータのモデルとしては適しません．これに対してベクタ型は，位置座標を直接記述することができるため，簡単に高精度のデータを構築することが可能です．データのハンドリングに関しては，ラスタ型の方が有利です．位置座標が固定化されているため構造が単純で，ある空間におけるデータを時系列処理するとき等，変化の状況を把握するには都合の良いデータ型といえます．

8.1.2 量子化と標本化

アナログの情報をデジタル情報に変換することを **A/D 変換**(Analog-Digital conversion)と呼んでいます．コンピュータで扱える画像は二次元のデジタル情報なのですが，音等の一次元のデータを例に標本化と量子化について解説します．下図は，連続して変化している現象を示したものです．音でいえば，時間的な音の強さの変化を図示したものと考えてもかまいません．横軸方向が時間で，縦軸方向が音の強さを表しているものとしましょう．

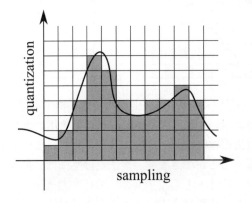

この音の情報は，時間と伴に連続的に変化していますが，デジタルデータとして保存するときは，ある一定時間間隔ごとにデータを区切って表現することになります．このように領域を区切ってデータを取得することを**標本化**(sampling)と呼びます．領域の間隔が細かいほど，品質が高いものとなります．次に，区切ったデータごとの音の強さの値も同時に取得しなければなりません．このときも一定間隔ごとに区切ってデータを取得します．例えば，データを 1 バイトの範囲で表現するときは，強さを 256 段階に区切ってデータの値を表現することになります．このことを**量子化**(quantization)と呼んでいます．データの品質は，標本化だけでなく量子化も重要な要素となります．

画像は，ある領域を格子で区切り，その格子点ごとに輝度の情報が収められているものです．このとき，格子で領域を区切って情報を取得することが標本化です．そして，その

8.1. コンピュータにおける画像ファイル

各格子における明るさの情報を数値に変換することが量子化となります。なお，標本化された一つ一つの格子は**画素**(pixel) と呼ばれています。

画像は，一般にイメージセンサ等の撮像素子を用いて標本化がなされます。デジタルカメラであれば，その撮像素子の数が多いほど分解能の高い画像となります。つまり，標本化は画像の分解能に直接影響を与えます。一方，輝度情報は，量子化ビットの数によって輝度レベルの細かさが決まります。例えば，量子化ビットが 8 ビットの場合は，256 階調で輝度が表現されます。高価なデジタルカメラであれば，量子化ビットは 10 ビット以上のものもあり，階調の高い画像が取得できます。量子化は画像の階調に直接影響を与えているので，画像取得においては重要な要素です。

8.1.3 色の表現

コンピュータのモニタにおいて，色を表現するには，光の 3 原色である赤 (R), 緑 (G), 青 (B) の組み合わせを利用します。人間の目で認識できる光，いわゆる可視光の電磁波の波長は，$0.4 \sim 0.7 \mu$ m でした。長い波長から順に赤，緑，青の三つに区切って，それぞれの色の強さが色情報となります。

それぞれの色について量子化された輝度情報が，色として表現されるのです。例えば，量子化ビットが 8 ビットの情報では，R=0, G=0, B=0 のときは黒，R=128, G=128, B=128 のときは灰，R=255, G=255, B=255 のときは白となります。このような，色の表現法を**加法混色**(additive color mixing) と呼んでいます。

通常のモニタは RGB 各 8bit の階調を映し出すことができ，その色の数は，256^3 =16,777,216 色となります。人間の目で識別するのには，十分な色数といえ，このように RGB 各 8bit の階調で表現される画像は，フルカラー画像とも呼ばれています。なお，コンピュータのビデオメモリ（VRAM）には，RGB8bit ずつに対応していないものもある。例えば，3 万 2000 色しか表示できない古いコンピュータもあり，この場合 RGB 各 4bit の階調（32 階調）しかビデオ用のメモリを持っていないということです。

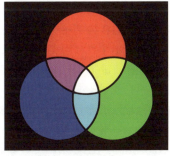
additive color mixing

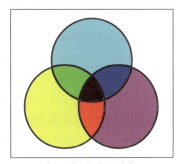
subtractive color mixing

先ほど，高価なデジタルカメラは，量子化ビットが 10 ビット以上あると述べましたが，モニタの方は 8 ビットでしか対応していないので，10 ビットあるデータをうまく 8 ビットに変換する手続きが必要です。

第8章 画像処理

アナログテレビは，RGB信号が直接電波に乗って受信されていると思いがちですが，電波で送られてくる信号はYCCと呼ばれる表現方法です。白黒テレビとの互換性が必要とされていたため，明るさの情報と色の情報を分けて表現しています。YCCのうち，Yが明るさ（輝度）を表し，色はC_1, C_2で表される。RGBをYCCで表すと以下のような式になります。

$$\begin{cases} R &= Y + C_1 \\ G &= Y - \dfrac{0.2999 C_1 + 0.114 C_2}{0.587} \\ B &= Y + C_2 \end{cases} \tag{8.1}$$

また逆変換は，以下のようになります。

$$\begin{cases} Y &= 0.299R + 0.587G + 0.114B \\ C_1 &= R - Y = 0.701R - 0.587G - 0.114B \\ C_2 &= B - Y = -0.299R - 0.587G + 0.886B \end{cases} \tag{8.2}$$

なお，デジタルテレビは，RGBの動画を圧縮した信号を受信しています。

ところで，プリンターやカラーコピーで色を表現するには，色彩の三原色であるシアン(C)，マゼンダ(M)，イエロー(Y)，ブラック(B)のCMYBの組み合わせを利用します。白い紙に各トナーを塗ることによって色が表現されるため，明るさを減らして表現していることから**減法混色**(subtractive color mixing)と呼ばれています。

色の表現法には，その他にHSIによる方法もあります。Hは色相（Hue），Sは彩度（Saturation），Iは明度（Intensity）と呼ばれ，YCCとHSIとの関係は，以下のようになります。

$$\begin{cases} H &= \tan^{-1} \dfrac{C_1}{C_2} \\ S &= \sqrt{C_1^2 + C_2^2} \\ I &= Y \end{cases} \tag{8.3}$$

衛星画像には，可視光のRGBのデータを取得していないセンサもあり，赤外域の目に見えない光を取得している場合が多いです。可視光のRGBのデータを取得している場合には，それぞれのデータをRGBに割り当ててカラー表示すれば現実に近いカラーで表現されます。このようなカラー表現は**トゥルーカラー画像**(true color image)と呼ばれています。一方可視光のうち，青(B)は，大気の影響を非常に受けやすいので，Bのデータを取得していないセンサも多いようです。そのような場合は，近赤外のデータをR，可視の赤のデータをG，可視の緑のデータをBに割り当ててカラー化する場合が多いです。このようなカラー表現は，**フォールスカラー画像**(false color image)と呼ばれています。森林等に覆われている山が赤く表現されている衛星画像を見かけることがあると思いますが，このような画像は，近赤外のデータをRに割り当てたフォールスカラー画像というものです。この他にも様々な組み合わせで色を表現することができますが，現実とは違うカラー表現は，フォールスカラー画像と呼ばれる表現です。

8.1.4　画像フォーマット

画像ファイルに最低限必要な情報は，全画素における輝度の情報です。カラー画像であれば，一つの画素についてRGB，3つの輝度情報が必要です。したがって，単純に考えて，カラー画像のファイル容量は，モノクロ画像の3倍必要となります。通常の画像ファイルは，この輝度情報が画像の左上から順に記録されています。

基本的には輝度情報の他に，画像を構成するピクセルの数やチャンネル数が画像ファイルに納められていますが，画像の質，利用目的，ファイルの圧縮性に応じて様々なフォーマットが存在します。利用頻度の多いファイルフォーマットについて，以下に説明します。

BMP (Bitmap)

Windows系のOSにおいて主に利用されているフォーマット，256色とフルカラーでの表現が可能です。ただし，画像圧縮の機能がないため，ファイルの容量が非常に大きいのが難点です。画像ファイルの拡張子はBMPとなっています。

TIFF (Tag Image File Format)

かつて，Aldus社が考案し，様々なアプリケーションで利用されているフォーマットです，256色とフルカラーでの表現に加えて，ベクトルデータの保存も可能です。LZWと呼ばれる圧縮方式によってデータを圧縮させることも可能です。このLZW方式での圧縮は，可逆圧縮と呼ばれ，圧縮後に画像を復元する際，データは元の状態に戻ります。画像ファイルの拡張子はTIFとなります。

JPEG (Joint Photographic Expert Group)

ISOでも定められたカラー画像フォーマットです。フルカラーで表現された画像に適しています。フーリエ変換を応用した離散コサイン変換 (DCT) を利用した画像圧縮の機能を有し，極めて高い圧縮性を実現しています。そのため，ネットワーク上ではこのフォーマットの画像がよく利用されています。ただし，この圧縮方法は，非可逆圧縮のため，圧縮後に画像を復元する際，画像が劣化します。高画質を維持するためには圧縮性を低く，低画質で良ければ圧縮性を高く設定できます。なお，離散コサイン変換 (DCT) は 8×8 画素の空間に対して実行されるため，非常に細くコントラストの高い線が 8×8 画像中にある場合は，それが滲んでしまう現象（ブロックノイズ）が生じます。したがって，図形が表現されている画像には向きません。画像ファイルの拡張子はJPGとなります。

第 8 章　画像処理

GIF (Graphic Interchange Format)

アメリカのネットワーク会社 Compu Serve が考案したフォーマットです。全ての画像は，256 色で表現されるため，フルカラーの画像は劣化します。ただし，JPEG で発生するブロックノイズがないことから，ドロー系のソフトウェアで作成された図形画像の保存には，積極的に利用されています。画像ファイルの拡張子は GIF となります。

HDF

イリノイ大学において提案された科学データ向けのフォーマットです。Hierarchical Data Format の略で，階層構造となったデータも表現できます。多くの衛星データは，この HDF 形式で配布されています。HDF データを読み込んだり，書き込んだりする場合のプログラムライブラリが，イリノイ大学 NCSA(National Center for Supercomputing Applications) のサイトに公開されています。自作プログラムで扱う場合には，このライブラリを利用するのが簡単です。

RAW

廉価なデジタルカメラにおいては，JPEG 形式や TIFF 形式が採用されているものがほとんどですが，高価なものになると RAW 形式での保存も可能となっています。高価なデジタルカメラにおいては，量子化の際に 10bit や 12bit の輝度情報で保存されます。通常の画像フォーマットは 8bit なので，JPEG や TIFF ではカメラの性能よりも劣る画像で保存されてしまいます。このためカメラで取得された生の情報を保存する機能として RAW 形式が存在します。ただし，RAW 形式は各社様々なフォーマットで記録されるため，カメラメーカーの提供している特殊なソフトウェアを利用するか，フォーマット仕様書を見て独自で読み込むプログラムを作成しなければなりません。ただし，RAW 形式は単純なフォーマットで記録されているものがほとんどなので，複雑なプログラムとはならないでしょう。RAW 形式の画像を読み取るには，画像サイズ (Column 数と Row 数)，輝度情報のデータサイズ（バイト数），RGB データの並び順，画像ファイルにおける画像データの開始位置が解れば何とかなると思われます。RGB の並び順については，次に示すように 3 種類存在します。

BIP 形式

BIP は，Band Interleaved by Pixel の略で，ピクセルごとに RGB 情報が並んでいる形式です。つまり，画像の左上の一番目から，R, G, B, R, G, B, R, G, B, ... と並んでいる形式です。BMP 形式でも採用されているものです。ただし，BMP 形式は画像の右下の画素を一番目として，逆順にデータが格納されているので注意が必要です。

BIL 形式

BIL は，Band Interleaved by Line の略で，ラインごとに RGB 情報が並んでいる形式です．

BSQ 形式

BSQ は，Band Sequential の略で，画像ごとに RGB 情報が並んでいる形式です．
下図に，4 × 4 画素の場合の BIP，BIL，BSQ の並び順の概念を示します．

BIP形式

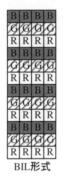
BIL形式

BSQ形式

8.2 画像に含まれる系統的誤差

リモートセンシングやデジタルカメラによって得られるデータは，基本的に電磁波をレンズを通してセンサで受け，その電磁波の強さを量子化したものです．レンズに関する歪みや中心投影の幾何学については，既に解説しました．本節ではセンサで得られた放射量の値に関する様々な補正手法について解説します．

コンピュータ処理を念頭にすると生データは，デジタル化された整数値で表されることが多いです．量子化ビットが 8 ビットの場合には，0〜255 段階のデータが収められています．最近では 10 ビット以上の量子化を行っているセンサも多くなってきました．量子化されたこのデータの値は，Digital Number (DN) と呼ばれています．このデータより，輝度を計算したり，反射率を計算したりして解析をします．また，このとき様々な系統的な誤差を消去するために，補正を施す必要があり，これを**放射量補正**(radiometric correction) と呼んでいます．

厳密な解析を行うためには様々な補正を行わなければなりません．そこでここでは，その補正について解説します．

第 8 章　画像処理

8.2.1　センサ感度

　画像を取得するイメージセンサは，ピクセルごとに対応する撮像素子を持っています。人工衛星に搭載されているものの多くは，**リニアアレイセンサ**(linear array sensor) で，横一列に撮像素子が並び，それが移動しながらデータを取得することで，画像化しています。一方，デジタルカメラに代表される**マトリクスアレイセンサ**(matrix array sensor) は，格子状に撮像素子が並び，一度に面的なデータを取得して画像化しています。いずれにしてもたくさんの撮像素子を利用していますが，一つ一つのセンサの感度は，完全な均質ではありません。そこで，センサの一つ一つの撮像素子の感度を同じにするための補正が必要となります。人工衛星データの場合は，その補正に関する情報が公開されているものや，センサ感度の補正を既に行ったプロダクトを配布しているもの等，様々です。

　同じセンサを利用して，時系列的な変化を追いかける場合には，経年変化によるセンサ感度の補正も必要となります。経年変化に伴って，撮像素子の感度は少しずつ低下していくものですから，長期間の変化を見る場合には，その補正も必要となります。これについても補正情報が公開されているので，それを利用して補正することになります。

　非常に長い時間スケールの変化を追いかける場合には，同じセンサでなく，別のセンサを利用する必要が出てきます。同じシリーズの人工衛星には，同じ名前のセンサが搭載されているものです。例えば，アメリカの NOAA シリーズは，既に 18 号まで運用されており，1970 年代より AVHRR と呼ばれるセンサが搭載されています。しかし，同じ名前のセンサとはいえ，全く同じ感度でデータが取得されているわけではありません。したがって，必ずセンサ感度の補正は必要となります。

8.2.2　周辺減光

　レンズを通して撮像した場合，中心部は明るく写るものの周辺部ほど暗くなる傾向にあります。これは**周辺減光**(limb darkening) と呼ばれる現象で，レンズを用いたセンサにおいては必ず発生します。**シェーディング**(shading) とも呼ばれています。この現象は，**口径食**(vignetting) や $\cos^4$ 則によるものです。

　レンズは通常，筒の先にセットされていて，底の部分にセンサがセットされています。そのレンズを正面から覗くと，筒の底の部分全体を見ることができます。しかし，斜めから覗くと，底の部分の手前側が筒に邪魔されて見ることができません。これを口径食と呼んでいます。レンズ口径が一定の場合，レンズの焦点距離が短いほど，斜めからも光が入っていくので，口径食の影響を大きく受けます。これに対して，レンズの絞りを小さく絞ることで口径食の影響は小さくなります。

　レンズ絞りを口径食が無くなるまで十分小さく絞ったとしても，$\cos^4$ 則によって周辺減光は残ります。これは，絞った状態でも，レンズを斜めから覗くと，絞られた部分は，円形ではなく，横につぶれた楕円形に見えます。これが周辺減光に影響しているのです。こ

の現象は，レンズの中心と画像上の点を結ぶ線分と光軸とのなす角度を θ とすると，光量が $\cos^4\theta$ に比例して減少することから，$\cos^4$ 則と呼ばれています．

　デジタルカメラ等のマトリクスアレイセンサのセンサ感度や周辺減光を一度に補正するには，均質で白い物体を撮影して，ノイズの状況を把握することが現実的です．均質で白い物体を用意することは，案外難しく，白い紙で代用すると，少しのしわやうねりでもそれによって多少の陰影が生じてしまいます．そこで一般には，**標準白板**(standard white board) と呼ばれるものを利用します．それに光源からの光を当てて撮影するのですが，光源は点光源ではなく，散乱光が望ましいです．点光源の場合，標準白版に当たる光にムラができ，明るいところとそうでないところが生じることが多いのです．そこで，複数の光源を使って，磨りガラス等で散乱させた光を撮影します．標準白板を撮影したあとは，その画像を用いて補正を行います．

　標準白板を撮影した画像は，本来ならば輝度値が一定となるはずなのですが，センサの感度や周辺減光によって一定の値となりません．そこで，その輝度値を一定にするための処理を行います．各画素の輝度値 P_i をその画像における最大値 P_{max} に合わせるような補正を単純な線形変換で行うには，各画素の補正係数 $a_i = \frac{P_{max}}{P_i}$ を求め，その補正係数を各画素に乗算することで補正が可能です．この手法は，センサに付着したホコリ等によるノイズを低減させることにも適用できます．

8.2.3　ダークノイズ

　イメージセンサの撮像素子を使って暗い物体を撮像すると，**ダークノイズ**(dark noise) が発生します．特に長時間の露出によって撮像する場合に多いです．ランダムノイズに起因するものと，長時間露出によって撮像素子の周りに熱が発生し，それがノイズとなって現れるものとがあります．この様なノイズに対しては，暗い中でレンズキャップをしたまま撮像し，あらかじめノイズのみの画像を取得します．そして対象物の画像からノイズのみの画像を減算することによりダークノイズを除去することができます．なお，長時間露出によるダークノイズは温度によって変わるものなので，撮像ごとにノイズのみの画像を取得して補正することが望ましいです．

　デジタルカメラによっては，ダークノイズを除去する機能を有しているものがあります．例えば，30 秒間の露出で撮影した場合，露出直後さらに 30 秒間，カメラが全く反応しないという場合は，ダークノイズを除去するための処理をしていると思われます．ただし，このダークノイズの機能も完全でない場合もあるので，自分自身でダークを撮影して，確認する必要があります．

8.2.4　走査角

　人工衛星によって得られる画像は，人工衛星の軌道方向に対して直角にラインセンサが取り付けられ，人工衛星の運動に伴う走査によって得られます．軌道方向に沿って，細長

第 8 章　画像処理

い画像が延々と取得されています。下図は，軌道方向に向かった断面図で画像の取得範囲の概念を示しています。

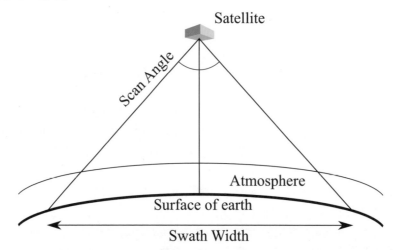

走査によって得られる画像の幅は，**走査幅**(swath width) と呼ばれおり，走査幅の両端と人工衛星での位置で作られる角度は，**走査角**(scan angle) と呼ばれています。通常の地球観測衛星は，高度が 500～800km なので，走査幅が大きくなると，走査角も大きくなる傾向にあります。

　走査角の大きいセンサによって得られた画像は，画像の中心と走査幅の端とで通過する大気の厚さが異なります。センサに入射する電磁波の放射量は，光路によって大気の影響が異なるが，この状況でのセンサに入射する放射量を**パスラジアンス**(path radiance) と呼んでいます。したがって得られた画像は走査角ごとに補正が必要となります。この補正を**走査角補正**(scan angle correction) と呼んでいます。

　走査角補正は，統計的な手法でキャリブレーションする方法と大気モデルを用いて処理する方法とがあります。統計的な手法は，走査角とセンサから出力される値との関係を回帰式によって求めるものです。回帰式には，二次関数が用いられています。走査幅すべてにわたって，均質な場所であればキャリブレーションが可能です。例えば海面は均質な場所としての候補地となるのですが，水は電磁波が吸収される傾向にあるので適した対象物とはいえません。また，大気の状態も均質でなければならないため，実際のキャリブレーションは困難です。したがって，大気モデルを用いた手法が一般的です。ある大気モデルを設定し，シミュレーションによって走査角補正を行うものです。具体例については，次節で解説します。

8.2.5　大気の影響

　人工衛星画像によって，経年変化を追いかける場合，センサ感度の補正が必要であることを述べましたが，それと同時に光源の位置や大気の影響も考慮しなければなりません。

8.2. 画像に含まれる系統的誤差

例えば，太陽光の入射角度とセンサの位置によって同じ物体でも放射量が変わってきます。さらに，大気の状況も時々刻々と変化するために，得られた画像ごとに補正が必要です。

下図は，大気の影響を概念図で表したものです。太陽から放射された電磁波は，直接地球の表面に届き，反射してセンサに入射するものが多いですが，直接反射した成分も大気の影響を受けて減衰します。また，反射した成分が大気で散乱してセンサに入射する場合もあります。さらに，太陽からの電磁波が大気で散乱し，散乱した成分が地表で反射したり，散乱した成分が直接センサに入射したりする場合もあります。

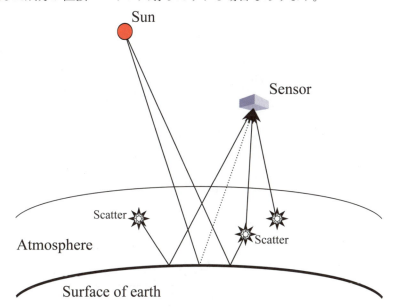

このように，考え得る大気の影響をすべて除去することが必要です。このために，放射伝達理論が利用されています。放射伝達理論は，「衛星リモートセンシングによる物体判読の基礎」の章で解説しました。この理論を適用するには，まず太陽の放射照度のデータが必要となります。人工衛星の画像は様々な波長帯のデータを取得しているので，太陽の放射照度についても波長ごとのデータでなければなりません。また，地球は楕円軌道を描いているために，太陽からの距離が一定周期で変化する。距離が変わると，地球に到達する放射エネルギも変わってくるので，そのデータも必要です。その上で，大気モデルを設定してシミュレーションを行います。大気モデルに必要なパラメータは，大気の光学的厚さや散乱に関する項目です。

「衛星リモートセンシングによる物体判読の基礎」の章でも触れましたが，放射伝達式を解くのは大変ですが，アメリカ空軍で開発されたMODTRAN(MODerate resolution atmospheric TRANsmission) と呼ばれるプログラムがフリーで利用できます。ソースコードは，FORTRANで書かれています。Web上で動くシステムも開発されており，簡単に使えるようになっています。

また6S(Second Simulation of a Satellite Signal in the Solar Spectrum vector code) と呼ばれるプログラムも開発されています。これは，MODISという地球観測衛星向けに開

第 8 章　画像処理

発されたもので，各センサに応じたものもあるようです。

　大気補正の精度を高めるには，大気モデルに入力するパラメータが詳細でなければなりません。このためには，画像取得時の大気の状況が逐次観測されている必要があります。従って，対象となる地域の気象状況がリアルタイムで観測され，データベース化される環境が整っていない現在は，大気補正は非常に難しいテーマとなっています。

8.2.6　地形の影響

　放射量は，地形の状況も大きく影響しています。例えば，北半球においては南斜面は通常明るいが，北斜面が暗くなる傾向にあります。

　対象物からセンサに入射する輝度 L を求めるには，光源の散乱輝度 L_d，光源の反射輝度 L_r，周囲の散乱輝度 L_c とすると，次式で表すことができます。

$$L = L_d + L_r + L_c \tag{8.4}$$

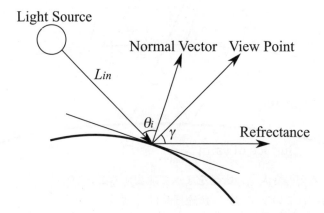

　なお，光源・視点・対象物の位置関係が上図のように示される場合，L_d, L_r, L_c は，光源から入射する輝度を L_{in} とすると，それぞれ次式で表すことができます。

$$L_d = R_d L_{in} \cos\theta_i \qquad R_d:拡散反射係数 (0〜1) \tag{8.5}$$
$$L_r = L_{in}\omega(\theta_i) \cos\gamma \qquad \omega(\theta_i):反射率，\gamma:反射光と視点との角度 \tag{8.6}$$
$$L_c = L_a R_d \qquad L_a:周囲環境の強さ \tag{8.7}$$

　それぞれのパラメータは，対象物によって異なるため適宜設定しなければなりません。上図では滑らかな面での状況を示していますが，実際の地物は凹凸が激しく，植生等はさらに複雑な形状をしているため，実際にこれをシミュレートすることは非常に困難です。地形補正も人工衛星画像を解析する際には重要な項目ですが，実用化に向けては解決されていない問題となっています。

8.3 画像濃度の変換手法

8.3.1 画像の統計量

画像は輝度情報の集まりで，その輝度情報は統計量で表すことができます。下図の左は衛星画像の原画像を示したもので，非常に暗い画像です。それに対して，濃度変換を施し，明るい画像にしたものが右の画像です。画像の濃度変換は，このように画像の明るさを関数を利用することで変化させることです。その関数を設定するのに，画像の統計量を確認することは非常に重要です。

原画像　　　　　　　　　　　　　濃度変換後

下図は，上の画像における輝度値のヒストグラムを示したものです。ヒストグラムの横軸は輝度値を示し，0〜255の範囲です。255に近いほど明るい状態であります。原画像のヒストグラムは，平均が約54であり，暗い輝度値に偏っていることが解ります。それに対して，濃度変換を施した画像のヒストグラムにおいては，平均が約129であり，輝度が0〜255にまんべんなく分布しています。

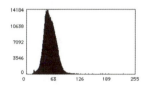
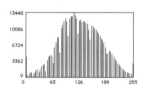

原画像のヒストグラム　　　　　　濃度変換後のヒストグラム

標準偏差を見ても，原画像の標準偏差が13.5なのに対して，濃度変換後の標準偏差は49.9となり，非常に広く分布していることが，数値からも読み取れます。

8.3.2 リニアストレッチ

画像の明るさやコントラストの調節は，原画像の各画素の輝度を関数によって変換することで実現できます。この輝度値を変換する関数は数々ありますが，もっとも簡単な関数

第 8 章　画像処理

は，**線形変換**(linear strech) です．原画像の輝度値を P，一次変換によって得られる輝度値を Q とすると，次式で表すことができます．

$$Q = aP + b \tag{8.8}$$

ここで，a, b は変換係数を表しています．一般に a は**ゲイン**(gain)，b は**オフセット**(offset)と呼ばれています．ゲインによってコントラストが，オフセットによって明るさが調節されます．つまり画像の統計量は，ゲインによって分布の幅（標準偏差）を調整し，オフセットによって平均値を調整することになります．

Photoshop などのフォトレタッチソフトウェアでも，明るさやコントラストの調節は，目視によって適当な調節を実行することができますが，大量の画像を一度に処理をする場合には，ゲインやオフセットの値を自動的に決定することが重要となります．ゲインは統計量の分布幅を調節することから，原画像における輝度の最小値 P_{min} と最大値 P_{max} を，変換によって最小値 Q_{min} と最大値 Q_{max} にしたいとき，次式によってゲインを決定できます．

$$a = \frac{Q_{max} - Q_{min}}{P_{max} - P_{min}} \tag{8.9}$$

オフセットは，原画像の最小値にゲインをかけたとき，それが変換後の最小値になるように設定する必要があるため，次式で表されます．

$$b = Q_{min} - aP_{min} = \frac{Q_{min}P_{max} - Q_{max}P_{min}}{P_{max} - P_{min}} \tag{8.10}$$

ここで，コンピュータに表示させるときは，$Q_{min} = 0, Q_{max} = 255$ の値を代入することになります．また，P_{min}, P_{max} は，統計量の値をそのまま代入してもかまいませんが，輝度の極めて低いノイズや極めて高いノイズ等を含む画像の場合は，ノイズを考慮して設定しなければなりません．また，人工衛星画像の場合には，雲は非常に明るい値となっていますから，雲の輝度を除いて最大値を設定しなければなりません．したがって，ある特定範囲の P_{min}, P_{max} としたり，ヒストグラムの両端何パーセントかをカットして，P_{min}, P_{max} としたりする場合もあります．

また，平均値と標準偏差を用いてゲインとオフセットを設定する方法もあります．ゲインは，分布の幅に影響するので標準偏差の比を用いることができます．つまり，原画像の標準偏差を P_{std}，変換後の標準偏差を Q_{std} とすると，ゲインは次式で表されます．

$$a = \frac{Q_{std}}{P_{std}} \tag{8.11}$$

オフセットは，平均値を用います．原画像の平均値を P_{ave}，変換後の平均値を Q_{ave} とすると，オフセットは次式で表されます．

$$b = Q_{ave} - aP_{ave} = \frac{Q_{ave}P_{std} - Q_{std}P_{ave}}{P_{std}} \tag{8.12}$$

この手法は，画像の統計量が正規分布に近い場合に有効であり，特にいくつかの画像において統計量を一致させたいときに利用できます．例えば，同じ範囲で同じ時期の画像の統計量を一致させるときに有効です．

カラー画像を対象とする場合，RGB それぞれに対して線形変換を行う方法と，RGB をまとめて線形変換を行う方法とがあります．RGB それぞれに対して線形変換を行う場合は，カラーバランスが崩れてしまうので，注意が必要です．ただし，人工衛星画像では，もともと現実の色とかけ離れていることが多いので，画像判読において有利になるように，RGB それぞれに線形変換を施す場合が多いです．

原画像の P_{min}, P_{max} の差が非常に小さくコントラストの非常に低い画像は，この処理によってコントラストを高くすることはできますが，もともと P_{min}, P_{max} の差が小さいのでそれを引き伸ばしても階調が大きくなる訳ではありません．階調すなわち色数はそのままで，単に明暗の差が大きくなるに過ぎません．前節において，濃度変換を施した後のヒストグラムを見ても解るように，ヒストグラムが飛び飛びの状態で，輝度値のない部分が発生してしまいます．したがって，自分で画像を取得する際には，後処理である濃度変換に頼るよりも，画像取得の段階でいかに質の良い原画像を取得するかが重要です．

8.3.3　ヒストグラム平滑化

線形変換の他に，原画像の統計量のヒストグラムを平坦にさせる変換も存在します．これは**ヒストグラム平滑化**(histogram equalization) とも呼ばれています．変換後のヒストグラムを設定し，一様分布になるよう変換します．このとき，変換後のヒストグラムの階級数 M は，原画像のヒストグラムの階級数 N よりも少なくなければ，平滑化は困難です．設定が完了すれば，輝度値の小さいもの P_0 から順に平滑化の目標となる頻度まで，最も小さい階級 Q_0 のヒストグラムに入れ込んでいきます．目標となる頻度は，全画素数を M で除したものとなります．目標の頻度に達すれば，次の階級 Q_1 に移り，同様に目標の頻度まで加算していきます．このような過程によってヒストグラム平滑化が実行されます．

ゲインとオフセットによる変換は，ゲインとオフセットの値さえ記録しておけば，変換後の画像を元に戻すことが可能ですが，ヒストグラム平滑化は，各ピクセルがどの階級に移動したかをすべて記録しておかなければ元に戻すことができないので注意が必要です．

8.4　画像に対する空間フィルタ

通常の装置における電気信号は，時間軸に対する電圧の高さで表現されます．したがって一次元データとして処理されます．フィルタ処理は，入力信号に対して，ノイズ除去や特徴抽出に利用されます．画像における入力信号は，基本的には光，電磁波です．電磁波は波の性質を持つため，この入力信号に対して，フィルタを通して量子化することも可能です．ある一定の波長帯の電磁波しか量子化しないような，バンドパスフィルタ等もあります．

画像は，輝度情報の二次元配列と考えて構いません．したがって，輝度情報は，x 方向，y 方向の輝度情報の集まりと考えることもできます．二次元，つまり空間での信号処理を適用する必要があり，それを空間フィルタリングと呼んでいます．**空間フィルタ**(spatial filter)

第 8 章　画像処理

は，信号処理と同様，画像のノイズを軽減させたり，エッジを強調したりすることができ，非常に重要な手法です。

8.4.1　移動平均とメディアン

画像における空間フィルタは，基本的に画素の隣同士の値を計算することによって実行しています。例えば，対象の画素において，右隣と左隣の画素の平均値とする計算をさせると，横方向の輝度の平均画像ができます。しかし，隣同士の値を計算した時，その求まった値は，2つの画素の間の位置となってしまうので，0.5画素分ずれた位置の平均画像ができます。それでは問題なので，通常3画素分をまとめてフィルタリングの対象とすることが多いです。例えば右図のように原画像において，横に並んだ3画素の値が左から順に (x_1, x_2, x_3) というデータがあったとき，この3画素の中心 x_2 における輝度の平均値は，$(x_1+x_2+x_3)/3$ で計算できます。次に，x_3 における輝度の平均値は，$(x_2+x_3+x_4)/3$ で計算できます。このように，順に1画素ずつ横に移動させながら平均計算を行うことを**移動平均**(moving average)と呼んでいます。移動平均を計算することで，ノイズがある程度ですが軽減されます。

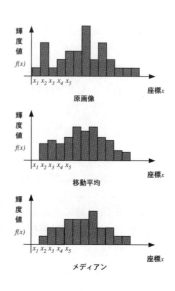

先の計算を別の式で表すと，(x_1, x_2, x_3) に対して $(1/3, 1/3, 1/3)$ をかけてたし合わせても良いです。つまり，それぞれの要素をベクトルで考えると，内積を計算したといえます。フィルタ処理において，この計算手法は**たたみ込み計算**(convolution)と呼ばれ，$(1/3, 1/3, 1/3)$ はたたみ込み計算のオペレータと呼ばれています。このようにフィルタリングは，様々なオペレータで表すことができます。例えば，横方向隣同士の輝度の差を計算するときは，オペレータとして，$(-1, 0, 1)$ を用いてたたみ込み計算すれば良いわけです。

ノイズを軽減させる別の方法として，**メディアンフィルタ**(median filter)があります。メディアンフィルタは，たたみ込み計算で表現できませんが，横方向3画素の輝度値のうち，中央の値で置き換える処理です。例えば，(x_1, x_2, x_3) に対応する輝度値が $(f(x_1), f(x_2), f(x_3))$ で，その大小関係が $f(x_2) > f(x_1) > f(x_3)$ のとき，x_2 における輝度は $f(x_1)$ で置き換えるのです。この処理ですと，ノイズが完全に除去され，ノイズの隣の画素にノイズの影響が及ぼされないという特徴を持ちます。

なお，先の例では横方向の隣同士を計算させましたが，画像は二次元なので横方向3画素，縦方向3画素の 3×3 画素を対象にフィルタリングすることが多いです。その他に 5×5 ウィンドウが利用される場合もあります。現在では，様々なパターンのオペレータが用意されていて，ノイズ軽減やエッジ抽出，画像のシャープ化等をさせることができます。

8.4. 画像に対する空間フィルタ

8.4.2 ラプラシアンフィルタとシャープ化フィルタ

画像に写った対象物の輪郭は，エッジと呼ばれています。そのエッジを抽出する**ラプラシアンフィルタ**(Laplacian filter) について，その仕組みを解説します。まず，理解を早めるため，X軸方向のみを考えます。右図のような輝度 $f(i)$ を持つ原画像が与えられたとき，1次微分は，以下の式で表されます。

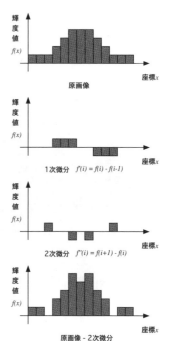

$$f'(i) = f(i) - f(i-1) \qquad (8.13)$$

対象画素の左側の輝度値との差が表されています。1次微分によって，輝度値に変化のあった部分が画像として抽出されます。次に，2次微分を施しますが，このときは以下の式を用います。

$$f''(i) = f'(i+1) - f'(i) \qquad (8.14)$$

1次微分のときは，左側の画素に着目したので，今度は，右側の画素に着目して1次微分画像の輝度値の差を計算しています。この式は，以下のように展開できます。

$$f''(i) = (f'(i+1) - f'(i)) - (f'(i) - f'(i-1))$$
$$= f(i-1) - 2f(i) + f(i+1) \qquad (8.15)$$

したがって，たたみ込み計算のためのオペレータは，(1, -2, 1) となります。この2次微分の画像を原画像から減算すると，エッジ部分が強調されます。このとき，式は以下のようになります。

$$f(i) - (f(i-1) - 2f(i) + f(i+1))$$
$$= -f(i-1) + 3f(i) - f(i+1) \qquad (8.16)$$

したがって，たたみ込み計算のためのオペレータは，(-1, 3, -1) となります。

ここで，このフィルタリングを二次元に拡張しましょう。まず，2次微分のオペレータは，X方向と同様にY方向も同じですから，以下のようになります。

0	0	0
1	-2	1
0	0	0

＋

0	1	0
0	-2	0
0	1	0

＝

0	1	0
1	-4	1
0	1	0

これをラプラシアンフィルタと呼んでいます。さらに，ラプラシアンフィルターは，原画像から減算することで，エッジ部分が強調され，画像をシャープにすることができます。オペレータは，以下のようになります。

第 8 章 画像処理

$$\begin{array}{|c|c|c|} \hline 0 & 0 & 0 \\ \hline 0 & 1 & 0 \\ \hline 0 & 0 & 0 \\ \hline \end{array} - \begin{array}{|c|c|c|} \hline 0 & 1 & 0 \\ \hline 1 & -4 & 1 \\ \hline 0 & 1 & 0 \\ \hline \end{array} = \begin{array}{|c|c|c|} \hline 0 & -1 & 0 \\ \hline -1 & 5 & -1 \\ \hline 0 & -1 & 0 \\ \hline \end{array}$$

下図は，空間フィルタを施した例で，左はオリジナル画像，中央はラプラシアンフィルタを施したもの，右はシャープ化フィルタを施したものです。

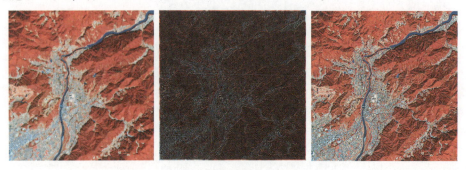

8.5　画像に対するフーリエ変換

デジタルデータは，連続的なデータではなく，飛び飛びの離散的なデータであり，また無限大の区間でもありません。したがって，フーリエ変換する場合には，工夫が必要になります。その工夫された手法が，**離散フーリエ変換**(Discrete Fourier Transform: DFT) です。

ある区間において，データが n 個，それぞれの値が $f_0, f_1, \cdots, f_{n-1}$ であったとき，離散フーリエ変換は，次式で与えられます。

$$F_k = \frac{1}{n} \sum_{i=0}^{n-1} f_i e^{-j\frac{2\pi}{n}ki} \tag{8.17}$$

ここで，j は特別に虚数単位を表しています。データ番号の i と区別するためです。また k は変換後のデータ番号を表しており，$k = 0, 1, \cdots, n-1$ です。F_k は，おのおのの周波数成分を表し，k が 0 か $n-1$ に近い部分は低周波成分の強さを表し，k が $n/2$ に近い部分は高周波成分の強さを表しています。元データの高周波成分がノイズであると判断された場合には，高周波成分の強さを 0 として逆変換をかければ，ノイズが除去されます。

離散フーリエ逆変換(Inverse Discrete Fourier Transform: IDFT) は，以下の式となります。

$$f_i = \sum_{k=0}^{n-1} F_k e^{-j\frac{2\pi}{n}ki} \tag{8.18}$$

このように，簡単な計算によって変換が可能ですが，繰り返し計算が多くなり，コンピュータのパワーが必要になります。そこで，アルゴリズムを高速化した**高速フーリエ変換**(Fast Fourier Transform: FFT) が考案されています。フーリエ変換に関する書籍はたくさんあるので，それらを参考にして下さい。

8.5. 画像に対するフーリエ変換

　通常のデジタル信号処理においては，一次元のデータを取り扱うのですが，画像の場合は，二次元データとなります。画像をフーリエ変換する場合，画像の濃淡を信号とみなして扱います。ただし，そのままフーリエ変換をしたのでは，画像の左上の画素から横方向の変化のみを信号として処理されてしまいます。そこで，画像の横方向に加えて，縦方向も考慮して積分することで対応することができます。

　$m \times n$ 画素の画像において，各画素の濃度を列番号 u と行番号 v として $f(u,v)$ とすると，二次元フーリエ変換は，次式で計算することができます。

$$F(x,y) = \frac{1}{mn} \sum_{v=0}^{n-1} \sum_{u=0}^{m-1} f(u,v) \mathrm{e}^{-j\frac{2\pi}{m}xu} \mathrm{e}^{-j\frac{2\pi}{n}yv} \tag{8.19}$$

ここで，x, y は変換後の列番号と行番号を表しています。この式を用いて，画像に対してフーリエ変換を実行すると，画像の濃度の周期性を調べることができます。$F(x,y)$ の値を画像化すると，画像の四隅が低周波成分を表し，画像の中心が高周波成分を表していることになります。

　また，二次元フーリエ逆変換は，次式となります。

$$f(u,v) = \sum_{v=0}^{n-1} \sum_{u=0}^{m-1} F(x,y) \mathrm{e}^{-j\frac{2\pi}{m}xu} \mathrm{e}^{-j\frac{2\pi}{n}yv} \tag{8.20}$$

フーリエ変換を施した後の $F(x,y)$ を上式に代入すると，元の画像が $f(x,y)$ となって復元されます。ある周波数帯においてノイズが発生しているような場合には，その周波数成分を調節し，逆変換を施せば，ノイズが軽減された画像として復元されます。

　このフーリエ変換は，データ圧縮にも利用できます。例えば，周波数成分の小さいものを省略すれば，データの保存領域を少なくすることができます。

　下図は，左の原画像に対してフーリエ変換を施し，周波数成分の画像を右に示したものです。周波数成分は，中央部が低周波成分で，四隅が高周波成分になるように配列の並びを変えてあります。したがって，変換画像の中央は，直流成分を表しています。そして振幅は，明るさで表現されています。振幅の大きいものほど明るくなっています。

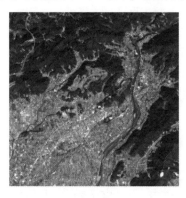

原画像

フーリエ変換における
周波数成分画像

第 8 章　画像処理

そして下図は，先の原画像に横線のノイズが周期的に入った画像とその周波数成分を示しています。上の周波数成分と異なり，中央部の縦方向に周期的に高い値となっています。

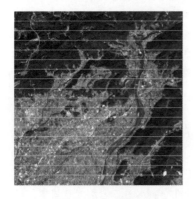
ノイズのある原画像

フーリエ変換における
周波数成分画像

このノイズと見られる部分の周波数成分の値を低くすることでノイズが軽減されます。

8.6　分類

農業や環境，資源探査の分野において，人工衛星画像を用いて土地被覆の分類を行うことが求められています。各画素の地目が，森林か草地か裸地か水域かというような分類です。目視によって判読することもなされていますが，人工衛星は様々な電磁波の波長域を捉えているので，画像処理を利用した自動分類がある程度可能です。しかし，自動分類という処理は，元来困難なものです。例えば，地表には人間が判断しても森林と草地の区別のつき辛いものも多い状況です。水域と裸地との区別にしても一つの画素の中に水域と裸地が混在している場合もあります。このように実際にも区別のつき辛い部分があるので，自動での画像分類は困難なのです。また分類するということは，基本的に人間の都合によって行われるものなので，さらに話が厄介です。画像分類に限らず，例えば惑星と小惑星の分類でも同様で，以前まで惑星と分類されていた冥王星は，矮惑星という項目に降格されたりしています。とかく自然界は，白か黒かはっきりと区別することはできないのが普通で，グレーの部分が多く存在します。このようなことから，筆者自身は分類することよりも物理量を求める方が重要であると考えています。しかし，様々な分野から求められている重要な技術でもあるので，本節において簡単に解説します。

8.6.1　バンド間演算

衛星画像は，多数の電磁波波長帯の放射量を計測しています。その波長域は，可視光の領域から熱赤外の領域までを計測する場合が多いです。そして太陽光の反射は，物質によって特徴を持っています。下図は，電磁波の波長別の反射率を代表的な地目ごとにグラフ化

したもので，**分光反射特性**(spectral reflectance) と呼ばれています。可視光の波長帯は，およそ 0.4～0.7μm の範囲であり，それより長い波長は，いわゆる赤外です。植物は人間の目には緑に見えますが，それは可視光において緑の波長帯域にピークを持っているからです。さらに植物は近赤外域で非常に反射率が高いのです。コンクリートの反射率をも遥かに越えるものであり，近赤外域では極めて反射率が高いことが解ります。一方，人工衛星は可視光とは異なる波長域も観測しているので，物質によって特徴のある観測波長帯を利用して物体判読を行うことができます。下図には，人工衛星 Terra の搭載する ASTER AVNIR センサのもつ３つの波長帯域も示しました。衛星センサの検出できる各波長帯域はバンドやチャンネルと呼ばれ，短い波長から番号が割り振られています。ASTER において最も短い観測波長域は可視光の緑に対応し，Band1 と呼ばれています。Band2 は可視光の赤に対応し，Band3 は近赤外域に対応しています。

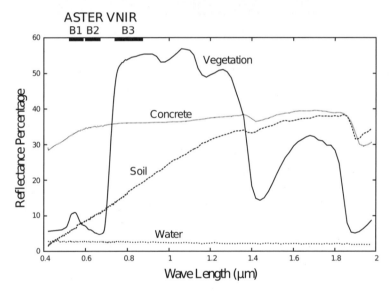

分光反射特性を用いて，地目を分類するのに最も簡便な方法は，**バンド間演算**(band operation) と呼ばれるものです。バンド間演算は，人工衛星センサにより得られた各バンドの値同士について演算処理を施すものです。特にバンドの比を計算することが多いです。例えば，植物の分光反射特性は，近赤外域で高い反射をし，可視光の赤では低い反射となっています。この特徴を利用し，近赤外域と可視光の赤のバンドの比は植物が強調されることとなります。下の式は，植物を強調するためのバンド間演算の例であり，**正規化植生指標**(NDVI: normalized differential vegetation index) と呼ばれています。

$$NDVI = \frac{IR - VR}{IR + VR} \tag{8.21}$$

ここで，IR は近赤外でのバンドの値であり，VR は可視の赤のバンドの値です。ASTER VNIR センサにおいて，IR は Band3 に対応し，VR は Band2 に対応します。人工衛星のセンサによって観測波長帯とバンド番号は異なるので注意が必要です。$NDVI$ の値は，-1.0

第8章　画像処理

〜1.0の範囲をとり，大きい値ほど植物が多いといえます。下図は，NDVIを計算し，画像化したものです。明るい部分ほど植物が多いと推測されます。

NDVI計算結果

　植生以外の地目についても，例えば土の場合は$1.4\mu m$より長い赤外のバンドと可視のバンドとのバンド間演算で強調することができます。水の場合は土の場合の逆で，可視のバンドと比較的長い波長域の赤外バンドとのバンド間演算が有効です。

　放射量補正の節において述べたように，人工衛星センサにより得られた各バンドの値は，Digital Number(DN)と呼ばれています。いわゆる生データです。通常，このDNは，センサごとに設定された変換式により，放射量に変換可能です。そしてその放射量は，大気によって影響を受けているので，大気補正を施す必要があります。多時期のデータを用いて変化の状態を解析する場合は，必ず大気補正を施す必要があります。大気補正については，先にも述べましたが，衛星画像の取得時における地上での大気観測結果が必要になります。そのような観測データは，あまり整備されていないのが実情です。したがって，MODTRAN等を用いて各種の大気状況をシミュレートして，大気がNDVIの値にどのような影響を与えるのかを把握しておくことが望まれます。

　また，大気だけでなく地形の影響も受けています。上で例示したNDVI画像を見ても，北斜面の値が小さくなっており，画像から地形を簡単に判読できます。植物が北斜面と南斜面とで同じ状況であれば，計算されるNDVIも同じであって欲しいのですが，斜面の方位によってセンサに届く放射量が異なってしまうので，どうしてもこのような状況になってしまいます。本来なら，地形補正を施してからNDVIの計算をするべきです。しかし，これも先に述べたように，非常に困難な補正です。したがって，多時期のデータを用いた変化の解析においては，画像の濃度変換等で統計的な手法を用いざるを得ない現状です。

　そもそもNDVI等のバンド間演算によって得られる計算結果の示すものは，あくまでも指標です。例えばNDVIは，植物の量を示すものではありません。バンド間演算によって植物の存在する地域が強調されているにすぎません。しかも，大気補正や地形補正が困難

な状況なので，計算された NDVI を安易に植物の量とみなして変化の解析を進めるには注意を要します。

8.6.2 閾値処理

レベルスライス

レベルスライス(level slicing) は，画像の値に応じて分類を行う方法の一つです。例えば，NDVI の画像において，NDVI の値が 0 を越える部分と 0 以下の部分に分類する時，0 というレベルで分けるという点で，レベルスライスの一つです。下図はその例で，NDVI が 0 を越える部分を白，0 以下の部分を黒で表現しました。

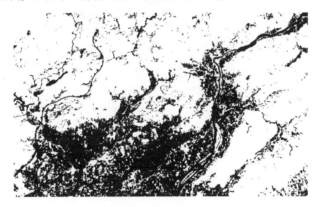

NDVI二値化画像

レベルスライスにおいて，境界値（上の例では 0）は，**閾値**(threshold) とも呼ばれています。閾値が一つで，二つの項目に分類することは，特に**二値化**(binarization) と呼ばれています。

多くの閾値を設けて，多段階での分類も可能です。それぞれの段階ごとに色分けして，分かりやすい画像を作成することもできます。このように段階ごとに色分けするカラー表現は，**シュードカラー**(pseudo color) と呼ばれています。それぞれの値に応じて，色を決めるわけですが，値と色の対応情報は，**カラーテーブル**(color table) と呼ばれています。青から赤に変化するようなものや，濃度の薄い色から濃い色に変わるようなもの等，様々なカラーテーブルで分かりやすい表現が可能です。下図は，青から赤に至るカラーテーブルにより NDVI 画像を色付けしたものです。

第 8 章　画像処理

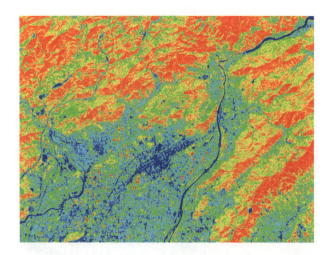

　一般に，二値化は，解析に使われ，シュードカラーは，分かりやすい表現のために使われています。
　閾値の決定は，非常に重要です。意味のある値を閾値に選ぶことが重要であり，なぜその値が閾値となり得るのかを説明できなければなりません。特に時系列データを扱う場合は，時期によって閾値を変化させる必要もあり，システマティックな閾値決定手法を構築しなければならないのですが，これはかなり難しい課題です。

ディシジョンツリー

　ディシジョンツリー(decision tree)は，レベルスライスの発展形といえます。レベルスライスは，1バンドのデータを閾値を用いて幾つかに分類することでした。ディシジョンツリーは，if then のルールにより多バンドのデータを用いて分類する手法です。下図は，その例を示したものです。3つのバンドのデータを利用し，4つのルールにより分類しています。

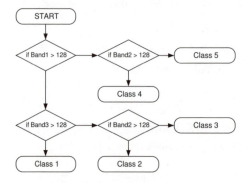

　レベルスライスと同様に閾値の決定は重要で，ディシジョンツリーではさらにルールの組み立て手法も意味付けられるものであることが望まれます。

270

8.6.3 教師データを用いた分類

統計的な手法に基づく分類について解説しましょう。例えば分類項目として，植生，裸地，水域を設定した場合，画像情報における各分類項目の典型的な統計量を求め，その統計量と分類したい画素のデータを比較して分類します。このとき，各分類項目の典型的な統計量を求めることが重要です。実際には，ある画像を対象に分類する場合，その画像上で確実にその分類項目に合致すると思われる画素を多数抽出し，各分類項目の統計量を求めます。この統計量は**教師データ**(supervised data) と呼ばれ，分類の拠り所となるものです。多バンドのデータを取り扱う場合は，多次元の統計量となります。なお，教師データは，**トレーニングデータ**(training data) と呼ばれることもあります。

ユークリッド距離

ユークリッド距離(euclidian distance) は，統計量の平均値のみを用いて分類する方法です。教師データの平均値と各画素の値を比較し，その距離を求め，最も近い距離の分類項目に割り当てる方法です。

バンド数がRGBの3バンドの画像において，各画素の値はベクトル $\bm{x}$ で表すことができます。$\bm{x}$ は，三次元のベクトルで以下のように表すことができます。

$$\bm{x} = \begin{pmatrix} x_r \\ x_g \\ x_b \end{pmatrix} \tag{8.22}$$

そして，分類項目がA, B, Cとあり，Aの教師データは，n 個の画素があるものとします。教師データを行列 $\bm{A}$ で表し，各要素は以下のように a_{ij} で表します。ここで i はバンドの番号，j は画素の番号を表しています。

$$\bm{A} = \begin{pmatrix} a_{r1} & a_{r2} & \cdots & a_{rn} \\ a_{g1} & a_{g2} & \cdots & a_{gn} \\ a_{b1} & a_{b2} & \cdots & a_{bn} \end{pmatrix} \tag{8.23}$$

すると，教師データの各バンドの平均値 $\bm{\mu}$ は以下のように計算できます。

$$\bm{\mu} = \begin{pmatrix} \mu_r \\ \mu_g \\ \mu_b \end{pmatrix} = \begin{pmatrix} \sum_{i=1}^{n} a_{ri}/n \\ \sum_{i=1}^{n} a_{gi}/n \\ \sum_{i=1}^{n} a_{bi}/n \end{pmatrix} \tag{8.24}$$

このとき，分類したい各画素 $\bm{x}$ と教師データの平均値 $\bm{\mu}$ との距離 d^2 は，次式で表すことができます。

$$d^2 = (\bm{x} - \bm{\mu})^T (\bm{x} - \bm{\mu}) \tag{8.25}$$

第 8 章　画像処理

ここで，添字 T は転置行列を表しています。ベクトルの転置行列を掛けることによって，ベクトルの各要素の二乗和を計算することができます。つまり，次式と同じ意味です。

$$d^2 = (x_r - \mu_r)^2 + (x_g - \mu_g)^2 + (x_b - \mu_b)^2 \tag{8.26}$$

分類項目 B，C についてもユークリッド距離を計算するのですが，求まった距離のうち，最も距離の近い分類項目が，その画素の分類結果である可能性が高いといえます。これが，ユークリッド距離に基づく分類手法です。

標準ユークリッド距離

ユークリッド距離は，統計量の分散が考慮されていません。ユークリッド距離がほぼ同じとき，分散が大きい項目は，分散が小さい項目に比べて，距離が小さいと見なされた方が現実的です。そこで，統計量の分散を考慮した**標準ユークリッド距離**(normalized euclidian distance) を用いれば，誤分類は少なくなります。下図は，その様子を表したものです。画素値 x は，二つの分類項目の統計量の平均値と比較した場合，分類項目 A の μ_a との距離の方が小さいです。しかし，分類項目 B の分布幅は非常に大きいため，画素値 x は，分類項目 B である確率の方が高いといえます。

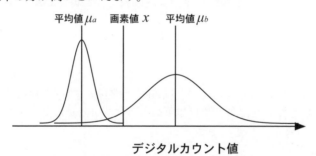

したがって，各バンドの分散の逆数を掛けることにより標準化された距離により評価した方が良いことが解ります。ある分類項目の教師データ A における各バンドの分散 $s = (s_{rr}, s_{gg}, s_{bb})$ は，各バンドの平均値が μ だったので，次式で計算できます。

$$s = \begin{pmatrix} s_{rr} \\ s_{gg} \\ s_{bb} \end{pmatrix} = \begin{pmatrix} \sum_{i=1}^{n}(a_{ri} - \mu_r)^2/n \\ \sum_{i=1}^{n}(a_{gi} - \mu_g)^2/n \\ \sum_{i=1}^{n}(a_{bi} - \mu_b)^2/n \end{pmatrix} \tag{8.27}$$

標準ユークリッド距離は，次式となります。

$$d^2 = \frac{(x_r - \mu_r)^2}{s_{rr}} + \frac{(x_g - \mu_g)^2}{s_{gg}} + \frac{(x_b - \mu_b)^2}{s_{bb}} \tag{8.28}$$

8.6. 分類

この計算式を分散行列 S で表すことによって，標準ユークリッド距離の計算式が解りやすく表現できます．

$$S = \begin{pmatrix} s_{rr} & 0 & 0 \\ 0 & s_{gg} & 0 \\ 0 & 0 & s_{bb} \end{pmatrix} \tag{8.29}$$

つまり，標準ユークリッド距離 d^2 は，分散行列 S の逆行列を用いれば，次式で表すことができます．

$$d^2 = (\boldsymbol{x} - \boldsymbol{\mu})^T \boldsymbol{S}^{-1} (\boldsymbol{x} - \boldsymbol{\mu}) \tag{8.30}$$

S は，対角行列となっています．対角行列の場合，その逆行列は，対角行列の各要素の逆数となりますから，計算結果は変わりません．

$$\boldsymbol{S}^{-1} = \begin{pmatrix} 1/s_{rr} & 0 & 0 \\ 0 & 1/s_{gg} & 0 \\ 0 & 0 & 1/s_{bb} \end{pmatrix} \tag{8.31}$$

マハラノビス距離

標準ユークリッド距離で統計量の分散が考慮されましたが，各バンド間での共分散は考慮されていません．下図は，その様子を示したものです．分類項目 B は，R バンドと G バンドにおいて強い相関を持っています．したがって，画素値 x とのユークリッド距離は，分類項目 A の μ_a の方が近いのですが，相関関係を見ると分類項目 B に分類される確率の方が高いといえます．

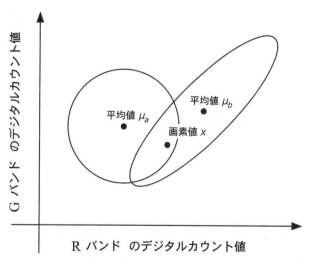

そこで，統計量の共分散を考慮した**マハラノビス距離**(Maharanobis distance) を用いれば，さらに誤分類が少なくなると見込まれます．なお，ある分類項目の教師データ A における

第8章　画像処理

RバンドとGバンドの共分散 s_{rg} は，次式で計算できます．

$$s_{rg} = \sum_{i=1}^{n}(a_{ri}-\mu_r)(a_{gi}-\mu_g)/n \tag{8.32}$$

したがって，共分散行列 Σ は，次式で表すことができます．

$$\Sigma = \begin{pmatrix} s_{rr} & s_{rg} & s_{rb} \\ s_{gr} & s_{gg} & s_{gb} \\ s_{br} & s_{bg} & s_{bb} \end{pmatrix} \tag{8.33}$$

標準ユークリッド距離と同様に，各バンドの共分散行列の逆数を掛けることにより共分散が考慮されたマハラノビス距離が計算できるのです．つまり，マハラノビス距離 d^2 は，共分散行列 Σ の逆行列を用いて，次式で表すことができます．

$$d^2 = (\boldsymbol{x}-\boldsymbol{\mu})^T \boldsymbol{\Sigma}^{-1}(\boldsymbol{x}-\boldsymbol{\mu}) \tag{8.34}$$

さらに，共分散行列を発展させ，確率密度関数を用いる**最尤法**(maximum likelihood method) という手法やニューラルネットワークを用いたマシンラーニング（機械学習）やディープラーニング（深層学習）も一般的になってきました．現在は，分類のための様々なプログラミング用のライブラリが提供されています．これらについては最新の画像処理関係の書籍を参照して下さい．

オブジェクト指向分類

　教師データに基づく分類において，これまでは，各画素をいずれかの分類項目に割り当てる手法でした．つまり，画素単位で統計量を比較して分類する手法です．この手法は，空間分解能が高くなってくると，画素単位での分類は細かすぎて分類結果の意味づけが困難になってしまいます．例えば農地を分類するとき，空間分解能が高くなると，作物自体の画素と畝間の土壌の画素とが別々になります．都市域を分類するにしても，空間分解能が高くなると，街路樹や庭木等が植物として分類されていきます．これは，空間分解能が低い画像では起こらない現象です．

　この問題を解決するために，ある一定の範囲を対象に，そこの範囲全体の統計量と教師データの統計量とを比較して分類する方法もあります．これをオブジェクト指向分類と呼んでいます．一定の範囲をオブジェクトとして扱うためです．この一定の範囲は，セグメントとも呼ばれています．ただし，そのセグメントをどのように決めるかが問題です．田畑等の農地であれば区画が決まっているので，GISデータを利用して実行できるでしょうが，自然植生や無秩序に乱立するものが含まれている地域においては，非常に難しいです．画像の統計情報を使って自動的にセグメントを発生させてくれるソフトウェアもありますが，セグメントを発生させる手法と，分類の目的とが合致しているのかを確認しておいた方が良いでしょう．

8.6.4 ミクセル分析

　教師データに基づく分類にしてもオブジェクト指向分類にしても，各画素の中身までは考慮されていません。しかし細かく考えると，各画素の中身が，いずれかの分類項目のみで構成されていることは，海洋や砂漠を除いてあまりありません。ほとんどの画素は，様々な地目で構成されています。このような画素を**ミクセル**(mixel) と呼んでいます。mixed pixel の略です。下図は，その状況を示したもので，この場合，一つの画素の中には，水域，植生，裸地で構成されている例を示しています。

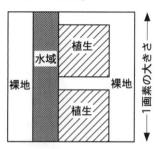

ある画素における構成地目

　得られた画素の輝度値が，各地目の面積に依存するものであれば，輝度を求めるモデルを構築することができます。上図における水域の面積を a_w，植生の面積を a_v，裸地の面積を a_s とし，線形モデルが適用できるとすると，次式で輝度値 I を表すことができます。

$$I = c_w a_w + c_v a_v + c_s a_s \tag{8.35}$$

ここで，c_w, c_v, c_s は，変換係数です。この変換係数をどのように決定するかが重要な問題となります。現地調査結果や非常に高分解能のデータを用いれば，各地目の面積 a_w, a_v, a_s は求まります。未知数は3つですから，3つ以上の教師データをもとに，I, a_w, a_v, a_s を代入し，最小二乗法によって c_w, c_v, c_s を求めることができます。

　次に，求まった変換係数より，輝度値から逆に各地目の面積を求めることを考えましょう。この場合，一つの式では求められません。3つの未知数があるので，少なくとも3つの式が必要になります。したがって，3つのバンドを持つものであれば，3つの地目の面積を推定することが可能です。3つのバンドの場合，次式で各バンドの輝度値を表すことができます。

$$\begin{cases} I_1 &= c_{w1} a_w + c_{v1} a_w + c_{s1} a_s \\ I_2 &= c_{w2} a_w + c_{v2} a_w + c_{s2} a_s \\ I_3 &= c_{w3} a_w + c_{v3} a_w + c_{s3} a_s \end{cases} \tag{8.36}$$

各変換係数が求まっていれば，各バンドの輝度値 I_1, I_2, I_3 を上式に代入すれば，各地目の面積 a_w, a_v, a_s は求まります。これを求めるのには，連立方程式を解く方法が最も簡単なのですが，バンド間の相関が高い場合は解が不安定となります。精度よく変換係数が求まっ

第 8 章　画像処理

ていれば問題ないのですが，線形モデル自体にも誤差はあるものですし，3 つの地目のみで輝度を表すこと自体にも問題があります。バンド間相関が高い場合は，変換係数が少し変わるだけで解の値が大きく変化してしまうのです。

したがって，別の方法で最適解を見つけなければなりません。コンピュータプログラムを用いるのであれば，各地目の面積割合を少しずつ変化させながら，最も輝度の値に近づくものを探す方法があります。処理時間はかかるものの，連立方程式で解を導くよりも安定した解が得られる傾向にあります。

8.7　幾何補正

8.7.1　地上基準点と画像基準点

リモートセンシングによって得られるデータは，基本的に画像座標であり，それを地上座標に変換する必要があります。これを**幾何補正**(geometric correction) と呼んでいます。実際に画像データに座標変換を適用したい場合，変換式における変換係数を求める必要があります。変換式は，式 (2.67) でも示したように，次式で表すことができます。

$$\begin{cases} x &= f_x(u,v) \\ y &= f_y(u,v) \end{cases} \tag{8.37}$$

様々な関数で変換式を表すことができますが，その関数における係数を求める必要があります。そのためには基準点データが必要になります。**地上基準点**(ground control point) とは，あらかじめ地上での座標の値が解っている点 (x_i, y_i) のことをいいます。それらの点が画像上に投影されている場合，対応する画像座標 (u_i, v_i) が存在し，これを**画像基準点**(image control point) といいます。これら，地上座標と画像座標を一組とするデータセットが，いわゆる基準点データとなります。これらの基準点データを変換式に代入すると，基準点の数だけ変換係数を変数とする方程式が立てられます。それらの方程式を連立させれば，変換係数が求まります。

誤差の調整という観点で考えると，基準点の数を多くして，最小二乗法で解を求める方が誤差の小さい変換式が得られます。基準点の配置は重要で，狭い範囲に偏った基準点の場合，基準点から離れた場所においては誤差が大きくなります。また，一直線上に基準点が配置される場合も変換式に含まれる誤差は大きくなります。したがって，対象範囲において広い範囲をまんべんなくカバーするような基準点データが必要となります。

基準点の精度が，座標変換の精度に直接関わるので，正確な基準点データが必要となります。画像基準点としては，1 画素程度の精度では十分ではなく，1/5 画素以上の精度が望まれます。対応する地上基準点も同様で，1 画素あたり何 m の画像かによりますが，1 画素あたり 10m の衛星画像の場合，やはりその 1/5 の 2m の精度での地上基準点が必要となります。地上基準点は，測量等により正確に測ることは比較的容易です。しかし，対応する画像座標は，測量した地点を画像において 1/5 画素の精度で特定することは，目視では

8.7.2 最小二乗法による線形変換

n 個の地上基準点のデータ $(x_1, y_1), (x_2, y_2), \cdots, (x_n, y_n)$ とそれに対応する画像基準点のデータ $(u_1, v_1), (u_2, v_2), \cdots, (u_n, v_n)$ があるとき，最小二乗法を用いて変換式を導く手法について解説します．

アフィン変換

アフィン変換は，式 (2.77) にも示したように，次式で表すことができます．

$$\begin{cases} x = au + bv + c \\ y = du + ev + f \end{cases} \tag{8.38}$$

この式は，x と y に関する変換係数が独立しているので，x と y は別々に解くことができます．それぞれの変換式において3つの変換係数があるため，少なくとも3つの基準点データが必要になります．3つを越える数の基準点を利用して変換係数を導くには，最小二乗法を利用して解くことになります．

ここでは x に関する式を例に解説します．まず，i 番目の基準点のデータをアフィン変換の式に代入すると，$x_i = au_i + bv_i + c$ となりますが，導かれる変換式には誤差が存在するために，この式は実際には厳密に成立しません．その誤差量 δ_i は，単純に右辺から左辺を引いたものとなり，$\delta_i = au_i + bv_i + c - x_i$ と計算できます．基準点データが n 個あるとすると，n 個の誤差量に関する式を立てることができます．最小二乗法は，それらの誤差量の二乗和を最小にする式を導くものなので，二乗和の誤差関数 Φ は，以下の式で表すことができます．

$$\begin{aligned} \Phi &= \sum_{i=1}^{n} \delta_i^2 \\ &= \sum_{i=1}^{n} (au_i + bv_i + c - x_i)^2 \end{aligned} \tag{8.39}$$

この関数 Φ は二次関数ですから，この関数が最小となる a, b, c を求めるには，まずこの式を a, b, c で偏微分します．偏微分すると，誤差関数の勾配を表す関数となるので，偏微分した関数が0となるところが極小値であり，それは最小値でもあります．下の式は，偏微

第8章　画像処理

分した式です。

$$\frac{\partial \Phi}{\partial a} = \sum_{i=1}^{n} 2u_i(au_i + bv_i + c - x_i) = 0 \tag{8.40}$$

$$\frac{\partial \Phi}{\partial b} = \sum_{i=1}^{n} 2v_i(au_i + bv_i + c - x_i) = 0 \tag{8.41}$$

$$\frac{\partial \Phi}{\partial c} = \sum_{i=1}^{n} 2(au_i + bv_i + c - x_i) = 0 \tag{8.42}$$

これらの式は，連立一次方程式なので，これらを行列を用いて整理すると，以下の式を得ます。なお総和記号 $\sum$ は，簡単に表記するためガウスの総和記号 [ ] で代用しました。

$$\begin{pmatrix} [u_i^2] & [u_iv_i] & [u_i] \\ [u_iv_i] & [v_i^2] & [v_i] \\ [u_i] & [v_i] & n \end{pmatrix} \begin{pmatrix} a \\ b \\ c \end{pmatrix} = \begin{pmatrix} [x_iu_i] \\ [x_iv_i] \\ [x_i] \end{pmatrix} \tag{8.43}$$

この連立方程式を解けば，最確値 a, b, c が求まります。y についても同様に解けば良いので簡単です。

ヘルマート変換

ヘルマート変換は，式 (2.76) に示したように，次式で表すことができます。

$$\begin{cases} x = au - bv + c \\ y = bu + av + d \end{cases} \tag{8.44}$$

この式においては，x と y を別々に解いてしまうと，a, b の値が別々に求まり，同じ値を示しません。これではアフィン変換と変わらなくなってしまいます。そこで，このような場合には x と y のそれぞれの二乗和の誤差関数の和を最小とするように解かなければなりません。したがって，二乗和の誤差関数 Φ は，以下の式で表すことができます。

$$\Phi = \sum_{i=1}^{n} \{(au_i - bv_i + c - x_i)^2 + (bu_i + av_i + d - y_i)^2\} \tag{8.45}$$

この式を a, b, c, d で偏微分し，それが 0 となる方程式を立てます．

$$\frac{\partial \Phi}{\partial a} = \sum_{i=1}^{n} 2\{u_i(au_i - bv_i + c - x_i) + v_i(bu_i + av_i + d - y_i)\} = 0 \tag{8.46}$$

$$\frac{\partial \Phi}{\partial b} = \sum_{i=1}^{n} 2\{-v_i(au_i - bv_i + c - x_i) + u_i(bu_i + av_i + d - y_i)\} = 0 \tag{8.47}$$

$$\frac{\partial \Phi}{\partial c} = \sum_{i=1}^{n} 2(au_i - bv_i + c - x_i) = 0 \tag{8.48}$$

$$\frac{\partial \Phi}{\partial d} = \sum_{i=1}^{n} 2(bu_i + av_i + d - y_i) = 0 \tag{8.49}$$

アフィン変換の場合と同様に，これらを行列を用いて整理すると，以下の式を得ます．

$$\begin{pmatrix} [u_i^2 + v_i^2] & 0 & [u_i] & [v_i] \\ 0 & [u_i^2 + v_i^2] & -[v_i] & [u_i] \\ [u_i] & -[v_i] & n & 0 \\ [v_i] & [u_i] & 0 & n \end{pmatrix} \begin{pmatrix} a \\ b \\ c \\ d \end{pmatrix} = \begin{pmatrix} [x_i u_i + y_i v_i] \\ [-x_i v_i + y_i u_i] \\ [x_i] \\ [y_i] \end{pmatrix} \tag{8.50}$$

この連立方程式を解けば，最確値 a, b, c, d が求まります．

この他，射影変換においては分数関数なのですが，分母の式を両辺にかけて分母をはらい，線形化した後に誤差関数を立てれば，同様に解くことができます．

8.7.3　最小二乗法による非線形変換

二次元回転変換

画像の座標ではなく，測量した値を座標変換する場合は，縮尺を考慮する必要がないので，回転と原点移動だけの変換で十分です．これを式で表すと以下のようになります．

$$\begin{cases} x = u\cos\kappa - v\sin\kappa + x_0 \\ y = u\sin\kappa + v\cos\kappa + y_0 \end{cases} \tag{8.51}$$

κ は回転角度，x_0, y_0 は原点移動を意味します．この変換式における，未知数の個数は 3 個となり，最低 2 個の基準点データで変換式を決定できることになります．しかし，アフィン変換やヘルマート変換が線形の式であったのに対し，座標回転を導入すると，三角関数が含まれる非線形の式となります．基準点 2 個のデータより回転角を求めるのは簡単ですが，2 個を越える基準点データから最小二乗法を用いて回転角を求めるには，非線形方程式なので通常の連立方程式で解くことはできません．したがって，テイラー展開を使って逐次計算をすることにより近似値を求めることになります．

第 8 章　画像処理

そのためにはまず，変換式を次のように関数として置き換えます。

$$F_x(x_0, \kappa) = u\cos\kappa - v\sin\kappa + x_0 - x \tag{8.52}$$

$$F_y(y_0, \kappa) = u\sin\kappa + v\cos\kappa + y_0 - y \tag{8.53}$$

各未知係数の近似値を x_{00}, y_{00}, κ_0 とし，各補正量を $\Delta x_0, \Delta y_0, \Delta \kappa$ とすると，未知係数は，以下の式で表すことができます。

$$x_0 = x_{00} - \Delta x_0 \tag{8.54}$$

$$y_0 = y_{00} - \Delta y_0 \tag{8.55}$$

$$\kappa = \kappa_0 - \Delta \kappa \tag{8.56}$$

関数 F_x, F_y において，近似値の周りにテイラー展開します。つまりテイラー級数（式 (2.86)）において，$x = x_0, a = x_{00}$ とおくわけです。すると，$x_0 - x_{00} = -\Delta x_0$ となります。他の変数 y_0, κ についても同様に考え，多変数の関数なので偏微分を用いると以下の式が得られます。なお，級数における二階導関数の項以降は無視できるものとしています。

$$F_x(x_0, \kappa) \approx F_x(x_{00}, \kappa_0) - \frac{\partial F_x}{\partial x_0}\Delta x_0 - \frac{\partial F_x}{\partial \kappa}\Delta \kappa \tag{8.57}$$

$$F_y(y_0, \kappa) \approx F_y(y_{00}, \kappa_0) - \frac{\partial F_y}{\partial y_0}\Delta y_0 - \frac{\partial F_y}{\partial \kappa}\Delta \kappa \tag{8.58}$$

テイラー展開による微係数は，以下のように計算されます。

$$\frac{\partial F_x}{\partial x_0} = 1 \tag{8.59}$$

$$\frac{\partial F_y}{\partial y_0} = 1 \tag{8.60}$$

$$\frac{\partial F_x}{\partial \kappa} = -u\sin\kappa - v\cos\kappa \tag{8.61}$$

$$\frac{\partial F_y}{\partial \kappa} = u\cos\kappa - v\sin\kappa \tag{8.62}$$

したがって，

$$F_x(x_0, \kappa) \approx F_x(x_{00}, \kappa_0) - \Delta x_0 + (u\sin\kappa + v\cos\kappa)\Delta \kappa \tag{8.63}$$

$$F_y(y_0, \kappa) \approx F_y(y_{00}, \kappa_0) - \Delta y_0 - (u\cos\kappa - v\sin\kappa)\Delta \kappa \tag{8.64}$$

さて，n 個の基準点データ $(u_1, v_1, x_1, y_1), \cdots, (u_n, v_n, x_n, y_n)$ を用いて，最小二乗法と逐次計算により x_0, y_0, κ を求める手順について解説します。

まず，x_{00}, y_{00}, κ_0 の初期値と基準点データを式 (8.63), 式 (8.64) に代入します。なお微係数の式にも x_{00}, y_{00}, κ_0 の初期値を代入します。すると，F_x, F_y それぞれについて，n 個の式ができます。基準点に誤差がなければ，$F_x = 0, F_y = 0$ となりますが，誤差は必ず存在します。そして誤差の値は，計算された F_x, F_y の値そのものとなります。この誤差の二

8.7. 幾何補正

乗和が最小となるような $\Delta x_0, \Delta y_0, \Delta \kappa$ を求めなければなりません。ここで，この誤差関数 E は，以下の式となります。

$$E = \sum_{i=1}^{n} \{F_x(x_{00}, \kappa_0) - \Delta x_0 + (u_i \sin \kappa_0 + v_i \cos \kappa_0)\Delta \kappa\}^2$$
$$+ \sum_{i=1}^{n} \{F_y(y_{00}, \kappa_0) - \Delta y_0 - (u_i \cos \kappa_0 - v_i \sin \kappa_0)\Delta \kappa\}^2 \tag{8.65}$$

したがって，この誤差関数を $\Delta x_0, \Delta y_0, \Delta \kappa$ で偏微分し，偏微分した関数の値が 0 となる $\Delta x_0, \Delta y_0, \Delta \kappa$ を連立方程式を解くことによって求めれば良いのです。

$$\frac{\partial E}{\partial \Delta x_0} = 2\sum_{i=1}^{n} \{F_x(x_{00}, \kappa_0) - \Delta x_0 + (u_i \sin \kappa_0 + v_i \cos \kappa_0)\Delta \kappa\} = 0 \tag{8.66}$$

$$\frac{\partial E}{\partial \Delta y_0} = 2\sum_{i=1}^{n} \{F_y(y_{00}, \kappa_0) - \Delta y_0 - (u_i \cos \kappa_0 - v_i \sin \kappa_0)\Delta \kappa\} = 0 \tag{8.67}$$

$$\frac{\partial E}{\partial \Delta \kappa} = 2\sum_{i=1}^{n} \{(u_i \cos \kappa_0 - v_i \sin \kappa_0)(F_x(x_{00}, \kappa_0) - \Delta x_0 + (u_i \sin \kappa_0 + v_i \cos \kappa_0)\Delta \kappa)\}$$
$$2\sum_{i=1}^{n} \{(u_i \sin \kappa_0 + v_i \cos \kappa_0)(F_y(y_{00}, \kappa_0) - \Delta y_0 - (u_i \cos \kappa_0 - v_i \sin \kappa_0)\Delta \kappa)\} = 0$$
$$\tag{8.68}$$

ここで，問題となるのが初期値の値です。x_{00}, y_{00} については，最初の基準点座標の差を利用することができます。また κ_0 は，二つの基準点座標から，その線分の傾きの差を利用することができます。

$$x_{00} = x_1 - u_1 \tag{8.69}$$

$$y_{00} = y_1 - v_1 \tag{8.70}$$

$$\kappa_0 = \tan^{-1} \frac{y_2 - y_1}{x_2 - x_1} - \tan^{-1} \frac{v_2 - v_1}{u_2 - u_1} \tag{8.71}$$

初期値を代入して，最小二乗法により求まった補正量 $\Delta x_0, \Delta y_0, \Delta \kappa$ が求まれば，初期値から補正量を差し引くことで，1 回目の近似値が求まります。さらにこの近似値を用いて 2 回目の補正量を求め，さらに近似値を求めていくことができます。この繰り返し計算を求める解の精度を満足するまで行うのです。

三次元回転変換

三次元データ (u, v, w) を (x, y, z) に変換するには，以下のように三次元アフィン変換のような線形変換でも表現できます。

$$\begin{pmatrix} x \\ y \\ z \end{pmatrix} = \begin{pmatrix} a_{11} & a_{12} & a_{13} \\ a_{21} & a_{22} & a_{23} \\ a_{31} & a_{32} & a_{33} \end{pmatrix} \begin{pmatrix} u \\ v \\ w \end{pmatrix} + \begin{pmatrix} x_0 \\ y_0 \\ z_0 \end{pmatrix} \tag{8.72}$$

第8章 画像処理

この変換式には，a_{11}〜a_{33} と (x_0, y_0, z_0) の 12 個の未知数が存在します。これらの未知数を導くためには，式が 3 つなので，最低 4 個の基準点データが必要となります。しかし，(u, v, w) と (x, y, z) が共に同じ単位の地上座標で与えられている場合，つまり縮尺を考慮しなくて良い場合，a_{11}〜a_{33} の行列は，座標回転によって得られます。(u, v, w) と (x, y, z) は，それぞれレーザースキャナや写真測量において得られたもので，それぞれローカルな座標系であった場合，それらの座標を統一させるような変換に利用できます。この時，x 軸回りの回転を ω，y 軸回りの回転を φ，z 軸回りの回転を κ とすると，以下の式で回転行列を表すことができます。

$$\begin{pmatrix} a_{11} & a_{12} & a_{13} \\ a_{21} & a_{22} & a_{23} \\ a_{31} & a_{32} & a_{33} \end{pmatrix} = \begin{pmatrix} 1 & 0 & 0 \\ 0 & \cos\omega & -\sin\omega \\ 0 & \sin\omega & \cos\omega \end{pmatrix} \begin{pmatrix} \cos\varphi & 0 & \sin\varphi \\ 0 & 1 & 0 \\ -\sin\varphi & 0 & \cos\varphi \end{pmatrix} \begin{pmatrix} \cos\kappa & -\sin\kappa & 0 \\ \sin\kappa & \cos\kappa & 0 \\ 0 & 0 & 1 \end{pmatrix}$$

$$= \begin{pmatrix} \cos\varphi\cos\kappa & -\cos\varphi\sin\kappa & \sin\varphi \\ \cos\omega\sin\kappa + \sin\omega\sin\varphi\cos\kappa & \cos\omega\cos\kappa - \sin\omega\sin\varphi\sin\kappa & -\sin\omega\cos\varphi \\ \sin\omega\sin\kappa - \cos\omega\sin\varphi\cos\kappa & \sin\omega\cos\kappa + \cos\omega\sin\varphi\sin\kappa & \cos\omega\cos\varphi \end{pmatrix} \tag{8.73}$$

したがって，未知数の個数は 6 個となり，最低 2 個の基準点データで変換式を決定できることになります。しかし，三次元アフィン変換が線形の式であったのに対し，三軸の座標回転を導入すると三角関数が含まれる非線形の式となり，通常の連立方程式で解くことはできません。したがって，ここでもテイラー展開を使って逐次計算をすることにより近似値を求めることになります。

そのためにはまず，変換式を次のように関数として置き換えます。

$$\begin{aligned} F_x(x_0, \omega, \varphi, \kappa) &= a_{11}u + a_{12}v + a_{13}w + x_0 - x \\ &= (\cos\varphi\cos\kappa)u + (-\cos\varphi\sin\kappa)v + (\sin\varphi)w + x_0 - x \end{aligned} \tag{8.74}$$

$$\begin{aligned} F_y(y_0, \omega, \varphi, \kappa) &= a_{21}u + a_{22}v + a_{23}w + y_0 - y \\ &= (\cos\omega\sin\kappa + \sin\omega\sin\varphi\cos\kappa)u + (\cos\omega\cos\kappa - \sin\omega\sin\varphi\sin\kappa)v \\ &\quad + (-\sin\omega\cos\varphi)w + y_0 - y \end{aligned} \tag{8.75}$$

$$\begin{aligned} F_z(z_0, \omega, \varphi, \kappa) &= a_{31}u + a_{32}v + a_{33}w + z_0 - z \\ &= (\sin\omega\sin\kappa - \cos\omega\sin\varphi\cos\kappa)u + (\sin\omega\cos\kappa + \cos\omega\sin\varphi\sin\kappa)v \\ &\quad + (\cos\omega\cos\varphi)w + z_0 - z \end{aligned} \tag{8.76}$$

各未知係数の近似値を $x_{00}, y_{00}, z_{00}, \omega_0, \varphi_0, \kappa_0$ とし，各補正量を $\Delta x_0, \Delta y_0, \Delta z_0, \Delta\omega, \Delta\varphi, \Delta\kappa$

8.7. 幾何補正

とすると，未知係数は，以下の式で表すことができます．

$$x_0 = x_{00} - \Delta x_0 \tag{8.77}$$

$$y_0 = y_{00} - \Delta y_0 \tag{8.78}$$

$$z_0 = z_{00} - \Delta z_0 \tag{8.79}$$

$$\omega = \omega_0 - \Delta \omega \tag{8.80}$$

$$\varphi = \varphi_0 - \Delta \varphi \tag{8.81}$$

$$\kappa = \kappa_0 - \Delta \kappa \tag{8.82}$$

関数 F_x, F_y, F_z において，近似値の周りにテイラー展開します．つまりテイラー級数（式(2.86)）において，$x = x_0, a = x_{00}$ とおきます．すると，$x_0 - x_{00} = -\Delta x_0$ となります．他の変数 $y_0, z_0, \omega, \varphi, \kappa$ についても同様に考え，多変数の関数なので偏微分を用いると以下の式が得られます．なお，級数における二階導関数の項以降は無視できるものとしています．

$$F_x(x_0, \omega, \varphi, \kappa) \approx F_x(x_{00}, \omega_0, \varphi_0, \kappa_0) - \frac{\partial F_x}{\partial x_0}\Delta x_0 - \frac{\partial F_x}{\partial \omega}\Delta\omega - \frac{\partial F_x}{\partial \varphi}\Delta\varphi - \frac{\partial F_x}{\partial \kappa}\Delta\kappa \tag{8.83}$$

$$F_y(y_0, \omega, \varphi, \kappa) \approx F_y(y_{00}, \omega_0, \varphi_0, \kappa_0) - \frac{\partial F_y}{\partial y_0}\Delta y_0 - \frac{\partial F_y}{\partial \omega}\Delta\omega - \frac{\partial F_y}{\partial \varphi}\Delta\varphi - \frac{\partial F_y}{\partial \kappa}\Delta\kappa \tag{8.84}$$

$$F_z(z_0, \omega, \varphi, \kappa) \approx F_z(z_{00}, \omega_0, \varphi_0, \kappa_0) - \frac{\partial F_z}{\partial z_0}\Delta z_0 - \frac{\partial F_z}{\partial \omega}\Delta\omega - \frac{\partial F_z}{\partial \varphi}\Delta\varphi - \frac{\partial F_z}{\partial \kappa}\Delta\kappa \tag{8.85}$$

テイラー展開による微係数は，以下のように計算されます．

$$\frac{\partial F_x}{\partial x_0} = 1, \frac{\partial F_y}{\partial y_0} = 1, \frac{\partial F_z}{\partial z_0} = 1, \frac{\partial F_x}{\partial \omega} = 0 \tag{8.86}$$

$$\frac{\partial F_x}{\partial \varphi} = (-\sin\varphi\cos\kappa)u - (-\sin\varphi\sin\kappa)v + (\cos\varphi)w \tag{8.87}$$

$$\frac{\partial F_x}{\partial \kappa} = (-\cos\varphi\sin\kappa)u - (\cos\varphi\cos\kappa)v \tag{8.88}$$

$$\frac{\partial F_y}{\partial \omega} = (-\sin\omega\sin\kappa + \cos\omega\sin\varphi\cos\kappa)u + (-\sin\omega\cos\kappa - \cos\omega\sin\varphi\sin\kappa)v - (\cos\omega\cos\varphi)w \tag{8.89}$$

$$\frac{\partial F_y}{\partial \varphi} = (\sin\omega\cos\varphi\cos\kappa)u + (-\sin\omega\cos\varphi\sin\kappa)v + (\sin\omega\sin\varphi)w \tag{8.90}$$

$$\frac{\partial F_y}{\partial \kappa} = (\cos\omega\cos\kappa - \sin\omega\sin\varphi\sin\kappa)u + (-\cos\omega\sin\kappa - \sin\omega\sin\varphi\cos\kappa)v \tag{8.91}$$

$$\frac{\partial F_z}{\partial \omega} = (\cos\omega\sin\kappa + \sin\omega\sin\varphi\cos\kappa)u + (\cos\omega\cos\kappa - \sin\omega\sin\varphi\sin\kappa)v - (\sin\omega\cos\varphi)w \tag{8.92}$$

$$\frac{\partial F_z}{\partial \varphi} = (-\cos\omega\cos\varphi\cos\kappa)u + (\cos\omega\cos\varphi\sin\kappa)v - (\cos\omega\sin\varphi)w \tag{8.93}$$

$$\frac{\partial F_z}{\partial \kappa} = (\sin\omega\cos\kappa + \cos\omega\sin\varphi\sin\kappa)u + (-\sin\omega\sin\kappa + \cos\omega\sin\varphi\cos\kappa)v \tag{8.94}$$

第 8 章　画像処理

$x_{00}, y_{00}, z_{00}, \omega_0, \varphi_0, \kappa_0$ の初期値と基準点データを式 (8.83), 式 (8.84), 式 (8.85) に代入し，最小二乗法を適用すれば，補正量 $\Delta x_0, \Delta y_0, \Delta z_0, \Delta \omega, \Delta \varphi, \Delta \kappa$ が求まります。ここで，問題となるのが初期値の値です。もし三次元データ (u, v, w) と (x, y, z) が，共に整準された計測機器によって測られたものであれば，$\omega_0 = 0, \varphi_0 = 0$ とおくことができます。あとは，κ 求めるのみとなりますが，これは基準点データの一つから導いたので十分でしょう。

8.7.4　平均二乗誤差による変換式の評価

基準点データによる評価

最小二乗法によって得られた変換式については，確からしい変換が可能かどうか評価しなければなりません。一般に，変換式にどの程度誤差が含まれているのかは，**平均二乗誤差**(root mean square error) で評価することができます。地上基準点の座標 (x_i, y_i, z_i) を変換式に代入すると，画像座標 $(f_x(x_i, y_i, z_i), f_y(x_i, y_i, z_i))$ が得られます。しかしこの座標は，実際の地上基準点の座標 (u_i, v_i) とは若干異なります。基準点のデータが正しいとするならば，これらの差は誤差といえます。全基準点を用いて以下の式により平均二乗誤差 $RMSE_x, RMSE_y$ を求めることができます。

$$RMSE_x = \sqrt{\sum_{i=1}^{n}(u_i - f_x(x_i, y_i, z_i))^2} \tag{8.95}$$

$$RMSE_y = \sqrt{\sum_{i=1}^{n}(v_i - f_y(x_i, y_i, z_i))^2} \tag{8.96}$$

この平均二乗誤差を計算した上で，画素の単位にして 1 画素以上の誤差が発生しているようであれば，基準点データの信頼性を疑わなければなりません。信頼できる基準点データにも関わらず誤差が大きい場合は，変換式自体に問題がある可能性があるので，十分な検討が必要です。

検証点データによる評価

基準点データによる平均二乗誤差に問題がなかったとしても，それで十分とはいえない場合があります。そこで，基準点データ以外に検証点を用いて評価することが好ましいです。基準点から離れたところに検証点を配置させ，誤差の状況を確認すべきです。このときの誤差の評価方法は，検証点を使った平均二乗誤差により可能です。

8.7.5　画像の再配列

変換式に従って，原画像を幾何学的に変換させて新しい画像を作成することを**再配列**(resampling) と呼んでいます。この再配列は，通常，地上座標系に従って画像を生成し，他の画像や計

8.7. 幾何補正

測データと重ね合わせが可能となるために行います。例えば，たくさんの衛星画像は，それぞれの画像座標を持ち，直接重ね合わせても位置がずれているので，再配列が必要なのです。再配列の際には，まず地上座標において画像化する範囲と，1ピクセルあたりの大きさを決める必要があります。そしてこれらの決められた情報は，作成された画像とともに正確に保存しておかなければなりません。このような情報は**メタデータ**(meta data) と呼ばれており，「地理情報システム」の章で，改めて解説します。通常，リモートセンシングのソフトウェアや地理情報システムのソフトウェアで扱う画像でなければ，画像には地上座標の情報が付与されていないので，自作ソフトで画像を再配列させるときには，メタデータを独自で保存しておくべきです。

それではここで，アフィン変換を用いた場合の再配列法について解説します。アフィン変換は，これまで次式で表してきました。

$$\begin{cases} x = au + bv + c \\ y = du + ev + f \end{cases} \tag{8.97}$$

基準点データより変換係数である a, b, c, d, e, f が求まれば，画像座標 (u, v) から地上座標 (x, y) を計算することができます。この式に従って，各画像の値を地上座標上にプロットすると，下図のようなイメージで変換されます。

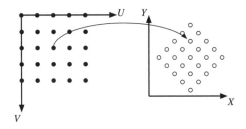

したがって，地上座標に沿って等間隔の画像とはならず，歪んだ画像となってしまいます。そこで地上座標系に従った画像を生成しようとした場合，地上座標 (x, y) を画像座標 (u, v) に変換する式を利用する方が簡単です。つまり，次式のような変換式を用いるのが一般的です。

$$\begin{cases} u = ax + by + c \\ v = dx + ey + f \end{cases} \tag{8.98}$$

単に (x, y) と (u, v) を入れ替えただけです。この式のもと，基準点データより変換係数を求めます。変換式が立てられれば，地上座標 (x, y) は，画像座標のどこに対応するかが計算できるのです。下図は，再配列のイメージを表したもので，地上座標系に沿って等間隔に画素を配置させ，それぞれの画素が画像ではどの位置に来るかを示しています。

第8章 画像処理

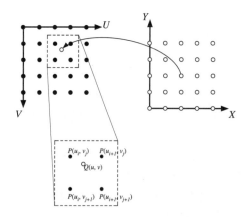

ここで問題となるのが，地上座標での画素の位置と画像座標での画素の位置が一対一で対応せず，中途半端な位置に来てしまうことです．この問題を解決するためにいくつかの手法が存在します．

ニアレストネイバー法

ニアレストネイバー(Nearest Neighbor)法は，**最近隣法**と訳されている．この手法は，位置の最も近い画素の値で代用する手法です．ある地上座標 (x,y) が画像においては (u,v) で与えられ，その画像上の周りの4つの画素の値がそれぞれ $P(u_i, v_j), P(u_{i+1}, v_j), P(u_i, v_{j+1}), P(u_{i+1}, v_{j+1})$ だったとき，地上座標 (x,y) の画素の値 $Q(x,y)$ は，最も近い値で表します．上図の場合では，$P(u_i, v_j)$ となります．式では，次のように表すことができます．

$$Q(x,y) = P(u,v) \tag{8.99}$$
$$u = \mathrm{int}(ax + by + c + 0.5)$$
$$v = \mathrm{int}(dx + ey + f + 0.5)$$

ここで，int() は，計算された値から整数部のみを返す関数を表しています．変換式によって計算された値に 0.5 を加えることにより，小数第一位で四捨五入して得られる値と等しくなるようにしています．

この手法は，簡単なアルゴリズムであり，かつ元の画素の値が壊されないことから，衛星画像の再配列には多用されています．

バイリニア法

バイリニア(Bi-Linear)法は，**共一次内挿法**と訳されています．この手法は，周囲の4つの画素を利用して，線形近似を行うものです．画像は二次元なのですが，簡単に考えるため u 方向の一次元平面で考えてみます．下図は，v 座標が v_i における $P(u_i, v_j), P(u_{i+1}, v_j)$ を通る断面での状況をグラフに表したものです．求めたい点 $Q(u, v_i)$ が，$P(u_i, v_j)$ と $P(u_{i+1}, v_j)$

の間にあるとき，$P(u_i,v_j)$ と $P(u_{i+1},v_j)$ を直線で繋ぎ，その直線上の値でもって $Q(u,v_i)$ の値として内挿することができます．このような内挿法は，線形内挿とも呼ばれています．

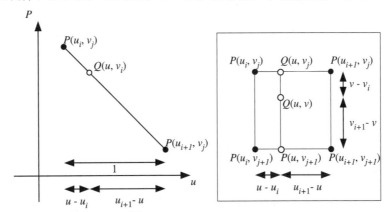

u,v ともに画素の単位なので，画素間の距離は 1 とすることができます．そうすると u 方向の距離を用いて，比例配分に従うと，$Q(u,v_j)$ は次式で表すことができます．

$$Q(u,v_j) = (u_{i+1} - u)P(u_i,v_j) + (u - u_i)P(u_{i+1},v_j) \tag{8.100}$$

v 座標が v_{j+1} のときも同様で，内挿後の値 $Q(u,v_{j+1})$ は，次式で表すことができます．

$$Q(u,v_{j+1}) = (u_{i+1} - u)P(u_i,v_{j+1}) + (u - u_i)P(u_{i+1},v_{j+1}) \tag{8.101}$$

これを二次元に拡張するため，今度は $Q(u,v_j)$ と $Q(u,v_{j+1})$ 間において v 方向の内挿を考えると，$Q(u,v)$ は次式で表すことができます．

$$\begin{aligned}Q(u,v) &= (v_{j+1} - v)Q(u,v_j) + (v - v_j)Q(u,v_{j+1}) \\ &= (u_{i+1} - u)(v_{j+1} - v)P(u_i,v_j) + (u - u_i)(v_{j+1} - v)P(u_{i+1},v_j) \\ &\quad + (u_{i+1} - u)(v - v_j)P(u_i,v_{j+1}) + (u - u_i)(v - v_j)P(u_{i+1},v_{j+1})\end{aligned} \tag{8.102}$$

この手法により画像を再配列させると，最近隣法に比べて画像にシャープさが無くなるというデメリットがあります．したがって衛星画像の再配列にはあまり利用されていません．画像ではなく，標高データの場合には，このような手法で内挿することが多いようです．

再配列は，ケースバイケースで手法を決定する必要があります．Bi-Linear 法の他にも線形内挿では無く，非線形の関数を用いた内挿手法もある．例えば，三次関数を利用した**三次たたみ込み法**(Cubic Convolution) が有名です．しかし衛星画像の解析においては，画素の値をできるだけ壊さない方が良いといえるので，ここでは Nearest Neighbor 法をお勧めします．Cubic Convolution 法については，他の文献を参考にして下さい．

8.7.6　オルソ画像の生成

画像を幾何変換式に従って補正することが幾何補正ですが，画像を地図に重ね合わせる場合，特殊な変換が必要となります．地図は二次元平面ですが，地表には凹凸があります．

第 8 章　画像処理

したがって，山地の等高線を描くには，地図は下図の左のように平行投影でなければなりません。平行投影は，**正射投影**(orthogonal projection) とも呼ばれています。一方画像は**中心投影**(central projection) の幾何学に従っているので，画像上で等高線に対応する位置を描くと，下図の右のように高さに従って，ズレが生じてしまいます。

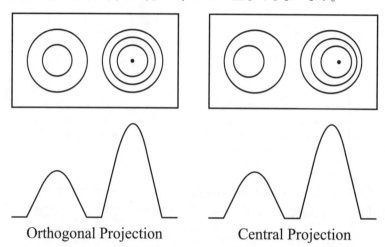

地図に重ね合わせ可能な画像を生成するには，正射投影で画像を再配列しなければなりません。アフィン変換のような二次元の地上座標 (x, y) に対する画像座標 (u, v) を求める変換では，このような画像を生成することができません。つまり，高さに関する情報を入力することができないからです。そこで，三次元の地上座標 (x, y, z) に対応する画像座標 (u, v) を求める**三次元射影変換**や，**共線条件式**等の三次元の幾何変換を用いる必要があります。三次元射影変換と共線条件式については，既に「画像を用いた位置計測」の章で解説しましたので，参照して下さい。

三次元の幾何変換によって正射投影となった画像は，特に**オルソ画像**(orthogonal image)と呼ばれています。オルソ画像を生成するためには，三次元の幾何変換式だけでなく，**標高データ**(DEM: Digital Elevation Model) も必要となります。一般には，国土地理院発行の 50m や 10m メッシュの標高データが活用できます。地上分解能が 2m 未満の高分解能画像をこのような低い分解能の標高データを用いてもオルソ画像はとりあえずできるものの，細部は不自然なものとなってしまうことがあります。

高分解能の人工衛星画像は，ビルや樹木も詳細に表現されるため，地盤の高さを表す標高データでは不十分です。このような場合には，ビルや樹木の高さも含めた**表層高さデータ**(DSM: Digital Surface Model) が必要となります。DSM は，ステレオ画像から三次元計測によって作成することができますが，最近では航空機からレーザーにより三次元計測を行う LiDAR(Light Detection And Ranging) を用いて作成されることも多くなってきました。

8.8 画像マッチング

画像マッチングは，同じ領域が撮影された異なる画像において，画像上のある部分が，他方の画像上においてはどこに相当するかを画像処理を用いて行うことです。ステレオ画像を用いて三次元計測を行う際には，どことどこが対応するかを決定する必要があります。このようなときに画像マッチングが利用されます。

ここでは，ステレオ画像を例に解説する。下図のように左画像と右画像があり，右画像の中のある部分が左画像のどこに相当するかを画像マッチングによって求めることを例に取り上げます。

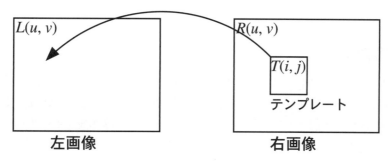

右画像のある部分を切り出した狭い範囲の画像は，テンプレート画像と呼び，そのテンプレート画像を左画像の上に重ねて，重なった部分の画素同士を比較することにより，画像の類似度を算出します。下図のように左上から1ピクセルずつずらしながら類似度を算出し，最も類似度の高い点がマッチングポイントといえます。

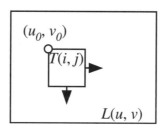

類似度の算出法，画像マッチングの方法は，幾つかありますが，ここでは代表的な以下に述べる三つの手法について解説します。

8.8.1 SSDA法

SSDA法は，単純に画素同士の値の差の絶対値を計算し，最も差の小さい点をマッチングポイントとする手法です。テンプレートの画像の大きさを $m \times n$，テンプレート内の座標 (i, j) における画素の値を $T(i, j)$ とします。一方，左画像上の座標を (u, v) で表し，計算開始点の座標を (u_0, v_0)，画素の値を $L(u, v)$ とすると，テンプレート内の差の絶対値の

第 8 章　画像処理

合計 $d(u_0, v_0)$ は，次式で表すことができます。

$$d(u_0, v_0) = \sum_{j=0}^{n} \sum_{i=0}^{m} |T(i,j) - L(u_0+i, v_0+j)| \tag{8.103}$$

アルゴリズムが単純なので，高速処理が可能です。ただし，テンプレート画像と左画像との関係が，同じ縮尺で，回転等の歪みのない画像同士に限られます。通常のステレオ画像は，全く歪みのない状態で撮影することは困難なので，この手法の適用は困難です。直下視を常に観測する衛星画像同士の幾何補正であれば，縮尺は常に同じで，傾きも一定なので，この手法を適用することができるでしょう。

8.8.2　相関法

相関法は，画像同士の相関係数を計算することにより類似度を求めるものです。相関係数については，「データ処理」の章の回帰分析で解説しました。相関係数は，-1〜1 の値をとり，相関が高いほど値が大きくなります。テンプレート画像の画素値の平均値を $\bar{T}$ とし，左画像においてテンプレートと重なった範囲の画素値の平均値を $\bar{L}$ とすると，相関係数 $r(u_0, v_0)$ は，次式で表すことができます。

$$r(u_0, v_0) = \frac{\displaystyle\sum_{j=0}^{n}\sum_{i=0}^{m}(\bar{T}-T(i,j))(\bar{L}-L(u_0+i,v_0+j))}{\sqrt{\displaystyle\sum_{j=0}^{n}\sum_{i=0}^{m}(\bar{T}-T(i,j))^2}\sqrt{\displaystyle\sum_{j=0}^{n}\sum_{i=0}^{m}(\bar{L}-L(u_0+i,v_0+j))^2}} \tag{8.104}$$

単純な差を求める SSDA 法よりも精度は高いのですが，SSDA と同様にテンプレート画像と左画像との関係が，同じ縮尺で，回転等の歪みのない画像同士に限られます。

8.8.3　最小二乗マッチング

最小二乗マッチングは，SSDA 法や相関法と異なり，下図のように，画像間で縮尺の違いや回転によるズレがあっても適用できるものです。また，SSDA 法や相関法は 1 画素ごとずらしながら類似度を計算するために，マッチング結果は 1 画素の単位でしか得られません。しかし最小二乗マッチングは，類似度を計算するのではなく，最もマッチする位置を最小二乗法を用いて計算する手法のため，求まる答えは実数となり高精度でのマッチングが可能です。下図に，そのイメージを示しました。$m \times n$ 画素で構成されるテンプレートがあり，その中のある画素の値を $T(i,j)$ とします。そして，このテンプレート画像の中心は，(i_c, j_c) とします。このテンプレート画像の中心は，左画像の座標 (u_c, v_c) に対応し，テンプレートの形は，左画像においては，矩形ではなく幾何学的に変形している様子を表しています。

8.8. 画像マッチング

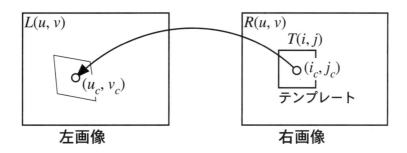

上図においては，テンプレート画像と対応する左画像上の範囲が一致しています。ただし，画像同士の濃度差が存在するため，完全に一致させるには濃度補正が必要となります。その濃度補正がリニアストレッチで表現することができるとすると，次式で表すことができます。

$$T(i,j) = aL(u,v) + b \tag{8.105}$$

ここで，a, b は濃度変換の係数を表しています。さらにテンプレートの座標と左画像の座標との間の幾何変換が線形のアフィン変換で表現できるとすると，画像座標の関係は次式で表すことができます。

$$\begin{cases} u = c_1(i - i_c) + c_2(j - j_c) + u_c \\ v = c_3(i - i_c) + c_4(j - j_c) + v_c \end{cases} \tag{8.106}$$

ここで，c_1, c_2, c_3, c_4 は，変換係数です。したがって，両者を一致させるためには，未知数である $a, b, c_1, c_2, c_3, c_4, u_c, v_c$ を求める必要があります。それには，非線形の最小二乗法を適用します。つまり式 (8.105) を関数化し，テイラー展開によって線形化させ，近似値の補正量を求める計算を繰り返し行いながら未知数の最確値を求める必要があるのです。式 (8.105) を関数 F を用いて表すと，次式のようになります。

$$F(a, b, c_1, c_2, c_3, c_4, u_c, v_c) = T(i,j) - aL(u,v) - b \tag{8.107}$$

未知数の初期値を $a_0, b_0, c_{10}, c_{20}, c_{30}, c_{40}, u_{c0}, v_{c0}$ とし，
補正量を $\Delta a, \Delta b, \Delta c_1, \Delta c_2, \Delta c_3, \Delta c_4, \Delta u_c, \Delta v_c$ とし，近似値の周りでテイラー展開すると次式を得ます。

$$\begin{aligned} F(a, b, c_1, c_2, c_3, c_4, u_c, v_c) &\approx F(a_0, b_0, c_{10}, c_{20}, c_{30}, c_{40}, u_{c0}, v_{c0}) \\ &- \frac{\partial F}{\partial a}\Delta a - \frac{\partial F}{\partial b}\Delta b - \frac{\partial F}{\partial u}\Delta u - \frac{\partial F}{\partial v}\Delta v \end{aligned} \tag{8.108}$$

普通に考えると，$c_1, c_2, c_3, c_4, u_c, v_c$ による偏微分係数が必要になるのですが，これらは，すべて u, v のパラメータなので，u, v でまとめて表現しました。各偏微分係数は，次のと

第 8 章　画像処理

おりです。

$$\frac{\partial F}{\partial a} = -L(u,v) \tag{8.109}$$

$$\frac{\partial F}{\partial b} = -1 \tag{8.110}$$

$$\frac{\partial F}{\partial u} = a\frac{\partial L(u,v)}{\partial u} = a\frac{L(u+1,v)-L(u-1,v)}{2} \tag{8.111}$$

$$\frac{\partial F}{\partial v} = a\frac{\partial L(u,v)}{\partial v} = a\frac{L(u,v+1)-L(u,v-1)}{2} \tag{8.112}$$

式 (8.111)，式 (8.112) における偏微分係数は，$L(u,v)$ が画像であることを利用し，隣の画素の値の差をそのまま利用しました。ここで，$L_u = \frac{L(u+1,v)-L(u-1,v)}{2}$, $L_v = \frac{L(u,v+1)-L(u,v-1)}{2}$ とおくこととします。また，$\Delta u, \Delta v$ については，次式で表すことができます。

$$\begin{cases} \Delta u = \Delta c_1(i-i_c) + \Delta c_2(j-j_c) + \Delta u_c \\ \Delta v = \Delta c_3(i-i_c) + \Delta c_4(j-j_c) + \Delta v_c \end{cases} \tag{8.113}$$

したがって，式 (8.108) は，次式のように表現できます。

$$\begin{aligned} F(a,b,c_1,c_2,c_3,c_4,u_c,v_c) \approx &\, F(a_0,b_0,c_{10},c_{20},c_{30},c_{40},u_{c0},v_{c0}) + L(u,v)\Delta a + \Delta b \\ &- a_0 L_u \{\Delta c_1(i-i_c) + \Delta c_2(j-j_c) + \Delta u_c\} \\ &- a_0 L_v \{\Delta c_3(i-i_c) + \Delta c_4(j-j_c) + \Delta v_c\} \end{aligned} \tag{8.114}$$

この式にテンプレート画像の $m \times n$ 個の画素と対応する左画像の画素のデータを代入し，最小二乗法を利用すれば，補正量 $\Delta a, \Delta b, \Delta c_1, \Delta c_2, \Delta c_3, \Delta c_4, \Delta u_c, \Delta v_c$ が求まります。最小二乗法における二乗誤差の関数 E は，次式で表すことができます。

$$\begin{aligned} E = \sum_{j=0}^{n}\sum_{i=0}^{m}[&F(a_0,b_0,c_{10},c_{20},c_{30},c_{40},u_{c0},v_{c0}) + L(u,v)\Delta a + \Delta b \\ &- a_0 L_u \{\Delta c_1(i-i_c) + \Delta c_2(j-j_c) + \Delta u_c\} \\ &- a_0 L_v \{\Delta c_3(i-i_c) + \Delta c_4(j-j_c) + \Delta v_c\}]^2 \end{aligned} \tag{8.115}$$

これは，線形方程式での最小二乗法なので，解き方は省略します。最小二乗法で求まった補正量を用いれば，1 回目の近似値が求まります。この近似値を用いて，同様の計算を行えば，さらに補正量が求まり，2 回目の近似値が求まります。この繰り返し計算を行うことで，近似値は最確値に近づきます。何回の繰り返し計算で十分かは，補正量の値が十分小さくなることを見極めなければなりません。

この最小二乗マッチングで重要なのは，初期値をどう与えるかです。左右の画像で濃淡の違いや回転や拡大率の差が少ない場合には，$a=1, b=0, c_1=1, c_2=0, c_3=0, c_4=1$ とし，u_c, v_c については，目視で与えたり，先の画像相関等の方法で得た値を与えても良いでしょう。この例では，幾何変換式にアフィン変換を利用しましたが，より複雑な変換式を適用することもできます。ただし，複雑な変換式は，より正確な初期値を与えなければ，解が収束しないこともあり，注意を要します。

第9章　地理情報システム

　これまで，画像や測量機器からデータを取得し，三次元座標を計算する手法や物体判読の手法について解説してきました。いわゆる地図を作るための技術です。国土を測る技術は，地図を作る技術と言い換えても問題ありません。ではここで，**地図**(map)とは何かを考えてみましょう。すると次の二つの表現を思いつくのではないでしょうか。

- 地図とは，地物の位置を正確に表現した図である。
- 地図とは，地物の位置を解りやすく表現した図である。

「正確に表現する」ことと「解りやすく表現する」ことは，互いに相反する意味を持っています。しかし，地図は，その両方を兼ね備える必要があります。例えば，電車等の路線図は，解りやすい表現に特化した地図の代表例です。一方で，施設等の設計のために作成された地図は，正確さが要求されます。しかし，正確な地図といえども解りやすさもかなり重視する必要もあります。国土地理院発行の 1:25,000 地形図は，道路が幅員に応じて鎖線や実線，二重線で描かれていますが，実際の縮尺とは合わないものです。また，地物の位置を地図記号で表すこともなされています。これらの表現は，地物を抽象化しているといえます。すなわち，地図は**「現実世界を目的に応じた抽象化手法により表現した図」**というのが適当かもしれません。

　本章では，得られたデータを用いて地図を作成し，解析する手法について解説します。測量データや三次元データ等，空間情報を取り扱うシステムとしては，**地理情報システム**(Geographic Information System) が一般的です。略して GIS と呼ばれていることが一般的です。この地理情報システムは，様々な地理データを集積し，解析するツールです。地理情報システムの主な機能は，データの作成・編集・保存，柔軟な表示・印刷，空間検索・空間解析です。

　地図が紙地図でしか整備できなかった時代には，手書きの地図をそれと同じ大きさのフィルムに焼き付け保存していました。事務機器として利用されているコピー機は，レンズを通して画像として紙に印刷するために，コピーされた地図は歪みが発生します。これを防ぐため，地図と同じ大きさのフィルムを密着させてコピーを取り，保存していたのです。一方，地図もデジタル化の時代となり，地図の情報は，点・線・面の座標情報の集まりとして保存が可能となっています。座標情報がデジタルで保存されれば，コピーによる劣化がないために極めて保存性に優れています。また，保管場所にしてもコンピュータの記憶媒体の大きさでまかなえるため，広い保管スペースを必要としません。さらに，点・線・面の地図の情報に加えて，それに付随する属性情報も関連させて保存させることができます。例

第9章　地理情報システム

えば，市町村の区域を表す面のデータに，人口や産業統計の情報をリンクさせたり，道路を表す線のデータに，道路種別や幅員と行った情報もリンクできます。これが紙地図と異なる大きな利点といえます。必要に応じて，必要な範囲の地図を印刷するだけでなく，属性情報に従って色を変えたり，様々なデータを重ね合わせて，目的にあった地図を簡単に作製することができるのです。地理情報システムの欠点といえば，電源の利用できる状況でなければならないことと，最近では大容量の記憶媒体が利用できるのですが，それが支障を来した場合には影響度合いが非常に大きいことが挙げられます。電気的にデータを記録することのリスクも考えておかなければなりません。現在我々は，100年，200年前の貴重な紙地図を古地図として見ることができます。これが100年，200年後も使える状況を見通しておくことも重要な課題です。

　もともと地理情報システムは，古くより自治体においては様々な施設の管理や防災システムに活用されており，民間企業においては，マーケティングや顧客サービスにも活用されてきています。近年では，この地理情報システムは，さらに一般にも非常に身近な存在になっています。カーナビも一種の地理情報システムでしょう。位置情報を取得し，目的地までのルートを検索する機能を有しています。インターネットサービスの一つである Google Earth も地理情報システムの一種といえます。世界各地の地図と様々な情報をストレスなく閲覧することができます。位置に関する情報は非常に重要な項目なので，今後，地理情報システムは，様々な分野に取り入れられてくることと思われます。そこで，本章では地理情報システムを通して，データの解析手法について解説します。なお，地理情報システムは，様々なソフトウェアが存在します。Grass はフリーウェアとして有名ですし，最近では QGIS もフリーウェアとしては十分な機能を有するようになってきました。一方，Arc GIS は商業ソフトとして有名です。Arc GIS で利用されているデータフォーマットである shape ファイルは，仕様が公開されていることから，様々な分野で利用されています。これらのソフトウェアの使い方は，各マニュアルや参考書に譲るとして，ここではソフトウェア内部でのデータモデルや解析手法を中心に解説します。

9.1　データモデル

　地図をデジタル化する際は，様々なことを考慮しなければなりません。デジタル化のメリットは，コンピュータを用いて解析ができることです。例えば，ある地点の周りに店舗が何件あるか検索したり，敷地面積や延長距離を算出したりできれば，デジタル化によって役立つデータとなります。しかし，デジタル化といっても単に地図をイメージスキャナで取り込むだけでは，それは地図画像でしかないために，コンピュータを用いた地理空間の解析ができません。航空写真や衛星画像にしても，そのままでは背景の画像としては活用できるものの，地図画像と同様に解析には向かないのです。少なくとも前章で解説した画像処理や分類を施して，解析に利用できるデータであることが望ましいわけです。

　先述したように，デジタル化においては，対象物を抽象化することが重要です。例えば，施設等は点として，道路等は線として，土地利用は面として，自然環境は格子状に位置デー

9.1. データモデル

タを座標で表現できます。なお，デジタル化の前には，目的に応じてどのデータモデルにすべきかを検討しておく必要があります。例えば縮尺が小さい場合，施設に関する情報は点で表現することが可能ですが，縮尺が大きくなってくると，施設も面として扱う方が良い場合が出てきます。道路等にしても小縮尺の場合は線で表現できますが，大縮尺となると道路も幅を持ち，歩道や中央分離帯等，細かなものも表現する必要が出てきます。もともと，現実世界を地図に表現する際，点・線・面のみで表現すること自体無理があるのですが，目的に応じて対象物を抽象化することで，役に立つデータとなるのです。本節では，様々なデータモデルについて，その表現法の基礎を解説します。

9.1.1 点

点(point) で表すことのできるデータは，単純に座標を用いてその位置を示すことができます。複数の点の場合には，座標に ID 番号を付与して区別すれば良いでしょう。したがって，点データのデータ構造は，下表のように，ID 番号と座標とで表すことができます。

表 9.1: 点のデータ構造

Point ID	x 座標	y 座標
Point 1	x_1	y_1
Point 2	x_2	y_2
⋮	⋮	⋮
Point n	x_n	y_n

9.1.2 線

線(line) で表すことのできるデータは，点を線で繋ぐことによって表現することができます。この時の点は**ノード**(node) と呼ばれています。単なる点と区別しているのです。点と点とを結ぶ線は，**チェイン**(chain) と呼ばれたり，**アーク**(arc) と呼ばれたりしています。本来は直線で結び，線分として表現するのではなく，曲線で表現すべきなのでしょうが，多くの GIS のデータは，直線で結んでいます。コンピュータグラフィック（CG）の世界であれば，滑らかな曲線で結ぶことが多いのですが，地図の図形情報としては，曲線部分はノードを細かく多くとり，それを直線で繋げたのでも十分役に立つからでしょう。

第 9 章 地理情報システム

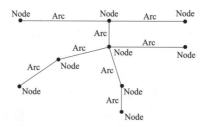

さて，この線情報の構造ですが，ノードとアークを一度に表現する方法と，別々に表現する方法とがあります。一度に表現する場合は，下表のように，ラインに ID 番号を付与し，始点の座標から終点の座標までの座標情報を羅列すれば良いので単純です。

表 9.2: 線のデータ構造 1

Line ID	x 座標	y 座標
Line 1	x_{11}	y_{11}
	x_{12}	y_{12}
	⋮	⋮
	x_{1n}	y_{1n}
Line 2	x_{21}	y_{21}
	x_{22}	y_{22}
	⋮	⋮
	x_{2n}	y_{2n}

そして，このデータ構造は，等高線等の線同士が交差しない場合には有効です。しかし，道路や鉄道・河川等は，交差点や合流点等の線同士が交差するようなネットワーク構造となっています。このような場合は，交差点を一つのノードとして利用することが求められます。このような場合には，ノードとアークを別々に表現する方法が適しています。下表はその一例です。アークの始点と終点をノード ID で表現しています。この表においては，Node 3 は，Line 1 と Line 2 の両方に存在していますので，このノードは交差点となっていることが解ります。

この他にも様々なデータ構造がありますが，ユーザとしてはさほど気にすることは必要ないでしょう。しかし，データフォーマットを変更するようなプログラムを作成する際には，GIS ソフトウェアごとにコンセプトが異なるので，注意して下さい。

9.1.3 面

面（ポリゴン）(polygon) で表すことのできるデータは，線のときと同様にノードとアークで表現できます。このとき，面であるがゆえに面を表すときは，最初のノードと最後の

9.1. データモデル

表 9.3: 線のデータ構造2

Node ID	x 座標	y 座標
Node 1	x_1	y_1
Node 2	x_2	y_2
⋮	⋮	⋮
Node n	x_n	y_n

Line ID	Node 始点	Node 終点
Line 1	Node 1	Node 2
	Node 2	Node 3
	Node 3	Node 4
Line 2	Node 5	Node 6
	Node 6	Node 3
	Node 3	Node 7
	Node 7	Node 8

ノードが同一のノードでなければなりません。下表はその一例です。

表 9.4: 面のデータ構造

Node ID	x 座標	y 座標
Node 1	x_1	y_1
Node 2	x_2	y_2
⋮	⋮	⋮
Node n	x_n	y_n

Polygon ID	Node 始点	Node 終点
Polygon 1	Node 1	Node 2
	Node 2	Node 3
	Node 3	Node 1
Polygon 2	Node 4	Node 5
	Node 6	Node 7
	Node 7	Node 4

しかし，ただ単に点を線で繋げただけの情報は，内側と外側の区別がありません。このように内側と外側の区別のない面の情報は，**ポリライン**(polyline) と呼ばれています。したがって，面において重要なのは，面の内側を表す仕組みを持っておくことです。例えば下図のように，面を描くときは必ず右回りでノードを繋いでいき，ノードの進む進行方向に対して右側が内側であると規定することが求められます。

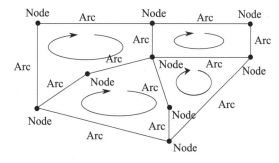

または，ポリライン (Polyline) のデータにおいて，面の内側となるどこかに点の情報を付

与し，この点のある側が内側であると規定することもできます．この点は**ラベル点**(label point) と呼ばれ，面の代表点としても活用できるので重要な役割を演じます．

9.1.4 グリッド

面情報は，**グリッド**(grid) 形式でも表現できます．対象範囲を格子点で覆い，その格子点ごとにデータが入力されている形式です．下図は，その概念を示したものです．

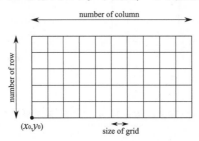

地図上にこれを表現する場合，グリッドデータと地図の座標とが対応できる仕組みが必要です．例えば，グリッドデータの原点に当たる左下隅の格子点の地上座標 (x_0, y_0) と格子間隔 (size of grid)，そして格子点の列数 (column) と行数 (row) に関する情報が必要です．

グリッド型のデータは，数値化された自然環境の情報を表現するのに適しています．標高情報や土地被覆情報，気象情報等，データで対象地域が覆い尽くされるようなものがそれに当たります．

9.1.5 属性情報

属性情報(attribute data) は，図形情報と伴に，その図形に関する様々な情報を指すものです．例えば，道路情報の場合，図形情報はライン形式で記されていますが，それぞれのライン情報に，国道や県道等の種別，幅員や車線数，歩道の有無等の情報は，別途データベースに記録されるべきものです．そのような情報が属性情報なのです．GIS ソフトウェアによっては，図形情報と属性情報が，別々のファイルになっている場合があります．このときは，図形情報における個々のデータの ID と属性情報の ID が 1 対 1 で対応している必要があります．

別々のファイルになっている理由は，属性情報はデータベースエンジンで管理し，図形情報は別途地理情報システムで管理するという形式をとることができるためです．ラインやポリゴン等の図形情報と属性情報はデータ量が膨大になると，コンピュータの処理能力が低かった昔は，図形表現とデータベースの各専用ソフトウェアが必要でした．最近は，コンピュータの能力が飛躍的に良くなってきたため，データベースエンジンのみで図形情報も扱えるようになっています．尚，データベースエンジンには，図形を描くという能力は備えないものが多いため，図形情報の表示は今なお専用のソフトウェアが必要とされています．

9.1. データモデル

9.1.6 メタデータ

メタデータ(meta data) は，データのデータといえ，データの仕様やデータに付随するデータのことを指します。例えば音楽等の楽曲データは，それ自身は音の情報でしかありません。しかしその音の情報に付随する情報，つまりタイトルやアルバム名，アーティストや作曲者に関する情報も極めて重要です。そのような情報をメタデータといいます。

地理情報システムのデータにおいて，メタデータで重要となるのは，作成日，更新履歴，作成目的，精度に加えて，座標に関する情報も重要です。どの測地系，座標系で表された座標情報なのかが判らなければ，地理情報を重ね合わせる際に問題が発生してしまいます。地球楕円体について解説したときに述べたように，日本では，2000 年以前に作られた地図は，測地系としてベッセルの楕円体を用いていたのですが，2000 年以降は測地成果 2000 (GRS80) を用いています。それらの差は 400m 程度もあるので，新旧の地図を重ね合わせるときには，注意が必要です。座標系においても，緯度経度座標なのか，平面直角座標なのかによって異なります。したがって，異なる測地系や座標系で作られたデータは，メタデータを参照して，適宜座標変換を行わなければなりません。ただし，最近は GIS ソフトウェアも進化しており，きっちりメタデータが記述されていれば，異なる測地系や座標系で作られていても，メタデータを参照することで，モニタには自動的に変換して表示してくれるようになっています。

9.1.7 GIS データフォーマット

ワードプロセッサによって作られた文書のファイルは，ソフトウェアによって違います。それと同じように，GIS のデータも，GIS ソフトウェアによって様々なフォーマットで記述されています。ユーザにしてみれば，統一されたフォーマットであれば，いろいろな面で便利なのですが，ハードウェアや OS，ネットワークの進化に従って，GIS フォーマットも多種多様なものが生まれています。ここでは，その代表的なデータフォーマットについて，簡単に解説しておきます。詳細は，仕様書等を参照して下さい。

DXF

GIS データは，点・線・面等の図形データとその図形に関する属性データとで構成されていることは既に解説しました。このうち，図形データは，設計等で用いられる CAD データと互換性があります。そこで図形データをやり取りする際には，CAD 用のファイル形式を通してやり取りされる場合があります。DXF は，AutoDesk 社が提唱した AutoCAD 用のフォーマットであり，CAD においては実質的な標準フォーマットとなっています。フォーマットも公開されておりテキスト形式で記述されているので，自作ソフトによって読み書きすることができます。

第9章　地理情報システム

shape

　shape は，ESRI 社において開発された GIS ソフトである Arc View や Arc GIS 用のフォーマットです。この GIS ソフトウェアのユーザは非常に多く，shape ファイルは仕様が公開されていることから，他の様々な GIS ソフトにおいても shape ファイルを読み込む機能を有しています。図形情報と属性情報が別々のファイルに記述されています。図形情報と属性情報のほかにも幾つかのファイルで構成されています。たくさんのファイルで構成されているので，ファイルを管理するのは大変ですが，別々のファイルで構成されているため解り易い仕様となっています。特に属性情報は，データベースファイルそのものの形式となっており，dBaseIV というデータベース用ファイルと共通で，表計算ソフトで編集できるところが便利です。

SIMA

　測量成果のデータは，GIS データとして利用したいものですし，すべきものです。デジタルでの測量成果の保存においては，SIMA と呼ばれるフォーマットが一般的です。日本測量機器工業会が制定しており，そこから仕様書を入手できるほか，多くのホームページサイトで SIMA フォーマットの解説がなされているので，それを参考にプログラムを書くことができます。

DM

　国土地理院が制定したフォーマットです。SIMA と同様にデータのレコード長が規定されている等，古い仕様のフォーマットといえますが，ユーザがデータを読むプログラムを書くのは，そんなに面倒ではありません。しかし現在では，DM から次に解説する JPGIS へと順次移行しているようです。

JPGIS

　2007 年に国土地理院が制定した GIS データのフォーマットです。2005 年に制定された地理情報標準と呼ばれるフォーマットのバージョンアップ版です。XML と呼ばれるネットワークに対応したデータベース言語をベースに記述されているため，柔軟な記述が可能です。XML はインターネットを介してデータをやり取りするための言語で，ISO や JIS の規格に従ったものとなっています。XML を読むためのライブラリを用いて自作プログラムを作成することができます。

G-XML, GML

G-XML は，2000 年にデータベース振興センターが制定した GIS データのフォーマットです。JPGIS と同様に XML 言語をベースに記述されており，JPGIS と同様に ISO や JIS 規格に基づいています。主に携帯電話や PDA を通してのデータのやり取りに活用されているようです。一方，GML はアメリカの団体である Open GIS Consortium が制定したもので，G-XML は GML と統合されているとのことです。

kml

kml は，インターネットを介した地図ソフトである Google Maps や，地球儀ソフトである Google Earth で採用されているフォーマットです。これも XML 言語をベースに記述されています。地球儀という性格上，位置を表現するのに，緯度経度のみが利用されています。

9.2 地図投影

地球上の位置を地図に表現することを**地図投影**(map projection) といいます。地図は平面なのに対し，地球は楕円に近い形なので，どのように地図上にプロットするかが，問題となります。また，地球全体を地図化する場合と，狭い範囲を地図化する場合とでは，用途が大きく異なります。特に，狭い範囲の図化は，設計のために利用されることが多いため，地図を用いて距離や角度等が測れなければなりません。したがって，平面直角座標系で距離が単位となる座標系が求められます。一方，地球全体の図化でも地理の授業で習ったように，メルカトル図法やサンソン図法等，用途に応じて異なる投影法となります。したがって地図投影法の選択に当たっては，目的や縮尺に応じて適切に対応しなければなりません。

地図は，縮尺によって大縮尺と中縮尺，小縮尺とに分類されています。**大縮尺**(large scale) は，1:5,000 より大きい地図を指し，**中縮尺**(medium scale) は，1:10,000〜1:50,000 の地図を指します。大縮尺図は，先にも述べたように設計等に用いられるもので，県や市町村等の地方自治体が必要に応じて整備しています。中縮尺図は，地域レベルの地図であり，用途は非常に幅広いものです。1:25,000 や 1:50,000 の地形図は，国土地理院が整備しています。それよりも小さいものは，**小縮尺**(small scale) です。

9.2.1 地球全体の投影

地球全体を地図化するには，楕円体を平面に投影するため，基本的にいろいろな面で無理が生じます。一般的に利用されているのが，**円筒図法**(cylindrical projection) です。下図の左は，円筒図法の概念を図に示しています。

第 9 章　地理情報システム

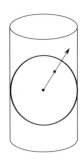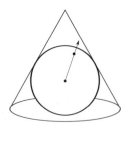

円筒図法の代表的なものは，**メルカトル図法**(Mercator projection) です．世界地図の多くは，メルカトル図法か，それを改良した図法が利用されているので，親しみ深い図法です．メルカトル図法のための変換式は，地図の座標を (x,y)，緯度経度を (ϕ,λ)，地球の半径を R，縮尺を m とすると，次式で与えられます．

$$\begin{cases} x = mR\Delta\lambda \\ y = mR\log\tan(45° + \frac{\phi}{2}) \end{cases} \tag{9.1}$$

ここで，$\Delta\lambda$ は，地図座標における中央経度と対象となる経度からの差を表します．中央経度を λ_0 とすると，$\Delta\lambda = \lambda - \lambda_0$ となります．このメルカトル図法は，赤道付近は，円筒と接しているため精度が高いものの，高緯度地域は，円筒と地球とが離れているので，歪みが大きくなるという欠点があります．

円筒図法の他に，**円錐図法**(conical projection) もよく利用されています（上図右）．地球全体は投影できませんが，部分的な地図に利用されていて，ランベルト正角図法は，有名です．北極を原点とし，角度が正確に表現できることから，航空図に利用されています．

この他にもサンソン図法やモルワイデ図法等，様々な投影法があるのですが，ここでは割愛します．

9.2.2　中縮尺図の投影

地球全体を表すのではなく，1:10,000〜1:50,000 の中縮尺図の投影を考えてみましょう．メルカトル図法は，赤道付近において精度の高い投影図法でした．中縮尺図において，メルカトル図法を適用するには，赤道付近しか対応できないことになります．中緯度・高緯度地域でこれを利用するには，下図のように，円筒を横向きにすることで対応します．地図を描きたい対象地域が円筒に接するように，地球を地軸周りに回転させれば，精度の高い地図を描くことができます．この図法は，**横メルカトル図法**(transverse Mercator projection) と呼ばれています．

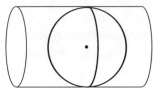

302

9.2. 地図投影

中縮尺図でも 1:25,000〜1:50,000 の縮尺になると，地球を球としたのでは精度が悪くなってしまいます。そのため，メルカトル図法を単純に適用するわけにはいきません。そこで，考案された投影法が，**ガウス・クリューゲル図法**(Gauss-Krüger projection) です。

ガウス・クリューゲル法により，緯度経度 (ϕ, λ) から，地球楕円体を考慮して地図座標 (x, y) に変換するためには，**卯酉線曲率半径**N と**子午線曲率半径**M をもとめる必要があります。卯酉線曲率半径は，既に式 (5.17) によって計算できることを解説しました。もう一度以下に記します。

$$N = \frac{a}{\sqrt{1 - e^2 \sin^2 \phi}} \tag{9.2}$$

ここで，a は楕円体の長半径，e は離心率を表しています。ϕ は，地理緯度です。この卯酉線曲率半径 N から，楕円体における東西方向の球面距離が計算できます。

子午線曲率半径 M は，図に示すと次のとおりです。

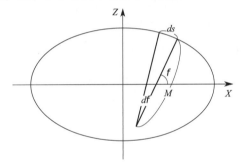

曲率半径を求める微小区間を ds とし，その角度を $d\phi$ とすると，微小区間 ds は弧の長さといえるので，$ds = Md\phi$ が成り立ちます。したがって，M は次式により導くことができます。

$$M = \frac{ds}{d\phi} = \frac{ds}{dZ}\frac{dZ}{d\phi} \tag{9.3}$$

ここで，微小区間 ds について，その X 成分は dX，Z 成分は dZ としています。そして，$\cos\phi = \frac{dZ}{ds}$ となりますから，次式が得られます。

$$\frac{ds}{dZ} = \frac{1}{\cos\phi} \tag{9.4}$$

また，式 (5.24) より，$Z = \frac{b^2}{a^2}\frac{a}{\sqrt{1-e^2\sin^2\phi}}\sin\phi$ なので，これを ϕ で微分すると，次式が得られます。

$$\frac{dZ}{d\phi} = \frac{b^2 \cos\phi}{a(1 - e^2 \sin^2 \phi)^{\frac{3}{2}}} \tag{9.5}$$

したがって，M は次のように計算できます。

$$\begin{aligned} M &= \frac{b^2}{a(1 - e^2 \sin^2 \phi)^{\frac{3}{2}}} \\ &= \frac{a(1 - e^2)}{(1 - e^2 \sin^2 \phi)^{\frac{3}{2}}} \qquad b^2 = a^2(1 - e^2) \text{ より} \end{aligned} \tag{9.6}$$

第9章　地理情報システム

この子午線曲率半径 M から，楕円体の南北方向の球面距離を計算できます。したがって，緯度経度 (ϕ, λ) から N, M を計算し，最終的に地図座標 (x, y) を求めるわけですが，その計算法は非常に複雑です。詳細は専門書を参考にして下さい。

さて，実際の座標変換時には，東西方向の x 軸座標は赤道上に設定するとしても，南北方向の y 座標は各地の経度に沿った軸を設定しなければなりません。地域によって地図投影の際の中央経度を適当に決めたのでは，秩序がないので，国際的な取り決めにより，中央経度を 6°間隔で設定するということがなされています。つまり，地球を経度方向に 60 個の短冊状に分割し，それをさらに北半球と南半球とで区別しています。この座標系は，**ユニバーサル横メルカトル** (UTM) **図法**(universal transverse Mercator projection) と呼ばれています。分割される各ゾーンは，グリニッジ子午線を挟む ±3°からスタートし，日本は第 51〜55 番目のゾーンに入っています。日本標準時を刻む東経 135°を挟む ±3°のゾーンは，第 53 番目となっています。四国は，この第 53 ゾーンです。

9.2.3　大縮尺図の投影

縮尺が，1:5,000 より大きいものは，大縮尺と呼ばれています。構造物の設計等に用いられることが多く，高精度が要求される地図です。中縮尺図において代表的な UTM 図法は，原点が赤道上にあり，中央経度が 6°間隔と広いため，原点からはなれた地点では歪みが大きくなってしまいます。したがって，大縮尺の地図に対応するとなると，細かく分割した地域ごとに原点を設定する必要があります。日本においては，測量法に基づき，19 の地域に分割して，県レベルでどの座標系を使うかを規定しています。この座標系は，**平面直角座標系**と呼ばれ，I 系から XIX 系というローマ数字でそれぞれの座標系を表しています。例えば四国においては，IV 系を用いることとなっていて，東経 133 度 30 分，北緯 33 度 00 分が原点となっている。そして座標変換は，前述のガウス・クリューゲル図法に基づいています。

9.3　データ変換

測量成果や地理情報に関して入手したデータが，そのまま利用できるということは，案外少ないのではないでしょうか。データフォーマットを変換するだけでなく，解析においてはデータモデルを変換する必要も出てきます。そこで本章では，そのデータ変換について解説します。

9.3.1 ラスタ・ベクタ変換

ベクタ→ラスタ変換

　多くの GIS データは，ベクトル型のデータモデルで表現されていることが多いようです。そのベクトルデータと，人工衛星データ等で得られたラスタ型のデータとを重ね合わせて解析する際には，ベクタ→ラスタ変換が必要となります。ここでは，地上座標で表されたベクトル型の GIS データを画像データに変換することを対象とします。まず，ベクトル型のデータをラスタ型のデータにするときは，変換先であるラスタの格子点間隔を設定する必要があります。したがって，その格子点間隔で空間座標の精度が決まるので，通常ラスタ型に変換すると，空間座標の精度が悪くなるので注意しなければなりません。

　また，ポイントやラインのデータをラスタ型にすることはあまりなく，ポリゴン等のベクトルデータをグリッド型のラスタデータに変換することが一般的です。ポイントやラインをラスタ（グリッド）に変換すると，ほとんどの格子にはデータが入らず空白の多い格子ばかりとなり，無駄の多いデータとなってしまうからです。

　ただし，ポイントデータをラスタ型にするのは非常に簡単です。各ポイントが，ラスタデータにおいて，どの座標に位置するかを求めて，対応するがその値を変更すれば良いのです。あるポイント P が，地上座標系 (x_p, y_p) で表現されて，ラスタデータの画像において，開始点（左上）の地上座標が (x_0, y_0)，格子点間隔 w_c とします。このとき，P のラスタデータ上の座標 (u_p, v_p) は，地上座標が右手系で，ラスタデータ座標が左手系であることに注意すれば，次式で表すことができます。

$$\begin{cases} u_p = \text{int}(\frac{x_p - x_0}{w_c} + 0.5) \\ v_p = \text{int}(\frac{y_0 - y_p}{w_c} + 0.5) \end{cases} \quad (9.7)$$

なお，int() は，小数点部分を切り捨てる関数を意味しています。ラスタデータの座標は整数なので，この処理が必要となるのです。「画像処理」の章の再配列の項でも使用した関数です。

　ラインデータをラスタ型にする場合は，一工夫が必要です。例えば，始点の地上座標 (x_1, y_1) と終点の地上座標 (x_2, y_2) を結ぶ線分をラスタ型に変換するとき，始点と終点のラスタ型での座標は上式で簡単に計算できるのですが，その間をどのようにつなげるのかが問題となります。これに対して，媒介変数 t を用いて線分の方程式を表せば，簡単に解決できます。次式は，その線分の方程式です。

$$\begin{cases} x = (x_2 - x_1)t + x_1 \\ y = (y_2 - y_1)t + y_1 \end{cases} \quad (9.8)$$

$t = 0$ のとき，始点の (x_1, y_1) となり，$t = 1$ のとき，終点の (x_2, y_2) となります。したがって，t を 0～1 の範囲で変化させれば，中間点の座標が逐次求められます。このとき，変化させる t の量（刻み幅）は，ラスタ型の格子点間隔 w_c に依存します。t の変化量が格子点

第9章 地理情報システム

間隔よりも大きいと，間隔が空きすぎてラスタ型にしたときに隙間が発生することが予想されます。したがって，tの変化量w_sは，格子点間隔よりも小さい値に設定すべきなのです。ただし，小さすぎると，同じラスタ上の座標を何度も計算してしまうことになり，効率が悪くなってしまうので，これはこれで注意が必要です。下図は，その概念を示したものです。ラスタデータ上に始点と終点が図示されており，グレーで塗りつぶされた格子がラスタに変換された後の状況を示しています。

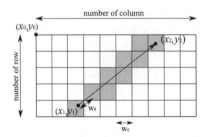

なお，tの値は，(x_1, y_1)から(x_2, y_2)までの距離を1とするものなので，tの変化量w_sを格子点間隔に設定するならば，次式で計算することができます。

$$w_s = \frac{w_c}{\sqrt{(x_2 - x_1)^2 + (y_2 - y_1)^2}} \tag{9.9}$$

したがって，tを0からw_sずつ変化させながら，逐次地上座標を求め，ラスタデータ上の座標に変換させて，その座標の格子点にラインデータの属性値を付与することでラスタ型に変換できます。なお，媒介変数で直線の方程式を表すのではなく，方程式型で表しても良さそうですが，直線の傾きが大きくなると，x座標の刻み幅に対してy座標は大きく変化するために，傾きに応じて刻み幅を変える必要があり，アルゴリズムが複雑になってしまいます。

　ポリゴンデータをラスタ型にする場合は，まずポリゴンの境界線データをラスタ化させた上で，ポリゴンの内側の格子点にデータを埋めていく必要があります。つまり，塗りつぶすという感じです。その塗りつぶしは，各格子点がポリゴンの内側にあるか外側にあるかを判断させなければなりません。この判断のアルゴリズムは，様々なものがあるのですが，ここではラベル点を用いた最も簡単な手法を紹介します。ラベル点はポリゴンの内側なので，これを足がかりに塗りつぶしていくわけです。下図はその概念を示したものです。

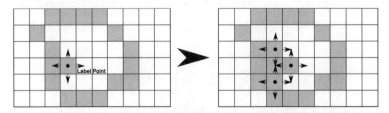

左図において，グレーの格子点は，境界線のデータがラスタ化されたもので，ラベル点が境界線に隣接するところにあります。まず，このラベル点の隣接する四方の格子点が，ポ

9.3. データ変換

リゴンデータの属性値を持った境界線か空白かを判断します。空白であれば，その格子点にポリゴンデータの属性値を付与します。この例の場合，左隣の格子は属性値を持っているので，残りの3つの格子点について属性値を付与できることになります。次に，属性が与えられた三つの格子点において（右図），同様に隣接する四方の格子点が，属性を持つ格子であるかどうかを判断し，空白であれば属性を付与するのです。この操作を空白がなくなるまで繰り返すことによって，塗りつぶしが実行できます。

この他にも様々な塗りつぶしのアルゴリズムがあるのですが，詳しくはコンピュータグラフィクスや計算幾何学等の書籍を参考にして下さい。

ラスタ→ベクタ変換

人工衛星の画像データや，紙地図をスキャナで読み取った画像データを処理し，最終的にGISデータとしてベクトル型に変換するときに用いられます。例えば，画像から道路，家屋，各種土地区画を抽出してのベクトルデータを生成することが行われています。最も簡単で確実な変換方法は，少々手間はかかるのですが，GISソフトウェアを用いることでしょう。画像データを背景として表示させ，ベクトル化が必要な対象物をマウスを使ってトレースし，ポイント・ライン・ポリゴン等のデータを生成していくわけです。これであれば確実なのですが，トレースは非常に労力のかかる作業です。

一方，画像処理を用いて自動的にベクトル化をすることも可能です。「画像処理」の章で解説した分類手法を用いて分類し，不要なノイズを除去した後に二値化し，二値化された対象物の座標を自動で読み取らすことができれば，ベクトル化が可能です。ポイントデータであれば，そのまま座標データが活用できて簡単です。しかし，ラインデータやポリゴンデータの場合は，ポイントデータを繋ぐ情報が必要となります。

例えば，画像から道路のベクトルデータを作成する際，画像分類によって道路の画素を特定し，道路の画素は1の値，それ以外の画素は0の値とする二値化処理を行います。道路の画素は1なので，ポイントデータを繋ぐとき，隣接する画素を調べて，1の値の画素と繋いでいけば良いわけです。ただし，繋がるべき線が途切れている場合は連結させ，道路が2画素以上の幅を持つような場合は，細線化によって1画素の幅にする必要があります。連結にしても細線化にしても，前項でポリゴンの内部を塗りつぶしたときのように，対象となる画素に隣接する画素の値を考慮してアルゴリズムを構築すれば，実現できます。このような連結や細線化の画像処理は，**モルフォロジー**(Morphology)と呼ばれる技術が効果的に活用できます。ここでは詳しくは解説しませんので，専門書を参考にして下さい。

複数の点を連結する場合，対象となるラインが直線であれば，複数のポイントデータからラインを推定することができます。例えば最小二乗法により，回帰直線を算出することができます。ただし，計算できる回帰直線は一つに限られるため，複数の直線を同時に推定することは難しいです。そこで，**ハフ変換**(Hough transform)という手法を使えば，複数の直線を同時に推定することができます。ハフ変換では，直線を表す式として，次式が

第9章 地理情報システム

用いられています。
$$\rho = x\cos\theta + y\sin\theta \tag{9.10}$$

ここで，θ は直線の傾きを表していますが，下図の左に示すように，原点から直線に向けて垂線を描いたときの角度を示しています。ρ は座標の x 成分と y 成分との和が表されており，原点から直線までの距離とみなすことができます。この方程式の意味は，ある点 (x,y) を通る直線は無限にあって，その直線は θ と ρ がパラメータとなっているということです。

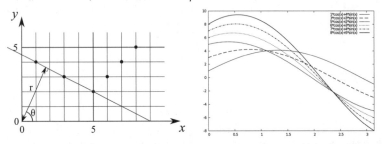

上図の左のグラフには，6つの点がプロットされています。それぞれの座標の値を式 (9.10) に代入すると，その式の描くグラフは，横軸に θ，縦軸に ρ をとると，上図の右のようになります。このグラフをみると，$\theta = 2.35$ 付近に4つの曲線の交点があり，$\theta = 1.11$ 付近に3つの曲線の交点があることが分かります。それぞれの交点は，4つの点を通る直線と，3つの点を通る直線が存在することを意味しているのです。したがって，交点の数が多いものほど，多くの点から構成される直線であるといえます。

このハフ変換を画像に適用し，直線を抽出する場合，ある程度の誤差を許容するための仕組みが必要になります。例えば，二値化された画像の各点の座標の値を式 (9.10) に代入してグラフを描くとき，θ を変化させながら ρ 値を計算させます。この θ の変化幅を細かくとると許容される誤差は小さくなります。また，求まる ρ の値も，そのままの値では厳密すぎるので，ある階級ごとに区切った値とする必要があります。つまり，θ と ρ について，許容誤差を考慮した階級に区切り，格子状のグラフ用紙に $\theta - \rho$ 曲線を描けば良いのです。二値化された画像において，直線抽出の対象となるすべての点の座標ごとにグラフを描くのですが，これらのグラフをすべて重ね合わせれば，交点の多い格子は，たくさんの点から構成される直線といえます。具体的には，対象となる点ごとに式 (9.10) を満たす θ と ρ の格子に値として1を与えていきます。すると最終的に格子の値の大きいものは，交点の多い格子といえます。このようなアルゴリズムで，ハフ変換により複数の直線を抽出することができます。

9.4 データ内挿

9.4.1 線内挿

既存のデータや計測等によって多くのデータが得られたとしても，目的となる場所のデータが存在しないことがしばしばあります。このようなときに目的となる場所のデータを推

9.4. データ内挿

定するのが**内挿**(interpolation)です．内挿は，**補間**と呼ばれることもあります．

下図のように，データ $(x_0, y_0) \cdots (x_3, y_3)$ があるのですが，(x_1, y_1) と (x_2, y_2) との間にある x_p での y_p の値は，どのように推定するかという問題です．

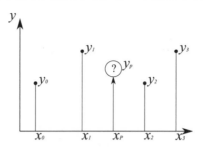

ここでは，幾つかの代表的な内挿手法を紹介します．

線形内挿

線形内挿は，下図のように単純に点と点の間を直線で結んで内挿するという手法です．

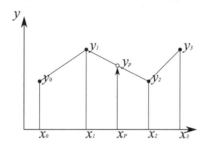

データが n 個，$(x_0, y_0) \cdots (x_n, y_n)$ とあり，i 番目と $i+1$ 番目の間の x_p における y_p の値を推定するためには，(x_i, y_i) と (x_{i+1}, y_{i+1}) とを結ぶ直線の式をまず求めます．方程式型で表すと，次式で表すことができます．

$$y = \frac{y_{i+1} - y_i}{x_{i+1} - x_i} x + y_i - \frac{y_{i+1} - y_i}{x_{i+1} - x_i} x_i \tag{9.11}$$

したがって，y_p は，$x = x_p$ を代入して計算すれば良いので，簡単に求まります．

スプライン

点と点とを直線ではなく，下図の左のように，滑らかな曲線で結ぶ手法もあります．その代表的な手法が**スプライン**(Spline)と呼ばれる手法です．スプラインは，各点と点の間を三次関数によって表現します．例えば，x_i と x_{i+1} に囲まれる区間の三次関数を $f_i(x)$ とすると，次式で表されます．

$$f_i(x) = a_i x^3 + b_i x^2 + c_i x + d_i \tag{9.12}$$

第 9 章 地理情報システム

ここで，a_i, b_i, c_i, d_i は，係数です．このとき，滑らかに繋ぐ必要があるので，各点においては，一階導関数及び二階導関数の値が，左右の曲線ともに同じ値をとる必要があります．この条件の元，三次式の係数を決定するわけなのですが，その計算は少々工夫が必要となります．

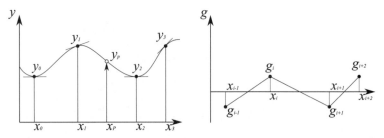

様々な方法が提案されていますが，「科学技術計算ハンドブック」に解きやすい方法が掲載されていたので，その手法を紹介しましょう．

x_i と x_{i+1} に囲まれる区間の三次関数を $f_i(x)$ とします．この二階導関数は，一次関数となるのですが，上図の右のように x_i における二階導関数を g_i で表し，x_{i+1} における二階導関数の値を g_{i+1} で表すと，この二階導関数は，次式で表すことができます．

$$f_i''(x) = \frac{g_{i+1} - g_i}{x_{i+1} - x_i} x + g_i - \frac{g_{i+1} - g_i}{x_{i+1} - x_i} x_i$$
$$= g_i + (x - x_i) \frac{g_{i+1} - g_i}{x_{i+1} - x_i} \tag{9.13}$$

これを積分すると，次式のように一階導関数が導けます．

$$f_i'(x) = f_i'(x_i) + g_i(x - x_i) + \frac{1}{2}(x - x_i)^2 \frac{g_{i+1} - g_i}{x_{i+1} - x_i} \tag{9.14}$$

さらに積分することで，求めたい三次関数 $f_i(x)$ となります．つまり，g_i, g_{i+1} が計算できれば，次式の三次関数が求まることになるのです．

$$f_i(x) = f_i(x_i) + f_i'(x_i)(x - x_i) + \frac{1}{2}g_i(x - x_i)^2 + \frac{1}{6}(x - x_i)^3 \frac{g_{i+1} - g_i}{x_{i+1} - x_i} \tag{9.15}$$

ここで，$x = x_{i+1}$ を代入すると，次式を得ます．

$$f_i(x_{i+1}) = f_i(x_i) + f_i'(x_i)(x_{i+1} - x_i) + \frac{1}{2}g_i(x_{i+1} - x_i)^2 + \frac{1}{6}(x_{i+1} - x_i)^3 \frac{g_{i+1} - g_i}{x_{i+1} - x_i} \tag{9.16}$$

この式を用いて，右辺の第二項にある一階導関数を求めるべく整理すると，次式となります．

$$\begin{aligned} f_i'(x_i) &= \frac{f_i(x_{i+1}) - f_i(x_i)}{x_{i+1} - x_i} - \frac{1}{2}g_i(x_{i+1} - x_i) - \frac{1}{6}(x_{i+1} - x_i)(g_{i+1} - g_i) \\ &= \frac{y_{i+1} - y_i}{x_{i+1} - x_i} - \frac{1}{6}(x_{i+1} - x_i)(g_{i+1} - 2g_i) \end{aligned} \tag{9.17}$$

なお，$f_i(x_i), f_i(x_{i+1})$ については，データの値が利用でき，それぞれ y_i, y_{i+1} なので，それを用いることができます。

次に，もともとの一階導関数，式 (9.14) においても，同様に $x = x_{i+1}$ を代入して整理すると，次式のようになります。

$$\begin{aligned}
f'_i(x_{i+1}) &= f'_i(x_i) + g_i(x_{i+1} - x_i) + \frac{1}{2}(x_{i+1} - x_i)^2 \frac{g_{i+1} - g_i}{x_{i+1} - x_i} \\
&= f'_i(x_i) + \frac{1}{2}(x_{i+1} - x_i)(g_{i+1} + g_i) \qquad \text{ここで，} f'_i(x_i) \text{ に式 (9.17) を代入} \\
&= \frac{y_{i+1} - y_i}{x_{i+1} - x_i} - \frac{1}{6}(x_{i+1} - x_i)(g_{i+1} - 2g_i) + \frac{1}{2}(x_{i+1} - x_i)(g_{i+1} + g_i) \\
&= \frac{y_{i+1} - y_i}{x_{i+1} - x_i} + \frac{1}{6}(x_{i+1} - x_i)(2g_{i+1} + g_i)
\end{aligned} \tag{9.18}$$

この式を用いて，変数の添字を 1 小さくすることで，左区間での一階導関数が求まります。

$$f'_i(x_i) = \frac{y_i - y_{i-1}}{x_i - x_{i-1}} - \frac{1}{6}(x_i - x_{i-1})(2g_i + g_{i-1}) \tag{9.19}$$

この式が，式 (9.17) と等しくなるので，整理すると次式を得ます。

$$\begin{aligned}
\frac{y_{i+1} - y_i}{x_{i+1} - x_i} - \frac{1}{6}(x_{i+1} - x_i)(g_{i+1} - g_i) &= \frac{y_i - y_{i-1}}{x_i - x_{i-1}} - \frac{1}{6}(x_i - x_{i-1})(2g_i + g_{i-1}) \\
6\left(\frac{y_{i+1} - y_i}{x_{i+1} - x_i} - \frac{y_i - y_{i-1}}{x_i - x_{i-1}} \right) &= (x_{i+1} - x_i)(g_{i+1} - g_i) - (x_i - x_{i-1})(2g_i + g_{i-1}) \\
&= (x_i - x_{i-1})g_{i-1} + 2(x_{i+1} - x_{i-1})g_i + (x_{i+1} - x_i)g_{i+1}
\end{aligned} \tag{9.20}$$

最終的には，g_{i-1}, g_i, g_{i+1} の値を求めることになります。$i = 1, 2, 3$ を代入すると，式が 3 つできるのに対して未知変数は，g_0, g_1, g_2, g_3, g_4 の 5 つとなり，解くことができません。これを解決するのに，両端の二階導関数については，情報がもともと不足しているので，未知数の g_0, g_4 の値を適当に与えることで対応します。例えば，$g_0 = g_4 = 0$ とおいてやると，未知数は 3 つとなり，連立方程式を解くことができます。

解いて得られた二階導関数の値 g_1, g_2, g_3 を式 (9.15) に代入して整理すれば，三次関数を導くことができます。この例は，3 点のデータなので，3 つの式を連立させて解けば良いので簡単ですが，点数が多くなると膨大な式を連立させて解く必要ができます。しかし，区間を分けて計算しても構わないので，プログラムを書くときには，コンピュータのメモリに応じて区間を設定して解いていけば良いでしょう。

9.4.2　面内挿

重み付き平均

これまで解説した線形内挿，スプラインは，線を対象とした内挿でした。地理情報は，面的な広がりを持つデータであることが普通なので，ここでは面的な内挿について解説しま

第9章　地理情報システム

す．下図のようにランダムな n 個の三次元のデータが $(x_1, y_1, z_1), \cdots, (x_n, y_n, z_n)$ とあるとき，任意の点 (x_p, y_p, z_p) の値を推定することを目的とします．例えば，z が標高データで，そのデータがランダムポイントのデータでしかないとき，これをグリッド型に変換するときに内挿が必要となります．つまり，(x_p, y_p) が与えられたとき，z_p はどんな値をとるかを推算することとなります．これは，「画像処理」の章で解説した再配列の手法と似ています．最近隣法により最も近い値で代表できる場合もあるでしょうし，共一次内挿法のように平均値を利用する場合もあるでしょう．ただし，共一次内挿法は，元のデータが等間隔で並んでいるようなグリッドデータのときには簡単に適用できるのですが，ランダムに配置されたデータには適用が困難となります．そこで，重み付き平均による内挿が必要となります．

下図を用いて，重み付き平均による内挿手法を解説しましょう．この図は，ランダムポイントデータとして，点データがたくさんあり，内挿したい点 (x_p, y_p, z_p) を中心とした一定範囲のウィンドウの中に，4個のデータが存在している様子を表しています．

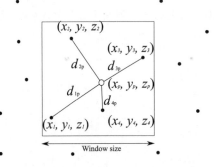

これら4つのデータから z_p の値を求めるものですが，単に4つのデータの平均値を求めるのは問題となります．それは，x-y平面上で，(x_p, y_p) に近い (x_4, y_4) は，z_p に対して大きな影響を及ぼし，逆に最も遠い (x_2, y_2) はあまり影響を及ぼしていないので，これを考慮する必要があるのです．そこで，平均値を計算するときに，重みを距離に応じて設定した上で，計算することで，より現実に近い内挿ができるわけです．重み付き平均の計算は，内挿に用いるデータ数を n，各データに対する重みを w_i とすると，次式で表すことができます．

$$z_p = \frac{\sum_{i=1}^{n} w_i z_i}{\sum_{i=1}^{n} w_i} \tag{9.21}$$

ここで，問題となるのは w_i をどのように計算するかです．今回は，距離が近いほど大きい重みにする必要があるわけです．ある点 (x_i, y_i) と (x_p, y_p) との距離 d_i は，簡単に計算できるので，それを重みにするときは，その逆数を用いれば良いでしょう．式で表すと，以

9.4. データ内挿

下のようになります。
$$w_i = \frac{1}{\sqrt{(x_i - x_p)^2 + (y_i - y_p)^2}} \quad (9.22)$$

この重みの計算法は，様々なものが提案できます。例えば，近い距離のデータに，より大きい重みを与えたい場合には，距離計算における平方根を外せば良いでしょう。次項で解説するクリッギングという方法で，データのばらつきを考慮した重みを計算することもできます。いずれにしても，内挿する対象によって重みの計算法は，慎重に選択すべきです。

　一方，重みの計算法だけでなく，内挿計算のためのデータ数も考慮しなければなりません。上図の例では，4つのデータから内挿するものでした。しかし，ウィンドウの範囲を大きくして，内挿計算の範囲を広げれば，多くのデータを用いて内挿計算することになり，なだらかな変化をする内挿結果となります。逆に，ウィンドウの範囲を小さくすれば，少ないデータを用いて内挿計算することになり，最近隣法に近い結果となります。しかし，極端に小さいウィンドウの場合には，ウィンドウ内にデータが一つもないということがあり得ますから注意が必要です。いずれにしても，ウィンドウサイズを変更することでも内挿結果は変わってくるので，適したウィンドウサイズを設定しなければなりません。例えば，データの空間分布が均等でなく，偏りがある場合は，ウィンドウサイズを固定して内挿計算を行うよりも，データ数を固定してウィンドウサイズを変化させながら内挿計算を行うことも考えた方が良いでしょう。

クリッギング

クリッギングは，地質学の分野で発達した重み付き平均の一種の内挿手法です。内挿する点において，周辺のデータのばらつきを考慮して重みを決定し，内挿するもので，近年様々な分野で利用されています。

　クリッギングでは，データのばらつきを判断するのに，分散の値ではなく，**半分散**(semi-varience) が利用されます。分散は，データが正規分布しているものを対象に，平均値と各データとの差の二乗和で計算されるのですが，様々なデータにおいて，ある一定範囲のデータは，正規分布しているとは限りません。なので平均値に意味があるとはいえなくなってきます。そこで，半分散という指標でばらつきを表すのです。二つのデータ (x_i, y_i, z_i) と (x_j, y_j, z_j) とがあるとき，半分散 Γ は，データ間の距離 d_{ij} の関数で表され，次式により計算されます。

$$\Gamma(d_{ij}) = \frac{(z_i - z_j)^2}{2} \quad (9.23)$$

二点間の差の二乗をデータ数で割ったものであり，データ間の距離 d に対する変化量とみなすことができます。距離 d_{ij} は，$d_{ij} = \sqrt{(x_i - x_p)^2 + (y_i - y_p)^2}$ で計算できますが，多数のランダムポイントデータの場合，d_{ij} は様々な値をとり，同じ値となるものはほとんどありません。また，d_{ij} が似たような値であっても Γ は様々な値を示します。ただし，d が小さい場合は，Γ も小さくなり，d が大きくなると，Γ も大きくなる傾向は想像できます。この Γ の変化量は対象によって様々で，標高を例にとると，平野では変化量は少なく，山間

第 9 章　地理情報システム

部では変化量が大きいものです。また，起伏が周期的に変化しているような場所では，最初は急に変化するものの，やがて変化量が少なくなっていきます。このような状況を考慮して内挿を行うのがクリッギングです。

　半分散は，2つのデータより計算するものなので，データ数が多くなると，すべての組み合わせの半分散 $\Gamma(d_{ij})$ を計算しなければなりません。データ数が n のときは，${}_nC_2$ 組の半分散が計算できます。下図は，四国の数値地図 50m メッシュ標高データにおいて，松山市付近の 1km 四方のデータをもとに半分散をプロットしたものです。横軸が距離，縦軸が半分散を表しています。グリッド型のデータを用いて計算したため，距離の値は飛び飛びの値をとなっています。このグラフは，**セミバリオグラム**と呼ばれています。このグラフには，非常に多くの点がプロットされているのですが，各距離における半分散の最大値は，距離が 500m より大きくなると，ほぼ一定になっていることが解ります。距離が長くなると，二点間の標高差は，非常に近いものもあるのですが，標高差の最大値は，あまり変化しないといえます。

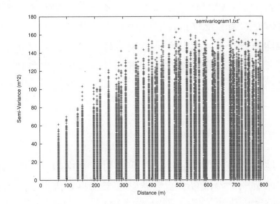

このセミバリオグラムを解りやすく表現するために，ある一定距離の範囲ごとに半分散を平均化したものが下図です。

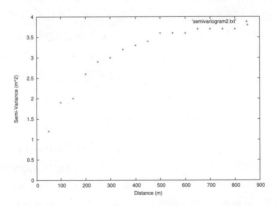

もとが 50m メッシュのグリッドデータなので，50m ごとに区切って平均値を求めています。この平均値を各距離における半分散の値として利用できます。重み w_i に関しては，4

つの点を用いて内挿する場合，セミバリオグラムから各点間の距離における半分散の値を求めると，次式が成り立ちます．

$$\Gamma(d_{1p}) = w_1\Gamma(d_{11}) + w_2\Gamma(d_{12}) + w_3\Gamma(d_{13}) + w_4\Gamma(d_{14})$$
$$\Gamma(d_{2p}) = w_1\Gamma(d_{21}) + w_2\Gamma(d_{22}) + w_3\Gamma(d_{23}) + w_4\Gamma(d_{24})$$
$$\Gamma(d_{3p}) = w_1\Gamma(d_{31}) + w_2\Gamma(d_{32}) + w_3\Gamma(d_{33}) + w_4\Gamma(d_{34})$$
$$\Gamma(d_{4p}) = w_1\Gamma(d_{41}) + w_2\Gamma(d_{42}) + w_3\Gamma(d_{43}) + w_4\Gamma(d_{44}) \tag{9.24}$$

それぞれの $\Gamma(d_{ij})$ の値は，上のグラフより求めて代入すると，未知数が $w_1, \cdots, w_4$ の連立方程式となります．この連立方程式を解いて，重み w_i を求め，式 (9.21) を用いれば，z_p の値が求まります．

さて，半分散を計算するとき，対象範囲全体にわたってデータが同じようなばらつきを持つものは，対象範囲全体でセミバリオグラムを作成します．しかし，対象範囲が非常に広いときには，場所によってばらつきが異なる場合もあります．そのようなときは，あるウィンドウサイズを設定し，場所に応じて，その内部にあるデータに限定してセミバリオグラムを作成することで対応すべきでしょう．例えば，標高データを内挿する際，地形の形状によってばらつきが異なります．つまり，同じ山間部でもなだらかな場合と急峻な場合とで区別する必要があるのです．このような場合には，地形分類結果をもとに区域ごとにセミバリオグラムを用意するのが適しているといえます．

9.5 空間解析

地理情報システムにおいては，位置情報をもとに様々な解析が可能です．例えば，特定の領域内のデータを検索し，統計的な解析を施したり，様々なデータを重ね合わせて地域的な特徴を見いだしたりすることができます．このような解析を**空間解析**(spatial analysis) と呼び，地理情報システムの重要な機能のひとつとなっています．

9.5.1 オーバーレイ

オーバーレイ(overlay) は，その名のとおりデータ同士を重ね合わせることです．地図は，一枚の紙に様々な情報が記載されています．その項目は，等高線・道路・河川・土地利用等，様々です．地理情報システムにおいては，それらの項目は，個別のデータとして整備されています．そのため，様々な項目のデータを重ね合わせて，はじめて地図らしいものとなります．

下図は，国土地理院の発行している 50m メッシュ標高データを画像化したものです．対象地域は四国の中央から東にかけての領域です．この画像は，標高データをもとに陰影を表現したもので，これにより地形の様子は非常に良く解るものの，地図としては何か物足らない感じがします．

第 9 章　地理情報システム

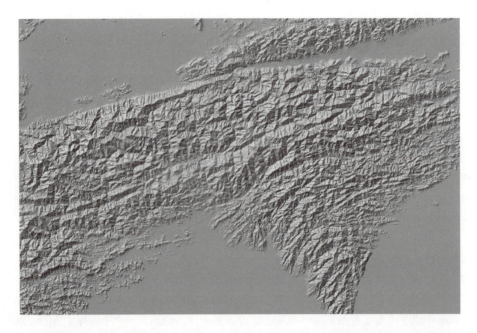

そこで，地質データと水系データをオーバーレイさせたものが下図です。地質データは，産業総合研究所が発行する 250m メッシュのデータをポリゴン化したもので，地質帯ごとに色分けしています。水系データは国土地理院の空間データ基盤のもので，ベクトル型のデータです。このように，様々な項目のデータをオーバーレイすることにより，地図らしくなっていることがわかります。

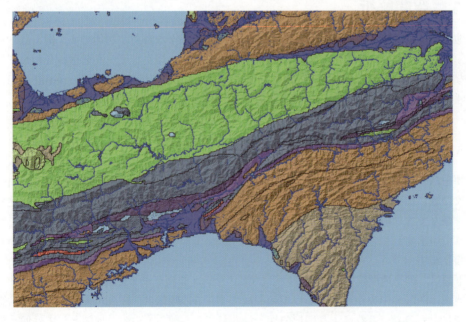

地図らしいというだけでなく，地質ごとに地形的な特徴の違いが視覚的に捉えられます。

下図は，上図の上に，地すべり防止区域のデータをオーバーレイさせたものです。ピンクで表されている部分が，地すべり防止区域です。

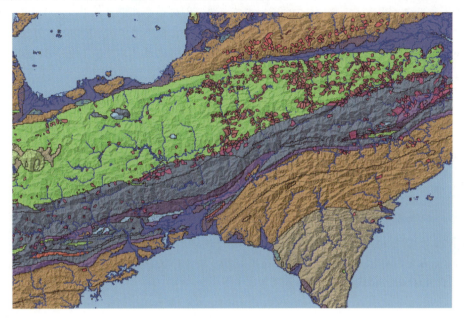

地すべり防止区域は，ある特定の地質で多く発生しており，しかも水系沿いに多いことが解ります。このように，様々な地理情報を重ね合わせることによって，大きな発見の可能性を示唆しています。ある仮説をたて，それに応じて地理情報を重ね合わせ，その仮説が正しそうかを判断するのに使ったり，地理情報の重ね合わせにより偶然重要な理論を発見することもあり得るでしょう。

9.5.2 空間検索

検索機能は，地理情報システムに限らず，情報を取り扱う分野においては，極めて重要です。インターネットにおける地図検索機能は，住所情報と位置情報（緯度経度）とがリンクされたデータベースにより検索されています。カーナビにおいては，電話番号と位置情報とのリンクもされており，位置情報の入力が極めて効率的に行うことができます。このような検索は，データベースのなかに位置情報を持たせる構成で実現できるものであり，データさえ整備すれば困難なものではありません。

これに対して**空間検索**(spatial searching)は，位置情報を持つデータ同士を用いた検索を指します。例えば，ポイントデータとポリゴンデータがあったとき，あるポリゴンに含まれるポイントはどれなのかを検索するようなものです。災害箇所がポイントデータとして，地質データがポリゴンデータとして整備されていれば，地質ごとの災害発生割合を算出することが可能となります。

第 9 章 地理情報システム

どのようなアルゴリズムで空間検索を行うのかですが，様々な手法が考案されているが，ここではまず，ベクトルを用いた手法について解説しましょう。空間検索においては，あるポイントが，ポリゴンデータの内部にあるか外部なのかを判定させることが課題となります。ポリゴンデータは，単純な形から複雑なものまで様々ですが，複雑なポリゴンも幾つかの三角形分割が可能なことから，三角形分割した後にポイントが三角形の内部か外部かを判定させていけば実現できます。

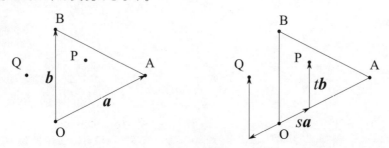

上図のように，点 OAB に囲まれた三角形のポリゴンと，点 P, Q とがあるとします。$\overrightarrow{OA} = a, \overrightarrow{OB} = b$ とおくと，a, b と係数 s, t を用いて，すべての点の座標を表すことができます。例えば，$\overrightarrow{OP}$ は，次式で表すことができます。

$$\overrightarrow{OP} = sa + tb \tag{9.25}$$

実際に x, y 座標の値を代入すれば，x についての式と，y についての式ができ，係数 s, t は連立方程式を解くことによって得られます。得られた s, t の値で，三角形の内部か外部かを判定することができるのです。三角形の内部であれば，次の要件を満たしている必要があります。

$$s > 0 \quad \cap \quad t > 0 \quad \cap \quad s + t < 1 \tag{9.26}$$

$\cap$ は，「かつ」を表しています。この図の場合，約 $s = 0.33, t = 0.50$ ですので，上の条件を満たしていることになります。次に，$\overrightarrow{OQ}$ について解くと，$s = -0.33, t = 0.50$ となり，s の値は負ですので上の条件を満たさず，三角形の外部と判定されるのです。

次に，ポリゴンを三角形分割せずに，ある点がポリゴンに含まれているか否かの判定について解説します。そのアルゴリズムは，ポイントを通る直線を引き，その直線とポリゴンの外周線とが交差する点数を数えることを基本とします。下図は，その概念を表したもので，8 点のノードから構成されるポリゴンがあり，それとは別のポイントデータが 3 点 (P_1, P_2, P_3) あります。この 3 点を通り，x 軸に平行な直線を引き，それらを L_1, L_2, L_3 と呼びます。これらの直線はポリゴンの外周線と何回か交差しています。

9.5. 空間解析

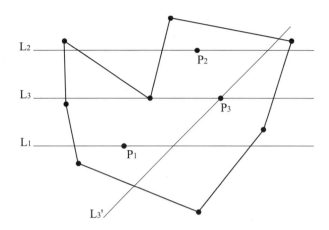

ここで，ポイントデータの左側に着目したとき，奇数回交差するときは，ポリゴンの内側にポイントデータがあることとなります。一方，偶数回交差するときは，ポリゴンの外側といえます。ただし，直線がポリゴンのノードと交差するときには，注意しなければなりません。直線 L_3 のような例です。このときは，偶数回交差しているにも関わらず，P_3 はポリゴンの内側にあります。このような場合には，直線の傾きを変化させて，ポリゴンのノードと交差させない工夫が必要となります。

このような空間検索は，他にも様々な判定法があるのですが，これも計算幾何学に関する書籍に解説されているので，適宜参照して下さい。

9.5.3 バッファリング

ランダムな配置のポイントデータがあったとき，ポイント以外の位置においては，そのポイントデータが標高等の数値で表される場合には，前述の内挿によって値を推定できるのですが，数値以外のデータの場合には，どのポイントのデータで代表させるかという問題が発生します。例えば，郵便局の位置データがあったとき，ある点においては，どの郵便局に属するかというような問題がその代表例です。空間幾何学においては，これを郵便局問題と呼んでいます。ある点の位置が与えられた上で，どの郵便局が最も近いかを判断させるには，距離を計算させれば解決できるので，さほど難しいことではありません。しかし，点の位置は与えず，郵便局の影響圏を示すようなポリゴンを作るとすると，まず考えられるのが，郵便局を中心として，半径 x 以内の範囲を影響圏とするという考え方です。この様な操作を**バッファリング**(buffering) と呼んでいます。buffer は，緩衝という意味を持つので，緩衝域といっても良いでしょう。

下図は，バッファリングの例を図示したものです。黒い点で郵便局の位置を表しており，そこを中心に半径 x の円を描いています。$B_1, \cdots, B_4$ と名付けています。白い点は，どの郵便局の影響圏にあるかを調べるための対象となるポイントで，$P_1, P_2, P3$ の三点存在しています。

第 9 章 　地理情報システム

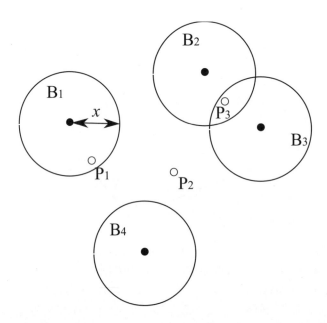

　この図において，P_1 は，B_1 に属し，P_2 はどこにも属しておらず，P_3 は，B_2 と B_3 との両方に属しています。P_2 のようにどこにも属さないような点を減らすためには，半径を大きくすることで対処できるのですが，半径を大きくすれば，P_3 のように複数のバッファの中に含まれるものが多くなってしまいます。

　このバッファリングは，ラインデータやポリゴンデータにも適用できます。道路の影響圏を調べたり，ある敷地で工事するときの影響圏を調べたりするのに利用されます。

9.5.4 　ボロノイ分割

　各ポイントの影響圏を示すポリゴンを作るとなると，そのアルゴリズムは複雑になります。下図は，$B_1, \cdots, B_4$ の郵便局の影響圏を示す境界線を描いたものです。

9.5. 空間解析

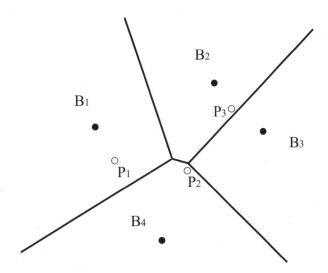

先ほどのバッファリングでは，P_2 がどれに属すのかを判定するのが困難でしたが，このような境界線があれば，簡単に判定することができます。このような影響圏を示す分割を**ボロノイ分割**(Voronoi tessellation) と呼んでいます。ボロノイ分割のためのアルゴリズムは，幾つかあるのですが，最も一般に用いられているのが，二点間の垂直二等分線を繋ぎ合わせて作成する方法です。実に簡単な手法ですが，点の数が増えてくると，どの点とどの点の垂直二等分線を描くべきかが問題となってきて複雑です。下図のような点の群を例に，ボロノイ分割に至る手順について解説します。

ボロノイ分割において重要な点は，点群データから，三角形網を作成することです。三角形網が描ければ，それを元に垂直二等分線を描き，ボロノイ分割が完成します。その三角形分割の手法は，様々なのですが，ここでは，点群データより**凸包**(convex hull) を作図してから分割させることとします。

凸包作成

凸包とは，下図のように点群データを取り囲む凸状の図形です。

第 9 章　地理情報システム

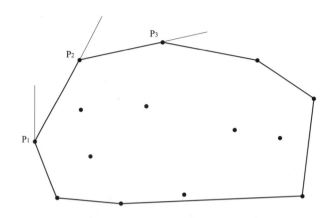

　これを描くには，まず凸包の出発点を決める必要がありますが，ここでは x 座標が最小の点を凸包の出発点 P_1 とします。この点において，y 軸方向への直線を引き，その直線を時計回りに回転させていきます。このとき，回転させている直線が，最初に交差する点を次の凸包の頂点 P_2 とします。2 番目からは，P_1 と P_2 の延長線を時計回りに回転させ，最初に交差する次の凸包の頂点 P_3 を探すのです。この手順を出発点 P_1 に帰ってくるまで繰り返せば，凸包が作成できます。

　この作業をコンピュータプログラムを用いてさせるとなると，工夫が必要です。直線の傾きを変えていくといっても，プログラムでは連続的に変化させることはできず，ある微小な傾き量を設定して，その量ごとに変化させることになります。こうなると点と直線は，近傍に存在することはあっても，交差するということはほとんどありません。それを解決するには，ある許容範囲内に点と直線が入っていれば，交差していると判断させるか，P_1 と他の点を結んでできる線分の傾きをすべて求めて，右回りで最も近い傾きの線分を選択する方法とが考えられます。

外周三角形作成

　凸包を構成する辺は，三角形の一辺となりますが，他の三角形と共有することはありません。凸包を構成する頂点は，三角形の頂点であり，2 つ以上の三角形で共有されます。したがって，凸包によって描かれた辺を三角形の底辺とみなして頂点を探索して，外周の三角形を描きます。頂点の探索方法は，底辺に最も近い点を選べば，ほぼ問題はないでしょう。最も近い点を頂点に選んで，外周の三角形を描いたものが，下図です。

9.5. 空間解析

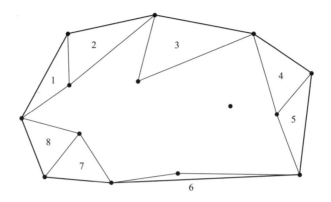

形の良い三角形にするために，三角形の形状を考慮することもあります。頂点から底辺に下ろした垂線の足が，底辺上にあるかどうかや，頂点の内角の大きさが大きすぎないかを考慮に入れれば，きれいな形の三角形が描けます。例えば，2番の三角形の頂点は，3番の三角形の頂点と共有した方が，正三角形に近いものとなります。しかし，判断材料が多くなると，複雑なアルゴリズムとなるので，プログラムを作成するときには注意が必要になります。

内部三角形作成

凸包の辺以外の辺は，必ず二つの三角形で共有されなければなりません。したがって，ひとつの三角形しか構成していない辺について，それを底辺とみなして，新たに頂点を探索して三角形を作ります。このときも，底辺に最も近い点を頂点とみなすのですが，必ず外側でなく，内側の頂点を選ばなければなりません。外側には，既に三角形が作られているからで，それと反対側の点を選ぶようにします。つまり，既にある三角形と交差しないという条件が必要となります。

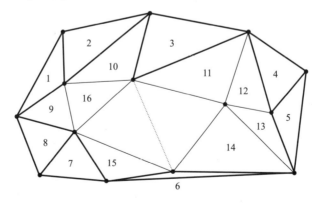

この作業を凸包以外のすべての辺が，二つの三角形で共有されるまで繰り返して，三角形網を作成するのです。

第9章 地理情報システム

ボロノイ分割

三角形網が作成されれば，各辺の垂直二等分線を描いて，境界線を決定します。下図は，凸包内部にある5点について，垂直二等分線を描いてボロノイ分割を実行したものです。

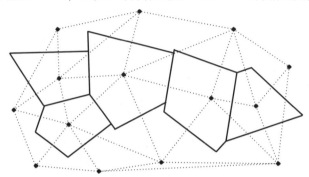

一度にすべての辺に対して，垂直二等分線を描くと，どの直線がどのようにボロノイ分割のための境界線として使えるのか分かりにくくなります。そこで，ある点を対象に，放射状に伸びる辺に対しての垂直二等分線を描き，その点を取り囲むポリゴンを作成します。点ごとにポリゴンを作成して，それらを重ね合わせると，ポリゴンが整合せず，ポリゴン同士が重なり合う部分も出てきます。この重なった部分については，ポリゴンの交差する2点を結んで修正すれば良いでしょう。このようなアルゴリズムで，ボロノイ分割が可能です。

9.6 三次元データの処理

9.6.1 データモデル

三次元データモデルは，DEMやDSMとも呼ばれています。DEM(Digital Elevation Model) は，デジタル標高データを意味し，地盤の三次元データモデルです。それに対して，DSM(Digital Surface Model) は，デジタル表面データを意味し，地盤を覆っている樹木の高さや構造物の高さを含めた三次元データモデルです。航空写真や人工衛星画像のステレオマッチングや，レーザースキャナ計測によって得られる三次元データは，地盤を覆っている物体の表面の情報となるため，まずDSMが得られることになります。その後必要性に応じ，データ解析によって樹木や構造物の高さを考慮した上でDEMが作成されます。

ここでは，DEMやDSMを含め，三次元データの表現方法であるそのモデルについて解説します。

ベクトル型モデル

ポイントクラウド(point cloud) は，たくさんの点データにより三次元の対象物を表現するモデルです。データは，x, y, zの三次元座標の集まりとして保存されています。レー

ザースキャナ等で取得されるデータは，まずこの形式で保存されます。レーザースキャナはセンサから等間隔の角度でデータを取得しますが，それを地上の座標系に投影すると，x-y平面上でランダムなポイントでの標高データとなります。下図は，その概念を表したものです。白い球で，データの集まりである点群を表現しています。

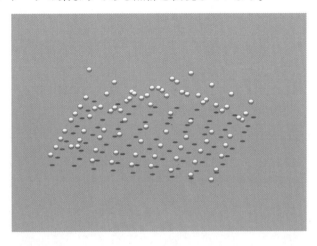

このモデルは，非常に単純なデータモデルですが，点と点との繋がりをデータとして持っていないため，地表面の形状を表現できません。例えば，三次元でポイントクラウドを表現させたとき，点群の隙間を縫って，実際には手前の障害物に隠れて見えないはずの点が，見えるように表現されてしまうことがあります。したがって，ポイントクラウドのままだと十分な解析は行えません。

TIN(Triangulated Irregular Network) は，ポイントクラウドを拡張したもので，取得された点データの各々を繋ぐことで，小さな三角形群を構成させます。三角形群の構成のさせ方は，先述のボロノイ分割のアルゴリズムを利用することができます。TIN は，ポイントクラウドを三次元の線形内挿をさせたモデルともいえるでしょう。下図は，その概念図を示したものです。

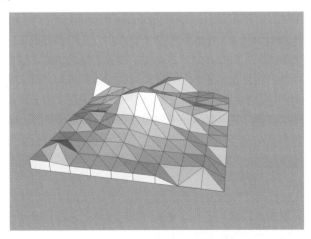

第 9 章　地理情報システム

TIN は，三角形群が構成されるので，表面の解析が可能です。例えば，ポイントクラウドでは，観測した点でしかデータがありませんが，TIN であれば三角形の面により，対象範囲のどこの座標点においても標高の値を得ることができます。

ラスタ型モデル

グリッド(grid) 型は対象領域を格子状に区切り，その格子点毎にデータが納められているものです。これで三次元データを表現する場合，格子点におけるデータは標高値など高さを表現したデータとなります。このグリッドは，非常に単純な構造で，画像のように扱い易いモデルです。下図は，その概念図を示したものです。

グリッド型は，均質なデータを整備することができます。国土地理院が発行している数値地図 50m メッシュ標高データは，このラスタ型モデルです。

ボクセル(voxel) 型はグリッド型を拡張したモデルです。グリッド型は二次元平面を格子（微少正方形）で区切るのに対し，ボクセル型は三次元空間を微少立方体で区切ります。グリッド型データは，画像データの構造のため，各格子をピクセルと表現できるのに対し，ボクセルは，三次元空間における微小立方体"Volume Pixel"を表しています。

グリッド型では，表面の高さしか表現できませんが，このデータモデルは，地中の構造や空中の気象の状況を表現することができます。複雑な自然状態を表現するには適したモデルといえるでしょう。ただし，データ量が膨大になる欠点があります。特に空間分解能を高めると，その傾向は顕著になります。したがって，現在このモデルはあまり一般的に利用されていません。今後，コンピュータの能力がさらに高まれば，ボクセルモデルが一般的になるかもしれません。

9.6.2　地形解析

地形の三次元データがあれば，様々な解析に利用することができます。簡単なことであれば，表面傾斜を計算させて急傾斜地域を抽出したり，斜面方位を計算させて晴天時の太

9.6. 三次元データの処理

陽の日射量を求めることもできます。ここでは，それら地形解析の基本となる項目について解説します。

表面傾斜および方位

TINで表された三次元データの場合は，三角形の面ごとに表面傾斜と方位を求めることができます。「数学基礎」の章の空間幾何でも述べたように，三角形の頂点の座標から，一つの頂点を始点とするベクトルが二本描け，その二つのベクトルの外積を計算することにより，三角形の面に垂直な法線ベクトルを求めることができます。この法線ベクトルとxy平面に垂直なベクトルとのなす角度は，その面の傾斜角となります。xy平面に垂直なベクトルは $(0,0,1)$ で，三角形の法線ベクトルを (a,b,c) とすれば，三角形の表面傾斜は，内積を利用すれば次式で計算することができます。

$$\theta = \cos^{-1} \frac{c}{\sqrt{a^2+b^2+c^2}} \quad (9.27)$$

そして斜面方位は，法線ベクトル自体が斜面の向きとなります。これを方位角で表すには，法線ベクトルのxy成分のみを利用すれば計算できます。x軸からの角度を計算するのであれば，次式で角度を計算することができます。

$$\theta = \tan^{-1} \frac{b}{a} \quad (9.28)$$

グリッド型で表された三次元データの場合は，対象となるグリッドとその周囲8つのグリッドのデータを用いて計算します。つまり下図のように，3×3のグリッドを用いるわけです。

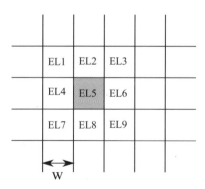

各グリッドの標高が $EL_1, EL_2, \cdots, EL_9$ のとき，8方向の傾斜を求めることができます。例えば，EL_2, EL_5 から計算する時は，グリッド間隔 w を直接利用し，$\tan^{-1} \frac{EL_2 - EL_5}{w}$ で計算できるのですが，EL_1, EL_5 から計算する時は，グリッド間隔が $\sqrt{2}$ 倍になるので，$\tan^{-1} \frac{EL_1 - EL_5}{w\sqrt{2}}$ となります。8方向すべての傾斜を求めた上で，最も急な傾斜角をそのグリッドの傾斜角度として扱うことが一般的です。そして傾斜方向は，8方向のうち，最も急な傾斜角度となった方向とします。

第9章 地理情報システム

このように，TIN は三角形の面ごとに傾斜角度・傾斜方向が簡単に導かれますが，グリッド型の場合，その導き方は様々です。ただし，グリッド型は等間隔にデータが並んでいるので，均等な密度での地形の解析ができます。

下図は，グリッド型の三次元データに対して，傾斜角度と傾斜方位を計算し，色付けしたものです。左端は，元となる三次元データで，明るさで高さを表現しています。真ん中は，傾斜角度を表しており，5°刻みで色を付けています。右端は，傾斜方位を表しています。

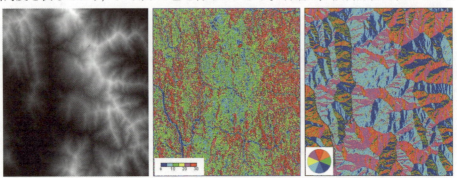

三次元データがあれば，傾斜や方位だけでなく，尾根谷および地形の凹凸の分類も可能です。様々な解析手法が考案されているので，目的にあった手法を選ぶ必要があります。なお，地形解析において注意しなければならないのは，三次元データの密度によって解析結果が異なってくることです。例えば，グリッド間隔が250mのデータと50mのデータがあり，各々で傾斜角度を計算した場合，250mのデータから導かれる傾斜は，50mのものに比べて，傾斜が緩くなる傾向にあります。一方，50mのグリッド間隔でも表現しきれない微地形を解析したい場合は，より高密度の三次元データが必要となります。しかし，地表面の地形を高分解能で計測することは非常に困難です。低分解能であれば，計測誤差の範囲だった地表面を覆う植生や構造物が，高分解能になると邪魔になって直接地形を測ることができません。したがって先にも述べましたが，計測によって得られるのは，まずは植生や構造物を含めたDSMですから，これを解析処理することによってDEMへ変換することが必要となります。

9.6.3 シェーディング

シェーディング(shading) とは，三次元の対象物に光を当てることにより濃淡付けを施し，よりリアルに対象物を表現するものです。つまり光源を設定し，その光源の輝度と位置（方向）・対象物の面の向きや材質・視点の位置が決まれば，濃淡をシェーディングモデルより計算することができます。なお，光源によってできる陰（シャドー）とは異なるので注意して下さい。

対象物の明るさ L を求めるには，光源の散乱輝度 L_d，光源の反射輝度 L_r，周囲の散乱輝度 L_c とすると，次式で表すことができます。

$$L = L_d + L_r + L_c \tag{9.29}$$

9.6. 三次元データの処理

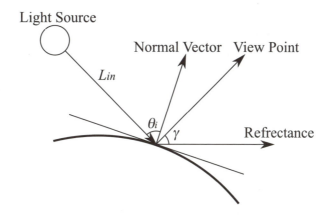

なお，光源・視点・対象物の位置関係が上図のように示される場合，L_d, L_r, L_c は，光源から入射する輝度を L_{in} とすると，それぞれ次式で表すことができます。

$$L_d = R_d L_{in} \cos\theta_i \qquad R_d\text{:拡散反射係数}(0\sim1) \qquad (9.30)$$

$$L_r = L_{in}\omega(\theta_i)\cos\gamma \qquad \omega(\theta_i)\text{:反射率，}\gamma\text{:反射光と視点との角度} \qquad (9.31)$$

$$L_c = L_a R_d \qquad L_a\text{:周囲環境の強さ} \qquad (9.32)$$

これらのパラメータは，対象物によって異なるため適宜設定しなければなりません。

計算された輝度 L は，グレーで表現する場合 0～255 の値に量子化し，対応する画素に割り当てることになります。一方，対象物が既に色を持っている場合は，その色を H（Hue: 色相），S（Saturation:彩度），I（Intensity:明度）で表現した後，I にシェーディング計算によって得られた値で割り当てます。一般の計算機は色を RGB で表現しているので RGB → HSI 変換，HSI → RGB 変換をして対応するのです。この変換については既に「画像処理」の章で解説しましたので，参照して下さい。

下図は，グリッド型の三次元データに対してシェーディングを計算し，画像化したものです。高さ方向に色分けしたデータをもとにシェーデイングを施しています。

左側は光源の位置を左上に設定し，右側は光源の位置を右上に設定しています。同じ三次元データなのですが，光源の位置によって地形の見え方がずいぶんと異なることが分かり

ます．航空写真や衛星画像を用いて判読する場合，その画像は常に南側から光が当たった状態で撮影されます．この状況は，南北方向に尾根や谷が走っている地形の詳細が分かり辛いといえます．したがって，細かな地形の状況を見る場合には，航空写真や衛星画像よりも三次元データを作成し，光源の位置を変えながらシェーディング画像を何枚か用意することによって対応した方が良いといえます．

9.6.4 鳥瞰図

三次元データは，二次元平面上に投影しなければディスプレイ上に表現することはできません．地形の様子を見るためには，先のシェーディングと伴に**鳥瞰図**(bird's eye view)は大変有効な図となります．鳥瞰図を描くためには様々な投影法があるのですが，鳥瞰図は通常，中心投影法を用いて作成します．中心投影法は，カメラの幾何学で解説したように，対象物，投影面，視点が直線で結ばれるものです．対象物における任意の点の地上座標を (x_p, y_p, z_p)，視点の地上座標 (x_0, y_0, z_0) とし，投影面での画像座標を (u_p, v_p) とすれば，下図のような位置関係となります．

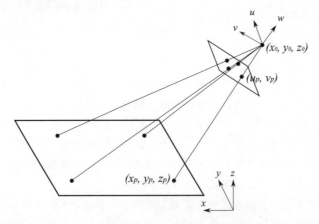

これは，カメラの幾何学における共線条件式と同じで，式 (4.12)，式 (4.13) が利用できます．念のために再度書き表すと，次式で表されます．

$$u_p = -c\frac{a_{11}(x_p - x_0) + a_{12}(y_p - y_0) + a_{13}(z_p - z_0)}{a_{31}(x_p - x_0) + a_{32}(y_p - y_0) + a_{33}(z_p - z_0)} \tag{9.33}$$

$$v_p = -c\frac{a_{21}(x_p - x_0) + a_{22}(y_p - y_0) + a_{23}(z_p - z_0)}{a_{31}(x_p - x_0) + a_{32}(y_p - y_0) + a_{33}(z_p - z_0)} \tag{9.34}$$

ここで，c はレンズ焦点距離，$a_{11}, \cdots, a_{33}$ は次式の回転行列で表されます．

$$\begin{pmatrix} a_{11} & a_{12} & a_{13} \\ a_{21} & a_{22} & a_{23} \\ a_{31} & a_{32} & a_{33} \end{pmatrix} = \begin{pmatrix} 1 & 0 & 0 \\ 0 & \cos\omega & -\sin\omega \\ 0 & \sin\omega & \cos\omega \end{pmatrix} \begin{pmatrix} \cos\varphi & 0 & \sin\varphi \\ 0 & 1 & 0 \\ -\sin\varphi & 0 & \cos\varphi \end{pmatrix} \begin{pmatrix} \cos\kappa & -\sin\kappa & 0 \\ \sin\kappa & \cos\kappa & 0 \\ 0 & 0 & 1 \end{pmatrix} \tag{9.35}$$

なお，ω, φ, κ は，それぞれ x, y, z 軸周りの回転角を表しています。

鳥瞰図の作成は，これを利用することができます。カメラの焦点距離 c，カメラの位置 (x_0, y_0, z_0)，カメラの姿勢 $(\omega, \varphi, \kappa)$ を設定すれば，地上のある点 (x_p, y_p, z_p) が，画像上のどこ (u_p, v_p) に相当するかを計算できます。

そして鳥瞰図を描くには，投影する際に元となる三次元データが必要となります。厳密には地表の植生や地物を含んだ標高データである DSM が必要ですが，分解能の低い画像を対象とする場合には，地形の標高を表した DEM でもさほど問題になりません。できあがった鳥瞰図自体に精度を求めることは，ほとんどないからです。そして DEM だけでなく，何を投影するかが必要となります。具体的にはカラー情報が必要となります。つまり，DEM にきっちりと重ね合わせのできる状態のカラー情報が必要となります。下図は，その例を示しています。左側は三次元データで，国土地理院の発行している 50m メッシュ標高データのシェーディング画像です。右側はカラー情報で，Landsat 衛星の TM センサデータを元に，トゥルーカラー画像を生成したものです。

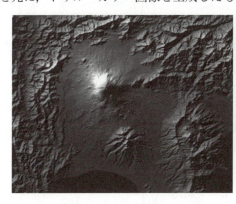

まず，DEM のデータ一つ一つの座標 (x_p, y_p, z_p) を入力し，投影面の座標 (u_p, v_p) を計算します。ここで，この画像座標 (u_p, v_p) は，画像の中心を原点とした距離が単位の座標ですから，画像における 1 ピクセルの大きさと画像化する時の画像サイズ（pixel 数）を設定し，投影面上の画素を単位とする位置に変換しなければなりません。そして計算されたその画素に，色情報である Landsat 画像の RGB の情報を与えます。この時の色情報は，DEM の (x_p, y_p) に対応する Landsat 画像の RGB 情報です。これをすべての DEM データに対して行えば鳥瞰図の画像ができるのですが，ここで二つの大きな問題が発生します。

第一に，異なる地上座標にもかかわらず，同じ画像座標に投影される場合があります。起伏が激しい場合，視線方向に見えるものは，最も手前の対象物ですが，障害物がなければ奥にあるものも見えます。同じ画像座標に複数の地上座標が存在する場合，最も手前の地上座標を適用しなければなりません。つまり，視点と対象物までの距離を計算し，最も距離の近い対象物の色情報を適用する工夫が必要です。

第二に，DEM に対応するカラー画像のすべての画素を投影面に変換したとしても，投影面のすべての画素にカラー情報がいき渡るとは限りません。投影面の画素の分解能にもよりますが，分解能が細かくなると，投影上では色情報を持たない画素が増えてきます。

第 9 章 地理情報システム

投影面上の画素と DEM の画素とが 1 対 1 で対応していないので，こうした現象はどうしても発生してしまいます．これに対して，色情報を持たない画素は，周りの画素の色情報から内挿手法を適用するのは，対処法の一つです．

さて，先の鳥瞰図作成において用いた式 (9.33)，式 (9.34) は，地上座標 (x_p, y_p, z_p) を入力して画像座標 (u_p, v_p) を求めるものでした．その式の逆変換，つまり画像座標 (u_p, v_p) を入力して，地上座標 (x_p, y_p, z_p) を求める事で鳥瞰図を作成することもできます．これにより，先の二つの問題を一気に解決することができます．

この手法は，投影面の全ての画素について，画像座標 (u_p, v_p) から対応する地上座標 (x_p, y_p, z_p) を求めることになります．逆変換式は，まず式 (9.33)，式 (9.34) が，三次元座標を二次元に変換しているので，三次元のままでの単なる座標変換式で表します．次式が地上座標を画像座標に変換するものです．

$$\begin{pmatrix} u \\ v \\ c \end{pmatrix} = \begin{pmatrix} 1 & 0 & 0 \\ 0 & \cos\omega & -\sin\omega \\ 0 & \sin\omega & \cos\omega \end{pmatrix} \begin{pmatrix} \cos\varphi & 0 & \sin\varphi \\ 0 & 1 & 0 \\ -\sin\varphi & 0 & \cos\varphi \end{pmatrix} \begin{pmatrix} \cos\kappa & -\sin\kappa & 0 \\ \sin\kappa & \cos\kappa & 0 \\ 0 & 0 & 1 \end{pmatrix} \begin{pmatrix} x - x_0 \\ y - y_0 \\ z - z_0 \end{pmatrix} \tag{9.36}$$

今度は，画像座標から地上座標に変換するのですから，逆行列を使って変換する事が，まずは考えつく方法です．ただし，式 (9.36) の行列は，直交座標系での回転行列なので，逆の順序で逆の角度分回転させることで逆行列と同じ意味になります．式 (9.36) では，z 軸周りに κ，y 軸周りに φ，x 軸周りに ω の順序で回転させているので，次式のように x 軸周りに $-\omega$，y 軸周りに $-\varphi$，z 軸周りに $-\kappa$ の順序で回転させれば良いことになります．これを式で表すと，次のようになります．

$$\begin{pmatrix} x \\ y \\ z \end{pmatrix} = \begin{pmatrix} \cos\kappa & \sin\kappa & 0 \\ -\sin\kappa & \cos\kappa & 0 \\ 0 & 0 & 1 \end{pmatrix} \begin{pmatrix} \cos\varphi & 0 & -\sin\varphi \\ 0 & 1 & 0 \\ \sin\varphi & 0 & \cos\varphi \end{pmatrix} \begin{pmatrix} 1 & 0 & 0 \\ 0 & \cos\omega & \sin\omega \\ 0 & -\sin\omega & \cos\omega \end{pmatrix} \begin{pmatrix} u \\ v \\ c \end{pmatrix} + \begin{pmatrix} x_0 \\ y_0 \\ z_0 \end{pmatrix} \tag{9.37}$$

この式を用いて，各画素の位置から画像座標 (u_p, v_p, c) を設定し，この式に代入すると，画素の位置が地上座標で表されます．ただし，地上座標といっても (x_p, y_p, z_p) の位置ではなく，あくまでも投影面上での (u_p, v_p, c) の位置を地上座標で表したものに過ぎません．その地上座標が，(x_a, y_a, z_a) とします．すると，視点 (x_0, y_0, z_0) から (x_a, y_a, z_a) に向かうベクトルは，視線方向を示すベクトルになります．この視線を対象物に向けて徐々に伸ばしていき，DEM と比較します．三次元の直線は，媒介変数 t を用いると，次式で表せます．

$$\begin{cases} x = x_0 + (x_a - x_0)t \\ y = y_0 + (y_a - y_0)t \\ z = z_0 + (z_a - z_0)t \end{cases} \tag{9.38}$$

視線を徐々に伸ばすには，媒介変数 t の値を逐次増やしていきます．計算される視線の三次元座標 (x, y, z) が，DEM の範囲内であれば，その点での DEM の高さと z の値を比較

9.6. 三次元データの処理

し，はじめて DEM の高さが z よりも高くなった点は，視線が地形にぶつかった点といえます。この点における色情報を Landsat 画像を用いて取得し，投影面の画素の色情報として与えます。

　この作業を全ての画素に対して実行すれば，鳥瞰図が作成されます。この手法は，計算時間がかかりますが，確実に作成できる手法です。下に，作成された鳥瞰図の例を示します。

この例は，DEM の標高を 5 倍に設定し，高さ方向を強調することで地形を分かりやすく表現しています。また，レンズの焦点距離も設定できるので，遠近感をコントロールすることができます。遠近感を強調したい場合には，レンズ焦点距離を短めにすれば強調されます。

　この鳥瞰図は，さらにリアルな画像にすることもできます。例えば，視点と対象物との距離も計算できますから，距離に応じて大気の散乱状況を再現することもできます。つまり，遠い対象物ほど霞んだ画像にする事も可能です。

おわりに

　本書を書いたきっかけは，大学で測量やリモートセンシング，地理情報システムの講義を受け持ち，研究室で研究指導を行っているうちに，自分が担当している授業や研究室活動において必要な基礎を体系化しておきたいという気持ちが強くなったからです。測量は測量でたくさんの書物が，リモートセンシングはリモートセンシングでたくさんの書物があります。そして本当に理解するためには，数学や物理，地球科学の基礎が必要です。したがって深く学ぶためには，たくさんの参考書が必要になります。

　私が専門分野を学生たちに教えるとき，基礎の部分を復習する場面は多くあります。また，学生たちの疑問に対して，「これはあの書物，それはこの書物を読んでおけ」ではなく，その場できっちりと教えたいと思っています。「はじめに」でも述べましたが，最近の大学は，様々な入試制度を通して学生を獲得していますが，高校で物理や数学 III を履修していない学生が毎年何割かはいます。そのような状況なので，基礎の部分も自分自身で教える必要性を感じざるを得なかったわけです。

　学生たちには，自分自身で理解する力を身に付けてもらいたいので，親切な書物は不要で，いろいろな書物を読みあさって，苦労して理解して欲しいという気持ちもあります。本書は，その正反対に位置づけ，中学校で教えられる知識も含めて解説する事で，測量やリモートセンシング，地理情報システムの理解の手助けになればと思いました。しかし，基礎を解りやすく解説したつもりの本書にしても，著者の独りよがりで，つたない文章力で書かれたものなので，読者にとって解りやすい参考書かどうかは分かりません。結局，理解するのに苦しむかもしれません。

　最近は専門分野といえどもその中は細分化され，専門分野ごとの体系化を図った書物は多くみられます。これは専門分野の教科書として使われているものでしょう。このような教科書のほとんどは，読者は数学や物理の基礎を既に理解しているものとして解説されています。本書は，専門分野に至る基礎の部分を体系化したものです。このような書籍は，まだ測量やリモートセンシングの分野ではみられないと思い，書き始めたところもあります。とはいうものの，実際には大学の講義資料をまとめて，再構成し，加筆したというところなので，大変な努力をしたというわけでもありません。

　さて本書は，表も含めて LaTeX を利用して書き進めました。図は Inkscape というフリーウェアを主に使って作成しました。ほとんど私自身で作成したものですから，少々不格好なものもありますことをお許し下さい。ただし，LaTeX だけに数式は美しく書くことができましたし，目次や索引なども含めて効率よく完成させることができました。LaTeX のすごさに改めて感激しました。画像は，全て自作プログラムで画像処理をしたものです。画像

とGISデータの重ね合わせは，QGISというフリーウェアの力を借りました。私がリモートセンシングの勉強をはじめた頃は，高価な画像処理装置が必要でしたが，今は自分のパソコンで十分ですし，高機能のフリーウェアも多く登場しています。フリーウェアの制作に携わっている方々には，心より敬意を表します。その恩返しというわけでもないですが，私の研究室では研究成果をどんどん公開しています。その成果の一つに，基準点データベースがあります。地球観測衛星「だいち」ALOS向けに位置精度向上を狙って整備したものです。四国周辺の情報しかありませんが，500点を越える基準点をGNSS VRS測量で精密に測った成果を公開しています。残念ながらALOSは，2011年4月に電源系統のトラブルにより運用が停止されましたが，地上分解能が2.5～10mの人工衛星画像については，十分な精度を有しています。四国の衛星画像の幾何補正に使ってみて下さい。また，土地被覆分類の検証用データとして，現地調査データベースも整備中です。これらのデータベースは，私のホームページから閲覧できるようになっています。この他にも，どんどん役に立つ情報を配信していきたいと思っています。

http://www.infra.kochi-tech.ac.jp/takagi/Main/Welcome.html

さて，これまで私を指導して頂いた先生方のおかげで，リモートセンシング・地理情報システムの専門家として働く環境を得ることができました。特に次に示す先生方からは直接ご指導を賜り，大変お世話になりました。当時の所属・役職と伴に紹介させて頂きます。

東京大学生産技術研究所教授　村井俊治先生 ISPRS(International Society on Photogrammetry and Remote Sensing)会長を歴任し，現在は日本測量協会会長，日本写真測量学会会長をなさっています。著者が最も影響を受けた指導者であり，国際的な視点とプレゼンテーションの重要性を学びました。どこの馬の骨か分からない著者を助手としてしばらく雇って頂き，現職の高知工科大学を紹介してくださった恩師です。

画像工学研究所長　故　西尾元充先生 当時，愛媛大学にてリモートセンシングの集中講義を担当されていました。これを聴講した著者は，リモートセンシングに強烈な興味を抱きました。大学院博士課程卒業後，東京大学の村井研究室への橋渡しをしてくださった恩師です。西尾先生からは，研究に対する情熱を学びました。

愛媛大学農学部教授　中村忠春先生 博士論文の指導教員であり，土質力学が専門でした。現在は同大学を退職されています。様々な事象に対して偏見を持たずに観察し，柔軟に対応することの重要性を学びました。

愛媛県立松山北高等学校教諭　水野敬正先生 私の母校である松山北高等学校にて物理を教えて頂きました。校長を歴任後，現在は退職されています。水野先生からは，物理の問題を解くときの姿勢を学びました。現在，著者の授業スタイルに反映されています。

この他にも多くの先生からのご指導を受けました。また先生方だけでなく，所属していた研究室のメンバーや多くの研究仲間の影響も受けています。特に東京大学生産技術研究所

村井研究室をはじめとして，日本リモートセンシング研究会，日本写真測量学会，地理情報システム学会で出会った方々からは，右も左も分からない著者に様々な助言を頂きました。そして高知工科大学では，教育という問題を真剣に考える場を与えて頂きました。

　最後になりましたが，本書の出版に際して，日本測量協会の小野副会長，瀬戸島専務理事に大変お世話になりました。そして改訂版の出版に当たっては，筑波大学の奈佐原先生と奈佐原先生の研究室の学生の方々より，多くのご教授を頂きました。この場をお借りしてお礼申し上げます。本書の著作権は，高知工科大学の高木研究室と筑波大学の奈佐原研究室とで共有したいと思います。

　本書が，測量・リモートセンシング・地理情報システムの技術者を目指す方々のお役に立てれば幸いです。

索引

記号／数字
6S 257

A
A/D 変換 248
ASCII コード 246

B
BIL 253
BIP 252
BSQ 253

C
CCD 133
CMOS 133
CMYB 250

D
DEM 324
DN 253, 268
DSM 324

F
F ナンバー 139

G
GIS 293
GNSS 107, 206
GPS 108
GRS80 130

H
HSI 250

I

IMU 108
INS 108

L
LiDAR 107, 288

M
MODTRAN 257
MTF 138

R
RGB 249
RPC モデル 203

S
SfM 153
SI 単位 105

T
TIN 325

W
WGS84 130

Y
YCC 250

あ
アーク 295
アフィン変換 92, 203
アルベド 242
アンペールの力 217
アンペールの法則 215
アンペール・マックスウェルの法則 221
緯距 120

索引

位相	21
位相スペクトル	101
位置エネルギー	177
緯度	161
移動平均	262
イメージセンサ	133
因数分解	16
運動エネルギー	177
運動量	176
衛星リモートセンシング	173
エネルギー準位	238
円	6, 54
円周角	7, 117
円周率	6, 9
円錐曲線	53
円錐図法	302
遠地点	189
円筒図法	301
オイラーの公式	98
オーバーレイ	315
オームの法則	217
オフセット	260
オルソ画像	288

か

解	13
外角	4
回帰式	87
回帰分析	87
階級	69
階乗	74
外積	37
外接円	6
回転	103
回転行列	91
外部標定	147
ガウス・クリューゲル図法	303
ガウスの法則	213

角運動量	181
角振動数	21, 225
角速度	178, 187
角度	3
可視光	137
過失誤差	79
画素	249
仮想基準点	208
画像基準点	276
画像マッチング	151
加速度	174
傾き	14
加法混色	249
加法定理	21
カラーテーブル	269
干渉測位	208
関数	18
慣性の法則	174
慣性モーメント	181
間接水準測量	128
感度	141
幾何補正	276
奇関数	20
基準点	119
基準点測量	119
基準点データ	94
基線	124
軌道	183
逆関数	24
逆行列	42
キャリブレーション	79
吸収	238
級数	96
共一次内挿法	286
教師データ	271
共線条件式	146, 288
共分散	73, 88
共役複素数	18

索引

行列	38	光軸	136
極軌道	200	公準	2
極座標	54	合成関数	30
曲線	2	恒星時	159
極値	28	光束	233
曲率半径	169	高速フーリエ変換	264
虚数	11, 17	交点	3
虚数単位	17	公転	158
キルヒホッフの法則	241	高度	156
均時差	157	黄道	159
近地点	189	合同	5
空間解析	315	恒等式	13
空間検索	317	勾配	102
偶関数	20	後方交会法	116
空間フィルタ	261	公理	2
偶然誤差	79	黒体	235
クーロンの法則	212	誤差	79
屈折	134	誤差伝搬の法則	80
屈折角	134	弧度法	20
組み合わせ	74	根	13
クリッギング	313	コンパス法	123
グリッド	298, 326		
経距	120	**さ**	
傾斜軌道	200	最確値	79
係数	13	最近隣法	286
経度	161	最小二乗法	85
系統的誤差	79	再配列	284
ゲイン	260	最尤法	274
桁落ち	68	錯角	4
ケプラーの法則	183	撮像素子	202
原始関数	32	座標	12
原子時計	106, 158	座標変換	89
減法混色	250	作用・反作用の法則	176
項	13	三角関数	20
口径食	254	三角形	4
降交点	189	三角測量	124
光子	238	三角点	119
公式	13	三角比	19

索引

残差	79	昇交点	189
三次元射影変換	94, 149, 203, 288	消散	240
三次たたみ込み法	287	消散係数	239
三次方程式	15	小縮尺	301
三辺測量	112, 124	焦点	56, 136
シェーディング	254, 328	焦点距離	136
ジオイド	131	焦点深度	139
磁界	214, 227	常用対数	25
閾値	269	真空放電	237
磁極	214	人工衛星	173
子午線	156	振動数	179, 187, 223
子午線曲率半径	303	振幅	21
仕事	177, 213	水準儀	127
仕事率	177	水準点	129
指数	25	水晶発振時計	158
指数関数	25	数列	96
自然数	11	スカラー	32
自然対数	29	スカラー積	35
磁束線	214	スタッフ	127
磁束密度	216	ステレオ対応点	151
実数	11	ステレオペア写真	151
質量	176	ステレオマッチング	151
自転	156	スネルの法則	134, 228
絞り	141	スプライン	309
射出	240	正規化植生指標	267
斜辺	8	正規分布	75
周期	20, 179	正弦	19
自由度	72	正弦定理	22
シュードカラー	269	正弦波	21, 225
周波数	223	静止軌道	201
周辺減光	254	正射投影	288
重力	175	整準台	109
重力加速度	175	整数	11
循環小数	11	正接	19
春分点	161	正中	156
順列	74	静電気	211
消去法	15	精度	67
象限	12	正方行列	39

索引

セオドライト	106	楕円	56
赤緯	161	楕円軌道	183
赤経	161	高さ	8
赤道軌道	200	たたみ込み計算	262
積分	31	単位円	20
接線方向歪曲収差	143	単位行列	41
接平面	167	単位ベクトル	35
切片	14	単写真標定	149
セミバリオグラム	314	単独測位	207
線	295	短半径	56
線形変換	260	断面二次モーメント	181
線形方程式	14	チェイン	295
尖度	74	力	176
前方交会法	112	力と運動の法則	176
相関関係	73	地球楕円体	130
相関係数	88	地上基準点	204, 276
双曲線	59, 61	地心緯度	162, 167
相互標定	149	地心直交座標系	164
走査角	256	地図	293
走査角補正	256	地図投影	301
走査幅	256	地方時	157
相似	6	中縮尺	301
相対度数	70	中心投影	143, 288
測位	107	鳥瞰図	330
属性情報	298	長半径	56
測地系	130	直接水準測量	127
測地成果2000	130	直線	1
速度	174	直角	3
		直角三角形	8
た		直径	6
ダークノイズ	255	直交座標	54
ターレスの定理	7	地理緯度	162, 167
大縮尺	301	地理情報システム	293
代数	13	底	25
対数関数	25	定義	2
対頂角	3	定数	13
太陽時	156	定積分	32
太陽同期軌道	202	ディファレンシャル測位	208

底辺	8
テイラー級数	97
テキストデータ	246
ディシジョンツリー	270
点	1, 295
電圧	214
電位	214
電位差	214
電荷	212
電界	212, 227
電荷密度	219
電気力線	212
電子基準点	208
電磁波	222
電磁誘導	218
電束密度	213
転置行列	42
天頂	156
天頂角	156
電場	212
天文単位	159
電流	216
同位角	4
等加速度運動	174
導関数	27
透磁率	216
等速運動	174
等速円運動	184, 187
等速直線運動	187
トゥルーカラー画像	250
トータルステーション	106
独立関係	73
独立変数	72
度数	69
度数法	3, 20
凸包	321
ド・モアブルの定理	99
トラバース測量	121
トランシット	106
トランシット法	123
トルク	180
トレーニングデータ	271

な

内角	4
内積	35
内接円	7
内挿	309
内部標定	142
南中	156
ニアレストネイバー	286
二項分布	75
二次元射影変換	93, 150
二次方程式	15
日	156
二値化	269
日周運動	156
日心直交座標系	164
入射角	134
ニュートン・ラフソン法	95
熱放射	234
年	158
ノード	295

は

媒介変数	44
バイナリデータ	246
バイリニア	286
波数	225
パスラジアンス	256
波長	223
発散	103
バッファリング	319
波動方程式	227
ハフ変換	307
パラメータ型	48
パワースペクトル	101

索 引

半径	6
反射角	134
反射の法則	134
バンド間演算	267
バンドル調整法	149
半分散	313
万有引力の法則	184
ビオ・サバールの法則	216
引数	18
被写界深度	140
ヒストグラム	69
ヒストグラム平滑化	261
非線形方程式	15
ピタゴラスの定理	8
微分	28
微分係数	27
秒	158
標高データ	288
標尺	127
標準時	157
標準白板	255
標準偏差	73
標準ユークリッド距離	272
表層高さデータ	288
標本化	248
標本分散	72
頻度	69
ファラデーの法則	218
フーリエ逆変換	102
フーリエ級数	100
フーリエ係数	100
フーリエ変換	101
フェルマーの原理	134
フォールスカラー画像	250
複素関数	98
複素数	17
複素平面	100
負の数	11

プランク定数	235
ブリュースター角	232
フレネルの式	232
分解能	137
分光反射特性	267
分散	72, 88
平均近点角	187
平均二乗誤差	80, 284
平均値	71
平行	4
閉合差	122
平行投影	143
閉合比	123
平方根	16
平面直角座標系	304
平面波	225
ベクトル	32
ベクトル積	37
ヘルマート変換	91
変位電流密度	221
偏光	232
偏差	72
変数	13
ベンチマーク	127
偏微分	30
扁平率	58
ポインティングベクトル	227
ポイントクラウド	324
方位角	156
方向ベクトル	48
方向余弦	49
放射	233, 234, 238
放射エネルギ	233
放射輝度	234
放射強度	233
放射照度	233
放射束	233
放射発散度	233

索引

放射方向歪曲収差	142
放射量補正	253
法線ベクトル	37, 50
方程式	13
方程式型	48
放物線	59, 63
卯酉線	156
卯酉線曲率半径	168, 303
補間	309
ボクセル	326
北中	156
母分散	72
ポリゴン	296
ポリライン	297
ボルツマン定数	235
ボロノイ分割	321
ホワイトバランス	142

ま

マクローリン級数	97
マトリクスアレイセンサ	202, 254
マハラノビス距離	273
ミー散乱	239
ミクセル	275
未知数	13
無理数	11, 16
メートル原器	106
メタデータ	285, 299
メディアン	71
メディアンフィルタ	262
メルカトル図法	302
面	296
面積速度一定	184
モード	71
モーメント	180
モルフォロジー	307

や

山立て	116

ユークリッド幾何学	2
ユークリッド距離	271
有限小数	11
有効数字	67
誘電率	213
有理数	11
ユニバーサル横メルカトル図法	304
余弦	19
余弦定理	23
横メルカトル図法	302

ら

ラジアン	20
ラプラシアン	104
ラプラシアンフィルタ	263
ラベル点	298
力学的エネルギー	178
離散フーリエ逆変換	264
離散フーリエ変換	264
離心近点角	187
離心率	59, 186
立体角	233
立体視	151
リニアアレイセンサ	202, 254
リモートセンシング	173
量子化	248
励起	238
レーザースキャナ	107
レーリー散乱	239
レベル	127
レベルスライス	269
レンズ口径	137
連立方程式	14
ローレンツ力	217
露出	140

わ

歪度	73

【著者略歴】

高木　方隆（たかぎ　まさたか）

1962年，愛媛県生まれ
愛媛大学大学院農学研究科卒業
農学博士
高知工科大学　教授

主な著書
「イメージセンシング」（共著）　㈳日本測量協会　1997年
「測量工学ハンドブック」（共著）　朝倉書店　2005年
「地理空間情報工学演習」（共著）　㈳日本測量協会　2009年

国土を測る技術の基礎
－地理空間情報技術者を目指す人のために－

定価　（本体2,700円＋税）

発　行	2012年4月5日　初版	
	2014年3月31日　改訂 第1版 第1刷	
	2018年8月15日　改訂 第2版 第1刷	
著　者	高木　方隆	
発行所	公益社団法人 日本測量協会	
	〒113-0001　東京都文京区白山1-33-18　白山NTビル	
	TEL 03-5684-3354　FAX 03-5684-3364	
	URL http://www.jsurvey.jp	
印　刷	日本印刷株式会社	

©2012 Printed in Japan
ISBN978-4-88941-109-6